Word 7 für Dummies

W0076562

Dan Gookin

Word 7
für Dummies

Gegen den täglichen Frust mit Word 7

Übersetzung aus dem
Amerikanischen von
Dieter Jirmann-Heidl

INTERNATIONAL

THOMSON
PUBLISHING

Die Deutsche Bibliothek – CIP-Einheitsaufnahme:

Gookin, Dan:
Word 7 für Dummies / Dan Gookin. Übers. aus dem Amerikan.
von Dieter Jirmann-Heidl. - Bonn : ITP-Verlag, 1998
  Einheitssacht.: Word for Windows 95 for dummies <dt.>
  ISBN 3-8266-2692-3

ISBN 3-8266-2692-3
3. Nachdruck 1998

Alle Rechte, auch die der Übersetzung, vorbehalten. Kein Teil des Werkes darf in irgendeiner Form
(Druck, Fotokopie, Mikrofilm oder einem anderen Verfahren) ohne schriftliche Genehmigung des
Verlages reproduziert oder unter Verwendung elektronischer Systeme verarbeitet, vervielfältigt
oder verbreitet werden. Der Verlag übernimmt keine Gewähr für die Funktion einzelner Programme
oder von Teilen derselben. Insbesondere übernimmt er keinerlei Haftung für eventuelle aus dem
Gebrauch resultierende Folgeschäden.

Die Wiedergabe von Gebrauchsnamen, Handelsnamen, Warenbezeichnungen usw. in diesem Werk
berechtigt auch ohne besondere Kennzeichnung nicht zu der Annahme, daß solche Namen im Sinne
der Warenzeichen- und Markenschutz-Gesetzgebung als frei zu betrachten wären und daher von
jedermann benutzt werden dürften.

Übersetzung der amerikanischen Originalausgabe:
Dan Gookin: Word For Windows 95 For Dummies

Copyright © 1998 by ITP-Verlag GmbH, Bonn
Original English language edition text and art copyright © 1995 IDG Books Worldwide, Inc.
All rights reserved including the right of reproduction in whole part or in part in any form.
This edition publishing by arrangement with the original publisher, IDG Books Worldwide, Inc.,
Foster City, California, USA.

Printed in Germany

Druck: Druckerei Kösel, Kempten
Umschlaggestaltung: Atelier Toepfer, Ebersberg b. München
Satz und Layout: Conrad Neumann, München

Inhaltsverzeichnis

Teil V
Mit Grafiken arbeiten

Kapitel 31
Zehn coole Tricks 367

Kapitel 32
Zehn seltsame Dinge, über die Sie bisher wahrscheinlich
noch nichts wußten 373

Kapitel 33
Zehn Anwendungen, die Sie nicht benutzen, aber trotzdem bezahlt haben 379

Kapitel 34
Zehn Shortcut-Tasten, die der Erinnerung wert sind 383

Kapitel 35
Zehn Dinge, die Sie sich merken sollten 389

Index 393

Einführung

Willkommen zu Word 7 für Dummies, einem Buch, das man Word 102 für Dummies hätte nennen sollen, womit man gar keine Zahlen mehr gebraucht hätte. Aber ich schweife ab.

Das Buch, das Sie in der Hand halten, hat keine Angst zu sagen: »Sie müssen nicht alles über Microsoft Word wissen, um es anzuwenden.« Verdammt, Sie werden ja nicht einmal alles über Microsoft Word wissen *wollen*. Sie wollen überhaupt erst gar nichts erfahren über alle diese Befehlsoptionen, all das typographische Gewäsch oder gar über diese besonderen Eigenschaften, von denen Sie wissen, daß sie irgendwo im Programm stecken, die Ihnen aber nur Angst machen. Nein – alles, was Sie wissen wollen, ist eine einzige Antwort auf eine einfache Frage. Dann können Sie glücklich dieses Buch schließen und loslegen. Wenn Sie so denken, ist das hier Ihr Buch.

Dieses Buch informiert und unterhält. Und es hat ein ernstes Problem mit seiner Einstellung. Im Grunde wollen wir Ihnen nicht erzählen, daß Sie Microsoft Word lieben sollen. Das wäre krank. Statt dessen stellen Sie sich lieber auf ein paar informative, bodenständige Informationen – in deutsch – ein, wie Sie Ihre Arbeit mit Hilfe von Microsoft Word erledigen können. Die nehmen Sie ja immerhin ernst, was Sie bei Microsoft Word definitiv nicht tun müssen.

Über dieses Buch

Dieses Buch soll nicht von der ersten bis zur letzten Seite gelesen werden. Wäre das der Fall, müßten die Umschlagseiten viel näher aneinander sein. Statt dessen ist dies hier ein Nachschlagewerk. Jedes Kapitel beschäftigt sich mit einem besonderen Thema von Microsoft Word. In einem Kapitel finden Sie abgeschlossene Teile, von denen jeder beschreibt, wie man eine bestimmte Sache in Microsoft Word erledigt, die mit dem Thema des Kapitels zusammenhängt. Beispielsweise lernen Sie in einigen Abschnitten, die Sie in diesem Buch finden werden, wie Sie

✔ Ihr Zeug abspeichern

✔ einen Block ausschneiden und einfügen

✔ Text kursiv stellen

✔ einen hängenden Einzug bestimmen

✔ Umschläge bedrucken

✔ Tabellen zusammenstoppeln

✔ eine Antwort auf die Frage finden »Wohin ist mein Dokument verschwunden?«

Sie müssen keine Tasten auswendig lernen und keine Geheimcodes, es gibt keine Tricks und Schaukästen und auch keine Diagramme an der Wand. Statt dessen erklärt jeder Abschnitt in diesem Buch ein Thema, als sei es das erste, was Sie in diesem Buch lesen. Nichts wird vorausgesetzt, und zu allem gibt es Querverweise. Wenn technische Begriffe und Themen auftauchen, werden sie hübsch zur Seite geschaufelt, wo sie Ihnen beim Lesen nicht in die Quere kommen können. Es geht hier nicht darum, daß Sie etwas auswendig lernen. Die Philosophie dieses Buches lautet, daß Sie etwas nachschlagen, eine Lösung finden und weiterarbeiten.

Wie man dieses Buch benutzt

Dieses Buch hilft Ihnen, wenn Sie nicht genau wissen, was Sie in Microsoft Word tun sollen. Ich glaube, daß das jedem allzu oft passiert. Wenn Sie zum Beispiel Strg + F9 drücken, erscheint in Ihrem Text ein -Ding. Was das heißt, weiß ich nicht, und ich will´s auch gar nicht wissen. Ich weiß allerdings, daß ich das lästige Ding wieder loswerde, wenn ich Strg + Z drücke. Das ist die Art von Wissen, die Sie in diesem Buch finden.

Microsoft Word verwendet die Maus und Menüs, um die Arbeit zu erledigen, was Sie von Windows ja erwarten. Dennoch sind manchmal *Tastenkombinationen* erforderlich, verschiedene Tasten, die Sie gleichzeitig oder nacheinander drücken. In diesem Buch finden Sie zwei unterschiedliche Arten von Tastenkombinationen.

Dies ist eine Menüabkürzung:

Alt, D, S

Das bedeutet, daß Sie die Alt-Taste drücken und loslassen, die D-Taste drücken und loslassen und dann die S-Taste drücken und loslassen. Tippen Sie keine Kommata oder ein Zeichen, das einen Satz beendet.

Dies ist eine TastaturAbkürzung:

Strg + Umschalt + P

Das bedeutet, daß Sie die Strg- und die Umschalttaste gemeinsam gedrückt halten und dann die P-Taste drücken sollen; danach lassen Sie alle drei Tasten los.

Was Sie eingeben müssen, wird im Text detailliert erläutert. Und falls Sie auf Ihre Tastatur schauen und zehn Daumen sehen – oder Scheren und Nähzeug –, sollten Sie in Betracht ziehen, zunächst das Kapitel 2 zu lesen, *»Wie man die Tastatur richtig benutzt«*.

Dieses Buch zeigt Ihnen den einfachsten und besten Weg, eine Aufgabe zu erledigen und bietet Ihnen Alternativen an, wenn es angezeigt erscheint. Manchmal ist es besser, die Maus zu benutzen – manchmal nimmt man die Tastatur. Dieses Buch stellt auch die besten Tastaturabkürzungen vor und erklärt die Symbolleisten am oberen Rand.

Menü-Befehle werden wie folgt aufgelistet:

Datei, Öffnen

Das heißt, daß Sie das *Datei*-Menü öffnen (mit der Maus oder der Tastatur – ganz Ihre Wahl) und dann den *Öffnen*-Befehl wählen.

Wenn ich eine Botschaft beschreibe oder etwas, das Sie auf dem Bildschirm sehen, sieht es so aus:

```
Dies ist eine Bildschirm-Nachricht!
```

Dieses Buch verweist Sie nie auf das Microsoft Word-Handbuch oder gar – gulp! – auf das für Windows. Trotzdem kann es nützlich sein, ein gutes Windows-Buch als Nachschlagwerk zur Hand zu haben. Ich empfehle *Windows 95 für Dummies* aus dem ITP-Verlag.

Was Sie nicht lesen sollen

Spezielle technische Abschnitte durchziehen dieses Buch wie Moskitostiche. Dort finden Sie anödende technische Erklärungen, Beschreibungen komplizierter Themen oder Alternativ-Befehle, über die Sie nun wirklich nichts kennen müssen. Jeder Abschnitt ist mit einem besonderen Symbol beflaggt oder in einen Kasten mit elektrischem Stacheldraht und Brennesseln verpackt. Das Lesen dieses Krams ist absolut freiwillig.

Törichte Annahmen

Hier sind meine Annahmen zu Ihrem Fall: Sie benutzen einen Computer. Sie benutzen Windows, genauer gesagt Windows 95. Microsoft Word ist Ihr Textverarbeitungsprogramm. Alles andere, das sich um den Computer oder Windows dreht, hat jemand in die Hand genommen, den ich Ihren *persönlichen Guru* nennen werde. Greifen Sie auf diese Person zurück, wenn es durch rauhes Klima geht; winken Sie Ihren Guru herbei, oder rufen Sie ihn an. Aber vergessen Sie nie, sich zu bedanken. Denken Sie daran, daß diese Spezies Junk-Food liebt und oft als Bezahlung akzeptiert. Halten Sie eine Schüssel M&M oder eine Tüte Gummibärchen parat, wenn Sie die Unterstützung Ihres Gurus brauchen.

Außer Ihrem Guru sollten Sie auch noch einen Computer haben, der es wert ist, daß Windows 95 auf ihm läuft. Das bedeutet, daß Sie Farbgrafik brauchen, am besten VGA oder SuperVGA. Sie brauchen auch eine Maus für den Computer. Ganz im Ernst: Ohne eine Maus kommen Sie mit Microsoft Word nicht zurecht (übrigens: Wenn es in diesem Buch heißt, daß Sie auf die Maus-Taste klicken sollen, meinen wir die linke – es sei denn, Ihre Maus ist irgendwie anders eingerichtet).

Noch eins: Ich nenne Microsoft Word für Windows bei seinem Kosenamen, *Word*. Das ist ganz inoffiziell, und der Verlag zwang mich sogar, in dieser Einleitung Word in »Microsoft Word« zu verwandeln (mit Hilfe des magischen *Ersetzen*-Befehls). Aber natürlich ist das Programm Word. So nenne ich es jedenfalls im größten Teil des Buches.

Wie dieses Buch gegliedert ist

Dieses Buch besteht aus sieben großen Teilen, von denen jeder in drei oder mehr Kapitel unterteilt ist. Diese Kapitel sind aus kleinen Baukasten-Abschnitten zusammengebastelt. Sie können das Buch nehmen und jeden beliebigen Abschnitt lesen, ohne unbedingt wissen zu müssen, worum es im Rest des Buches geht. Fangen Sie einfach irgendwo an.

Und dies ist der Überblick über die Teile und was Sie in ihnen finden:

Teil I: Grundlegender Word-Kram

Das ist der Kinderkram – die einfachsten Grundlagen. Hier lernen Sie zu glucksen, zu zahnen, zu kriechen, zu spucken, Bäuerchen zu machen und auszuspucken. Danach können Sie sich komplexeren Themen wie dem Bewegen des Cursors, der Bearbeitung von Text, dem Suchen und Ersetzen, dem Markieren von Blöcken, der Rechtschreibprüfung und dem Drucken widmen (Schnuller sind in diesem Abschnitt freiwillig).

Teil II: Formatieren – oder wie Sie Ihre Prosa weniger häßlich aussehen lassen

Formatieren ist die Kunst, Ihren Text in die typographische Unterwerfung zu zwingen. Es ist keine Kopfarbeit wie die Erstellung eines Dokuments oder die Wahl der richtigen Worte. Nein, hier heißt es »Du wirst kursiv«, »Einzug, Du Schwachkopf!« und »*Hier* soll die neue Seite beginnen». Zum Formatieren gehört oft viel Geschrei. Dieser Teil des Buches enthält Kapitel, die Ihnen zeigen, wie man Zeichen, Zeilen, Absätze, Seiten und ganze Dokumente formatiert, ohne (allzu) lautstark zu werden.

Teil III: Seltsame Dinge, die im Keller leben

Dieser Teil befaßt sich mit einigen allgemeinen und vermischten Themen, die man bei früheren Ausgaben dieses Buches für zu esoterisch hielt, um ihnen ein eigenes Kapitel zu widmen. Mann, haben sich die Zeiten geändert. Dank der Reaktionen meiner Leser habe ich in diesen Teil drei neue Kapitel eingefügt, die sich mit Gliederung, Makros und ein paar weiteren Dingen befassen, nach denen offensichtlich gegiert wird.

Teil IV: Das Arbeiten mit Dokumenten

Dokument ist ein nettes, professionell klingendes Wort – viel besser als *das Ding, das ich mit Microsoft Word gemacht habe*. *Dokument* kann man außerdem schneller tippen. Und es klingt viel wichtiger, wenn Sie sagen, daß Sie an Dokumenten arbeiten, anstatt zuzugeben, daß Sie dahocken, den Bildschirm anstarren und mit der Maus spielen. Dieser Teil des Buches zeigt Ihnen, wie man Dokumente speichert und mischt.

Teil V: Das Arbeiten mit Grafik

Grafik spielt in Windows eine wichtige Rolle, und Microsoft Word besitzt viele interessante grafische Häppchen. Dieser Teil des Buches erklärt, wie Grafiken in Ihren Dokumenten funktionieren können, wie Sie das *Zubehör* von Microsoft Word nutzen können, um eigene Graphiken zu erstellen, und wie Sie einige Dinge tun können, zu denen man früher eine Menge Kenntnisse über Desktop Publishing besitzen mußte (oder zumindest wissen mußte, was ein Mergenthaller war). Hier geht es darum, Ihr Dokument so richtig herauszuputzen.

Teil VI: Hilf mir, lieber Assistent!

Es gibt die verbreitete Meinung, daß jede Kopie von Microsoft Word zusammen mit einem Vorschlaghammer verkauft werden sollte. Ich zum Beispiel glaube fest an die Vorschlaghammer-Therapie für Computer. Bevor Sie sich allerdings diesem Extremismus hingeben, probieren Sie erst einmal die labenden Worte des Rats in diesem Teil des Buches aus.

Teil VII: Die Zehnerlisten

Wie wär´s mit »Die Zehn Gebote von Microsoft Word« – komplett mit Bill Gates (Chef von Microsoft, als ob Sie das nicht wüßten), der die Steintafeln vom Berg mitbringt. Oder denken Sie an »Zehn Anwendungen, die Sie nicht benutzen, aber trotzdem bezahlt haben«. Oder das nützliche »Zehn Sachen, die eine Erinnerung wert sind«. Dieser Abschnitt ist eine Goldmine für Zehner-Listen.

Symbole, die im Buch benutzt werden

Dieses Symbol warnt Sie vor allzu besserwisserischen Informationen und technischen Erörterungen des aktuellen Themas. Das Lesen der Information ist freiwillig, aber es könnte Ihrer Reputation auf Cocktailparties dienlich sein, wenn Sie sie fehlerfrei aufsagen können.

 Dieses Symbol signalisiert nützliche, hilfreiche Tips oder Abkürzungen.

 Dieses Symbol kennzeichnet die freundliche Erinnerung daran, etwas zu tun.

 Dieses Symbol kennzeichnet die freundliche Erinnerung, etwas nicht zu tun.

Was Sie jetzt als nächstes tun

Sie arbeiten mit Microsoft Word. Sie wissen, was Sie daran hassen. Warum schlagen Sie jetzt nicht einfach dieses Thema im Inhaltsverzeichnis auf und schauen nach, was dieses Buch dazu zu sagen hat? Alternativ dazu können Sie Microsoft Word natürlich auch in der gewohnten Sisyphus-Methode benutzen: Rollen Sie den Stein den Hügel hinauf, und wenn er anfängt zurückzurollen, greifen Sie dieses Buch wie eine Panzerfaust und zerblasen den Stein zu Kieseln. Und im Handumdrehen sind Sie wieder an der Arbeit zurück und freuen sich.

Teil 1

Der grundlegende Word-Kram

The 5th Wave

By Rich Tennant

»Mein Gott, Barbara! Wenn Du denkst, es war es nicht wert,
die Harley zu verkaufen, damit wir auf Windows 95 aufrüsten konnten,
dann sag' das doch!«

In diesem Teil...

Als kürzlich die Smith-Corona-Schreibmaschinenfirma zusammenbrach, hat man sich wirklich sehr angestrengt, dieses Scheitern nicht auf den Computer zurückzuführen. Man reimte sich alle möglichen Erklärungen zusammen, alles von »Wissen Sie, Bleistifte sind auch nicht überflüssig« bis »Computer brauchen länger zum Starten« und schließlich »Viele Leute benutzen lieber eine Schreibmaschine, weil sie so ein befriedigendes Gefühl haben, wenn sie ein Stück Papier herausreißen und es zusammenknüllen, um von vorne zu beginnen«. Aber wird die Menschheit die Schreibmaschine vermissen? Ich bezweifle es.

Es ist eben so, daß ein Textverarbeitungsprogramm eine viel bessere Methode ist, sich etwas zu überlegen und festzuhalten – vielleicht nicht auf Papier, aber irgendwo anders. Natürlich können wir tränenreich die Tipp-Ex-Fläschchen vermissen, das Fehlen des surrenden Motors der elektrischen Schreibmaschine beklagen und dem Klack-Klack der Typen nachtrauern, die auf das Papier hämmern. Aber seien wir ernst. Eine Schreibmaschine ist ein Spielzeug im Vergleich mit einer Textverarbeitung. Ich bin mir sicher, daß es Leute gegeben hat, denen es fehlte, in Stein zu meißeln, als das Papier erfunden wurde, aber wer hat sich ein paar Jahre später darüber noch Gedanken gemacht?

Wenn Sie bisher in der Schreibmaschinenhölle gelebt haben, dann seien Sie willkommen im Textverarbeitungshimmel. Dieser Teil des Buches beschreibt einige grundlegende Textverarbeitungsdinge, die Sie mit Microsoft Word tun können. Alles wird clever und klar erklärt, so daß Sie bald die Freuden vergessen haben, die Sie verspürten, wenn Sie ein Blatt Papier aus der Schreibmaschine rissen (was übrigens im allgemeinen bedeutete, daß Sie nicht zufrieden waren mit dem, was Sie geschrieben hatten).

Die Word-Blitztour (Grundlegender Kram)

1

In diesem Kapitel

- Word starten
- Der Aufbau des Word-Bildschirms
- Die Texteingabe
- Die Bearbeitung eines Dokuments
- Wie Sie Hilfe bekommen
- Drucken
- Das Zeug abspeichern
- Ein Dokument schließen
- Weitermachen
- Word verlassen

*W*illkommen bei den Grundlagen! Dieses Kapitel gibt Ihnen einen kurzen Überblick, wie Word funktioniert, vom Starten des Programms, Verfassen eines Textes, diesen und jenen Kram eintippen, bis zum Verlassen von Word. Das kompliziertere Zeug folgt in den späteren Kapiteln. Querverweise in diesem Kapitel helfen Ihnen jedoch, wenn Sie schon jetzt einmal durchblättern wollen.

Zwei einfache Methoden, um Word zu starten

In Windows gibt es Gazillionen von verschiedenen Methoden, um mit der Arbeit anzufangen. Ich werde sie hier nicht alle abhandeln. Statt Ihnen den Kopf zu verdrehen, schildere ich Ihnen in den folgenden Abschnitten zwei der gebräuchlichsten, schmerzfreien Methoden, Ihr Textverarbeitungsprogramm zu starten.

Die erste und beste von einer Gazillion verschiedener Methoden, Word zu starten

Dies ist die Methode, Word zu starten, wenn Sie nicht verrückt werden wollen:

1. **Bereiten Sie sich geistig vor!**

   Sitzen Sie auch wirklich in einem bequemen Stuhl? Haben Sie die Hände ordentlich an der Tastatur – hoch genug, daß Ihre alte Schreibmaschinenlehrerin Ihnen auch nicht auf die Finger geklopft hätte, wenn Ihr Handgelenk ein Millimeter unterhalb der Handfläche liegt? Gut.

   Bedenken Sie, was Sie jetzt vorhaben. »Werde ich so ein Computer-Klugscheißer werden? Und wie werde ich aussehen mit dem Brustbeutel und dem Klebeband am Brillengestell? Gott, ich trage nicht einmal eine Brille! Okay, tief einatmen. Ich werde mutig sein.«

2. **Schalten Sie Ihren Computer, Ihren Monitor und was sonst noch wichtig ist an.**

   Das wichtige Zeug erkennt man gewöhnlich an der Anzahl der Lampen, die es hat – dies ist so eine Art Statussymbol bei Computern.

3. **Ärgern Sie sich mit Windows herum.**

   Seien Sie glücklich, daß Bill Gates entschieden hat, daß Sie Ihren Computer auf diese Art und Weise benutzen sollen. Denken Sie daran, er benutzt das gleiche Ding. Und er ist Bazillionär. Vielleicht klappt es ja auch bei Ihnen? Naaaa ...

4. **Finden Sie die *Start*-Schaltfläche.**

   Das ist das Ding, auf dem *Start* steht und das sich in der unteren linken Ecke des Bildschirms befindet (siehe Abbildung 1.1). Zeigen Sie mit der Maus auf das Ding, und klicken Sie einmal mit der linken Maustaste.

    Wenn Sie die *Start*-Schaltfläche nicht sehen, drücken Sie die Tastenkombination Strg + Esc (die Tasten Strg und Esc gemeinsam).

5. **Wählen Sie *Programme, Microsoft Word*.**

   Zeigen Sie mit der Maus auf das Wort *Programme* im Startmenü. Sofort erscheint ein Untermenü. (Sie müssen nicht mit der Maus klicken, sondern nur darauf zeigen.)

   Suchen Sie im *Programme*-Untermenü nach der Zeile, die *Microsoft Word* heißt. Klicken Sie mit der Maus auf diese Zeile. (Jetzt müssen Sie klicken.)

Bestaunen Sie nun Ihren Computer, wie er surrt und zischt. Nach nicht allzulanger Zeit sehen Sie einen Bildschirm, der so aussieht wie in Abbildung 1.3. Word kommt hereinmarschiert! Die Bezeichnungen für die Dinge auf dem Bildschirm wird im folgenden Abschnitt *»Der Aufbau des Word-Bildschirms«* erläutert.

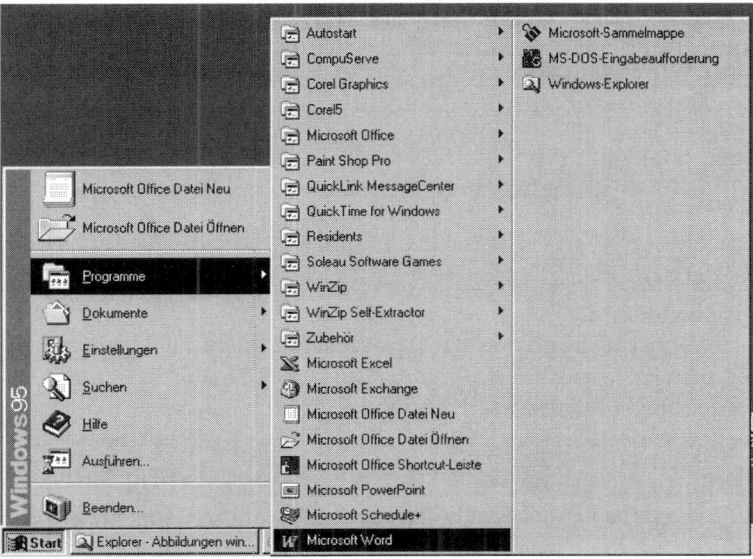

Abbildung 1.1: Hier könnten Sie Word im Start-Menü finden

✔ Wenn Sie *Microsoft Word* nicht direkt in dem Menü finden (wie in Abbildung 1.1), dann suchen Sie in dem Menü nach *Microsoft Office*. Zeigen Sie mit der Maus darauf, und ein weiteres Untermenü erscheint, wo *Microsoft Word* herumlungert.

✔ Sie können Ihren Computer auch dazu bringen, Word automatisch aufzurufen, wenn Sie ihn anschalten. Überlegen Sie mal, wieviel Zeit Sie so sparen könnten! Wenn Sie wollen, daß Ihr Computer das tut, greifen Sie sich jemanden, der mehr weiß als Sie selbst – ein Individuum, das ich *Computerguru* nenne. Sagen Sie Ihrem Computerguru, daß er dafür sorgen soll, daß »mein Computer immer mit Word startet«. Wenn Ihr Guru das nicht kann, schnappen Sie sich einfach irgend jemanden von der Straße, der kühn genug ist, Ihren Befehlen zu folgen.

✔ Ich ziehe es vor, Word im *Vollbildmodus* laufen zu lassen, damit mich nichts anderes stören kann, während ich schreibe. Dazu klicken Sie auf die Kasten-Schaltfläche (die mittlere) in der oberen rechten Ecke des Fensters. Diese Schaltfläche *vergrößert* Word, bis es den gesamten Bildschirm ausfüllt. Wenn Word bereits vergrößert ist, erscheinen auf der Schaltfläche zwei sich überlappende Kästen; in diesem Fall müssen Sie nichts klicken.

Die Methode, wie man Word mit der Microsoft Office-Symbolleiste startet

 Wenn Sie gezwungen sind, Word als Teil von Microsoft Office zu benutzen, können Sie Word schnell starten, indem Sie die Microsoft Office-Symbolleiste verwenden.

Die Office-Symbolleiste ist eine der vielen Sachen, die auf Ihrem Windows-Desktop herumhängen. Dieses Ding finden Sie normalerweise am oberen Rand des Bildschirms, auf der rechten Seite (siehe Abbildung 1.2).

 Klicken Sie mit der Maus auf das *W*-Ding – so starten Sie Word im Handumdrehen.

Abbildung 1.2: Word ist die W-Schaltfläche auf der Office-Symbolleiste

Ein schneller, flüchtiger Blick auf den Word-Bildschirm

Nachdem Word gestartet wurde, begrüßt es Sie mit der elektronischen Variante des »leeren Blatts«. Es beschleicht einen das gleiche ideenlähmende Gefühl einer Schreibblockade, das schon Generationen von Autoren mit Schreibmaschinen hatten. Bei Word ist es schlimmer. Denn der Bildschirm ist nicht nur fast leer, er ist auch noch umgeben von Scheren, Pinseln, Lupen und ähnlichem Kram, die ja alle ganz interessant wären, wenn man sie nur essen könnte.

Abbildung 1.3 zeigt Ihnen den typischen leeren Word-Bildschirm. Dabei sind folgende Dinge zu beachten:

✔ Mehrere verschiedene Streifen mit allem möglichen Kram: Leisten, Bänder, Lineale und andere horizontale Kästen mit jeder Menge schrecklichem Zeug. Jeder Streifen erfüllt irgendeine Funktion oder enthält eine Information. Ich kann nur davor warnen, diese Liste auswendig zu lernen: die Titelleiste, die Menüleiste, die Standard-Symbolleiste, die Formatierungs-Symbolleiste und das Lineal. Sehen Sie in dem leicht zu umgehenden Kasten »Verbotene Informationen über Symbolleisten« nach, falls Sie partout Details über diesen technischen Kram in Ihren Kopf zwingen wollen.

✔ Ein großer leerer Platz. Hier erscheint der Text, den Sie eingeben und bearbeiten. Irgendwo in diesem Feld finden Sie die Einfügemarke – das ist die, die so wie ein blinkender Zahnstocher aussieht –, die Ihnen sagt, wo der Text, den Sie als nächstes eingeben, erscheint.

Hier gibt es einen nützlichen Tip

Zwischen den ganzen Streifen und Leisten auf dem Bildschirm von Word verbirgt sich der *Tip-Assistent*. Der möchte Ihnen die auf Silikon beruhende Weisheit von Word näherbringen. Der Wert der Ratschläge reicht von obskur (»Sie können den Formatvorlagen-Katalog benutzen, um eine Vorschau zu bekommen, wie sich eine andere Formatvorlage auf die Formatierungen Ihres Dokuments auswirkt.«) bis albern (»Sie können die meisten Aktionen rückgängig machen, indem Sie in der Standard-Symbolleiste auf die Rückgängig-Schaltfläche klicken.«) bis wirklich nützlich (»Man kann sich verletzten, wenn man mit einer Schere in der Hand rennt.«).

Der Tip-Assistent bietet Ihnen auch verschiedene Informationen zu diversen Aufgaben der Textverarbeitung, während Sie an Ihren Textverarbeitungsaufgaben herumfummeln. Das kann nett sein, wenn Sie das Gefühl haben, Hilfe zu benötigen. Wenn nicht, klicken Sie einfach auf die Glühbirne, und der Tip verschwindet.

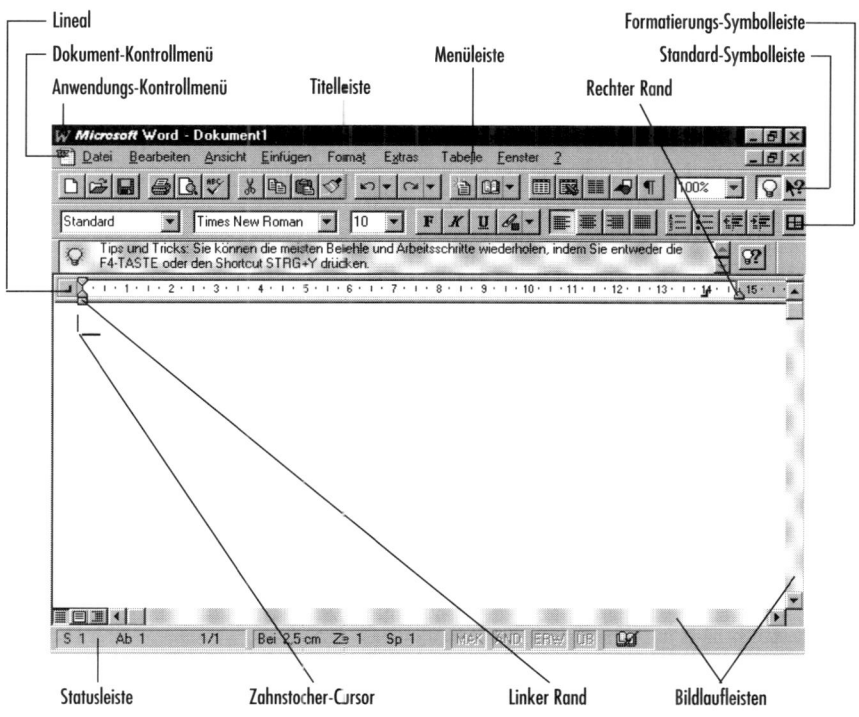

Abbildung 1.3: Word auf dem Bildschirm

✔ An der Unterseite des Bildschirms finden Sie die Statusleiste. Nein, mit den Visitenkarten von Yuppies hat das gar nichts zu tun. Vielmehr beinhaltet diese Zeile eine ganze Reihe von Informationen, mit denen man jeden Bürokraten beeindrucken kann. Bei mir führt dies jedoch ehrlich gesagt immer nur dazu, daß mir all diese Angaben vor den Augen verschwimmen. Kurz gesagt enthält das Kauderwelsch Informationen, wo Sie sich in Ihrem Dokument befinden. Neben einigen Wortfetzen sieht man etliche Zahlen (sieht ein bißchen aus wie eine Aufgabe aus einem Mathematikbuch). Tabelle 1.1 erklärt Ihnen den ganzen Kram.

✔ Und schließlich treibt sich unten auf Ihrem Bildschirm noch die Task-Leiste von Windows selbst herum, die man benutzt, um zwischen verschiedenen Windows-Programmen oder Fenstern auf dem Bildschirm herumzuhüpfen. Ignorieren Sie sie getrost, während Sie mit Word arbeiten.

Algebraproblem	Bedeutung
S xx	Die Seite, die Sie gerade bearbeiten. 1 = Seite 1, 8 = Seite 8 usw.
Ab xx	Der Abschnitt, den Sie gerade bearbeiten (Abschnitte sind etwas, das eigentlich jedermann ignoriert): 1 = Abschnitt 1, 8 = Abschnitt 8 usw. (Die Zahl wird meistens 1 für Abschnitt 1 sein.)
x/x	Die Seite, die Sie gerade bearbeiten, bezogen auf den gesamten Text. Also bedeutet 1/8, daß Sie gerade auf Seite 1 eines acht Seiten langen Textes sind. (Das hat nichts mit Mathematik zu tun und bedeutet auch nicht 0,125.)
Bei x,x cm	Wieweit Sie vom Beginn Ihrer Textes entfernt sind. 7,8 cm bedeutet, daß die Textzeile, die Sie gerade bearbeiten, 7,8 cm vom Beginn der Seite entfernt ist. Als ob Sie das interessieren würde.
Ze xx	Meint die Zeile, die Sie gerade bearbeiten, Ze 5 bedeutet somit, daß Sie gerade an der fünften Zeile arbeiten, und zwar die fünfte unterhalb der ersten auf der Seite.
Sp xx	Ist die Spalte, in der Sie sich gerade befinden (Spalten sind diese vertikalen Unterstützungsstrukturen, in die immer alles reinfällt). Bei Word beginnen die Spalten von links, und die Zahl wird größer, je mehr Sie nach rechts kommen. Normalerweise ergibt sich die Zahl aus der Anzahl der Buchstaben und Leerstellen, die Sie vom linken Rand entfernt sind.
Die Modi-Boxen	Diese Kästen enthalten verschiedene Abkürzungen. Seltsam, daß man so etwas unten an den Bildschirm klebt. Sind sie blaß, dann ist die Funktion, für die sie stehen, gerade nicht aktiv. In dem Kasten *»Was diese Abkürzungen in der Statusleiste bedeuten«* erfahren Sie, welche obskuren Funktionen diese ganzen Kürzel erfüllen.
Rechtschreibprüfung	Sieht aus wie ein Buch mit einem Marker, der etwas schreibt. Das ist nämlich die Sofort-Rechtschreibprüfung von Word in Aktion – eine wirklich lästige Software, über die Sie mehr in Kapitel 7 erfahren.

Tabelle 1.1: Der Statusleistenkram

✔ Mein Rat? Ignorieren Sie diese seltsamen Zahlen in der Statusleiste, und konzentrieren Sie sich lieber auf das Schreiben. Nur leicht Gestörte würden etwa ein Lineal herausnehmen und an ein Blatt Papier in einer Schreibmaschine halten, bevor sie fortfahren. (Die Zahlen sind später nützlich, wenn Sie wissen wollen, wieviel Sie geschrieben haben, oder wenn Sie eine bestimmte Stelle in einem langen Text suchen. Tun Sie jetzt so, als ob Sie davon noch nie gehört hätten.)

✔ Außerdem gibt es noch drei Schaltflächen in der linken unteren Ecke des Dokuments, direkt über der Statusleiste. Nennen Sie sie Hannelore, Helmut und Gliederungsansicht. Mit ihnen können Sie bestimmen, wie Sie Ihren Text auf dem Bildschirm sehen, etwas, worüber später noch mehr in Kapitel 27 gesagt wird.

✔ Bei den seltsamen Zeichen auf dem Bildschirm (z.B. ¶) handelt es sich um verborgene Word-Zeichen. Schlagen Sie unter »*Weg, verdammte Flecken*« in Kapital 27 nach, um zusätzliche Informationen zu erhalten.

✔ Die Stelle, an der der Text erscheint, wird Cursor genannt. Normalerweise nennt man sie auch *Einfügemarke*, weil in traditionellen Computern der Cursor eine Unterstreichung unter Text ist, den man eingibt. Ich bevorzuge den Begriff *Zahnstocher-Cursor*, weil Einfügemarke für meinen Geschmack einfach zu klinisch klingt. Eingegebene Zeichen erscheinen direkt links neben dem blinkenden Zahnstocher-Cursor, der sich dann vorwärts bewegt und auf das nächste Zeichen wartet.

✔ Die fette horizontale Linie am Ende Ihres Textes ist die *Endemarke*. Jenseits dieser Linie ist eine gewaltige Leere. In dieser weißen Fläche hinter der Marke existiert nichts mehr, nicht mal weiße Seiten. Nur unendliches Nichts. Die Endemarke ist der Stahlrahmen für Ihren Text, der ihn vor dem schrecklichen Nichts bewahrt, welches hinter seinen Zeilen existiert.

✔ Der *Mauszeiger* ist vom Zahnstocher-Cursor zu unterscheiden. Meistens sieht er aus wie ein kleiner Zeigepfeil. Aber wenn Sie Ihre Maus über den Bildschirm bewegen, verändert sich sein Aussehen. Über dem Dokumentfenster wird er das, was man gewöhnlich einen T-Balken nennt. Wenn Sie mit der Maus klicken, schicken Sie die Einfügemarke genau an diesen Punkt.

✔ In der Statusleiste an der unteren Seite des Bildschirms können Sie außerdem Informationen über einige Menübefehle von Word erhalten. Wenn Sie wissen wollen, wie diese Funktion aussieht, klicken Sie im Menü einen Befehl mit der linken Maustaste an. Wenn Sie die Maustaste gedrückt halten, wird Ihnen in der Statusleiste mitgeteilt, welche Auswirkung dieser Befehl hat.

✔ Die Statusleiste gibt Ihnen auch Informationen über die Symbolschaltflächen. Sie müssen dazu nicht klicken – bewegen Sie einfach Ihre Maus über eines der Symbole, und voilà – eine Information kristallisiert sich heraus.

✔ Ob man die Standard- und die Formatierungs-Symbolleisten sieht oder nicht, hängt davon ab, welche Optionen im *Ansicht*-Menü bei *Symbolleisten* gewählt wurden. Dort finden Sie neben diesen »Standards« viele weitere Symbolleisten. Fummeln Sie an diesem Zeug nicht herum, bevor Sie Kapitel 27 gelesen haben.

✔ Ob das Lineal zu sehen ist oder nicht, hängt davon ab, ob im *Ansicht*-Menü neben *Lineal* ein Häkchen angeklickt wurde oder nicht. Es ist da. Es ist weg. Es ist da. Es ist weg.

Die Texteingabe

Um einen Text einzugeben, brauchen Sie die *Tastatur* – dieses Ding, das vor Ihrem Computer und unter Ihrem Bildschirm rumsteht und an eine Schreibmaschine erinnert. Keine Angst, tippen Sie einfach drauflos und lassen Sie Ihre Finger über die Tasten tanzen. Was Sie tippen, erscheint auf dem Bildschirm, Buchstabe für Buchstabe – selbst abfällige Bemerkungen über Ihren Computer (Ihren PC stört das nicht, aber glauben Sie deshalb nicht, daß *Word* gefühlskalt wäre).

Was diese Abkürzungen in der Statusleiste bedeuten

Die Statusleiste enthält vier seltsame Buchstabenkombinationen. Hier erfahren Sie ihre Bedeutung:

MAK: Irgend jemand, wahrscheinlich Sie, nimmt gerade einen Makro auf. Dank des Wortes MAK wissen Sie, daß Sie einen Makro aufnehmen und müssen nicht die ganze Zeit »Ich nehme gerade einen Makro auf« in Ihrem Kopf wiederholen. Makros sind eine so stumpfsinnige Angelegenheit, daß sie vor Kapitel 19 nicht behandelt werden.

ÄND: Die Änderungsanzeige ist angeschaltet. Diese Funktion ermöglicht Ihnen zu sehen, wo jemand anders Änderungen in Ihrem Dokument durchgeführt hat. In Kapitel 17 erfahren Sie Näheres über Änderungsanzeigen.

ERW: Der Erweiterungsmodus ist aktiv: Mit der F8-Taste können Sie Textblöcke markieren und deren Markierung aufheben. Nützliche Sache. Mehr dazu in Kapitel 6.

ÜB: Der Überschreibmodus ist aktiv. Mehr Informationen über das Löschen von Text erhalten Sie in Kapitel 4.

Zufälligerweise können Sie mit einem Doppelklick mit der Maus auf die Abkürzung in der Statusleiste die entsprechende Option an- und ausschalten. Schlagen Sie aber besser vorher in den hier erwähnten Kapiteln nach, bevor Sie mit einem dieser Tricks herumpfuschen.

Verbotene Informationen über Leisten

In diesem Abschnitt geht es nicht darum, ob Sie Schuster werden sollten oder nicht, sondern um die Informationen, die Sie mit Hilfe der Leisten auf dem Word-Bildschirm erhalten. Einige von ihnen sind sichtbar – andere nicht. Ob Sie sie anschalten sollten oder nicht, wird in Kapitel 27 erörtert.

Titelleiste: Die oberste Leiste enthält den Titel Ihres Dokuments. Jedes Fenster in Windows hat seinen eigenen Titel, genauso wie die ganzen Schaltflächen und Wunderdinge, für die Windows berühmt ist: Das Steuerungsmenü, die Vergrößerungs- und Verkleinerungsschaltflächen, die *Schließen*-Schaltfläche und die Bildlaufleisten, die Sie rechts und unten auf Ihrem Bildschirm sehen. (Bitte schauen Sie in Ihrem Lieblingsbuch über Windows nach, wenn Sie etwas über dieses ganze Windows-Zeug wissen wollen und welche Bedeutung es hat.)

Menüleiste: Die zweite Leiste enthält eine Reihe von Menüs, von denen jedes ein Pulldown Menü enthält, mit dessen Hilfe Sie einen der zahlreichen Word-Befehle aussuchen können.

Standardsymbolleiste: In der dritten Leiste gibt es viele Werkzeuge, auf die Sie klicken können, um einige der gebräuchlicheren Word-Befehle schnell zu benutzen. Diese Leiste kann – muß aber nicht – auf Ihrem Bildschirm sichtbar sein. Dies hängt davon ab, welche Einstellungen für Word auf Ihrem PC gewählt wurden. Das Setup von Word wird in Kapitel 27 behandelt.

Formatierungs-Symbolleiste: Auf dieser vierten Leiste steht mit hoher Wahrscheinlichkeit das Wort *Standard* an der linken Seite. Genauso wie bei der Standard-Symbolleiste hängt es auch bei dieser Zeile von Ihnen ab, ob Sie sie sehen wollen. Auf der Formatierungs-Symbolleiste finden Sie die Befehle, mit denen Sie Schriftarten, Schriftgrößen, Attribute (fett, kursiv und unterstrichen), Ausrichtungsmerkmale (links, rechts, zentriert und Block), Tabulatoren und weitere Spaßigkeiten zuweisen können, die Sie beim Formatieren einsetzen können. Auch hierüber steht in Kapitel 27 mehr.

Tip-Assistent-Leiste: Eine weitere mögliche Symbolleiste unterhalb der Formatierungs-Symbolleiste ist die für den Tip-Assistenten. Der gibt Ihnen bei jedem Start von Word einen Tip (siehe Abbildung 1.3). Wenn Sie Word benutzen, gibt er Ihnen Tips, was Sie als nächstes tun sollten (oder auch nicht). (Ich selbst verstecke diese Symbolleiste, wie ich in dem Kasten *»Hier gibt es einen nützlichen Tip«* weiter vorne in diesem Kapitel erklärt habe.)

Lineal: Die fünfte Leiste sieht aus wie ein Lineal. Aber wie bei den Symbolleisten gilt auch hier, daß Ihr Bildschirm das Lineal nicht unbedingt zeigt.

Der neue Text erscheint rechts von dem blinkenden Zahnstocher-Cursor. Sie können zum Beispiel folgenden Text eingeben:

`Stop,Onkel Siegmund! Das ist die Baby-Hautcreme.`

Wenn Sie jetzt den Tonfall des Satzes ändern wollen, gehen Sie einfach mit dem Cursor hinter D und tippen Sie folgenden Text ein:

`as ist keine Zahnpasta. D`

Der neue Text wird eingefügt, wenn Sie ihn tippen, und der bereits existierende Text marschiert nach rechts weg (und sogar in die nächste Zeile) und macht Platz.

Eventuell müssen Sie nach `Das ist ein Leer` zeichen eingeben, um es vom nächsten Wort zu trennen.

Der ganze Satz sollte jetzt lauten:

`Stop,Onkel Siegmund! Das ist keine Zahnpasta . Das ist die Baby-Hautcreme.`

✔ Sie schreiben einen Text, indem Sie tippen. Jedes Zeichen, das Sie auf der Tastatur eingeben, entspricht dabei einem Zeichen auf dem Bildschirm. Das gilt jedenfalls für alle Buchstaben, Zahlen und Zeichen. Die anderen Tasten, die überwiegend grau sind, können seltsame und wunderbare Dinge tun, die im Rest dieses Buches erklärt werden.

✔ Wenn Sie einen Fehler gemacht haben, benutzen Sie die Rücktaste, um zurückzugehen und zu löschen. Die Rücktaste ist entweder mit *Backspace* betitelt oder aber durch einen kleinen Pfeil nach links kenntlich gemacht:

    ✔ Es besteht kein Grund zur Panik, wenn kleine Punkte zwischen Ihren Worten auftauchen, nachdem Sie die Leertaste betätigt haben. Diese kleinen Strolche lassen Sie die Zwischenräume auf dem Bildschirm sehen. Die Hintergründe hierfür erfahren Sie in Kapitel 27.

✔ Wie Sie den Zahnstocher-Cursor bewegen, erfahren Sie in Kapitel 2, *»Wie steuere ich durch mein Dokument«*.

✔ Mit der Umschalt-Taste können Sie Großbuchstaben schreiben.

✔ Mit der Feststell-Taste können Sie wie bei einer Schreibmaschine dafür sorgen, daß fortan alles GROSSGESCHRIEBEN wird, nachdem Sie die Taste gedrückt haben.

    ✔ Wenn die Feststelltaste aktiv ist, geht auf Ihrer Tastatur die Caps Lock-Leuchte an.

✔ Die Zahlentasten auf der rechten Seite Ihrer Tastatur bilden die numerische Tastatur. Um diese Tasten nutzen zu können, müssen Sie die Num Lock-Taste auf Ihrer Tastatur benutzen. Tun Sie das nicht, können Sie diese Tasten verwenden, um sich im Text zu bewegen. Wie das geht, sehen Sie im nächsten Kapitel *»Wie steuere ich durch mein Dokument«*.

✔ Die Num Lock-Leuchte auf Ihrer Tastatur geht an, wenn Sie die Num Lock-Taste drücken, um die numerische Tastatur zu aktivieren. Bei den meisten PCs ist diese Einstellung zu Beginn aktiviert.

✔ Einige Gewohnheiten von der Schreibmaschine müssen Sie ablegen: Schreiben Sie kein großes I oder kleines l für die Zahl 1 und ebenfalls kein großes O, wenn Sie die Zahl Null eingeben wollen.

✔ In Kapitel 2 *»Wie benutzt man die Tastatur korrekt«* werden Ihnen einige nützliche Hinweise über die Tastatur gegeben.

✔ Niemand muß Schreibmaschine schreiben können, um ein großer Schriftsteller zu werden. Aber die besten Schriftsteller können häufig hervorragend Maschine schreiben. Ich gebe Ihnen den Rat, sich ein Computerprogramm zu besorgen, das Ihnen das Tippen beibringt. Es macht eine unangenehme Erfahrung wie Word ein wenig erträglicher.

Tipp, tipp, la di da, tipp tipp

In den Anfängen der Textverarbeitung galt ein Textverarbeitungsprogramm als äußerst überlegen, wenn es über die berühmte Zeilenumbruchfunktion verfügte. Durch diese Funktion war es nicht mehr nötig, am Ende jeder Zeile die Eingabetaste zu betätigen, wie es auch bei Schreibmaschinen war. Word und alle anderen modernen Textverarbeitungsprogramme haben diese Funktion. Wenn Sie sich damit noch nicht auskennen, sollten Sie sich angewöhnen, sie für Sie arbeiten zu lassen.

In dem Augenblick, wo der Text gefährlich nahe an den rechten Rand gerät, wird bei Word das letzte Wort einfach hinüber in die nächste Zeile genommen. Sie müssen keine Eingabetaste bestätigen, außer wenn Sie gerade einen Absatz beenden wollen.

✔ Benutzen Sie die Eingabetaste, um einen neuen Absatz zu beginnen. Haben Sie gerade beschlossen, daß Sie aus einem Absatz zwei machen wollen, dann bewegen Sie den Zahnstocher-Cursor an die Stelle, an der der zweite Absatz beginnen soll, und betätigen dann die Eingabetaste.

✔ Sie müssen die Eingabetaste nur am Ende eines Absatzes benutzen und nicht am Ende jeder Zeile.

✔ Es gibt eine Klugscheißer-Variante, mit der man ein Zeilenende erzwingt. Dazu drückt man die Tastenkombination Umschalttaste + Eingabetaste. Ehrlich gesagt kann ich mir nicht vorstellen, wo man das außerhalb einer Tabelle benötigen könnte. Also sehen Sie in Kapitel 12 nach, wenn Ihnen das wirklich wichtig ist.

✔ Haben Sie keine Angst vor der Tastatur! Word gibt immer ausdrückliche Warnungen, bevor etwas Ernsthaftes passiert. Außerdem kümmert sich eine komfortable *Rückgängig*-Funktion um alles, was Sie versehentlich löschen. Mehr dazu in Kapitel 2, *»Wie benutzt man die Tastatur korrekt«*.

Diese ärgerliche gepunktete Linie

Ab und zu entdecken Sie eine lange Reihe kleiner Punkte, die sich quer von einer Seite zur anderen über Ihren Bildschirm streckt, wie Ameisen beim Militär, die gerade in Reih und Glied über Ihren Bildschirm marschieren. Klatschen Sie jetzt bloß nicht auf den Bildschirm! Diese Linie markiert das Ende einer Seite und den Beginn der nächsten und wird *Seitenumbruch* genannt. Der Text über den Ameisen, äh, Punkten gehört zur vorhergehenden Seite, der Text unter den Punkten gehört zur nächsten Seite.

✔ Sie können die gepunktete Linie nicht löschen? Um Himmelswillen, wozu sollte das auch gut sein? Es ist wie beim Picknick: Sie haben gerade ein paar Ameisen verjagt, und die nächsten sind schon wieder da. Es ist wie verhext.

✔ An der skurrilen Statistik der Statusleiste können Sie sehen, wie die gepunktete Linie funktioniert. Ist der Zahnstocher-Cursor beispielsweise gerade über den Punkten, steht dort S 5 für Seite 5. Sind Sie jetzt ein paar Zeilen darunter, steht dort S 6 für Seite 6.

✔ Stehen die Punkte in der Linie sehr eng beieinander – sehr freundliche Ameisen –, handelt es sich um einen *Seitenwechsel*. In der Mitte steht sogar Seitenwechsel. Die Person, die den Text geschrieben hat, hat an dieser Stelle ganz entschieden »Ich möchte jetzt eine neue Seite beschreiben« gesagt. In Kapitel 11 lernen Sie, wie das geht.

Einen Text bearbeiten

Sie benutzen Word, um *Dokumente* zu erstellen. Die Dokumente können ausgedruckt oder für spätere Bearbeitung oder späteren Ausdruck gespeichert werden. Ist ein Dokument einmal abgespeichert, wird es vom Computer als *Datei* »auf« der Festplatte oder der Diskette betrachtet.

Es gibt verschiedene Wege, ein bereits gespeichertes Dokument zu laden und zu bearbeiten. Da es hier um Windows geht, sollten Sie es mit der Maus versuchen.

1. **Wählen Sie den *Datei, Öffnen*-Befehl.**

   Nehmen Sie die Maus, klicken auf *Datei* in der Menüzeile, und sogleich fällt Ihnen ein sogenanntes Dropdown-Menü entgegen. Klicken Sie nun auf den *Öffnen*-Befehl und die Dialogbox Öffnen erscheint wie in Abbildung 1.4. (Sie können ebenso das abgebildete Öffnen-Symbol anklicken.)

2. Wählen Sie den Namen des Dokuments (oder der Datei), das Sie öffnen und bearbeiten möchten.

Suchen Sie den Namen des Dokuments in der Liste, und klicken Sie zweimal mit der linken Maustaste drauf. Sie können die Dialogbox auch dazu benutzen, um ein wenig auf Ihrer Festplatte (oder Ihrer Diskette) herumzustöbern und nach Dateien zu suchen. In einer Dialogbox herumzustöbern gehört zum Standardrepertoire unter Windows. Haben Sie Ihre Datei gefunden, markieren Sie sie, und klicken Sie auf *OK* in der *Öffnen*-Dialogbox, oder doppelklicken Sie mit der Maus auf den Dateinamen.

Abbildung 1.4: Die Öffnen-Dialogbox

✔ Sollte Ihre Katze gerade mit Ihrer Maus spielen, können Sie eine Datei auch mit der Tastatur öffnen. Geben Sie einfach nacheinander Alt, D, F ein (das ist der sogenannte Menü-Shortcut), oder drücken Sie gleichzeitig Strg + O. Danach tippen Sie auf der Tastatur den Dateinamen. Schließen Sie aber vorher noch die Tür – das ist nämlich die primitive Methode. Niemand sollte Sie dabei erwischen, wie Sie in Windows die *Tastatur* benutzen.

✔ Nachdem Sie den Namen des Dokuments eingegeben haben, sehen Sie nochmal nach, ob alles richtig geschrieben ist. Word kennt nämlich in dieser Frage kein Pardon. Es spielt aber keine Rolle, ob Sie groß oder klein schreiben. Oder klicken Sie einfach mit der Maus auf den Dateinamen. In diesem Fall müssen Sie sich keine Sorgen über die Schreibweise machen.

✔ Mit *Bearbeiten* wird hier das Lesen, Korrigieren und Erweitern eines Textes bezeichnet, den Sie schon einmal erstellt und abgespeichert haben. Zu diesem Vorgang gehört der Gebrauch der Richtungstasten, die in Kapitel 2 vorgestellt werden. Schlagen Sie auch in Kapitel 4, »*Text löschen und vernichten*«, Kapitel 5, »*Die Wunder von Suchen und Ersetzen*«, und Kapitel 6, »*Mit Blöcken spielen*«, nach.

✔ Wenn Sie eine Datei bearbeiten wollen, den Sie erst gerade in Arbeit hatten, dann öffnen Sie das *Datei*-Menü und schauen am unteren Ende nach, ob sie dort aufgeführt ist. Word kann sich nämlich an die letzten Dokumente »erinnern«, mit denen Sie gearbeitet haben. Ist das gesuchte Dokument hier aufgeführt, können Sie einfach mit der Maus auf den Namen klicken, um es zu öffnen.

✔ Sind Sie mit dem Bearbeiten eines Textes fertig, können Sie ihn ausdrucken oder abspeichern oder erst das eine und dann das andere tun. Über das Drucken und Speichern erfahren Sie in diesem Kapitel noch mehr, und zwar in den Abschnitten *»Drucken«* und *»Speichern Sie Ihren Kram!«*.

✔ Dokumente müssen mit einem eigenen, besonderen Namen abgespeichert werden. Dieser Namen – ein Dateiname – kann zwischen einem und 255 Zeichen haben, Leerstellen, Kommata und alles mögliche andere Gerümpel enthalten. Ehrlich gesagt fahren Sie besser, wenn Sie Ihre Dateinamen kurz und knapp halten. In Kapitel 22 wird das bis ins Detail erläutert.

✔ Dort finden Sie außerdem mehr Informationen darüber, wie man mit der *Öffnen*-Dialogbox arbeitet.

Wie Sie Hilfe bekommen

Hin und wieder erlauben sich auch diese milchschlürfenden, Birkenstock tragenden, bebrillten Microsoft-Programmierer ein paar kleine Schnitzer. Was immer sie aber auch getan haben, es sei ihnen vergeben. Denn sie haben ein wundervolles, neues, verbessertes, technisch weiterentwickeltes, super-duper, ultracleveres Hilfe-System in Word eingebaut.

Naja, die Word-Hilfe funktioniert ganz ähnlich wie die Hilfe in den anderen Windows-Programmen. Mit der F1-Taste wird sie aktiviert. Sie können dann nach hilfreichen Begriffen suchen oder, falls Sie gerade mitten in einem dringenden Problem stecken, sich Hilfe zu diesem Thema besorgen.

Das Word-Hilfe-Menü

Das *Hilfe*-Menü finden Sie, indem Sie auf das Fragezeichen in der Menüzeile klicken. Der einzige Punkt in diesem Menü, der Sie interessieren sollte, ist der erste, *Microsoft Word-Hilfethemen*. Der zeigt Ihnen die vielschichtige Word-Hilfe-Dialogbox, die in Abbildung 1.5 gezeigt ist. Über den Rest des *Hilfe*-Menüs können Sie wohlwollend hinwegsehen.

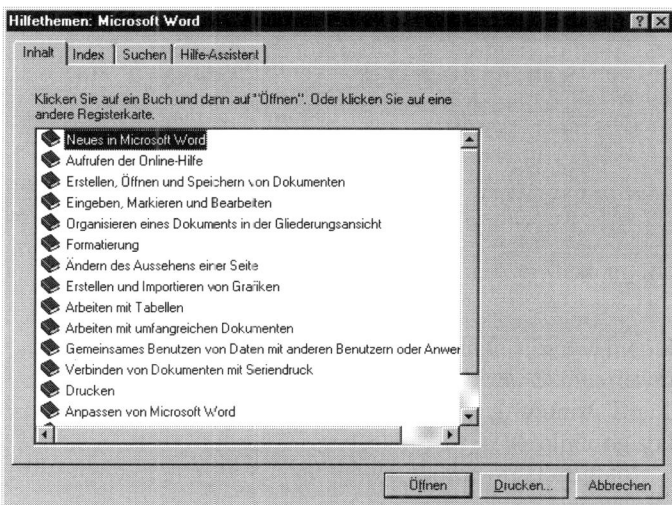

Abbildung 1.5: Die Word-Hilfe-Dialogbox. Hier wird Ihnen geholfen.

Im Inhalt der Word-Hilfe sehen Sie eigentlich alles, was das Word-Handbuch sein könnte (oder sein sollte). Die Themen werden angezeigt wie Kapitel in einem Buch; doppelklicken Sie auf eines der kleinen Buch-Symbole, dann öffnet sich das Kapitel, und Sie können das Dokument – oder sogar weitere Kapitel – sehen, die sich darin befinden. Manche dieser Informationen sind sogar beinahe nützlich.

✔ Unter *Index* finden Sie eine alphabetische Liste der Themen, die mit Word zu tun haben. Sie können diese Themenliste alphabetisch durchsuchen oder eintippen, was Sie gerade interessiert, damit sich die Liste ein wenig schneller bewegt. Persönlich ziehe ich diese Methode vor, da ich direkt dorthin komme, wo ich hin will.

✔ Wenn Sie ein Thema aus dem Index ausgewählt haben, sehen Sie wahrscheinlich eine weitere Dialogbox mit zusätzlichen Auswahlmöglichkeiten. Nehmen Sie die, die am besten zu Ihrem Problem paßt.

✔ Sie haben auch Zugriff auf den Hilfe-Index, wenn Sie die F1-Taste während der Bearbeitung eines Textes betätigen.

✔ Tun Sie etwas anderes – Sie sind beispielsweise gerade in einer Dialogbox –, und benutzen Sie dann die F1-Taste, erhalten Sie spezielle Hilfe nur zu diesem Thema. Klicken Sie im Hilfe-System auf *Hilfethemen*, um wieder in den Index zu gelangen.

✔ Haben Sie genug von der Hilfe, so müssen Sie dieses Fenster schließen. Klicken Sie auf das X in der oberen rechten Ecke des Hilfe-Fensters.

Hilfe, Herr Hilfe-Assistent!

Wenn Word sehr guter Stimmung ist, geht es in den Hilfe-Assistent-Modus und zeigt eine Reihe von interaktiven Dialogboxen, die Ihnen hoffentlich helfen, ein Problem Schritt für Schritt zu lösen.

Es gibt zwei Möglichkeiten, den Hilfe-Assistenten zu wecken. Als erste können Sie den Hilfe-Assistenten aus der *Hilfe*-Dialogbox wählen; über die zweite stolpern Sie, wenn Sie anderswo nach Hilfe suchen. Ich gehe mal davon aus, daß Sie überlegt handeln und in der *Hilfe*-Dialogbox auf das Fach mit dem Hilfe-Assistenten klicken (siehe Abbildung 1.6):

1. **Wählen Sie *Hilfe, Microsoft Word-Hilfethemen*.**

   Die *Hilfe*-Dialogbox platscht auf den Bildschirm.

2. **Klicken Sie auf das Schild *Hilfe-Assistent*.**

   Das holt das Blatt mit dem Hilfe-Assistenten nach vorne, so wie es in Abbildung 1.6 zu sehen ist.

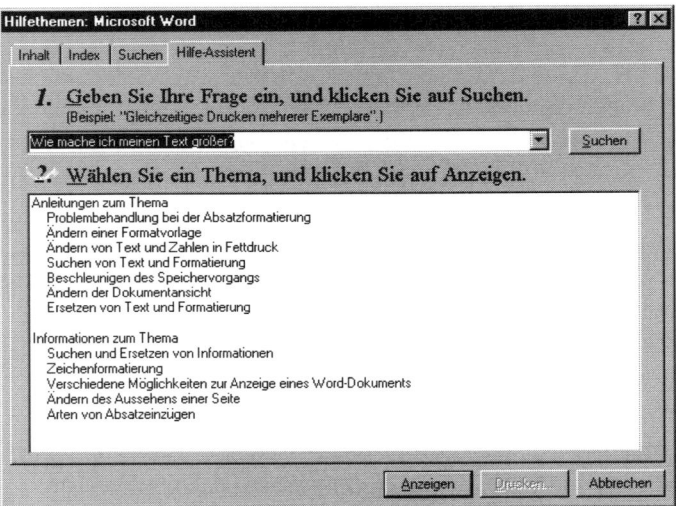

Abbildung 1.6: Der Hilfe-Assistent bereitet sich auf Ihre nächste Anfrage vor

3. **Geben Sie Ihr Begehren in den ersten Kasten ein.**

   Tippen Sie einfach dasselbe, das Sie Ihren Computerguru fragen würden: »Wie mache ich meinen Text größer?« Versuchen Sie nicht, kryptisch zu sein oder Wörter zu gebrauchen, die Sie nicht verstehen, so wie es Bundestagsabgeordnete tun.

4. Drücken Sie die Eingabetaste.

Word geht an die Arbeit und zeigt verwandte Themen, von denen es denkt, sie könnten Ihnen helfen. Durchstöbern Sie die Liste, und Sie können vielleicht eines davon nützlich finden – zum Beispiel ein Thema wie `Zeichenformatierung` in der vierten Zeile von unten in Abbildung 1.6.

5. Doppelklicken Sie mit der Maus auf das Thema mit der Lösung.

Klick-klick.

✔ Nun übernimmt der Hilfe-Assistent die Führung durch die Schritte, die nötig sind, um Ihre Aufgabe zu erledigen. Dabei werden Sie aufgefordert, verschiedene Dinge zu tun, mit der Maus zu zeigen und zu klicken und vielleicht etwas einzugeben. (Das ist nichts, wobei Sie einfach nur zuschauen.)

✔ Wenn eine Dialogbox angezeigt wird, lesen Sie den gesamten Inhalt. Dann klicken Sie auf die *Weiter*-Schaltfläche, um sich zum nächsten Schritt zu begeben.

✔ Der Hilfe-Assistent sucht vielleicht etwas aus dem Menü für Sie aus. Haben Sie keine Angst; Ihr Computer ist nicht von Dämonen besessen.

✔ Wenn Ihr Computer jemals von Dämonen in Beschlag genommen wird, wird sich so ziemlich jeder Priester freuen, einen Exorzismus an ihm vorzunehmen. Bei meinem ist das bereits einmal passiert. Nach einer nervösen Stunde voller Schwitzen und Beschwatzen haben wir den Computer dazu gebracht, eine alte WordPerfect-Diskette auszuspucken.

✔ Der Hilfe-Assistent zaubert eventuell gelegentlich eine Sprechblase hervor, in der steht, was Sie eintippen oder welche Option Sie wählen sollen. Folgen Sie diesen Anweisungen.

✔ Manchmal bringt die Sprechblase Sie einfach an die Stelle in Word, wo Sie sich befinden müssen, um eine Aufgabe auszuführen. Wenn Sie beispielsweise die Zeichengröße in Ihrem Text ändern wollen, benutzen Sie das Zeichengröße-Ding auf der Formatierungssymbolleiste. (In Kapitel 9 finden Sie weitere Informationen.)

Kontextsensitive Hilfe

Das Coolste an der Word-Hilfe ist jedoch ihre Fähigkeit, Ihnen Hilfe genau dann zu geben, wenn Sie sie gerade benötigen. Halten Sie die Umschalttaste gedrückt, und drücken Sie dann die F1-Taste (das bedeutet, daß Sie Umschalt-Taste + F1 drücken), und schon verwandelt sich der Mauszeiger in ein Fragezeichen oder einen Pfeil. Sie können auch einfach das Fragezeichen/Pfeil-Symbol auf der rechten Seite der Standard-Symbolleiste anklicken und erleben eine sofortige Verwandlung.

 Bewegen Sie nun den »Fragezeichenpfeil« auf die Stelle, an der Sie Hilfe benötigen, und klicken Sie mit der Maustaste. Gehen Sie beispielsweise mit dem Pfeil auf die Schere in der Standard-Symbolleiste und klicken mit der Maus. Sie werden herausfinden, daß die Schere dazu da ist, Text auszuschneiden, und nicht dafür, Ihnen die Haare zu schneiden (auch wenn die Hilfe das auf dem Bildschirm in typisch besserwisserischer Manier mitteilt). Diese Schaltfläche funktioniert mit fast allem, was Sie auf dem Word-Bildschirm sehen – sogar mit dem merkwürdigsten Zeug.

✔ Für eine kurze und einfache, daher im allgemeinen aber auch weniger hilfreiche Erklärung der Bildchen auf dem Bildschirm können Sie den Mauscursor einfach auf das betreffende Symbol ziehen. Blitzschnell erscheinen ein paar kryptische Wörter. Leider sagen die Ihnen nur, was das Symbol oder die Schaltfläche ist, und nicht, was Sie damit anfangen können.

✔ Eine etwas ausführlichere Erklärung finden Sie gleichzeitig in der Statusleiste.

✔ Wenn der Computer nur stumpf vor sich hin piept, wenn Sie klicken, können Sie ziemlich sicher sein, daß es zu diesem Thema keine Hilfe gibt.

✔ Bei einigen Dialogboxen finden Sie in der oberen rechten Ecke eine Fragezeichen-Schaltfläche. Klicken Sie auf diese Schaltfläche und danach auf ein beliebiges Element in der Dialogbox, um zu sehen, was es tut. Hoffentlich.

✔ Ein weitere Methode, Hilfe zu etwas in einer Dialogbox zu bekommen, besteht darin, mit der rechten Maustaste darauf zu klicken. Dann erscheint in der Regel ein Kasten und sagt Ihnen, worauf Sie zeigen und wie es funktioniert.

✔ Klicken Sie auf den »Fragezeichenpfeil«, oder betätigen Sie die Esc-Taste, wenn Sie wieder Ihren guten alten Mauszeiger zurückhaben wollen.

Wie man es zu Papier bringt (Drucken)

Nachdem Sie einen Text geschrieben haben, den Sie für das bedeutendste Werk seit »Krieg und Frieden« halten, haben Sie beschlossen, ihn auszudrucken. Denn irgendwie ist es doch nicht so bequem, den Computer immer mit sich zu führen und jedem Ihre Prosa auf dem Bildschirm zu zeigen.

Um Ihr Dokument in Word zu drucken – das gesamte Dokument, das Sie auf dem Bildschirm sehen, einfach alles – müssen Sie folgendes tun:

1. **Sehen Sie nach, ob Ihr Drucker angeschaltet und betriebsbereit ist.**

   In Kapitel 8 erhalten Sie mehr Informationen über den Umgang mit dem Drucker, falls Sie das benötigen.

2. **Öffnen Sie das *Datei*-Menü, und wählen Sie dann den *Drucken*-Befehl (Sie können auch auf den kleinen Drucker in der Standard-Symbolleiste klicken, der hier abgebildet ist.)**

   Die Drucken-Dialogbox öffnet sich. Hier passiert alles, was mit dem Drucken und ähnlichen Aktivitäten zu tun hat.

3. Klicken Sie mit der Maus auf die *OK*-Schaltfläche.

Sirr, sirr, sirr. Das Dokument kommt aus Ihrem Drucker. Oder aber wirr, krr, flap-blap-blap, der Text kommt aus Ihrem Laserdrucker. Sehr hübsch, sehr schick.

✔ Während Sie drucken, verwandelt sich in der Statusleiste das kleine Wörterbuch in einen winzigen Drucker, der Papier auswirft. Von dem, was Sie für Word ausgegeben haben, haben Sie wahrscheinlich 3,86 DM für diesen Trick bezahlt.

✔ Sie können den Befehl zum Drucken auch über die Tastatur geben, indem Sie entweder Alt, D, D oder Strg + P eingeben. Diese Methode empfiehlt sich vor allem für Langfinger oder wenn Sie Feinstickerei betreiben oder wenn Ihre Maus zum Käse essen verschwunden ist.

✔ Sie müssen nicht auf die *OK*-Schaltfläche klicken, wenn Sie auf den Drucker in der Symbolleiste klicken; das Dokument wird sofort gedruckt.

✔ Detaillierte Informationen über das Drucken erhalten Sie in Kapitel 8. Dort wird auch erklärt, wie Sie sich vergewissern, daß Ihr Drucker betriebsbereit ist.

✔ Um nur einen Teil Ihres Dokuments auszudrucken – einen Absatz, eine Seite, einen »Block« –, schlagen Sie bitte im Kapitel 6 nach, *»Mit Blöcken spielen«*.

Speichern Sie Ihr Zeug

Word erinnert sich nicht daran, was Sie beim letzten Mal gemacht haben, als Sie den Computer benutzten. Sie müssen ihm schon nachdrücklich sagen, daß es Ihr Zeug *speichern* soll. Dazu muß das Dokument auf dem Bildschirm in einer Datei auf der Festplatte oder einer Diskette gespeichert werden. Dafür gibt es in Word den *Speichern*-Befehl.

Damit ein Dokument gespeichert wird, müssen Sie den Befehl *Datei, Speichern* oder auch Alt, D, S eingeben. (Sie können auch auf die *Speichern*-Schaltfläche auf der Standard-Symbolleiste klicken, die wie eine winzige Diskette aussieht.) Mit diesem Schritt haben Sie Ihr Dokument gespeichert. Ist Ihr Dokument noch nicht gespeichert worden, erscheint die Dialogbox *Speichern unter*. Geben Sie in diesem Fall einen Namen für die Datei ein und klicken Sie auf die *Speichern*-Schaltfläche, wenn Sie fertig sind.

✔ Ist das Dokument, das Sie erstellt haben, noch nicht gespeichert worden, müssen Sie Word einen Dateinamen geben, an den es sich erinnern kann. Der Name dient dazu, die Datei später wiederzuerkennen, falls Sie sie bearbeiten oder ausdrucken wollen. Geben Sie den Namen des Dokuments in die Dialogbox ein. Haben Sie einen Fehler gemacht, so benutzen Sie die Rück-Taste und löschen Sie ihn. Klicken Sie auf *Speichern*, um die Datei zu speichern.

✔ Beim Speichern führt der schnellste Weg über die Tastatur: Nehmen Sie die Kombination Strg + S. Erst die Strg-Taste drücken und dann die S-Taste. Sie können keinen Basketball mit einer Hand aufnehmen? Dann dürfen Sie auch Umschalt-Taste + F12 eingeben.

✔ Achten Sie auf die Status-Leiste, wenn Sie eine Datei speichern – sie wird vorübergehend durch die Nachricht ersetzt, daß Word Ihr Dokument speichert (oder Schnellspeicherung).

✔ Haben Sie einen nicht erlaubten Dateinamen eingegeben, sitzt Word bloß da und wird störrisch. Hacken Sie immer wieder auf die *Speichern*-Schaltfläche – und nichts passiert! Versuchen Sie es nochmal mit einem neuen Dateinamen (und lesen Sie den folgenden Abschnitt über das technische Zeug mit Dateinamen).

✔ Speichern Sie Ihre Dateien so, daß Sie auch noch später mit ihnen arbeiten können! Wenn Sie Word das nächste Mal laden, können die Dokumente wieder geladen werden. Im Abschnitt *»Ein Dokument bearbeiten«* am Anfang dieses Kapitels steht mehr darüber.

✔ Nachdem das Dokument gespeichert wurde, sehen Sie seinen Namen in der Titelleiste des Fensters. Das ist der Hinweis für Sie, daß Ihr Dokument gespeichert ist.

✔ Wenn Sie mit Ihren Gedanken überall, nur nicht bei Ihrem Dokument sind, kann es Ihnen passieren, daß Sie einer Datei einen Namen geben wollen, den schon eine andere Datei hat. Das ist bah-bah, weil die neuere Datei die alte Datei mit dem selben Namen »überschreibt«. Sie haben sich zum Beispiel entschieden, Ihren neuen Brief unter dem Dateinamen *Brief* zu speichern. Da Sie aber schon einmal eine Datei *Brief* genannt haben, überschreibt die neue Datei die alte. Weil es keinen Weg gibt, das Original zurückzubekommen, sollten Sie sich einen anderen, intelligenteren Namen überlegen. Word warnt Sie ohnehin mit der Nachricht:

```
Soll die bereits existierende Datei WASDENN.DOC ersetzt werden?
```

Klicken Sie auf die *Nein*-Schaltfläche und verwenden Sie einen anderen Namen.

✔ Kapitel 22, *»Dateien verwalten«*, gibt noch mehr über Dateinamen und ähnliches preis.

Komplizierte – aber wichtige – Informationen über DOS-Dateinamen

Sie müssen Ihre Dateien nach den Regeln von Windows zur Namensgebung benennen. Das ist zwar nicht so mühselig, wie für den theoretischen Teil der Führerscheinprüfung zu lernen und nicht so schlimm wie die Dinge in den alten DOS-Tagen, aber doch verdammt nahe:

✔ Ein Dateiname kann bis zu 255 Zeichen lang sein, Sie können also so ziemlich alles eingeben.

✔ Trotzdem sollten Ihre Dateinamen kurz und aussagefähig sein.

✔ Zum Dateinamen können Buchstaben, Zahlen und Leerstellen gehören, und er kann mit einem Buchstaben oder einer Zahl beginnen.

✔ Der Dateiname darf keines der folgenden Zeichen enthalten: \ / : * ? » < > |

✔ Machen Sie sich nicht die Mühe, eine Erweiterung mit drei Buchstaben – .DOC – am Ende jeder Word-Datei einzugeben.

Hier ist eine Zusammenstellung von Dateinamen, die in Ordnung sind:

BRIEF: Ein kurzer und braver Dateiname, auch wenn ihm die Leidenschaft fehlt, wie ein Salat ohne Knoblauch. Ein besseres und aussagefähigeres Beispiel wäre:

BRIEFANMAMA: Dieser Dateiname beschreibt die Art des Dokuments und worum es geht – und man muß gar nicht mal viel mehr eingeben.

KAPITEL 1: Noch ein vernünftiger Dateiname. Merken Sie sich, daß Zahlen und Buchstaben vermischt werden können – aber ohne Öl und Essig!

FORMULAR 941: Ein weiterer ausgezeichneter Dateiname. Nummern sind erste Sahne.

M*A*S*H: Hoppla! Da ist das verbotene *-Zeichen (ein Asterisk)! Pfui, pfui, pfui!

ICH.LIEBE.DICH: Das ist in Ordnung, sieht aber blöd aus. Das hat sich wohl ein Hardware-Tüftler ausgedacht. Die korrekte, besseraussehende Alternative ist:

ICH LIEBE DICH: Oh süß. Ich liebe dich auch.

Ein Dokument schließen

Nachdem Sie Ihre Arbeit an einem Dokument beendet haben, können Sie es vom Bildschirm verschwinden lassen, indem Sie es »schließen«. Das ist etwa das gleiche wie ein Blatt Papier aus der Schreibmaschine zu reißen – leider ohne das befriedigende Geräusch.

Um ein Dokument zu schließen, wählen Sie den Befehl *Datei, Schließen* (Alt, D, C). Dieser Schritt schließt das Dokument und läßt es vom Bildschirm verschwinden. Zack! (Obwohl Sie »Zack« sagen müssen, während Sie dies tun. Word ist leider noch immer stumm.)

✔ Warum soll man ein Dokument schließen? Weil man seine Arbeit getan hat! Vielleicht möchten Sie etwas anderes tun oder Ihre Arbeit mit Word beenden. Sie haben die Wahl, und die wird Ihnen im nächsten Abschnitt erklärt.

✔ Wollen Sie ein Dokument schließen, bevor es abgespeichert ist, warnt Word Sie in einer Dialogbox. Klicken Sie auf *Ja*, um Ihr Dokument zu speichern. Sollten Sie noch weiterarbeiten wollen, so geben Sie *Abbrechen* ein.

✔ Wenn Sie an einem Dokument gearbeitet haben und es schließen, sieht Word ein wenig kahl aus: Leisten und Menüs verschwinden, genauso wie Bildlaufleisten und anderer Schrott auf dem Bildschirm. Keine Panik: Sie haben nur ein Dokument geschlossen, und Word hat deshalb gerade wenig zu tun. Es sitzt immer noch brav da und wartet auf Ihren nächsten Befehl.

✔ Haben Sie an mehreren Dokumenten gearbeitet, so erscheint auf dem Bildschirm jetzt ein anderes Dokument an Stelle des eben geschlossenen. In Kapitel 20 wird das Arbeiten an mehreren Texten erläutert.

Weitermachen

Nachdem Sie ein Dokument geschlossen haben und Word ins Koma gefallen ist, haben Sie eine Reihe von Möglichkeiten, was Sie als nächstes tun können. Ich meine noch nicht mal »eine Pause machen« oder »mit dem Mauszeiger spielen«. Wer weiß, wie er jetzt zu Solitaire wechseln und damit ein paar Stunden verbringen kann, dem will ich auch nichts erzählen. Aber Sie haben auch in Word eine Reihe von Optionen.

Zunächst mal können Sie ein anderes Dokument bearbeiten. Wie das geht haben Sie schon in dem Abschnitt »*Einen Text bearbeiten*« gelernt.

 Als nächstes können Sie ein neues Dokument öffnen. Dazu wählen Sie die Tastenkombination Strg + N oder das *Datei*-Menü, den *Neu*-Befehl und klicken dann auf OK, oder Sie klicken einfach auf das kleine weiße Blatt Papier in der Standard-Symbolleiste. Damit beginnen Sie mit einem sauberen, leeren Blatt »elektronischen« Papiers von vorn. Lassen Sie der Textverarbeitungsmuse freien Lauf.

Als drittes können Sie Word verlassen und etwas anderes in Windows tun. Lesen Sie dazu im nächsten Abschnitt mehr.

 Sie müssen Word nicht beenden, um mit einem neuen Dokument zu beginnen.

Word beenden

Es ist ein Zeichen wahrer Etikette zu wissen, wann man aufhören muß. Wenn zum Beispiel Ihre zweijährigen Zwillinge entdecken, daß Tante Emmas Porzellanfigurensammlung den Sturz aus dem zweiten Stock nicht überlebt. Bevor also die Katze oder ihr sogar noch kleinerer Hund mit blutigen Pfoten herumlaufen, sollten Ihnen plötzlich einfallen, daß Sie noch etwas wichtiges zu erledigen haben, weswegen Sie jetzt leider gehen müssen. Das ist angebracht. Word verlassen Sie auf die richtige Art und Weise, indem Sie den *Beenden*-Befehl benutzen. Dieser Befehl wird bei allen Windows-Anwendungen und -Programmen verwendet, um sie zu verlassen.

Um sich höflich zu entschuldigen, stehen Sie auf, verlassen Word und wählen das *Datei*-Menü, indem Sie einmal darauf klicken. Dann suchen Sie unten in der Liste den Befehl *Beenden*. Klicken Sie mit der Maus drauf. Puh! Es ist vorbei.

✔ Sollten Sie Ihr Dokument noch nicht gespeichert haben, so fragt Word Sie jetzt, ob Sie das vor dem Beenden tun wollen. Wiederum ist das einfach nur Höflichkeit. Eine Dialogbox erscheint, die Sie fragt, ob Sie die Änderungen am Dokument speichern wollen. Klicken Sie auf *Ja,* um zu speichern. Dieser Teil ist wichtig. Danach tritt Word friedlich beiseite und läßt Sie etwas anderes – wahrscheinlich Unterhaltsameres – in Windows tun. (Hat das Dokument noch keinen Namen, möchte Word, daß Sie sich einen für das Dokument ausdenken. Aus dem Abschnitt *»Das Zeug abspeichern«* in diesem Kapitel wissen Sie ja, wie das geht.)

✔ Der Befehl *Datei, Beenden* (Alt, D, B oder Alt + F4) ist der geeignete Weg, um Word zu verlassen. Drücken Sie auf keinen Fall die Reset-Taste, oder schalten Sie gar Ihren PC aus, um Word zu »verlassen«. Das ist absolut unverantwortlich und bringt Sie wegen Mißhandlung von Computern hinter schwedische Gardinen, wenn Sie gefaßt werden! Außerdem riskieren Sie, daß Teile Ihrer Dateien so verhackstückt werden, daß Sie sie nie wieder gesund zurückbekommen.

✔ Mal angenommen, daß Sie gar nicht Word verlassen wollen, sondern nur das alte Dokument loswerden und ein neues öffnen wollen. Dann sehen Sie sich zuerst noch einmal den Abschnitt *»Eine Datei schließen«* und daran anschließend im Abschnitt *»Weitermachen«* den Teil über das Öffnen eines neuen Dokuments an.

✔ Nachdem Sie Word beendet haben, gelangen Sie zum Windows-Desktop. Wollen Sie Ihren PC ausschalten, so wählen Sie jetzt den Befehl *Beenden* aus dem Menü der *Start*-Schaltfläche; drücken Sie Strg + Esc, B, und klicken Sie dann auf die *Ja*-Schaltfläche. Schalten Sie den Computer erst aus, wenn Windows sagt, daß das jetzt »sicher« sei.

Das Tasten-Einmaleins

In diesem Kapitel

▶ Die Tasten

▶ Drücken und Loslassen

▶ Einfügen und Überschreiben

▶ Die Eingabetaste

▶ Die Leertaste

▶ Die Rückgängig-Tasten

▶ Die Kindergarten-Tasten: Ausschneiden, Kopieren und Einfügen

▶ Die Hilfe-Taste

▶ Die Wiederholen-Taste

Man sollte nicht erwarten, daß die Tastatur in Windows so wichtig ist. Nur, vieles von dem, was Sie mit einem Textverarbeitungsprogramm machen, hängt mehr mit der Tastatur zusammen als mit der Maus. Und das größte Problem, das mir in den 15 Jahren begegnet ist, seit ich über Textverarbeitungsprogramme schreibe, liegt darin, daß zu viele Leute Angst haben, die Tastatur ihres Computers zu benutzen. Sie tun so, als würden unter der Hälfte der Tasten Landminen liegen. Ich garantiere Ihnen: Das Ding wird nicht explodieren, egal wie schnell Sie tippen oder wie groß Ihre Daumen sind.

Wenn dieses Kapitel ein Motto hätte, dann wäre es »Sei tapfer!«. Word macht nichts Gefährliches, es sei denn, Sie fordern es dazu auf. Und selbst dann wird Ihnen eine Ja/Nein-Frage gestellt, bevor etwas Unbeschreibliches, Gefährliches passiert. Sie können die handliche Esc-Taste drücken und damit so ziemlich alles abbrechen, bevor ein Unglück passiert (deswegen heißt diese Taste ja so: Esc steht für »escape«- Entkommen), und der Befehl *Bearbeiten Rückgängig* macht Ihre letzte Aktion rückgängig (Sie können auch auf das *Rückgängig*-Werkzeug klicken oder als Abkürzung die Tasten Strg + Z drücken). Stellen Sie sich diese Optionen so vor, als trügen Sie kleine Hochdichtigkeits-Schwermetall-Fingerhüte, die Sie gegen diese Tastatur-Landminen schützen.

Die Tasten

Schauen Sie sich Ihre Tastatur an und dann die Abbildung 2.1.

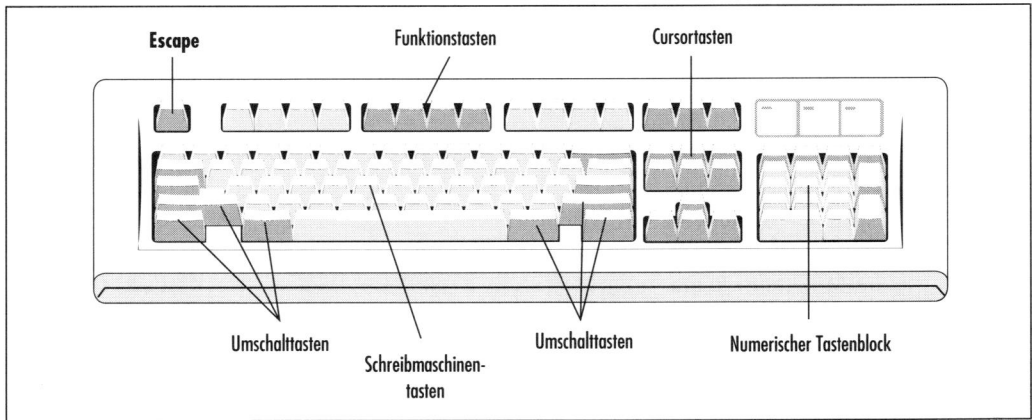

Abbildung 2.1: Die Position der einzelnen Tasten

Sie sehen, daß die Tastatur in verschiedene Gebiete aufgeteilt ist, von denen jedes seine eigene Funktion hat. Folgende Tasten benutzen Sie in Word, entweder allein oder in Kombination mit anderen Tasten:

Funktionstasten: In der obersten Reihe der Tastatur, von F1 bis F12 durchnumeriert. Diese Tasten benutzt man allein oder als Kumpel der Strg-, Alt- und Umschalt-Tasten.

Schreibmaschinentasten: Die *alphanumerischen* Standardtasten, die Sie auf jeder Schreibmaschine finden: A bis Z, 1 bis 0, plus Symbolen und ein paar exotische Zeichen.

Cursortasten: Pfeiltasten, die den Zahnstocher-Cursor auf dem Bildschirm herumbewegen. Dareingequetscht sind auch noch die Tasten Pos 1, Ende, Bild und Bild, sowie die Einfg- und die Entf-Taste. Ach ja, die großen Plus- und Minus-Tasten gehören auch noch dazu.

Phantasten: So nennt man Spinner höflich. Gibt´s auch bei Word-Anwendern. Vermeiden Sie jegliche Konversation.

Numerischer Tastenblock: Diese Tasten schwanken zwischen einem Dasein als Cursortasten und als Zahlen. Ihre gespaltene Persönlichkeit ist oben an jeder Taste abzulesen, weil dort zwei Symbole stehen. Die Num-Taste und das dazugehörende Licht sind an, wenn der numerische Tastenblock (1, 2, 3) aktiv ist. Wenn die Cursortasten (Pfeile, Pos 1) aktiv sind, ist Num ausgeschaltet.

Umschalttasten: Die machen nichts von allein. Die Umschalt-, Strg- und Alt-Tasten funktionieren nur in Kombination mit anderen Tasten.

Zwei Tasten sollte man besonders ins Auge fassen:

Eingabe: Zumeist mit einem kryptischen gebogenen Pfeilding. Die benutzen Sie, um einen Textabsatz zu beenden.

Escape: Die Escape-Taste ist zumeist mit Esc beschriftet. In Word ist sie ziemlich nützlich, aber die Plazierung auf der Tastatur kann unterschiedlich sein. Manchmal finden Sie sie neben der Rückwärtstaste. Suchen Sie mal auf Ihrer Tastatur danach.

✔ Seien Sie dankbar: Ein Klavier hat 88 Tasten, schwarz und weiß, ohne Aufschrift. Da braucht man Jahre, um es zu beherrschen. Im Vergleich dazu ist ein Computer einfach.

✔ Ältere PC-Tastaturen haben einen Aufbau, der sich vom derzeit populären »erweiterten« 101-Tasten-Design unterscheidet. Einige ältere Modelle haben die Funktionstasten an der Seite der Tastatur, bei einigen fehlen separate Cursortasten. Unter Word arbeiten sie zwar alle gleich, aber dieses Buch geht davon aus, daß Sie eine Tastatur mit 101 Tasten haben (na los, zählen Sie schon nach; es sind wirklich 101).

✔ Laptop-Tastaturen spinnen alle. Zuerst einmal fehlt der numerische Tastenblock. Das ist okay, aber die grauen Plus- und Minus-Tasten werden Ihnen fehlen. Die kann man nämlich für ein paar besondere Formatierungsbefehle benutzen, auf die wir in Kapitel 9 stoßen.

Drücken und Loslassen!

Willkommen im Word-Aerobic-Club! Und drücken und loslassen und eins und zwei und runter und rauf, damit der Podex knackig wird! Okay, und jetzt heben und drücken und ... äh, 'tschuldigung, das war dann doch ein anderes Buch. Der Titel dieses Abschnitts ist »*Drücken und Loslassen!*«, und er hilft dabei, diese verweichlichten kleinen Finger auf ein paar von den lustigen Word-Tastenkombinationen einzustimmen.

Word verwendet Tastenkombinationen in Vertretung einiger Befehle. Zum Beispiel:

Strg + P.

Wenn Sie es schaffen, mit einer Hand einen Basketball hochzuheben, können Sie es auch mal hiermit versuchen:

Strg + Umschalttaste + F12.

Beide Befehle öffnen die Dialogbox *Drucken* – was jetzt nicht so recht von Bedeutung ist. Was Ihnen diese Tastenkombination sagen soll, ist, daß Sie die Strg- und die Umschalttaste gedrückt halten sollen und dann die F12-Taste betätigen. Dann lassen Sie alle drei Tasten los. Oder halten Sie die Strg-Taste gedrückt, und drücken Sie dann P, und danach lassen Sie beide Tasten los.

✔ Diese Tastenkombinationen tauchen die ganze Zeit auf. Immer die erste oder die erste und zweite Taste gedrückt halten und dann die letzte Taste drücken. Drücken und loslassen.

✔ Es funktioniert genauso, wie Sie die Umschalttaste + F drücken, wenn Sie ein großes F brauchen. Es ist das gleiche, nur mit den seltsamen Strg(Steuerung)- und Alt(»Alternate«-Wechseln)-Tasten.

✔ Jaja, man braucht schon lange Finger für ein paar von den Kombinationen.

✔ Sie müssen nicht fest zudrücken. Wenn Sie Probleme mit einem Befehl haben, bringt kräftiges Drücken den Computer auch nicht dazu zu denken: »Oh gütiger Herr, jetzt drückt sie aber kräftig. Ich glaube, sie meint´s ernst. Aufwachen, aufwachen!«. Eine sanfte Berührung langt.

✔ Denken Sie daran, die Tasten loszulassen: Die Strg-Taste gedrückt halten, P drücken und dann beide Tasten loslassen. Wenn Sie nicht wissen, welche Sie zuerst loslassen sollen, lassen Sie zuerst die zweite Taste los und zuletzt die Umschalttaste (Umschalttaste, Strg, Alt).

✔ Aaah! Fühlen Sie´s brennen?

✔ Es gibt auch Menütasten-Abkürzungen, die nicht das gleiche sind wie die Funktionstasten-Kombinationen. Alt + D, D wählt zum Beispiel den Befehl *Datei, Drucken* aus, genau wie Strg + Umschalttaste + F12. Alt + D, D ist allerdings eine Menüabkürzung, keine Funktionstasten-Kombination. Beachten Sie, daß Kommata die Tasten trennen, anstatt daß sie mit +-Zeichen verbunden werden. Das heißt, daß Sie jede von ihnen einzeln drücken und loslassen. Wenn Sie zum Beispiel mit Hilfe der Menütasten-Abkürzung drucken wollen, drücken Sie Alt, lassen los, drücken D, lassen los, drücken D und lassen los. Strg + P ist natürlich immer noch die einfachere Tastatur-Option.

Wann drückt man die Eingabetaste

Bei einer elektrischen Schreibmaschine drücken Sie die Zurück-Taste, wenn Sie ans Ende einer Zeile gelangt sind. Bei einer Textverarbeitung drücken Sie die Eingabetaste nur am Ende eines Abschnitts.

Geben Sie beispielsweise den folgenden Text ein. Tippen Sie einfach, und kümmern Sie sich nicht um die Eingabetaste, nicht mal ansatzweise:

```
Da Karla eine Taschenlampe (und der letzte Funke gesunden Menschenver-
standes) fehlte, zündete sie ein Streichholz an, um nachzusehen, ob in
der Gasflasche vielleicht doch noch etwas drin war.
```

Sie sehen, wie der Text *umbricht* und der Rest des Textes in die nächste Zeile gepackt wird. Es gab kein hörbares Klingeln, als Sie den rechten Rand erreichten, und Sie mußten am Ende der Zeile nicht die Eingabetaste benutzen.

Word bricht dort um, wo Wörter über den rechten Rand hinausragen, und stellt sie in die nächste Zeile auf der Seite. Daher müssen Sie diese Taste nur am Ende eines Absatzes benutzen, auch wenn der kurz ist und selbst nur eine Textzeile hat.

✔ Einige Leute beenden einen Absatz mit zweimaligem Drücken der Eingabetaste; andere machen´s nur einmal.

✔ Wenn Sie den nächsten Absatz einrücken wollen, drücken Sie die Tabulator-Taste, nachdem Sie die Eingabetaste gedrückt haben. Diese Technik funktioniert wie bei einer Schreibmaschine.

✔ Wenn Sie in einem Absatz doppelte Zeilenabstände haben wollen, müssen Sie einen besonderen Befehl zur Zeilenformatierung benutzen, der im Kapitel 10, *»Das Formatieren von Sätzen und Absätzen«*, erläutert wird. Benutzen Sie nicht die Eingabe-Taste, um die Zeilenabstände zu vergrößern.

✔ Wenn Sie die Eingabe-Taste in der Mitte eines existierenden Absatzes drücken, fügt Word einen neuen Absatz ein und bewegt den Rest des Textes an den Anfang der nächsten Zeile. Das funktioniert wie bei jeder anderen Taste, die etwas in Ihren Text einfügt. Der Unterschied besteht darin, daß Sie ein Eingabezeichen einfügen, das einen neuen Absatz einrichtet.

✔ Sie können das Absatzzeichen löschen, indem Sie die Zurück- oder Entf-Tasten benutzen. Wenn Sie das tun, werden zwei Absätze miteinander verbunden; wenn Sie die Eingabe-Taste mehrfach benutzt haben, werden die Leerzeilen weggewischt.

✔ Das Wort Karla kann mit einer welligen roten Unterstreichung auf Ihrem Bildschirm erscheinen. Das ist die öde Rechtschreibprüfung von Word in voller Aktion. In Kapitel 7 erfahren Sie das Geheimnis, wie man sie abschaltet.

Wann drückt man die Leertaste

Eine Hauptsünde vieler Word-Benutzer ist die Verwendung der Leertaste anstelle der Tabulatortaste. Erlauben Sie mir, hier ein für alle Mal Klarheit zu schaffen.

Benutzen Sie die Leertaste, um Leerstellen einzufügen, wie Sie sie zwischen Wörtern und Sätzen finden. Sie drücken zwischen jedem Wort oder Satz einfach einmal auf die Leertaste, auch wenn einige Tipper (so wie ich) zwei Leerstellen zwischen zwei Sätze tippen. Dann ist alles in Ordnung.

Um einzurücken, Spalten auszurichten oder um das zu organisieren, was Sie auf dem Bildschirm sehen, müssen Sie die Tabulator-Taste verwenden. Die Tabulator-Taste rückt Text an einer genauen Position ein. Wenn Sie drucken, sieht dann alles nett und ordentlich aus. Das passiert nicht, wenn Sie Leerzeichen verwenden.

 ✔ Benutzen Sie die Tabulatortaste, um einzurücken; benutzen Sie die Leertaste nur dann, wenn Sie Leerstellen zwischen Wörtern und Absätzen wollen. Ich mein´s ernst: Benutzen Sie nie die Leertaste, um Ihren Text einzurücken oder aufzureihen. Ihr Kram wird schäbig, schäbig, schäbig aussehen.

✔ Es ist allerdings okay, wenn Sie Ihre Klamotten mit Sicherheitsnadeln zusammenhalten (obwohl das bei Unterwäsche problematisch wird).

Triviale Informationen über die Eingabe-Taste

Enter, Return, Eingabe? Auf einigen Tastaturen steht »Enter«, auf anderen »Return«, auf den meisten das komische Pfeilzeichen . Warum ist das so unterschiedlich? (Wenn Sie jetzt weiterlesen, müssen Sie ganz schön scharf auf Trivialitäten sein.)

Das alles hat mit der Entwicklungsgeschichte des Computers zu tun. Bei Schreibmaschinen hieß die Taste Return (Rückkehr). Das kommt aus den Zeiten vor der Erfindung der elektrischen Schreibmaschine, als man den Papierwagen noch zurückschieben mußte, damit das Blatt wieder an den rechten Rand rutschte und man die nächste Zeile tippen konnte. Beim Rechner des Computers wurde die Enter-Taste benutzt, um Formeln einzugeben. Das ist der Grund, warum es manchmal Enter und manchmal Return heißt. Auf meiner Taste steht Enter (Eingabe) – und ich habe gleich zwei davon in der Tastatur. Also benutze ich in diesem Buch auch diese Bezeichnung.

✔ Als alter Schreibmaschinenbenutzer setze ich zwei Leerzeichen zwischen Sätze. Punkt-Leerstelle-Leerstelle. Bei einer Textverarbeitung ist das nicht nötig; tippen Sie nur eine Leerstelle hinter den Satz (ich verdanke diesen Hinweis meiner Lektorin, Mary »Biene« Bednarek, der beinahe die Augen rausfielen, als sie eines Tages sah, was ich da machte, und die schrie »Hör sofort damit auf! Ich brauche Stunden, um die ganzen Leerstellen wieder zu löschen!«)

✔ Ich habe mir übrigens gerade eine neue Regel einfallen lassen: Jedesmal, wenn Sie versucht sind, mehr als zwei Leerzeichen hintereinander zu verwenden, sollten Sie statt dessen den Tabulator verwenden. Die Götter der Textverarbeitung werden Sie segnen.

✔ Wie man Tabulatoren setzt, erfahren Sie in Kapitel 10, »*Das Formatieren von Sätzen und Absätzen*«.

Die Rückgängig-Tasten

Seien Sie mutig! Warum nicht? Word hat einen praktischen *Rückgängig*-Befehl. Der erinnert sich an die letzten Sachen, die Sie gemacht oder gelöscht haben, und bügelt alle Ihre Fehler ganz leicht aus. Außerdem gibt es einen Befehl *Wiederholen*, der im Grunde *Rückgängig-Rückgängig* bedeutet, obwohl eine Beschäftigung damit jetzt etwas zuviel geistige Anstrengung erfordern würde.

Was man anstellt, kann man auch wieder ausbügeln

Um Text, den Sie gerade bei einem Betriebsunfall gelöscht haben, wiederherzustellen, tun Sie irgendwas von folgendem:

✔ Drücken Sie Strg + Z.

✔ Wählen Sie *Bearbeiten, Rückgängig* mit der Maus.

✔ Drücken Sie Alt + B, R.

 ✔ Klicken Sie auf das *Rückgängig*-Werkzeug in der Symbolleiste.

✔ Die schnellste Methode, etwas rückgängig zu machen, ist, Strg + Z zu drücken. Diese handliche Tastenkombination wird in fast allen Windows-Programmen verwendet.

✔ Wenn Sie *Bearbeiten, Rückgängig* wählen, wird Ihre letzte Aktion rückgängig gemacht; wenn Sie dies wiederholen, machen Sie das rückgängig, was Sie davor taten.

✔ Die *Rückgängig*-Zeile im *Bearbeiten*-Menü verändert sich, um anzuzeigen, was man gerade rückgängig machen könnte: *Rückgängig: Fett, Rückgängig: Eingabe, Rückgängig: Nikkerchen* und so weiter.

✔ Um ein *Rückgängig* rückgängig zu machen, wählen Sie *Wiederholen*. Schauen Sie in den Abschnitt »*Rückgängig oder Nimm Zwei*«, der demnächst kommt.

✔ Und vor und rück und vor und rück...

✔ Weil sich der *Rückgängig*-Befehl an mehrere Sachen erinnert, die Sie gemacht haben, können Sie jede davon einzeln auswählen Das machen Sie, indem Sie auf den nach unten zeigenden Pfeil neben der *Rückgängig*-Schaltfläche in der Standard-Symbolleiste klicken. Dort finden Sie eine kurze und bündige Liste von Aktionen (bis zu 99), an die Word sich erinnern und die es rückgängig machen kann. Wählen Sie eine davon aus, aber bedenken Sie, daß sie nicht in Reihenfolge sind. Um alles bis zu einem bestimmten Punkt rückgängig zu machen, wählen Sie die gewünschte Aktion und alles darüber aus. Oder hämmern Sie weiter Strg + Z, bis Ihnen irgend etwas bekannt vorkommt.

Rückgängig geht nicht? Hier ist der Grund ...

Manchmal frißt es Sie bei lebendigem Leibe auf, wenn Sie sehen, daß Word etwas nicht rückgängig machen kann. In der Menüleiste steht die Nachricht `Nicht möglich`. Was ist los?

Nun, was immer Sie gerade gemacht haben, Word kann es nicht rückgängig machen. Das kann aus einer Reihe von Gründen so sein: Es gibt nichts zum Rückgängig-Machen; es gibt nicht genug Speicher, um es rückgängig zu machen; Word kann es nicht rückgängig machen, weil es zu komplex war, Word hat´s einfach vergessen, und so weiter.

Ich weiß, daß das frustrierend ist, aber damit müssen wir alle leben.

Wiederholen oder »Nimm Zwei«

Wenn Sie etwas rückgängig gemacht haben und – hoppla! – es gar nicht so gemeint haben, müssen Sie den Befehl *Wiederholen* benutzen, um die Dinge wieder in Ordnung zu bringen. Um Text wiederherzustellen, dem Sie versehentlich das Licht ausgeknipst haben, tun Sie irgend etwas von folgendem:

✔ Drücken Sie Strg+Y.

✔ Wählen Sie *Bearbeiten, Wiederholen* mit der Maus.

✔ Drücken Sie Alt + B, W.

 ✔ Klicken Sie auf das *Wiederholen*-Werkzeug in der Standardsymbolleiste.

✔ Sie können den *Rückgängig*-Befehl nicht verwenden, um ein *Rückgängig* rückgängig zu machen (Häh?). Diese Mitteilung kann von allen ignoriert werden, die niemals die antiquierte Version von Word benutzt haben, die auf Steintafeln ausdruckte.

✔ Wie der *Rückgängig*-Befehl erinnert sich der *Wiederholen*-Befehl an mehrere Dinge, die Sie gerade rückgängig gemacht haben. Sie können auswählen, indem Sie auf den nach unten zeigenden Pfeil neben der *Wiederholen*-Schaltfläche in der Standard-Symbolleiste klicken.

✔ Wenn der Befehl *Wiederholen* nichts findet, was zuvor rückgängig gemacht wurde, funktioniert er wie die *Wiederholen*-Taste. Mehr dazu im Abschnitt *»Die Wiederholen-Taste«* ein paar Absätze weiter.

Die Kindergarten-Tasten: Ausschneiden, Kopieren und Einfügen

Wie man Text ausschneidet, kopiert und einfügt, steht in Kapitel 6. Mit drei der Tasten, die man für diese Wunderdinge braucht, beschäftigen wir uns hier, weil sie zu dem Zeitpunkt, wo Sie Kapitel 6 erreichen, keinen Sinn mehr machen werden. Die drei Tasten stehen in dieser Liste:

Ausschneiden   Strg + X

Kopieren   Strg + C

Einfügen   Strg + V

Richtig verstehen kann ich das nicht. Naja, Kopieren könnte man altmodisch mit C schreiben. Und wenn man etwas aus-x-t, ist es auch aus einem Dokument verschwunden. Aber Einfügen – das ist ganz schön kompliziert.

Einfügen ist Strg + V. Paßt nicht. Das hat nichts damit zu tun, worum es geht oder welche Funktion dahintersteckt. Aber was ein wenig Sinn macht, ist die Tatsache, daß diese drei Tasten – X, C und V – alle dicht auf Ihrer Tastatur zusammensitzen (siehe Abbildung 2.2).

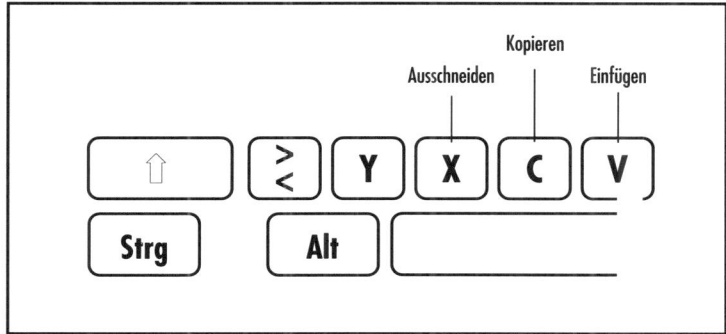

Abbildung 2.2: Wie die Kindergarten-Tasten angeordnet sind

✔ Die *Ausschneiden-*, *Kopieren-* und *Einfügen-* (und *Rückgängig-*)Tasten sind alle mit Befehlen verwandt, die im *Bearbeiten*-Menü wohnen.

✔ Wenn Sie sich erstmal an sie gewöhnt haben, werden Sie diese Tasten oft benutzen, um Zeit zu sparen.

Die Hilfe-Taste

Auf keiner einzigen Taste steht *Hilfe*. So nett sind PCs nicht. Am nächsten kommt noch die F1-Taste, übrigens die *Hilfe*-Taste von Windows. Hier ein paar Tips zur Benutzung, wenn die Panikwogen über Ihnen zusammenschlagen:

✔ Drücken Sie F1, wenn Sie irgend etwas tun, und Sie bekommen Hilfe und Optionen für dieses Irgendetwas gezeigt. Wenn Sie nur Text bearbeiten, zeigt F1 den *Hilfe-Index* oder den *Hilfe-Assistenten*, aus dem Sie ein Thema auswählen können, an dem Sie interessiert sind, oder Sie können Ihre Zeit vergeuden, indem Sie das Hilfe-System benutzen.

✔ Drücken Sie Umschalttaste + F1, und Sie bekommen kontextsensitive Hilfe. Der Maus-Zeiger verwandelt sich in das Fragezeichen/Pfeil-Ding. Draufzeigen und abschießen, um Hilfe zu kriegen!

✔ Wenn Sie in Word Hilfe bekommen, bedeutet das, daß Sie ein anderes Programm laufen lassen – die Windows-Hilfe-Maschine. Sie müssen dieses Programm verlassen, wenn Sie damit fertig sind. Das machen Sie durch Klicken auf die *X*-Schaltfläche in der oberen rechten Ecke des *Hilfe*-Fensters oder indem Sie auf die *Abbrechen*-Schaltfläche klicken, die sich am unteren Rand des *Hilfe*-Bildschirms befindet.

Die Wiederholen-Taste

Der hier ist gut: Die F4-Taste in Word ist die *Wiederholen*-Taste, und die kann wirklich Zeit sparen. Wenn Sie einen Word-Befehl oder eine Cursortaste oder einen Buchstaben drücken und danach die F4-Taste, wird dieser Befehl oder diese Eingabe wiederholt (Sie können auch *Bearbeiten, Wiederholen* wählen oder Strg + Y drücken).

Tippen Sie einfach mal die folgenden Zeilen in Word:

```
Klopf, klopf.
Wer ist da?
Banane.
Banane wer?
```

Jetzt drücken Sie die F4-Taste. Word wiederholt das letzte, was Sie getippt haben, was Stunden um Stunden lustiger Unterhaltung mit diesen Zeilen und allem anderen bedeutet, das Sie davor getippt haben.

✔ Strg + Y, der Befehl *Wiederholen,* funktioniert auch wie dieser *Wiederholen*-Befehl – aber nur, wenn zuvor nichts rückgängig gemacht wurde (was heißt, daß es nichts zum *Rückgängig*-rückgängig machen gibt). Im Zweifelsfall ist F4 die *Wiederholen*-Taste.

✔ Eine praktische Anwendung dieses Befehls ist die Erstellung von Formularen. Tippen Sie ein paar Unterstreichungen auf den Bildschirm – die Leerzeilen Ihres Formulars –, und drücken Sie die Eingabe-Taste. Betätigen Sie ein paarmal F4, und schon ist der Bildschirm voller leerer Zeilen.

✔ F4 ist nicht nur ein Text-Echo, sondern besonders nützlich, wenn Sie denselben Befehl immer wieder geben, etwa wenn Sie suchen und ersetzen, das Datum einsetzen, besondere Zeichen einfügen oder ein Dokument umfangreich formatieren.

✔ Wenn Sie die F4-Taste mit der Umschalt-Taste verwenden wie bei Umschalt-Taste + F4, wiederholt Word Ihren letzten *Suchen*- oder *Gehe zu*-Befehl (siehe Kapitel 5, »*Die Wunder von Suchen und Ersetzen*«).

✔ Die F4-Taste ist nicht Ihr einziger Zugang zum *Wiederholen*-Befehl. Der lebt auch im *Bearbeiten*-Menü, auch wenn er dort z.B. *Wiederholen: Eingabe* oder *Wiederholen: Schriftartformatierung* oder andere *Wiederholen: wasauchimmer*-Optionen anzeigt.

Wie steuere ich durch mein Dokument?

3

In diesem Kapitel

▷ Die wichtigen Richtungstasten benutzen

▷ Strg zusammen mit den Richtungstasten benutzen

▷ Sich einen Bildschirm voll Text rauf und runter bewegen

▷ Sich zum Anfang oder Ende der aktuellen Bildschirmseite bewegen

▷ Sich an das Ende einer Zeile bewegen

▷ Sich an den Anfang einer Zeile bewegen

▷ Sich an das Ende eines Dokuments bewegen

▷ Sich an den Anfang eines Dokuments bewegen

▷ Den *Gehe zu*-Befehl benutzen

▷ Mit den Bildlaufleisten navigieren

▷ Zurückgehen

▷ Den ausgesprochen nützlichen Textmarke-Befehl benutzen

Kennen Sie diese Leute, die den 23. Psalm auf die Rückseite einer Briefmarke schreiben? Die benötigen keine einfache Methode, um sich von einem Teil ihres Dokuments zu bewegen. Wenn man allerdings den Auftrag hat, ein vierseitiges Protokoll zu schreiben und nur 1 ½ Seiten Text hat, lernt man, die Dinge ein wenig zu strecken. In diesem Fall sind die Navigationstasten von Word ziemlich nützlich. Mit ihnen geben Sie die nautischen Befehle, um sich von einem Teil der Prosa zum nächsten zu bewegen, einen Absatz höher oder tiefer zu gehen, ein Wort vorwärts oder rückwärts, oder Sie können sogar Dutzende vor Seiten mit einem Sprung überhüpfen. Word kann das, und Sie müssen sich noch nicht einmal Begriffe wie Heck, Bug, Back- oder Steuerbord zu merken.

Die elementaren Pfeiltasten

Die gebräuchlichste Methode, sich in einem Dokument zu bewegen, ist der Gebrauch der Tasten, die *Richtungstasten* heißen, weil sie den zahnstocherförmigen Cursor auf dem Bildschirm in die richtige Richtung steuern.

Sie finden die Richtungstasten im numerischen Block der Tastatur, und außerdem gibt es eine weitere Ausgabe von ihnen zwischen dem numerischen Teil und den Schreibmaschinentasten.

Wo die Richtungstasten genau liegen, können Sie in Abbildung 3.1 sehen. Daß es diese Tasten zweimal gibt, erlaubt es Ihnen, durch Drücken der Num-Taste den numerischen Tastenblock zu aktivieren und trotzdem noch einen Satz Richtungstasten zur Hand zu haben.

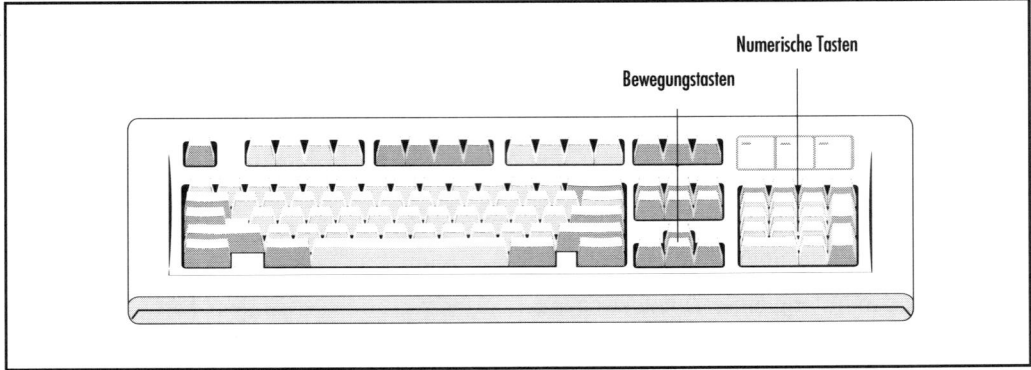

Abbildung 3.1: Anordnung der Richtungstasten

Die vier wichtigen Richtungstasten sind die mit den Pfeilen nach oben, unten, links und rechts. Auf dem numerischen Keyboard sind das die Zahlen 8, 4, 6 und 2.

↑ Bewegt den Cursor auf die vorhergehende Textzeile

↓ Bewegt den Cursor auf die folgende Textzeile

→ Bewegt den Cursor zum nächsten Zeichen

← Bewegt den Cursor zum vorhergehenden Zeichen

✔ Die Richtungstasten auf dem numerischen Block der Tastatur und der separate Block mit Richtungstasten funktionieren gleich; Sie können beliebig beide benutzen. Aber haben Sie ein Auge auf die Leuchte der Num-Taste! Sie muß aus sein, wenn die Richtungstasten im numerischen Block funktionieren sollen.

 ✔ Mit der Maus können Sie den Zahnstocher-Cursor schnell und leicht bewegen: Zuerst spähen Sie eine neue Position für den Cursor auf dem Bildschirm aus. Bewegen Sie dann den Mauszeiger dorthin, wo der Cursor stehen soll, und klicken Sie auf die linke Maustaste. Der Cursor wird sofort auf den neuen Platz gestellt.

✔ Wenn der Cursor in der obersten Zeile des Dokuments im Fenster steht (oberste Zeile des Textes) und Sie dann die Nach-Oben-Richtungstaste drücken, blättert das Dokument, um die vorhergehende Textzeile zu zeigen, wenn es eine gibt. Wenn nicht, piept der Computer Sie an, der Cursor bleibt an Ort und Stelle und blinzelt Sie mit jenem besonderen Blick an, den er sich für die geistig Minderbemittelten aufspart.

✔ Wenn der Cursor in der letzten Zeile des Bildschirms steht und Sie die Nach-Unten-Richtungstaste drücken, blättert das Dokument, um die nächste Textzeile zu zeigen, wenn es eine gibt. Wenn nicht, bleibt der Cursor an Ort und Stelle und blinzelt Sie mit diesem besonderen Blick an, der für Leute reserviert ist, die ohnehin bald in die Klapse kommen.

✔ Das Bewegen des Cursors löscht keine Zeichen.

Strg mit den Richtungstasten benutzen

Wenn Sie die Strg(Steuerung)-Taste gedrückt halten und dann eine Richtungstaste drücken, springt der Zahnstocher-Cursor über mehr als ein Zeichen. Das ist der *Cursor-Nachbrenner-Modus* (Gerüchte besagen, daß das der einzige Cursor-Modus ist, den Arnold Schwarzenegger benutzt):

Strg +↑	Bewegt den Cursor einen Absatz nach oben
Strg +↓	Bewegt den Cursor nach unten zum nächsten Absatz
Strg +→	Bewegt den Cursor ein Wort nach rechts
Strg +←	Bewegt den Cursor ein Wort nach links

Halten Sie die Strg-Taste gedrückt, und betätigen Sie eine Richtungstaste. Dann lassen Sie beide Tasten los. Sie müssen nicht fest drücken; benutzen Sie die Strg-Taste, wie Sie die Umschalttaste handhaben.

✔ Strg +→ und Strg + ← bewegen den Cursor immer zum ersten Buchstaben eines Wortes.

✔ Strg +↑ und Strg +↓ bewegen den Cursor immer zum Anfang eines Absatzes.

✔ Wenn Sie Strg drücken und mit der Maus klicken, markieren Sie einen Satz in Ihrem Dokument. Klicken Sie nochmals (ohne die Strg-Taste), um den Cursor zu bewegen oder die Markierung rückgängig zu machen (in Kapitel 6 finden Sie Informationen über das Markieren von Blöcken).

Sich mit großen Sprüngen fortbewegen

Wenn Sie einfach nur die simplen Cursor-Tasten benutzen, kann es Wochen dauern, bis Sie durch Ihr Dokument durch sind. Außerdem kriegen Sie vom Tastendrücken krumme Finger, und Sie wissen ja, was man darüber sagt. Also befolgen Sie lieber die Anweisungen in den folgenden Abschnitten, um sich in großen Sprüngen durch Ihr Dokument zu bewegen.

Sich einen Bildschirm voll Text rauf und runter bewegen

Nicht nötig, Ihren Schreibtischstuhl neu zu justieren. Der Bildschirm zeigt Ihnen nicht das ganze Dokument – normalerweise noch nicht mal eine ganze Seite (es sei denn, Sie arbeiten wieder einmal an einem Projekt mit dem 23. Psalm). Um die nächste oder die vorhergehende Bildschirmseite zu sehen, drücken Sie die Bild- und Bild-Tasten. Diese Tasten bewegen Sie oder Ihr Dokument (da kann ich keinen Unterschied) eine volle Bildschirmseite weiter:

Bild↑: Bewegt den Cursor eine Bildschirmseite weit nach oben. Oder wenn Sie gaaaanz weit oben in Ihrem Dokument sind, nach ganz oben auf den Bildschirm.

Bild↓: Bewegt den Cursor eine Bildschirmseite weit nach unten oder ans Ende des Dokuments, wenn Sie sich gerade dort herumdrücken.

Sich zum Anfang oder Ende der aktuellen Bildschirmseite bewegen

Manchmal wollen Sie zum Anfang oder zum Ende der aktuellen Bildschirmseite sausen. Das geht leicht:

Strg + Bild↑   Bewegt den Cursor zum Anfang der aktuellen Bildschirmseite

Strg + Bild↓   Bewegt den Cursor zum Ende der aktuellen Bildschirmseite

Sich zum Ende einer Zeile bewegen

Um ans Ende einer Zeile zu kommen, drücken Sie die Ende-Taste.

✔ Um zum Ende eines Absatzes zu kommen, drücken Sie Strg +↓ und dann ←. Wenn Sie Strg und ↓ drücken, landen Sie in Wirklichkeit am Anfang des *nächsten* Absatzes. Das Betätigen der ← Taste bringt Sie ans Ende des aktuellen Absatzes zurück.

✔ Zum Anfang einer Zeile kommen Sie mit der Pos 1-Taste, um die es ... naja, um die es jetzt geht:

Sich zum Anfang einer Zeile bewegen

Um an den Anfang einer Zeile zu kommen, drückt man die Pos 1-Taste.

✔ Solche Pos gibt´s sonst nirgendwo.

✔ Um zum Anfang eines Absatzes zu kommen, drücken Sie Strg +↑.

Ein paar nicht so weltbewegende Informationen darüber, wie man den Cursor bewegt

Schauen Sie sich mal die Statusleiste unten auf Ihrem Bildschirm an, wenn Sie den Cursor herumbewegen. Sie gibt Ihnen einige wertvolle Informationen über Ihre Position innerhalb eines Dokuments:

```
S 3  Abl · 3/6  Bei  3,6 cm  Ze  4  Sp  28
```

Die Statusleiste zeigt Ihnen, auf welcher Seite Sie sind, in welchem Abschnitt, auf welcher Seite Sie im Verhältnis zur Gesamtseitenzahl stehen, wie weit unten Sie in dem Dokument in Zentimetern sind, die Kurve Ihres Bio-Rhythmus und die Zahl Ihrer vergangenen Leben. Nee, so progressiv sind die Microsoft-Technies nun auch wieder nicht. In Wahrheit zeigen die Zahlen hinter Ze und Sp, in welcher Zeile (von Zeile 1 der Seite von oben aus gerechnet) Sie sind und in welcher Spalte (vom linken Rand aus) der Cursor steht – nutzloser Kram, aber informativ.

Sich um eine (Druck-)Seite auf einmal nach oben und nach unten bewegen

Sie wußten, daß es eine Methode geben würde, wie man das macht. Während die Tasten Bild↑ und Bild↓ Sie immer eine *Bildschirm*seite auf einmal nach oben oder unten bewegen, benötigen Sie die kompetente Unterstützung der Strg- *und* der Alt-Taste, wenn Sie sich um eine Druck-Seite auf einmal bewegen wollen:

Strg + Alt + Bild↑   Bewegt den Cursor zum Anfang der aktuellen Seite

Strg + Alt + Bild↓   Bewegt den Cursor zum Anfang der nächsten Seite

Eine Seite ist hier eine echte gedruckte Seite Text, die man auf dem Bildschirm an einer Linie von Pünktchen erkennen kann, die von links nach rechts marschieren. Das S-Ding links in der Statusleiste (die unten auf dem Bildschirm) zeigt Ihnen auch, welche Seite Sie gerade angukken.

Sich zum Ende eines Dokuments bewegen

Wenn Sie die Strg-Taste zusammen mit der Ende-Taste benutzen, können Sie zum Ende des Dokuments zischen.

Sie können diesen Befehl einsetzen, um ein Gefühl zu erlangen, wie groß Ihr Dokument ist. Drücken Sie Strg + Ende, und schauen Sie sich dann die Zahlen in der Statusleiste an. Sie können sehen, auf welcher Seite Sie sind, wie weit unten Sie auf der Seite stehen, auf welcher

Zeile Sie sich befinden, und in welcher Spalte Sie sind. Fühlen Sie sich befriedigt! Es ist vollbracht. Jetzt können Sie sich ein wenig hämisch freuen.

 Strg + Ende läßt sich leicht versehentlich drücken. Das wirft Sie buchstäblich ans Ende Ihres Dokuments. Wenn Sie´s gemacht haben und das Gefühl kriegen, das sei jetzt irgendwie danebengegangen, drücken Sie die Umschalttaste + F5, den Gehe-zurück-Befehl, um dahin zurückzukehren, woher Sie kamen. (Siehe dazu auch den Abschnitt *»Zurückgehen«* weiter hinten in diesem Kapitel.)

Sich zum Anfang eines Dokuments bewegen

Um zum Anfang eines Dokuments zu gelangen – nach gaaanz oben –, drückt man die Strg- und Pos 1-Tasten: Strg + Pos 1.

Den *Gehe zu-Befehl* benutzen

Mit den Tastenkombinationen Strg + Pos 1 und Strg + Ende können Sie zum Anfang und zum Ende eines Dokuments fliegen, aber was ist, wenn Sie in der Mitte landen möchten? Dann brauchen Sie in Word den *Gehe zu*-Befehl.

Gehe zu, wie in »Gehe zur Hölle«, erlaubt es Ihnen, direkt genau dorthin im Dokument zu gehen, wo Sie sein möchten. Um das zu tun, wählen Sie den Befehl *Bearbeiten, Gehe zu* (Alt, B, G), und die Dialogbox *Gehe zu* erscheint vor Ihren Augen. (Abbildung 3.2).

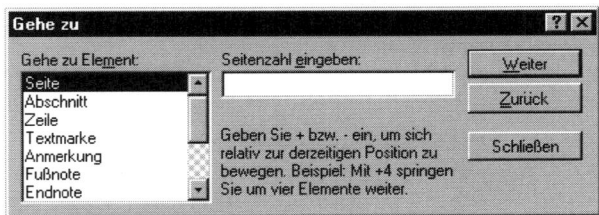

Abbildung 3.2: Die Dialogbox Gehe zu

Sie können eine Menge Sachen in die Dialogbox *Gehe zu* eintippen. Das Effektivste ist es, eine Seitenzahl einzugeben; Word beamt Sie dann direkt oben auf diese Seite. Wenn Sie zum Beispiel 14 in die Box eintragen und die Eingabe-Taste drücken, landen Sie auf der Seite 14.

✔ Sie können auch die F5-Taste drücken, um die Dialogbox *Gehe zu* zu öffnen.

✔ Sie können sogar die Strg + G-Tastatur-Abkürzung verwenden (macht sogar Sinn).

✔ Wenn Sie zweimal auf die Seitennummer in der Statusleiste klicken (wobei es hilft, wenn Sie dabei »Ändere Dich, Idiot, ändere Dich« grummeln), erscheint die Dialogbox *Gehe zu* wie der Geist aus der Flasche.

✔ Wenn Sie noch spezifischere *Gehe zu*-Befehle geben wollen, schauen Sie sich den Abschnitt *»Wie man den ausgesprochen nützlichen Textmarke-Befehl benützt«* an, den Sie weiter hinten in diesem Kapitel finden.

Der *Gehe zu Element*-Teil der Dialogbox erlaubt es Ihnen, besondere Sachen in Ihrem Dokument auszuwählen, um an einen anderen Ort zu gelangen. Da drin steckt eine häßliche Ansammlung von Dingen, die sich auf fortgeschrittenes Word-Formatieren beziehen. Aber wenn Sie Grafiken oder Fußnoten einfügen oder die nützlichen Textmarken benutzen, können Sie aus dieser Liste auswählen, die passende Zahl oder den richtigen Namen in den Kasten eintragen, die Eingabe-Taste drücken, und Sie sind schon da. Überflüssig zu erwähnen, daß diese Funktion nur für die wirklich Kühnen da ist.

Mit den Bildlaufleisten navigieren

Wenn Sie Ihre Maus lieben, können Sie die Macht von Windows nutzen, um Ihre Dokumente zu durchqueren. Sie benutzen die vertikale Bildlaufleiste an der rechten Seite Ihres Dokuments. Die sieht aus wie eine einspurige Autobahn, wird aber wie ein Fahrstuhlschacht genutzt (siehe Abbildung 3.3).

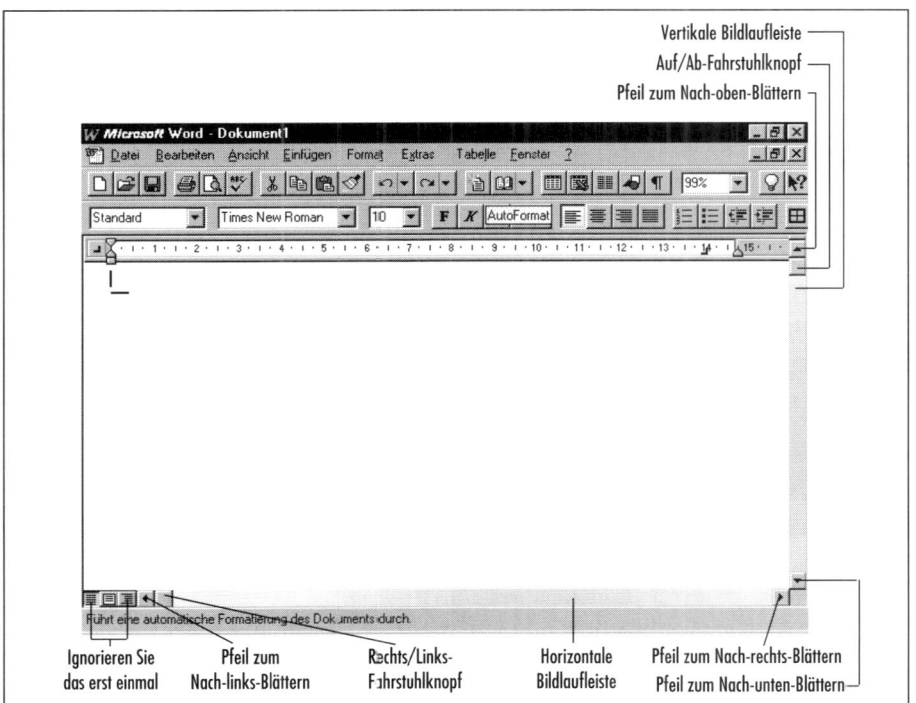

Abbildung 3.3: Die Bildlaufleisten auf dem WinWord-Bildschirm

✔ Um Ihr Dokument eine Textzeile hochzublättern, klicken Sie mit der Maus auf den aufwärts zeigenden Pfeil oben auf der Bildlaufleiste.

✔ Um eine Textzeile herunterzublättern, klicken Sie mit der Maus auf den abwärts zeigenden Pfeil unten auf der Bildlaufleiste.

✔ In der Mitte der Bildlaufleiste befindet sich ein Schieberegler oder Aufzugknopf. Der vermittelt Ihnen eine Vorstellung davon, welchen Teil Ihres Dokuments Sie gerade anschauen; wenn der Kasten oben auf dem Bildlaufleiste ist, sind Sie nahe des Anfangs des Dokuments und umgekehrt.

✔ Um die vorhergehende Bildschirmseite zu sehen, klicken Sie direkt über dem Aufzugknopf auf die Bildlaufleiste.

✔ Um die nächste Bildschirmseite zu sehen, klicken Sie direkt unter dem Aufzugknopf auf den Bildlaufleiste.

✔ Wenn Sie zu einer bestimmten Stelle im Dokument wollen, benutzen Sie die Maus, um den Aufzugknopf nach oben oder unten zu *ziehen*. Die Position des Aufzugknopfs zeigt, welchen Teil des Dokuments Sie sehen können. Außerdem erscheint eine Sprechblase und sagt Ihnen, welche Seite Sie ungefähr sehen werden, wenn Sie die Maustaste loslassen (siehe Abbildung 3.4).

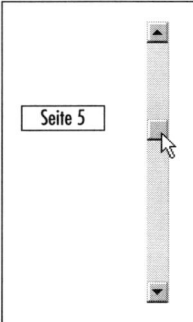

Abbildung 3.4: Mit der Bildlaufleiste arbeiten

✔ Die Bildlaufleiste hat nun wirklich nichts mit den Kindertagen des Kinos zu tun, als die Bilder laufen lernten.

Zurückgehen

Man sagt, daß man nach vollbrachter Tat nicht mehr zurück kann. Kinder, das ist falsch. Wenn Sie irgendwo hinkommen, wo Sie nicht sein wollen, drücken Sie die Umschalttaste + F5, und Word bringt Sie dahin zurück, von wo Sie losmarschiert sind.

Der Umschalttaste + F5-Befehl funktioniert nur in Word; im echten Leben können Sie das nicht probieren.

 Wenn Sie Umschalttaste + F5 drücken, kehren Sie dorthin zurück, wo Sie waren; wenn Sie nochmal drücken, sind Sie dort zurück, wo Sie zuvor waren. Das klappt etwa drei mal, bevor es sich selbst wiederholt.

Den ausgesprochen nützlichen Textmarke-Befehl benutzen

Geht es Ihnen auch manchmal so: Da kommen Sie gerade prima mit der Arbeit voran, aber eigentlich müßten Sie schnell nochmal an einer anderen Stelle in Ihrem Dokument etwas nachschauen? Und dann versuchen Sie, eine Ecke des Bildschirms umzuknicken, damit Sie ein Eselsohr haben, zu dem Sie zurückblättern können? Passiert mir ständig. Zum Glück hat Word einen Befehl, mit dem man die Knicke im Monitor spart. Das ist der ausgesprochen nützliche Textmarke-Befehl.

Eine Textmarke setzen

Um eine Textmarke in Ihrem Dokument zu setzen, folgen Sie diesen Schritten:

1. **Stellen Sie den Zahnstocher-Cursor dorthin, wo Sie eine Textmarke haben wollen.**

2. **Wählen Sie den *Bearbeiten, Textmarke*-Befehl (oder benutzen Sie Strg + Umschalttaste + F5).**

   Die Dialogbox *Textmarke* öffnet sich, wie in Abbildung 3.5 zu sehen ist.

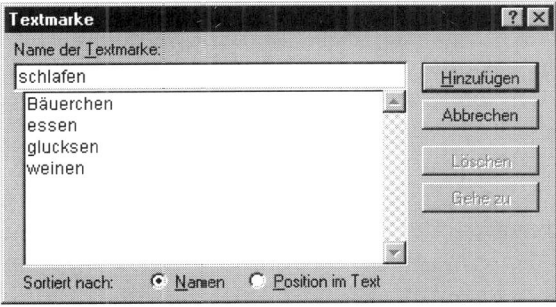

Abbildung 3.5: Die Dialogbox Textmarke

3. **Geben Sie einen Namen für die Textmarke ein.**

   Seien Sie schlau! Der Name soll Sie daran erinnern, wo Sie in dem Dokument sind. Wenn Sie also einen Bericht über Exekutionsmethoden schreiben, wäre ein Textmarkername wie *Köpfen* angemessen.

4. **Drücken Sie die Eingabetaste oder klicken Sie mit der Maus auf die *Hinzufügen*-Schalt-fläche.**

Eine Textmarke finden und sich zu dieser Stelle im Dokument bewegen

Um zu einer Textmarke zurückzukehren, benutzen Sie den *Gehe zu*-Befehl, der im Abschnitt *»Den Gehe zu-Befehl benutzen«* an früherer Stelle in diesem Kapitel erläutert wurde. Folgen-de Schritte verhindern, daß Sie eine Seite umblättern und den Gedankenfaden verlieren:

1. **Drücken Sie die F5-Taste.**

   Die Dialogbox *Gehe zu* macht sich auf Ihrem Bildschirm breit.

2. **Markieren Sie *Textmarke* in der Element-Liste *Gehe zu*.**

   Das ist der vierte Eintrag von oben.

   Die Dialogbox *Seitenzahl eingeben* ändert sich in *Textmarkennamen eingeben*. Ihre zu-letzt eingetragene Textmarke erscheint an dieser Stelle.

   Wenn Sie Ihre Textmarke nicht sehen, klicken Sie auf den Nach-Unten-Pfeil, und Sie wer-den eine lange Liste von Textmarken in Ihrem Dokument sehen. Klicken Sie denjenigen, den Sie suchen, mit der Maus an.

3. **Klicken Sie auf die *Gehe zu*-Schaltfläche.**

   Und schon sind Sie da!

4. **Klicken Sie auf die *Schließen*-Schaltfläche, um die Dialogbox *Gehe zu* wieder loszuwer-den und zur Bearbeitung Ihres Dokuments zurückzukehren.**

Text löschen und vernichten

In desem Kapitel

▶ Den Einfüge- und den Überschreibmodus benutzen

▶ Die wichtigen Lösch-Tasten benutzen: Rücktaste und Entf

▶ Ein Blick auf das »Rücktasten-Piepen«-Phänomen

▶ Ein Wort löschen

▶ Eine Textzeile löschen

▶ Blöcke löschen

▶ Löschen rückgängig machen

Was Sie beim PC gegenüber Ihrer alten Schreibmaschine niemals vermissen werden, ist dessen mangelhafte Fähigkeit, Text zu löschen. Erinnern Sie sich an Korrekturbänder? Oder an die Tipp-Ex-Schmiererei? Oder an »ausradierbare« Farbbänder, die zu Radiergummikrümeln auf Ihren Papieren führten? Die Menschenmassen, die kreischend ihre Schreibmaschinen stehen ließen, um vor dem Computerladen Schlange zu stehen, hätten beizeiten ein Warnzeichen sein sollen, daß man dieses Zeug hätte ausverkaufen müssen. Aber ich schweife ab ...

 Nichts gibt einem ein derart befriedigendes Gefühl wie das Auslöschen von Text – insbesondere wenn man das Dokument eines anderen »bearbeitet«. Natürlich ist das meiste Löschen und Vernichten, das in Word stattfindet, Kleinkram: Man löscht da einen Buchstaben, erschlägt hier ein Wort, pustet dort einem Satz das Licht aus. Es ist viel einfacher, als eine Schreibmaschine zu benutzen, denn wenn man Text auf dem Bildschirm löscht, passiert das schnell und schmerzlos im elektronischen Äther. Keine Unordnung, keine weißen Kleckse, und wenn Sie es sich anders überlegen, drücken Sie Strg + Z, die *Rückgängig*-Abkürzungstaste (oder Sie klicken auf das *Rückgängig*-Werkzeug) und Ihr Text kommt in all seiner phosphoreszierend scheinenden Perfektion zurück.

Der Einfüge- und der Überschreibmodus

Die Einfg(Einfügen)-Taste auf Ihrer Tastatur kontrolliert die beiden Methoden von Word, Text auf den Bildschirm zu bringen. Normalerweise wird neuer Text direkt vor dem blinkenden Zahnstocher-Cursor eingefügt. Neuer Text schubst jeden existierenden Text nach rechts und unten, während Sie schreiben. Dies ist der *Einfügemodus*.

Wenn Sie die Einfg-Taste drücken, gelangen Sie in den *Überschreibmodus*. Die Buchstaben ÜB im unteren rechten Abschnitt der Statusleiste werden fett, was *Über* wie in *Überschreibmodus* anzeigt oder wie in »Das wächst mir über den Kopf«. Jeder Text, den Sie jetzt tippen, überschreibt den auf dem Bildschirm existierenden Text.

Wenn Sie die Einfg-Taste nochmals drücken, wird ÜB wieder mauerblümchengrau, und Sie sind im Einfügemodus zurück.

✔ Die Einfg-Taste existiert auf der 101-Tasten-Tastatur zweimal. Das Wort `Einfg` steht auf der Null-Taste im numerischen Tastenblock, und Einfg erscheint direkt rechts neben der Rücktaste. Beide Tasten haben dieselbe Funktion.

✔ Die neuen Zeichen, die Sie im Einfügemodus tippen, erscheinen direkt vor dem blinkenden Zahnstocher-Cursor. Dann bewegt sich der Cursor nach rechts und wartet auf das nächste Zeichen, das Sie tippen.

✔ Das ÜB in der Statusleiste zeigt an, daß Sie im Überschreibmodus sind. Jeglicher neue Text überschreibt existierenden Text. Ich betone das, weil man zufällig mit dem Ellbogen an die Einfg-Taste kommen kann und in diesen Modus gerät, ohne es zu wollen. Es gibt gute Gründe, nicht mit dem Ellbogen zu tippen. Aber wenn Sie so vor sich hin tippen und plötzlich feststellen, daß Teile Ihres Textes zu fehlen scheinen, überprüfen Sie die Statusleiste, um zu sehen, ob Sie im Überschreibmodus sind.

✔ Word die ganze Zeit im Einfügemodus zu lassen, ist das Sicherste. Wenn Sie etwas überschreiben wollen, tippen Sie einfach den neuen Text und löschen den alten.

Ihre wichtigen Lösch-Tasten: Rücktaste und Entf

Sie können zwei Tasten benutzen, um einzelne Zeichen im Text zu löschen:

Rücktaste: Löscht das Zeichen links neben dem Zahnstocher-Cursor

Entf-Taste: Löscht das Zeichen rechts neben dem Zahnstocher-Cursor

`Komm schon, Junge. Be|iß ab. Schmeckt wie Hühnchen.`

In der vorhergehenden Zeile »blinkt« der Zahnstocher-Cursor zwischen _e_ und _i_ in »Beiß«. Ein Druck auf die Rücktaste würde das _e_ in »Beiß« löschen«, ein Druck auf die Entf-Taste das _i_.

✔ Wenn ein Zeichen gelöscht wird, rückt der Text, der rechts davon oder darunter steht, auf, um die Lücke zu füllen.

✔ Wenn Sie im Überschreibmodus sind, zieht die Rücktaste immer noch den Rest des Textes nach rechts.

✔ Die Rücktaste funktioniert wie bei einer Schreibmaschine. Der Unterschied liegt darin, daß bei der Benutzung der Rücktaste in Word der Cursor zurückläuft und löscht. (Das Äquivalent zur Rücktaste einer Schreibmaschine ist in Word die Taste mit dem Pfeil nach links.)

✔ Sie können die Rücktaste oder Einfg gedrückt halten, um Zeichen im Maschinengewehr-Stil auszulöschen. Lassen Sie die Taste los, wenn Sie genug vom sinnlosen Metzeln haben.

Das »Rücktasten-Piepen«-Phänomen

Die kindische Reaktion von Word auf etwas, das es nicht mag, ist *Blip*, ein nettes, kurzes Piepen aus dem Lautsprecher Ihres PCs. Manchmal hören Sie dieses Piepen, wenn Sie die Rücktaste zum Löschen drücken. Nichts wird gelöscht; Sie hören bei jedem verzweifelten Hämmern auf die Rücktaste nur piep, piep, piep, piep.

Das Piepen ist Words Art, Sie zu warnen. Sie versuchen gerade, einen der geheimen, versteckten Codes zu löschen, die im Dokument verstreut sind – Codes, die die Formatierung des Absatzes verändern, und anderer verdeckter Kram. Dieses Zeug können Sie mit der Rücktaste nicht willkürlich löschen.

✔ Wenn Sie die Codes wirklich löschen wollen, drücken Sie die ←-Taste und dann die Entf-Taste. Kein Piepen.

✔ Wenn Sie das Piepen mal gerne hören möchten, drücken Sie mehr als einmal auf die Ende-Taste. Wenn Sie sie gedrückt halten, bekommen Sie Words Äquivalent zu einer Himbeere zu hören.

✔ Das Piepen kann einen in Angst und Schrecken versetzen, wenn man eine Soundkarte und externe Lautsprecher unter Windows angeschlossen hat.

✔ Lassen Sie sich nicht von den Geheimcodes in Ihrem Dokument überraschen. Sie setzen sie selbst dahin, während Sie Ihren Text schreiben und formatieren.

✔ Wenn Sie die alte Formatierung zurückhaben wollen, wählen Sie *Bearbeiten, Rückgängig*, oder Sie drücken Strg + Z, bevor Sie irgend etwas anderes machen (oder klicken Sie auf das *Rückgängig*-Werkzeug).

Ein Wort löschen

Word läßt Sie ganze Wörter auf einmal verschlingen, wenn Sie einen der beiden »Wort löschen«-Befehle benutzen:

Strg + Rücktaste   Löscht das Wort, das (links) vor dem Cursor steht

Strg + Entf   Löscht das Wort, das (rechts) hinter dem Cursor steht

Wenn Sie ein Wort mit Hilfe von Strg + Rücktaste löschen wollen, positionieren Sie den Cursor auf dem letzten Buchstaben des Worts. Drücken Sie Strg + Rücktaste, und das Wort ist weg! Der Cursor sitzt dann am Ende des vorhergehenden Worts oder am Anfang der Zeile (wenn Sie das erste Wort in einem Absatz gelöscht haben).

Wenn Sie ein Wort mit Hilfe von Strg + Entf löschen wollen, positionieren Sie den Cursor auf dem ersten Buchstaben des Worts. Drücken Sie Strg + Entf, und das Wort ist weg! Der Cursor sitzt dann am Anfang des nächsten Worts oder am Ende der Zeile (wenn Sie das letzte Wort in einem Absatz gelöscht haben).

✔ Kein Bleistift kommt mit Strg + Entf oder Strg + Rücktaste mit, wenn es um Geschwindigkeit und Schrecken geht.

✔ Wenn der Cursor irgendwo in der Mitte eines Worts steht, löscht Strg + Rücktaste alles vom Standort des Cursors bis zum letzten Buchstaben des vorhergehenden Worts.

✔ Wenn der Cursor irgendwo in der Mitte eines Worts steht, löscht der Strg + Entf-Befehl alles vom Standort des Cursors bis zum ersten Buchstaben des nächsten Worts.

✔ Wollen Sie ein Wort löschen, positionieren Sie den Mauszeiger auf die beleidigende Kreatur und doppelklicken die Maustaste. Das Wort wird markiert, und mit einem Druck auf die Entf-Taste löschen Sie es.

Eine Textzeile löschen

Word hat keinen einzigen Tastatur-Befehl für das Löschen einer Zeile. Aber mit Hilfe der Maus ist das nur eine Sache eines Klickens und eines Tastendrucks. Folgen Sie diesen Schritten:

1. **Bewegen Sie die Maus zum linken Rand Ihres Dokuments.**

    Der Cursor verwandelt sich in einen eher nach Nordost als nach Nordwest zeigenden Pfeil. Wetterwechsel ist angesagt ...

2. **Richten Sie den Mauszeigerpfeil auf die Textzeile, die Sie loswerden wollen.**

   Die Textzeile wird markiert.

3. **Drücken Sie auf die Entf-Taste, um diese Zeile in die ewige Leere zu schicken.**

Wenn der Mauszeiger nach Nordost zeigt, können Sie ihn am linken Rand langziehen und so viele Zeilen markieren, wie Sie wollen. Die können dann alle mit einem Druck auf die Entf-Taste gelöscht werden.

In Kapitel 6 finden Sie mehr darüber, wie man Textblöcke markiert und ins Jenseits bläst.

Absätze löschen

Um einen ganzen Absatz zur Vernichtung freizugeben, geben Sie ihm den symbolischen Kuß auf die Wange und klicken dreimal (rasch) auf ein beliebiges Wort im Absatz. Mit dieser Aktion markieren Sie den Absatz als Block. Jetzt drücken Sie entweder die Rücktaste oder die Entf-Taste und – schwupps! – der Text ist vernichtet!

Wenn Ihnen die nach Nordost zeigende Maus gefällt, bewegen Sie den Mauszeiger in die linke Spalte auf der Seite (wo sie sich in den Nordostzeiger verwandelt), und machen Sie dann einen Doppelklick. Der Absatz rechts neben dem Mauszeiger wird markiert und für die Auslöschung bereit gemacht.

Blöcke löschen

Word kann Zeichen, Wörter und Zeilen von alleine löschen. Um etwas anderes zu löschen, müssen Sie es zunächst als Textblock markieren und den Block danach löschen.

Wollen Sie einen Block löschen, folgen Sie diesen Schritten:

1. Markieren Sie den Block.

Sie können den Block mit der Maus markieren; klicken Sie mit der Maus auf den Anfang des Blocks, und ziehen Sie sie dann zum Ende des Blocks. Wenn Sie die Tastatur benutzen, bewegen Sie den Zahnstocher-Cursor zum Anfang des Blocks; dann drücken Sie F8 und die Cursortasten, um den Block zu markieren.

2. Drücken Sie die Entf-Taste, um den gesamten markierten Text zu entfernen.

Kapitel 6 enthält mehr Informationen über Auswählen, Markieren und was man noch alles mit Blöcken spielen kann.

Löschen rückgängig machen

Das Löschen von Text kann traumatisch werden, besonders für furchtsame Word-Benutzer. Aber Bearbeiten ist Bearbeiten, und Fehler passieren. Wenn Sie etwas von Ihrem frisch gelöschten Text zurückhaben wollen, können Sie den Befehl *Rückgängig* einsetzen, Strg – Z. Das funktioniert normalerweise so:

1. Panik!

»Oh Gott! Ich habe gerade meinen Leserbrief gelöscht, den besten, den ich jemals geschrieben habe, den, der nur vier Seiten lang war, der, den sie ganz sicher drucken!«

2. Drücken Sie Strg + Z.

Sehen Sie? Es leben doch keine Kommunisten in Ihrem Computer.

     ✔ Vergessen Sie nicht den Befehl *Rückgängig* im *Bearbeiten*-Menü – übrigens gleich die erste Zeile. Wenn Sie sich nicht an Strg + Z erinnern oder irrtümlich andere Tasten drücken, wählen Sie einfach *Bearbeiten, Rückgängig wasauchimmer* (oder klicken Sie auf das *Rückgängig*-Werkzeug).

✔ Sie können mit der *Rückgängig*-Abkürzung ruhig schlampen, denn *Rückgängig* erinnert sich an ein paar von den Dingen, die Sie gerade gemacht haben. Aber werden Sie nicht faul! Wenn Sie etwas löschen und es zurückhaben wollen, drücken Sie ohne Nachdenken Strg + Z.

Die Wunder von Suchen und Ersetzen

5

In diesem Kapitel

▶ Text finden

▶ Geheime Codes finden

▶ *Suchen* und *Ersetzen* benutzen

▶ *Suchen* und *Ersetzen* bei Leerstellen benutzen

▶ *Suchen* und *Löschen* benutzen

━━━━━━━━━━━━━━━━━━━━━━

Die kleine Heidi hat die Schäfchen auf der Alm verloren. Zu schade, daß sie die *Suchen*-und *Ersetzen*-Befehle von Word nicht kennt. Sie könnte die vermißten Rumtreiber in Mikrosekunden finden – und vielleicht auch ihren Verstand! Nicht nur das, sie könnte sie finden und ersetzen – alle Schäfchen durch Gummibärchen. Ziemlich simpel, wenn man sich erstmal die verschiedenen Möglichkeiten der *Suchen*- und *Ersetzen*-Befehle in den Schädel gezwängt hat. Leider kann man nur Wörter ersetzen. Wenn Word echte Dinge finden und ersetzen könnte, gäbe es auf dieser Welt wenigstens ein wunderbares Haus mit Swimmingpool und Sauna mehr, darauf können Sie wetten.

Text finden

Word kann jedes Stückchen Text überall in Ihrem Dokument finden, von einem bombastischen Oratorium bis zu dem geringsten Handlungshinweis. Der Befehl, mit dem man Text sucht, heißt überraschenderweise *Suchen* und lungert im *Bearbeiten*-Menü herum. Folgen Sie diesen Schritten, um den *Suchen*-Befehl einzusetzen und Text zu finden, der in Ihrem Dokument herumlungert:

1. **Denken Sie an Text, den Sie finden wollen.**

   Zum Beispiel »Schäfchen«.

2. **Wählen Sie den Befehl *Bearbeiten*, *Suchen*.**

   Sie sehen die Dialogbox *Suchen* wie in Abbildung 5.1

Abbildung 5.1: Die Suchen-Dialogbox

3. Tippen Sie den Text, den Sie finden wollen.

Geben Sie den Text in die Box ein, die *Suchen nach* heißt. Zum Beispiel Schäfchen. Geben Sie Kleinbuchstaben ein.

4. Klicken Sie auf die *Weitersuchen*-Schaltfläche, um die Suche zu beginnen.

Sie können auch die Eingabe-Taste drücken.

Wenn der Text gefunden wird, wird er auf dem Bildschirm markiert. Die *Suchen*-Dialogbox verschwindet nicht, bevor Sie die *Abbrechen*-Schaltfläche angeklickt oder die Esc-Taste gedrückt haben. (Das erlaubt es Ihnen, nach mehr Text zu suchen, falls Sie sich gerade dieser Aufgabe widmen wollen.)

✔ Die schnellste Abkürzungstaste, um Text zu finden, ist Strg + F. F scheint für *Finden* zu stehen.

✔ Tippen Sie den Text, nach dem Sie suchen, exakt ein. Beenden Sie die Eingabe nicht mit einem Satzzeichen, es sei denn, Sie wollen es finden.

✔ Wenn der Text nicht gefunden wird, sehen Sie diese Botschaft:

Der Suchvorgang innerhalb des Dokuments ist abgeschlossen.
Das gesuchte Element konnte nicht gefunden werden.

✔ Naja. Versuchen Sie´s nochmal, und schauen Sie, daß Sie richtig buchstabiert haben.

✔ Um Stellen zu finden, wo der Text nochmals auftaucht, klicken Sie auf die *Weitersuchen*-Schaltfläche.

✔ Wenn Sie die Dialogbox *Suchen* geschlossen haben, können Sie die nützliche Kombination Umschalttaste + F4 verwenden, um die nächste passende Textstelle in Ihrem Dokument zu finden. Dieser Tastendruck spart Ihnen einige Zeit gegenüber dem neuen vollständigen Aufrufen des *Suchen*-Befehls.

✔ Sie können mit dem *Suchen*-Befehl nach einer Menge von Dingen suchen: Text, Leerstellen, Absatzzeichen und Formatierungs-Codes. Dieses Thema wird im Abschnitt *»Wie man geheime Codes findet«* später in diesem Kapitel behandelt.

✔ Wenn Sie Kleinbuchstaben eingeben, finden Sie so gut wie jeden Text im Dokument. Wenn Sie aber Text finden wollen, bei dem Groß- und Kleinschreibung so sind, wie Sie es eingeben, kreuzen Sie die Box *Groß-/Kleinschreibung beachten* an. Dadurch begreift der *Suchen*-Befehl den Unterschied zwischen Fliegen und fliegen.

Oben, unten, links und rechts suchen

Word sucht normalerweise überall im Dokument nach dem gewünschten Text. Es beginnt an der Position des Zahnstocher-Cursors, geht zum Ende des Dokuments und springt dann wieder an den Anfang des Dokuments und beginnt mit der Suche von vorne. Selbst dabei können Sie Word zwingen, nur in die eine oder die andere Richtung zu schauen und dem *Suchen*-Befehl sozusagen Scheuklappen aufzusetzen. Dazu klicken Sie auf die *Suchrichtung*-Box in der Dialogbox *Suchen* (sieh Abbildung 5.1). Dort finden Sie drei Optionen:

Abwärts: Sucht vom Zahnstocher-Cursor bis zum Ende des Dokuments

Aufwärts: Sucht vom Zahnstocher-Cursor bis zum Anfang des Dokuments

Gesamt: Zur Hölle mit dem Zahnstocher-Cursor – jetzt wird das *gesamte* Dokument durchsucht!

Mit dem Nach-rechts-und-links-suchen im Titel des Abschnitts habe ich nur Spaß gemacht. Links ist in Wahrheit »aufwärts« oder vor dem Zahnstocher-Cursor; rechts ist »abwärts« oder hinter dem Zahnstocher-Cursor. Und Steuerbord ist rechts und Backbord ist links, falls Sie Word irgendwo auf dem Ozean auf einem Laptop einsetzen.

Einzelteile eines Wortes finden – oder auch nicht

Word findet jeden passenden Text in Ihrem Dokument. Es kann ihn so gut finden, daß Sie durchdrehen. Wenn die kleine Heidi zum Beispiel nicht mehr nach ihrem Schaf suchen mag (in dem Geschäft gibt es eh keine Zukunft für ambitionierte junge Damen), zeigt ihr Word weiter Schafe, wo sie nie damit gerechnet hätte: Schaffhausen, Schaffner, ine echte Schaffe wird ihr auch angeboten oder ein Trip zum Schafott.

Wenn Sie wollen, daß Word seinen Job präziser macht – also nur echte Schafe findet, wie sie auf der Alm grasen –, wählen Sie die Option *Nur ganzes Wort suchen* in der Dialogbox *Suchen*. Wenn Sie die Option ankreuzen, sucht der *Suchen*-Befehl nur nach ganzen passenden Wörtern und nicht nach Text, der in anderen Wörtern steckt.

Geheime Codes finden

Überall im Dokument sind geheime Codes und Druck-Anweisungen versteckt. Die sehen Sie nicht auf dem Bildschirm, aber sie beinflussen die Art und Weise, wie Ihr Dokument aussieht und ausgedruckt wird. Im Prinzip kann nach den verborgenen Befehlen – *Fett*, *Unterstrichen*, *Zentriert* und besondere Absatzformatierungen – genauso wie nach Text gesucht werden.

Um nach einem geheimen Code zu suchen, wählen Sie *Bearbeiten*, *Suchen* und klicken auf die *Format*-Schaltfläche. Dann öffnet sich ein Menü, das Sie fragt, ob Sie nach *Zeichen*, *Absatz*, *Sprache*, *Tabulatoren*, *Tick*, *Trick* oder *Track* suchen möchten. Hoppla, da ist etwas durcheinandergeraten. Die letzten drei heißen natürlich *Positionsrahmen*, *Formatvorlage* und *Hervorgehoben*. Im echten Leben suchen Sie wahrscheinllich nur nach Zeichen oder Absatz und vielleicht noch nach Formatvorlage.

Klicken Sie beispielsweise auf *Zeichen*, damit sich die *Zeichen suchen*-Dialogbox öffnet wie in Abbildung 5.2. In dieser Dialogbox finden Sie eine Menge Zeug, das mit Zeichen zu tun hat. Wenn Sie zum Beispiel ein Dokument nach kursiven Wörten in einem 9-Punkte-Roman-Font suchen, wählen Sie jede dieser Angaben aus einem der Menüs aus und klicken *OK*. Die Dialogbox schließt sich, und Sie können *Weitersuchen* wählen, um diesen hochstilisierten Kram zu finden.

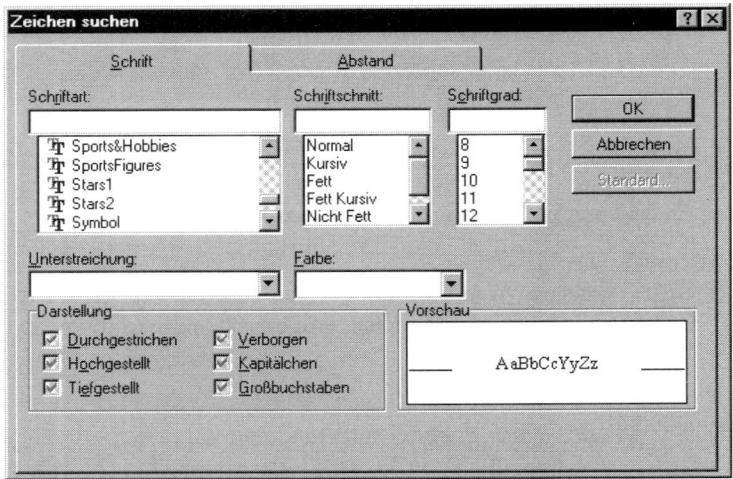

Abbildung 5.2: Sie können eine Menge Kram, der mit Zeichen zu tun hat, finden, wenn Sie diese Dialogbox benutzen.

✔ Sie können diese Box nutzen, um nach dem spezifischen Auftauchen eines Fonts, wie Courier oder Times New Roman, zu suchen, indem Sie einen Font aus der Liste wählen. Blättern Sie durch das *Schriftart*-Menü, um zu sehen, was es alles gibt.

✔ Sie können nach einer Type in einer speziellen Größe suchen (24 Punkt, zum Beispiel), den Sie aus der *Schriftgrad*-Liste auswählen können. Mehr Informationen zum Formatieren von Zeichen finden Sie im Kapitel 9, *»Das Formatieren von Zeichen«*.

✔ Sie können nach allem suchen, das in dieser Box gezeigt wird (und nach jeder Kombination), indem Sie eintragen, wonach Sie suchen.

✔ Sie können auch nach Absatzformatierungen suchen, wenn Sie Absatz statt *Zeichen* aus dem *Format*-Menü in der *Suchen*-Dialogbox auswählen. Im Kapitel 10, *»Sätze und Absätze formatieren«*, finden Sie Informationen dazu.

✔ Sie können auch nach Formatvorlagen suchen, wenn Sie statt *Zeichen Formatvorlagen* aus der *Suchen*-Dialogbox wählen. Wie man Formatvorlagen verwendet, lesen Sie in Kapitel 14, *»Formatieren mit Formatvorlagen«*.

✔ Diejenigen von Ihnen, die öfters zwischen mehreren Sprachen wechseln (darin fließend zu sein, muß ganz schön hart sein, da bin ich sicher), können Text auch nach der Sprache suchen, in der er geschrieben ist. Word unterscheidet sogar zwischen Deutsch und Schwyzerdütsch. Jodelohütü!

✔ Nein, Sächsisch ist als Sprache unbekannt.

 ✔ Sowohl unter der *Suchen nach*-Box als auch dem *Suchrichtung*-Feld finden Sie Kästen namens *Format*. Sie enthalten Formatinformationen wie Schriftarten und andere Dinge, nach denen Sie suchen könnten. Word vergißt keine Information, und so kann sich ein fürchterliches Kuddelmuddel von Informationen ansammeln. Wenn *Suchen* sich weigern sollte, einen Text zu finden, von dem Sie wissen, daß er da ist, klicken Sie auf die Schaltfläche *Keine Formatierung*. So sucht Word nur Text und schert sich nicht um den Formatierungskram.

Wie findet man nicht druckbare, unaussprechliche Zeichen

Nein, das ist jetzt nicht der Zensur-Teil. Es gibt einfach ein paar Zeichen, die Sie nicht richtig in den Bereich *Suchen nach* in Ihrer *Suchen*-Dialogbox eingeben können. Versuchen Sie mal, einen Tabulator einzugeben: Sie drücken die Tabulator-Taste, und – schwupps! – nichts passiert. Das liegt daran, daß das Tabulatorenzeichen und noch ein paar andere besondere Zeichen sind. Die *Suchen*-Dialogbox braucht in diesem Fall eine Zwangsernährung.

Wollen Sie ein besonderes, nicht druckbares Zeichen finden, klicken Sie auf die *Sonstiges*-Schaltfläche. Dann erscheint eine Liste mit verschiedenen Zeichen, nach denen Word suchen kann, die Sie aber in einer Million Jahre nicht eingegeben bekämen. Klicken Sie auf eines davon, und eine besonders scharfe Kurzdarstellung dieses Zeichens erscheint in der *Suchen nach*-Box (wie ^t für den Tabulator). Jetzt klicken Sie auf die Schaltfläche *Weitersuchen*, um dieses Zeichen zu suchen.

✔ Diese besonderen Zeichen erscheinen in der Box *Suchen nach* in einem geheimen Code. Dieser Code beginnt mit einem Caret (^), dann folgt ein Buchstabe. Versuchen Sie bitte nicht, darin irgendeinen Sinn zu suchen.

✔ Das Absatzzeichen ist dasselbe wie das Eingabezeichen – jenes, das Sie benutzen, um einen Absatz zu beenden.

✔ *Beliebiges Zeichen, Beliebige Ziffer, Beliebiger Buchstabe* zeigen, naja, genau das. Diese Schaltfläche nutzt man als Joker, wenn man eine Menge Kram vergleichen will.

✔ Das Caret (^) ist ein besonderes Zeichen. Wenn Sie danach suchen wollen, gehen Sie sicher, daß Sie das Caret-Zeichen aus der Liste *Sonstiges* auswählen.

Suchen und Ersetzen

Suchen und *Ersetzen* ist die Kunst, eine Textstelle zu finden und durch etwas anderes zu ersetzen. Sie können zum Beispiel das Wort *Ziege* durch *Capra* ersetzen. Word macht das im Handumdrehen mit dem Befehl *Ersetzen*:

1. **Wählen Sie *Bearbeiten*, *Ersetzen*.**

   Die *Ersetzen*-Dialogbox erscheint auf dem Bildschirm, so wie in Abbildung 5.3. Sie sieht fast so aus wie die Dialogbox *Suchen*, hat aber eine Extra-Box für den Ersatz-Text.

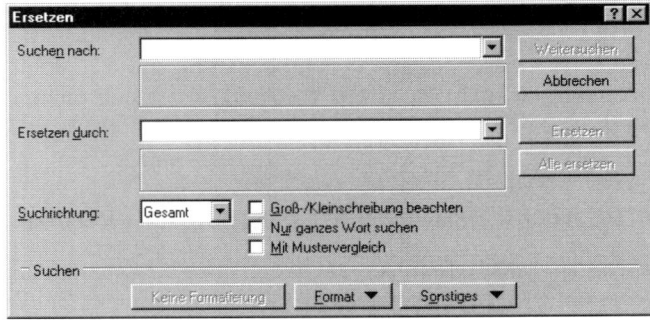

Abbildung: 5.3: Die Dialogbox Ersetzen

2. **Geben Sie in der *Suchen nach*-Box den Text ein, den Sie finden wollen.**

   Dieser Text wird gesucht und durch etwas anderes ersetzt. Sie könnten zum Beispiel `Ziege` eingeben. Drücken Sie die Tabulator-Taste, wenn Sie mit der Eingabe fertig sind.

3. **Geben Sie in die *Ersetzen durch*-Box den Text ein, der das Original ersetzen soll.**

   Tippen Sie zum Beispiel `Capra`, das ist der super-duper, biologisch aufgemotzte Fachbegriff für die Ziegenfamilie – und jeder denkt, daß Sie über einen Autoren statt über Viehzeug reden.

4. Suchen Sie sich aus der Dropdown-Liste der Suchrichtung eine bestimmte aus.

Wählen Sie *Gesamt,* und ersetzen Sie alles in Ihrem Dokument; *Abwärts* ersetzt nur von der Position des Zahnstocher-Cursors bis zum Ende des Dokuments und *Aufwärts* nur in die andere Richtung.

5. Fragen Sie sich selbst: »Möchte ich die Chance haben, mich anders zu entscheiden, bevor jede gefundene Stelle ersetzt wird?«

Wenn dem so ist, wählen Sie die Schaltfläche *Weitersuchen*. Das ist eine gute Idee. Wenn nicht, wählen Sie *Alle ersetzen*; der Text wird gesucht und automatisch ersetzt, wobei Sie keine Chance haben, sich anders zu entscheiden.

6. Wenn Sie *Weitersuchen* gewählt haben, macht Word bei jedem Auftauchen des Textes eine Pause.

Der gefundene Text ist auf dem Bildschirm markiert wie in der normalen *Suchen*-Funktion. Jetzt können Sie entweder auf die *Ersetzen*-Schaltfläche klicken oder *Weitersuchen* anklicken, um abzubrechen und die nächste passende Textstelle zu finden. Klicken Sie auf die Abbrechen-Schaltfläche oder drücken Sie die Esc-Taste, wenn Sie davon zuviel bekommen.

✔ Wenn die *Ersetzen*-Operation vorbei ist, teilt Ihnen Word dies mit folgender Botschaft mit:

```
Der Suchvorgang innerhalb des Dokuments ist abgeschlossen.
```

Das Wesentliche an dieser Nachricht ändert sich, je nachdem, in welche Richtung Sie suchen. Haben Sie beispielsweise nur abwärts gesucht, kann es sein, daß Word Sie anbettelt, mit der Suche vom Anfang des Dokuments an fortzufahren.

✔ Word ersetzt Text genauso, wie es ihn findet: entweder abwärts, aufwärts oder im gesamten Dokument. Wenn Sie einen Text an jeder Stelle im Dokument ersetzen wollen, klicken Sie in der Suchrichtung-Liste auf *Gesamt*.

✔ Wenn Sie *Alle ersetzen* wählen, zeigt Word eine Dialogbox, in der steht, wie oft ersetzt wurde. Interessante Trivialität.

✔ Tippen Sie immer irgendwas in die Box *Ersetzen durch*. Sonst wird jeglicher Text, der bei einem willkürlichen Auftrieb gefunden wird, wahllos gemetzelt. Das heißt »Finden und Löschen« und wird später in diesem Kapitel behandelt, im Abschnitt mit demselben Titel.

✔ Die Abkürzungstaste für den *Ersetzen*-Befehl ist Strg + H. Oh oh. Was heißt H? Hetzen und ersetzen?

✔ Ich rate Ihnen, meist *Weitersuchen* zu verwenden. Nur wenn Sie etwas ersetzen und sicher sind (was mir persönlich sehr selten passiert), daß Sie dies tun wollen, wählen Sie *Alle ersetzen*.

✔ Der *Rückgängig*-Befehl bringt Ihr Dokument in den ursprünglichen Zustand zurück, wenn Sie bei der *Ersetzen*-Operation Mist bauen. In Kapitel 4 finden Sie weitere Informationen über das Rückgängigmachen.

✔ An alle Tippsen: Schreibmaschinen haben diese Aufgabe lausig gelöst.

Wie man Leerstellen findet und ersetzt

Hier gibt es eine praktische Anwendung für den *Ersetzen*-Befehl. Zuviele Word-Anwender übersäen ihre Dokumente mit exzessiven Leerstellen. Die harmlosesten davon sind die am Ende einer Zeile, nach dem Punkt, aber bevor Sie die Eingabe-Taste drücken. Das mache ich auch. Trotzdem haben diese Extra-Leerflächen keinen Sinn. Die folgenden Schritte zeigen Ihnen, wie man sie loswird:

1. **Wählen Sie den Befehl *Bearbeiten, Ersetzen*.**

   Oder drücken Sie einfach Strg + H. In beiden Fällen erscheint die Dialogbox *Ersetzen*.

2. **Öffnen Sie das Menü *Sonstiges* aus der Dialogbox *Ersetzen*.**

   Klicken Sie auf die Sonstiges-Schaltfläche unten in der Dialogbox.

3. **Wählen Sie *Leerfläche* aus der Liste aus, die jetzt erscheint.**

   Wenn Sie *Leerfläche* in der Liste nicht finden, klicken Sie zuerst auf die *Suchen nach*-Box und danach auf die *Sonstiges*-Schaltfläche.

4. **Wiederholen Sie Schritt 2 und 3 und wählen Sie Absatzmarke statt Leerfläche.**

   Dieser Schritt teilt dem *Ersetzen*-Befehl mit, daß Sie nach einer Leerfläche suchen, der die Eingabetaste folgt. Folgende Zeichen erscheinen in der Box *Suchen nach*:

   ^l^a

   Diese Zeichen sind der Geheimcode für eine Leerfläche und die Eingabetaste – also für Extra-Leerflächen (die niemand braucht) am Ende eines Absatzes.

5. **Drücken Sie die Tabulator-Taste, um zur *Ersetzen durch*-Box zu gelangen.**

6. **Klicken Sie auf die *Sonstiges*-Schaltfläche und wählen Sie *Absatzmarke*.**

   So ersetzen Sie ^l^a durch ^a, was einfach bedeutet, daß Sie ^l – überflüssige Leerflächen – loswerden, was das Ende dieses Wahnsinns bedeutet.

7. **Klicken Sie auf *Alle ersetzen*.**

   Hier ist es in Ordnung, wenn Sie auf *Alle ersetzen* klicken. Wenn Sie nicht so mutig sind, klicken Sie auf *Weitersuchen*. Sie befehlen Word Leerfläche/Eingabe-Taste nur durch die Eingabe-Taste zu ersetzen. Im Endergebnis werden die Leerflächen vor der Eingabe-Taste in Ihrem Dokument entfernt.

✔ Um vor dieser Übung sicherzugehen, daß es überhaupt Leerflächen gibt, suchen Sie mit dem *Suchen*-Befehl nach Leerfläche/Eingabe-Taste (nochmal das ^l^a -Ding).

✔ Wollen Sie doppelte Leerflächen zwischen Sätzen durch einfache Leerflächen ersetzen, stecken Sie zwei *Leerflächen*-Zeichen in die *Suchen nach*-Box (^l^l) und nur eines (^l) in die Box *Ersetzen durch*. Und dann versuchen Sie endlich einmal, sich diese Unsitte mit den doppelten Leerflächen nach dem Punkt abzugewöhnen, die man Ihnen im Schreibmaschinenunterricht beigebracht hat.

 ✔ Eine schnelle Methode, Extra-Leerflächen in ein Tabulator-Zeichen zu verwandeln, besteht darin, für f Leerzeichen in Folge zu suchen und sie in Tabulatoren zu verwandeln. Sie geben in der Box *Suchen nach* fünfmal Leerfläche ein (^l), dann wählen Sie in der Box *Ersetzen durch* das Tabstopzeichen. Diese Leerflächen werden durch Tabulatoren ersetzt, die viel leichter auszurichten sind. Im Kapitel 10 gibt es mehr Informationen über den Gebrauch und das Setzen von Tabulatoren.

Finden und Löschen

Wenn Sie nichts in die Box *Ersetzen durch* tippen, löscht der Ersetzen-Befehl von Word systematisch die ganzen *Suchen nach*. Das kann ganz schön furchteinflößend sein, also wählen Sie auf jeden Fall *Weitersuchen*. Ansonsten würden Sie Teile Ihres Dokuments auslöschen, und dann wären Sie aber ganz schön gekniffen (wenn Sie nicht den *Rückgängig*-Befehl benutzen).

Denken Sie aber einmal daran, daß die kleine Heidi ihre Schäfchen loswerden will. Sie möchte lieber Chefin einer Softwarefirma im Nordosten der USA sein. Folgende Schritte zeigen Ihnen, wie man die *Schafe* in einem Word-Dokument loswird:

1. Wählen Sie *Bearbeiten, Ersetzen*.

Oder tippen Sie Strg + H (wenn Sie das je kapieren sollten).

2. Tippen Sie den Text, den Sie finden wollen, in die *Suchen nach*-Box.

Zum Beispiel Schafe. Geben Sie den Text genau ein. Jeder Text, nach dem zuvor gesucht wurde, erscheint in der Zeile. Bearbeiten Sie ihn, oder tippen Sie neuen Text, geheime Codes oder wonach immer Sie suchen wollen.

3. Geben Sie nichts in die *Ersetzen durch*-Box ein; lassen Sie sie leer.

Hier löschen Sie Text und ersetzen ihn durch nichts – ein ziemlich kühnes Konzept, von dem ich hoffe, daß es demnächst auch in einer Folge von »Raumschiff Enterprise – Die nächste Generation« erwähnt werden wird.

4. Klicken Sie auf die *Alle ersetzen*-Schaltfläche.

In Sekunden ist Ihr Text verschwunden. Heidis Schäfchen machen plop, plop, plop, und schon sind sie weg. Wenn Sie ängstlich waren und die *Weitersuchen*-Schaltfläche statt der

Option *Alle ersetzen* gewählt haben, dauert es ein bißchen länger, weil Sie den Bildschirm anschielen und dann jedesmal die *Ersetzen*-Schaltfläche anklicken müssen.

Und jetzt lassen Sie uns gemeinsam hoffen, daß die kleine Heidi in ihrem neuen Beruf glücklich wird.

Mit Blöcken spielen

In diesem Kapitel

▶ Einen Block markieren

▶ Einen Block mit dem *Suchen*-Befehl markieren

▶ Einen Block kopieren und einfügen

▶ Einen Block ausschneiden und einfügen

▶ Einen zuvor ausgeschnittenen oder kopierten Block einfügen

▶ Einen Block auf den Desktop einfügen

▶ Ein Dateiauszug-Symbol vom Desktop kopieren

▶ Einen Block löschen

▶ Einen Block formatieren

▶ Die Rechtschreibung in einem Block überprüfen

▶ *Suchen* und *Ersetzen* in einem Block benutzen

▶ Einen Block drucken

D er große Vorteil einer Textverarbeitung gegenüber, sagen wir mal, einer Schreibmaschine ist, daß Sie mit Textblöcken arbeiten können. Bei Schreibmaschinen ging das nie so richtig. Sie konnten höchstens ausschneiden und einfügen – und zwar mit Klebstoff. Das ganze Klebezeug ist nicht gerade schick. Geben Sie mal so ein Ding mit einem Bericht drauf an Ihren Boß weiter, und er schüttelt den Kopf und murmelt »Ts, ts,ts, das ist schäbig, Meier Zwo«.

Ein Block in einer Textverarbeitung ist eine wunderbare Sache. Sie können einen Abschnitt des Textes herausnehmen – jeden beliebigen Abschnitt, einen Buchstaben, jedes Wort, jeden Satz oder Absatz, eine Seite oder ein weitläufiges Viereck – und ihn dann wie eine Einheit behandeln – einen *Block*. Sie können den Block kopieren, bewegen, löschen, formatieren, die Rechtschreibung prüfen, ihn verwenden, um einen Freistoß der gegnerischen Mannschaft zu verhindern und so weiter und so fort. Denken Sie an all diese Freuden: fast so gut wie die Blockschokolade in Ihrer Kindheit.

Einen Block markieren

Sie können mit einem Textblock nichts anfangen, wenn Sie ihn nicht *markieren*. Das Markieren bedeutet, daß Sie Word sagen, »Okay, mein Block beginnt hier. Nein, *hier*! Nicht da drüben. Hier, wo ich gerade hinschaue, wo der Cursor steht.« Es gibt in Word zwei Methoden, einen Block zu markieren: mit der Maus oder mit der Tastatur.

Einen Block mit der Maus markieren

Um einen Block mit der Maus zu markieren, folgen Sie diesen Nagetier-Schritten:

1. **Stellen Sie den Mauszeiger dorthin, wo der Block beginnen soll.**

2. **Halten Sie die linke Maustaste gedrückt, und ziehen Sie die Maus über Ihren Text.**

    Während Sie ziehen, wird der Text markiert, wie in Abbildung 6.1 zu sehen ist. Ziehen Sie die Maus vom Anfang zum Ende des Textes, den Sie als Block markieren wollen.

3. **Lassen Sie die Maustaste los – hören Sie auf zu ziehen –, um das Ende Ihres Blocks zu markieren.**

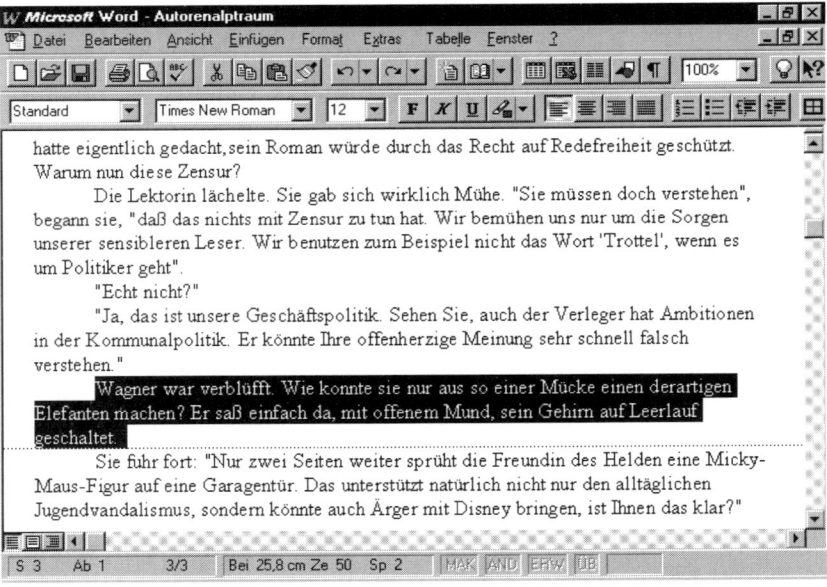

Abbildung 6.1: Ein markierter Textblock auf dem Bildschirm

✔ Wenn Sie nach oben oder unten über den Text hinausziehen, der auf dem Bildschirm zu sehen ist, blättert der Bildschirm nach oben oder nach unten.

✔ Wollen Sie ein Wort schnell markieren, stellen Sie den Mauszeiger auf das Wort, und machen Sie einen Doppelklick.

✔ Wollen Sie einen Satz schnell markieren, halten Sie die Strg-Taste gedrückt, während Sie mit der Maus klicken.

✔ Wollen Sie eine Textzeile markieren, bewegen Sie den Mauszeiger zum linken Rand. Dort wird er zu einem Pfeil, der nach Nordost zeigt. Klicken Sie mit der Maus, um eine Textzeile zu markieren, oder ziehen Sie die Maus, um mehrere Zeilen zu markieren.

✔ Wollen Sie einen ganzen Absatz markieren, stellen Sie den Mauszeiger irgendwo in den Absatz, und klicken Sie dreimal.

Einen Block mit der Tastatur markieren

Will man kleine Textteile markieren, ist das Herumziehen der Maus eine prima Methode. Bei allem, das umfangreicher ist als ein einzelner Bildschirm voll, kann Ihnen da einiges aus der Hand geraten – da scheint die Maus beim Blättern zu denken, eine Katze sei hinter ihr her oder so, und bewegt sich so schnell, daß Sie sie nicht mehr kontrollieren können. In diesem Fall ist es besser, die Tastatur zum Markieren von Text zu verwenden. Folgen Sie diesen Schritten:

1. **Drücken Sie die F8-Taste.**

   Das ist der Befehl *Block Anfang*. Die F8-Taste »wirft einen Anker« und markiert ein Ende des Blocks.

2. **Benutzen Sie die Cursor-Steuertasten, um sich an das andere Ende des Blocks zu bewegen.**

   Die Steuertasten sind in Kapitel 3 erläutert.

Word markiert Text von der Stelle an, wo Sie mit F8 Anker geworfen haben, bis zu einer beliebigen Stelle, an die Sie den Zahnstocher-Cursor bewegen (schauen Sie sich Abbildung 6.1 an). Der Text erscheint weiß auf schwarz. Sobald der Block markiert ist, können Sie damit etwas unternehmen.

✔ Wenn Sie F8 gedrückt haben, sehen Sie in der Statuszeile ERW (für Erweitert). Der Erweiterungsmodus ist aktiv, bis Sie einen Block- oder Formatierungs-Befehl gegeben haben oder Esc drücken, um abzubrechen.

✔ Wenn Sie ein Wort schnell markieren wollen, stellen Sie den Zahnstocher-Cursor auf das Wort, und drücken Sie zweimal F8.

✔ Wenn Sie einen Satz schnell markieren wollen, stellen Sie den Zahnstocher-Cursor irgendwo in den Satz, und drücken Sie dreimal F8.

✔ Wenn Sie einen Absatz schnell markieren wollen, stellen Sie den Zahnstocher-Cursor auf den Absatz, und drücken Sie viermal F8.

✔ Wenn Sie Ihre Tastatur schnell ruinieren wollen, drücken Sie 100.000mal F8.

✔ Wenn Sie Ihr ganzes putziges Dokument markieren wollen, drücken Sie die F8-Taste fünfmal, oder drücken Sie Strg + 5 (die 5er-Taste im numerischen Block).

✔ Drücken Sie die Esc-Taste, wenn Sie die Blockhacker-Markierungsmethode von F8 wieder ausschalten wollen. Der Block bleibt markiert; bewegen Sie den Cursor, um das rückgängig zu machen.

✔ Wollen Sie etwas wirklich Nettes erleben, benutzen Sie die Maus *und* F8 gemeinsam. Stellen Sie den Cursor an eine beliebiges Stelle des Blocks, den Sie markieren wollen, und drücken Sie F8. Dann stellen Sie den Mauszeiger an das andere Ende des Blocks und drücken die linke Maustaste. Von hier bis da ist alles markiert.

✔ Wenn Sie einen Block markiert haben, können Sie einen *Block*-Befehl eingeben. Sie können den Block kopieren, ausschneiden, ihn anderswo einfügen, ihn formatieren, drucken, die Rechtschreibung überprüfen und ein Dutzend interessante Sachen mehr, die alle in diesem Kapitel beschrieben werden. Suchen Sie wegen des nächsten Schrittes einfach nach dem passenden Abschnitt in diesem Kapitel.

 ✔ Anstatt die Cursortasten zum Markieren eines Blocks mit der Tastatur zu drücken, können Sie auch ein Zeichen tippen. Word sucht nach dem nächsten Auftauchen dieses Zeichens und umschließt den ganzen Text zwischen diesem Zeichen und dem Anfang des Blocks innerhalb des Blocks. Sie können dies mehrmals machen, und Ihr Block wird so groß, wie Sie wollen.

✔ Gewöhnen Sie sich daran, die Tastaturbefehle zu benutzen, wenn Sie Blöcke in Ihrem Text bearbeiten – glauben Sie mir, Sie werden viel glücklicher sein.

Noch eine Tastaturmethode: die Umschalttaste

Wenn Sie die Umschalttaste in Verbindung mit einer der Cursortasten verwenden, wird ebenfalls eine Scheibe Text auf dem Bildschirm markiert. Sehen Sie in Kapitel 3 nach, mit welchen Tasten Sie sich in Ihrem Dokument herumbewegen können. Halten Sie einfach die Umschalttaste gedrückt, wenn Sie die Cursortasten benutzen, und Sie markieren Text durch die Cursorbewegung. (Bei dieser Methode kriegt man leicht Knoten in den Fingern, also seien Sie vorsichtig)

Einen Block mit dem Suchen-Befehl markieren

Beim Blockmarkieren mit der Maus oder den Cursor-Steuertasten kann man ganz schön herumschlampen – besonders wenn man die Bild↑- oder die Bild↓-Taste benutzt, um große Textflächen zu markieren. Eine bessere Methode, das Ende eines Blocks zu lokalisieren, ist es, den *Suchen*-Befehl einzusetzen. Tun Sie folgendes:

1. **Stellen Sie den Zahnstocher-Cursor an den Anfang des Blocks.**

   Der Cursor muß vor dem ersten Zeichen blinken, das zu dem Block gehören soll. Arbeiten Sie genau.

2. **Drücken Sie die F8-Taste.**

   Damit schalten Sie die ERW-Meldung in der Statuszeile an. Sie sind im Erweiterungsmodus.

3. **Wählen Sie *Bearbeiten, Suchen*.**

   Die Dialogbox *Suchen* öffnet sich auf dem Bildschirm. Ja, Sie sind immer noch im Blockmarkierungsmodus, aber jetzt können Sie den *Suchen*-Befehl verwenden, um das Ende Ihres Blocks zu finden.

4. **Geben Sie den Text ein, den Sie finden wollen und der das Ende des Blocks markiert.**

   Wenn Sie den Text getippt haben, drücken Sie die Eingabetaste. Word dehnt die Blockmarkierung bis zu der gewünschten Stelle im Text aus und schließt den gefundenen Text in den Block ein.

Wenn der Cursor am Ende des Blocks steht, können Sie einen *Block*-Befehl verwenden. Zusätzliche Informationen finden Sie in den entsprechenden Abschnitten, die in diesem Kapitel folgen.

✔ Bis Sie einen *Block*-Befehl eingeben, bleibt der Block markiert, und ERW starrt Sie unverwandt aus der Statuszeile an. Denken Sie daran, die Esc-Taste zu drücken, wenn Sie den Erweiterungsmodus verlassen wollen.

✔ Wenn Sie mit dem *Suchen*-Befehl Text nicht finden, sehen Sie eine zutreffende nicht gefunden-Nachricht als Fehlerbotschaft – aber Sie sind immer noch im Erweiterungsmodus. Klicken Sie auf die *OK*-Schaltfläche, um Word zu sagen, was für ein braves kleines Programm es ist und daß Sie traurig sind, daß es das Stöckchen nicht gefunden hat.

✔ Um die nächste Stelle mit passendem Text zu finden, können Sie auf die *Weitersuchen*-Schaltfläche in der Dialogbox klicken. Oder …

✔ Wenn Sie die Dialogbox nicht auf dem Bildschirm sehen, drücken Sie die Umschalttaste + F4-Kombination, die das Weitersuchen für Sie erledigt.

✔ Auch wenn Sie den *Suchen*-Befehl benutzen, um Ihren Block zu markieren, können Sie immer noch die Cursor-Steuertasten verwenden. Mann, Sie können sogar die Maus verwenden, wenn Sie zuerst die Umschalttaste gedrückt halten. Blöcke sind da ziemlich liberal; Sie sind nicht darauf angewiesen, nur den Cursor oder den *Suchen*-Befehl zu benutzen, wenn Sie einen Block markieren.

✔ Mehr Details zum *Suchen*-Befehl finden Sie in Kapitel 5 im Abschnitt »*Wie man Text findet*«.

Wie man das ganze putzige Dokument markiert

Wollen Sie alles markieren, wählen Sie den Befehl *Alles markieren* aus dem *Bearbeiten*-Menü. Das allgemein von Windows akzeptierte Tastenäquivalent für den Befehl *Alles markieren* ist Strg + A.

Wie man einen Block kopiert und einfügt

Wenn ein Block markiert ist, können Sie ihn kopieren und diesen Block in einen anderen Teil Ihres Dokuments einfügen. Der ursprüngliche Block bleibt von dieser Operation unberührt. Folgen Sie diesen Schritten, wenn Sie einen Textblock von einer Stelle an die andere kopieren wollen:

1. **Markieren Sie den Block.**

   Bestimmen Sie den Anfang des Blocks, und markieren Sie Text, bis Sie das Ende des Blocks erreicht haben. Detaillierte Anweisungen zu dieser Aufgabe werden Ihnen im ersten Teil dieses Kapitels offeriert.

2. **Beschwören Sie den Befehl *Bearbeiten, Kopieren* herauf.**

    Wählen Sie *Kopieren* aus dem *Bearbeiten*-Menü. Oder wenn Sie so etwas beherrschen, drücken Sie Strg + C als Abkürzung (oder klicken Sie auf das *Kopieren*-Werkzeug).

   Word plaziert eine Kopie des markierten Blocks in die Windows-Zwischenablage – einen Lagerraum für Text oder Grafiken, die Sie ausgeschnitten oder kopiert haben und die Sie wieder in Ihr Dokument einfügen wollen.

3. **Bewegen Sie den Cursor zu der Stelle, an die der Block kopiert werden soll.**

   Machen Sie sich keine Sorgen, falls es da keinen Platz gibt; Word fügt den Block in den Text ein, als hätten Sie ihn dort manuell eingetippt.

4. **Führen Sie *Bearbeiten, Einfügen* aus.**

    Die Abkürzung dafür ist Strg + V (oder klicken Sie auf das *Einfügen*-Werkzeug).

   Sie haben jetzt zwei Kopien Ihres Blocks im Dokument.

✔ Sie können Textblöcke auch mit der Maus kopieren. Stellen Sie den Mauszeiger irgendwo in den Textblock, und halten Sie die Strg-Taste und die linke Maustaste gedrückt, während Sie den Block dahin ziehen, wo die Kopie hin soll. Der Mauszeiger verändert sich in eine Art Pfeil mit viereckigem Lasso, während Sie ziehen. Lassen Sie die Maustaste los, um den kopierten Block einzufügen.

✔ Wenn Sie einen Block kopiert haben, können Sie ihn ein zweites Mal in Ihr Dokument einfügen. Dieses Thema wird noch im Abschnitt *»Wie man einen zuvor ausgeschnittenen oder kopierten Block einfügt«* später in diesem Kapitel behandelt.

✔ Sie können einen Textblock auch auf den Windows-Desktop ziehen oder kopieren, um ihn dort langfristig zu lagern. Diese seltsame Aktivität wird weiter hinten in diesem Kapitel in dem Abschnitt *»Seltsame Blöcke und der Desktop«* erläutert.

Wie man einen Block ausschneidet und einfügt

Einen Block auszuschneiden bedeutet etwas ähnliches, wie ihn auszuschneiden – aber nichts ist wirklich verschwunden. Statt dessen kann der ausgeschnittene Block an anderer Stelle in Ihr Dokument eingefügt werden, so wie Sie einen Zeitungsartikel einkleben können. Technisch nennt man diesen Vorgang *Bewegung*; Sie bewegen einen Textblock von einer Stelle in Ihrem Dokument an eine andere.

Das Ausschneiden eines Textblocks funktioniert ähnlich wie das Kopieren eines Blocks. Folgen Sie diesen Schritten:

1. **Markieren Sie den Textblock, den Sie bewegen (ausschneiden) wollen.**

   Bestimmen Sie den Anfang des Blocks mit Hilfe des Cursors; drücken Sie die F8-Taste, und betätigen Sie die Cursortasten, oder benutzen Sie die Maus, um den Block zu markieren.

2. **Wählen Sie den *Bearbeiten, Ausschneiden*-Befehl.**

   Sie können auch Strg + X drücken, die *Ausschneiden*-Abkürzung (oder auf das *Ausschneiden*-Werkzeug klicken). In allen Fällen verschwindet der Block. Das ist okay – er ist in die Windows-Zwischenablage gestopft worden, einen elektronischen Lagerplatz, der sich tief im Speicher Ihres Computers eingenistet hat.

3. **Bewegen Sie den Zahnstocher-Cursor zu der Stelle, wo der Block eingefügt werden soll.**

   Machen Sie sich keine Sorgen, wenn da nicht genügend Platz für den Block ist; Word erledigt das schon, wenn es den Block einfügt.

4. **Rufen Sie den Befehl *Bearbeiten, Einfügen* auf.**

   Sie können auch Strg + V drücken, um Ihren Block einzufügen (oder auf das *Einfügen*-Werkzeug klicken).

✔ Weitere Informationen über das Markieren von Blöcken stehen in den ersten beiden Abschnitten dieses Kapitels.

✔ Einen Block zu kopieren funktioniert genauso wie das Bewegen eines Blocks, obwohl das Original nicht gelöscht wird. Lesen Sie dazu im vorhergehenden Abschnitt nach, *»Wie man einen Block kopiert und einfügt«*.

✔ Einen Block zu bewegen ist nicht dasselbe wie einen Block zu löschen; der Block kann nur zurückgeholt werden, wenn Sie den Cursor positionieren und den Block mit der Strg+V-Kombination einfügen.

✔ Die Strg+Z-Rückgängig-Abkürzung macht die Bewegung eines Blocks rückgängig.

✔ Wenn Sie einen Block ausgeschnitten und bewegt haben, können Sie ihn ein zweites Mal wieder in das Dokument einfügen. Dieses Thema wird im nächsten Abschnitt behandelt, *»Wie man einen zuvor ausgeschnittenen oder kopierten Block einfügt«*.

✔ Sie können Textblöcke auch durch das Ziehen der Maus bewegen – obwohl ich diesen Tip nur empfehle, wenn die Bewegung gerade mal über eine kurze Entfernung geht. (Über den Bildschirm zu blättern, während man mit der Maus zieht, kann unhandlich sein). Stellen Sie den Mauscursor auf eine beliebige Stelle im Textblock, und halten Sie die linke Maustaste gedrückt, während Sie den balkenförmigen Cursor an die Stelle ziehen, wo der Block hin soll. Dieser Tanzschritt ist dann besonders nützlich, wenn Sie Kram auf einer Seite neu arrangieren.

Wie man einen zuvor ausgeschnittenen oder kopierten Block einfügt

Wenn ein Textblock einmal ausgeschnitten oder kopiert wurde, erinnert sich Word daran. Sie können diesen Block jederzeit in Ihr Dokument zurückschubsen – als würde man Text wieder einfügen, den man bereits eingefügt hat. Sie benutzen Strg + V, die *Einfügen*-Abkürzung.

Um einen zuvor ausgeschnittenen Textblock einzufügen, folgen Sie diesen aufregenden Schritten:

1. **Stellen Sie den Zahnstocher-Cursor auf den Platz, wo der Textblock eingefügt werden soll.**

   Dieser Schritt sollte immer zuerst gemacht werden. Der Block erscheint direkt an der Cursorposition, als hätten Sie ihn dort eingetippt.

2. **Wählen Sie den Befehl *Bearbeiten, Einfügen*.**

   Sie können auch Strg + V drücken, die *Einfügen*-Abkürzung. Strg + V gleich Einfügen? Oh-oh (oder klicken Sie auf das *Einfügen*-Werkzeug).

Zack! Da ist es auf Ihrem Bildschirm.

✔ Wenn mit den anderen Block-Befehlen nichts kopiert oder ausgeschnitten wurde, wird auch nichts mit diesem Befehl eingefügt. Hm.

✔ Word hat ein kleines Gehirn. Es erinnert sich nur an den zuletzt ausgeschnittenen oder kopierten Block. Alles, was davor ausgeschnitten oder kopiert wurde, ist weg, weg, weg.

Seltsame Blöcke auf dem Desktop

Da Sie sich hier mit Windows 95 beschäftigen, gibt es auch einige Windows 95-mäßige Dinge, die Sie mit einem auf Windows 95 beruhenden Programm wie Word 95 tun können. Dazu gehört, daß Sie den Desktop benutzen können – das Ding im Hintergrund, auf dem die Symbole von Windows schweben.

✔ Wenn Sie meinen Vorschlägen folgen, dann benutzen Sie Word in voller Bildschirmstärke. Wenn Sie also den Desktop sehen und von seiner Block-ausschneiden-und-einfügen-Funktion profitieren wollen, müssen Sie auf die *Normalgröße*-Schaltfläche in der oberen rechten Ecke des Word-Fensters klicken.

✔ Sie müssen vielleicht auch andere Fenster auf Normalgröße bringen oder verkleinern, die Ihnen den Blick auf den Desktop verstellen.

✔ Wenn Ihnen dieses ganze Umarrangieren der Fenster lästig ist, kümmern Sie sich nicht um den Kram.

Wie man einen Block auf den Desktop herauszieht

Wenn Sie einen Block auf den Desktop ziehen, kopieren Sie ihn als *Datenauszug*. Das ist ein kleines Symbol, das auf dem Desktop sitzt, bis Sie es an eine beliebige andere Stelle ziehen – ein absolut merkwürdiges Windows 95-Konzept, an das sich nie jemand gewöhnen wird. Aber da ich nun einmal davon angefangen habe, sind hier die Schritte, die Sie befolgen müssen, damit es klappt:

1. **Markieren Sie den Block, den Sie auf den Desktop packen wollen.**

    Befolgen Sie die Anweisungen zur Markierung eines Blocks, die Sie am Anfang dieses Kapitels finden.

2. **Zeigen Sie mit der Maus auf den Block.**

3. **Ziehen Sie den Block aus dem Word-Fenster heraus und auf den Desktop.**

    Sie sehen, daß sich der Mauszeiger verändert. Ein komischer Kasten und ein Pfeil erscheinen, was darauf hinweist, daß Sie etwas auf den Desktop ziehen, kopieren und einfügen, wie in Abbildung 6.2 zu sehen ist.

4. **Lassen Sie die Maustaste los.**

    So wird das Ziehen beendet, und eine Kopie landet auf dem Desktop.

Der eingefügte Block erhält den Namen *Dokument Datenauszug*, dem die ersten Teilchen des Textes in dem Dokument folgen. Sie können den Namen des Symbols ändern, wenn Sie den richtigen »Ich will den Namen eines Symbols ändern«-Befehl von Windows 95 benutzen.

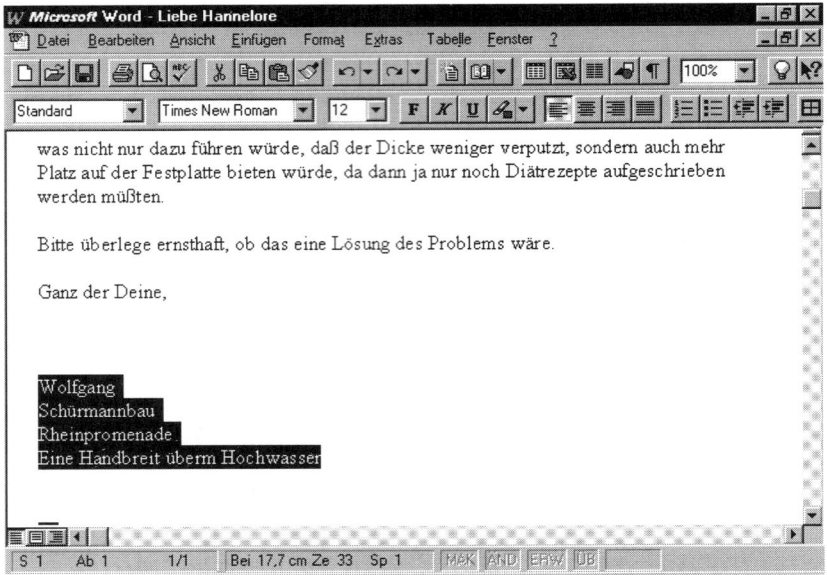

Abbildung 6.2: Ein Block wird auf den Desktop herausgezogen

✔ Diese Operation kann man mehrmals durchführen. Anders als beim Ausschneiden oder Kopieren, wo nur das letzte Ding, das Sie kopiert oder ausgeschnitten haben, im Gedächtnis bleibt, können Sie eine beliebige Anzahl von Blöcken auf den Desktop ziehen, um sie dort langfristig zu lagern.

✔ Wie in der Abbildung sollte der Text, den Sie auf den Bildschirm ziehen, etwas sein, was Sie immer wieder verwenden – Ihre Adresse beispielsweise. Es könnte aber auch ein Block sein, den Sie mehrmals in dasselbe Dokument einfügen wollen – typisches Recycling.

✔ Wenn Sie den Block ausschneiden wollen, haben Sie Pech. Mit dieser Technik können Sie nur etwas auf den Desktop *kopieren*.

✔ Wollen Sie ein Symbol in Windows umbenennen, klicken Sie einmal mit der Maus auf das Symbol. Dann ist es markiert. Danach drücken Sie die F2-Taste und tippen den neuen Namen ein. Achten Sie darauf, etwas Aussagefähiges für den Inhalt des Symbols zu nehmen. Drücken Sie die Eingabetaste, um den neuen Namen festzuhalten.

✔ Immer, wenn Sie einen Block ziehen, wächst dem Mauszeiger ein komisches Rechteck. Wenn Sie einen Block auf den Desktop ziehen, wächst ihm auch noch ein kleines Pluszeichen. Und wenn Sie den Block vom Bildschirm ziehen, wachsen ihm Zähne, und er wird Sie schließlich auffressen.

Wie man einen Block vom Desktop hereinzieht

Wenn Sie professionell mit der Funktion umgehen, Blöcke auf den Desktop zu ziehen, werden Sie schließlich die ganzen kleinen Dateiauszugsblöcke auch verwenden und an der einen oder anderen Stelle im Dokument einfügen wollen. Das ist ein echtes Kinderspiel. Befolgen Sie einfach diese Schritte:

1. **Suchen Sie die Stelle, wo Sie den Block einfügen wollen.**

   Nehmen wir mal an, Sie haben auf dem Desktop einen Dateiauszug mit Ihrem Namen und Ihrer Adresse, die am Ende eines Briefes stehen sollen. Wenn das der Fall ist, vergewissern Sie sich, daß ein Teil Ihres Dokuments im Word-Fenster zu sehen ist. (Sie müssen sich hier nicht so genau mit dem Zahnstocher-Cursor abgeben; es langt, wenn der richtige Teil des Dokuments auf dem Bildschirm zu sehen ist.)

2. **Suchen Sie nach dem *Dateiauszug*-Symbol.**

   Dateiauszug-Symbole befinden sich auf dem Desktop. Wenn das Word-Fenster das Symbol verdeckt, ziehen Sie das Symbol an eine andere Stelle, wo es sichtbar ist, wenn Sie in Word arbeiten.

3. **Ziehen Sie das Symbol in Ihren Text hinein.**

   Ziehen Sie das Dokument vom Desktop in Ihr Dokument hinein: Zeigen Sie mit der Maus auf das Symbol. Halten Sie die linke Maustaste gedrückt. Ziehen Sie die Maus in das Dokumentenfenster. Lassen Sie die Maustaste los.

   ✔ Seien Sie vorsichtig, wenn Sie die Maustaste loslassen. Der Block mit dem Dateiauszug wird genau an dieser Stelle in Ihr Dokument eingefügt.

   ✔ Bei der ganzen Operation wird nur kopiert. Das *Dateiauszug*-Symbol lebt weiterhin auf dem Desktop, nachdem Sie es in ein Dokument gezogen haben. Sie können es nur loswerden, indem Sie es in den Windows-*Papierkorb* ziehen.

   ✔ Da das *Dateiauszug*-Symbol lebt (Es lebt! Es lebt!), können Sie es immer wieder verwenden.

   ✔ Nicht jeder Dateiauszug, den Sie in Word hineinziehen, wird Text sein. Manchmal enthält ein Dateiauszug Grafik, Arbeitsbögen oder bestimmte niederwertige Zeichen. Wer sie dort hingepackt hat, hat sie auch passend benannt. Hoffentlich.

Wie man einen Block löscht

Es gibt zwei Methoden, einen Block zu löschen: die komplexe und die einfache. Was sagen Sie, wenn wir´s erstmal mit der einfachen probieren?

1. **Markieren Sie den Block.**

   Schauen Sie im ersten Abschnitt dieses Kapitels nach, wo Sie die besten Anweisungen zur Blockmarkierung finden, die jemals in einem Computerbuch standen.

2. **Drücken Sie die Entf-Taste.**

   Wupps!

✔ Sie können auch die Rücktaste drücken, um den Block zu löschen.

✔ Zusätzliche detaillierte Informationen über das Markieren von Blöcken finden Sie im ersten Abschnitt dieses Kapitels.

 ✔ Diesmal kann der Block mit Hilfe des Befehls *Bearbeiten, Rückgängig* zurückgeholt werden (oder mit dem *Rückgängig*-Werkzeug). Dieser Schritt unterscheidet das Löschen eines Blocks vom Ausschneiden und Einfügen. Wenn Sie aber Rückgängig benutzen, erscheint der Block an derselben Stelle, wo er gelöscht wurde.

✔ Kapitel 4 erläutert das umfangreiche Thema des Löschens und Vernichtens von Text. Dort werden Ihre destruktiven Gelüste befriedigt.

Einen Block formatieren

Wenn Sie einen Textabschnitt als Block eingefangen haben, können Sie den Text und die Zeichen als eine einzelne Einheit formatieren. Formatieren wird detailliert in Teil II dieses Buches beschrieben, »*Formatieren – oder wie gestalten Sie Ihre Prosa weniger häßlich*«. Anstatt also hier in Einzelheiten zu gehen, folgt ein Überblick über die verschiedenen Dinge, die Sie einem Block beim Formatieren antun können:

✔ Sie können den Text fett machen, unterstreichen (zwei verschiedene Geschmacksrichtungen), kursiv machen, hoch- oder tiefstellen, indem Sie verschiedene Strg-Tastenkombinationen verwenden, die alle in Kapitel 9 detailliert erläutert werden.

✔ Sie können die Schriftart für den Text des Blocks ändern, was auch in Kapitel 9 beschrieben wird.

✔ Jede Formatveränderung bezieht sich nur auf den Text, der in dem Block steht.

✔ Informationen über Formatveränderungen (fett, unterstrichen, kursiv und so weiter) befinden sich in Kapitel 9. Auch über das Hoch- und Tiefstellen werden Sie dort unterrichtet.

✔ Informationen über Änderungen der Position eines Blocks – seine Justierung – finden Sie in Kapitel 10.

Die Rechtschreibung in einem Block überprüfen

Wenn Sie die Rechtschreibung in einem kleinen oder unregelmäßig geformten Teil Ihres Dokuments überprüfen wollen, können Sie ihn als Block markieren und dann den Word-Befehl *Rechtschreibung* benutzen. Mit dieser Methode sind Sie schneller, als würden Sie durch den ganzen schmerzhaften Prozeß der Rechtschreibprüfung gehen.

Wenn Sie sehen wollen, wie es um Ihre Rechtschreibkenntnisse bestellt ist, folgen Sie diesen
Schritten:

1. **Markieren Sie den Block.**

   Schauen Sie im ersten Abschnitt dieses Kapitels nach.

   Der als Block markierte Teil ist der einzige in Ihrem Dokument, dessen Rechtschreibung geprüft wird.

2. **Wählen Sie den Befehl *Extras, Rechtschreibung*.**

   Kein Ärger, kein Warten – die Rechtschreibung des Blocks wird überprüft (Sie
   können auch auf das *Rechtschreibung*-Werkzeug klicken).

3. **Word vergleicht alle Wörter im Block mit seinem internen Wörterbuch.**

   Wenn ein falsch buchstabiertes oder unerkanntes Wort gefunden wird, wird es
   markiert, und Sie bekommen die Chance, es zu korrigieren oder zu bearbeiten.
   Wenn Ihnen das langweilig wird, klicken Sie auf die *Abbrechen*-Schaltfläche.

4. **Wenn die Rechtschreibung im Block überprüft worden ist, fragt Word, ob Sie,
   zufälligerweise, auch den Rest Ihres Dokuments überprüfen wollen. Drücken
   Sie N.**

   Oder J, wenn Sie wirklich sehen wollen, wie armselig Ihre Buchstabierkünste
   außerhalb dieses Blocks sind.

✔ Ich benutze diese Technik oft, wenn ich bei der Rechtschreibung eines einzelnen Wortes
   unsicher bin: Doppelklicken Sie auf das Wort, um es zu markieren, und klicken Sie dann
   auf das *Rechtschreibungs*-Werkzeug.

✔ Bei der Sofort-Rechtschreibprüfung von Word ist diese Funktion überflüssig. Wenn Sie
   allerdings so gestrickt sind wie ich, schalten Sie das lästige kleine Ding ab. In diesem Fall
   macht es verdammt viel Sinn, einen Block auf seine Rechtschreibung zu überprüfen.

✔ Kapitel 7 befaßt sich mit den wunderbaren Einzelheiten der Word-Rechtschreibung. Dort
   finden Sie zusätzliche Informationen über das Ändern oder Korrigieren Ihrer Tippserei.

Wie man *Suchen* und *Ersetzen* in einem *Block* benutzt

Sie können in einem markierten Block nicht nach Text suchen, aber Sie können den *Ersetzen*-
Befehl von Word benutzen. Wenn Sie einen Block markiert haben, findet und ersetzt *Ersetzen*
nur Text in diesem Block. Auf den Rest Ihres Dokuments hat das keine Auswirkung (es sei
denn, Sie befehlen Word, außerhalb des Blockes mit dem Ersetzen weiterzumachen, wenn es
fertig ist).

✔ Eine vollständige Beschreibung dieser Operation wird in Kapitel 5 im Abschnitt »*Suchen
   und Ersetzen*« geboten. Ich bin jetzt zu faul, das alles nochmal aufzuschreiben.

✔ Der *Suchen*-Befehl kann in einem Block nicht benutzt werden, weil er verwendet wird, um einen Block zu markieren; mehr dazu im Abschnitt *»Wie man einen Block mit dem Suchen-Befehl markiert«* weiter vorne in diesem Kapitel.

Wie man einen Block druckt

Der Druckbefehl von Word erlaubt es Ihnen, eine Seite, mehrere Seiten oder ein ganzes Dokument zu drucken. Wollen Sie nur einen kleinen Textabschnitt drucken, müssen Sie ihn als Block markieren und dann drucken. Und so geht´s:

1. **Vergewissern Sie sich, daß Ihr Drucker angeschaltet und druckbereit ist.**

   In Kapitel 8 finden Sie weitere Informationen zur Druckereinrichtung.

2. **Markieren Sie den Textblock, den Sie drucken wollen.**

   Bewegen Sie den Cursor zum Anfang des Blocks und drücken Sie F8, um den Erweiterungsmodus anzuschalten; bewegen Sie den Cursor zum Ende des Blocks, oder bewegen Sie die Maus, wenn Sie Ihr Handgelenk mal wieder durchschütteln wollen.

3. **Wählen Sie den Befehl *Datei*, *Drucken*.**

   Sie können auch Strg + P drücken oder sich für die Fingergymnastik bei den nächsten Olympischen Spielen qualifizieren, wenn Sie es schaffen sollten, Strg + Umschalttaste + F12 zu drücken.

4. **Kitzeln Sie die Schaltfläche mit dem Wort *Markierung***

   Drücken Sie die Alt + M, oder klicken Sie das Wort *Markierung* mit der Maus an. Mit diesem Schritt teilen Sie Word mit, daß Sie nur Ihren markierten Block drucken wollen.

5. **Klicken Sie auf die *OK*-Schaltfläche, oder drücken Sie die Eingabetaste.**

   In wenigen Sekunden wird der Ausdruck von Ihrem Drucker ausgespuckt.

✔ Das *Drucken*-Werkzeug in der Standard-Werkzeugleiste wird nur benutzt, um das gesamte Dokument auszudrucken, nicht Ihren markierten Block. Benutzen Sie statt dessen Strg + P, wenn Sie Ihren Block drucken wollen.

✔ Weitere Informationen über das Markieren von Textblöcken finden Sie im ersten Abschnitt dieses Kapitels.

✔ Vollständig wird das Thema Drucken im Kapitel 8 behandelt. Schauen Sie dort nach, wenn Sie etwas über Druckoptionen und die Einrichtung Ihres Druckers wissen wollen.

✔ *Markierung* können Sie in der *Drucken*-Dialogbox nur dann anklicken, wenn Sie einen Block markiert haben.

Die logische Rechtschreibprüfung

In diesem Kapitel

▶ Die Sofort-Rechtschreibprüfung

▶ Die Rechtschreibung überprüfen

▶ Ein einzelnes Wort überprüfen

▶ Wörter dem Wörterbuch hinzufügen

▶ Die wundersame AutoKorrektur benutzen

▶ Den Thesaurus benutzen

▶ Wörter zählen

Ach ja, die Rechtschreibung! In keiner Sprache (außer vielleicht Chinesisch) kann man auf eine Rechtschreibprüfung wirklich verzichten, und wer neidisch darauf schaut, daß es in einer Sprache das Problem, mit dem man sich gerade herumschlägt, nicht gibt, vergißt, daß dafür andere auftauchen. Gut, es gibt Sprachen, die die Vokale gleich ganz weglassen und sich damit einiges ersparen. Aber dafür gibt es vielleicht Probleme damit, daß das C mal wie S und mal wie K benutzt wird, oder wie man GH ausspricht, oder wann ein doppeltes D oder S kommt. Naja, geben Sie sich keine Mühe.

Die Rechtschreibung ist in fast allen Sprachen so unlogisch, daß man einen Computer braucht, wenn man wissen will, wie etwas richtig geschrieben wird. Und genau das bietet Ihnen die Rechtschreibprüfung von Word. Sie kann Sie sogar anschnauzen, genau wie die Deutschlehrerin in der vierten Grundschulklasse.

Die verblüffende, lästige Sofort-Rechtschreibprüfung von Word

Das mußte ja früher oder später passieren. Wenn Computer schneller werden, können sie immer mehr. Textverarbeitungsprogramme tun nicht wirklich viel, sondern sitzen meistens herum und warten darauf, daß Sie irgend etwas tippen. Und so sitzen sie herum und spinnen, wobei viel von der Leistungsfähigkeit des Computers verlorengeht.

»Na warte,« sagte man sich eines Tages bei Microsoft, »wir können diese ganze Zeit, die im Inneren des Computers verlorengeht, benutzen, um die Rechtschreibung des Anwenders zu korrigieren, während er noch tippt!« Schreie wie »Wunderbar! Phantastisch! Applaus!« schallten durch das Zimmer. Natürlich wußte zu diesem Zeitpunkt noch niemand, wie lästig es sein würde, wenn die Rechtschreibung direkt bei der Eingabe überprüft wird. Es ist genauso, als stünde Frau Hempel, Ihre Deutsch-Grundschullehrerin und Göttin des Deutschen, hinter Ihnen und sagte Ihnen ständig, was Sie jetzt schon wieder falsch gemacht haben. Klasse Methode, um die Konzentration zu stören!

Wie auch immer, die nächsten Absätze beschäftigen sich mit der Sofort-Rechtschreibprüfung von Word, zu der ich nur empfehlen kann, sie sofort abzuschalten.

Sie haben wieder etwas falsch geschrieben. Sie haben wieder etwas falsch geschrieben. Sie haben wieder etwas falsch geschrieben.

Word überprüft automatisch alles, was Sie eingeben, in dem Moment, wo Sie es schreiben. Machen Sie was falsch, teilt Word Ihnen das mit. Es unterstreicht das Wort mit einer roten Zickzacklinie. In Abbildung 7.1 sehen Sie ein Beispiel.

In derselben Sekunde, wo Sie die Leertaste drücken oder ein Satzzeichen eingeben, prüft Word, was Sie eingegeben haben, und schreit gleich *falsch, falsch, falsch!*

Wenn Sie sich einer stabilen geistigen Gesundheit erfreuen, können Sie weitertippen. Ansonsten klicken Sie mit der rechten Maustaste auf das Wort (ein Rechtsklick), um weitere Anweisungen zu erhalten.

Sie können aus einer Liste eine andere Rechtschreibung auswählen oder auf *Alle Ignorieren* klicken, damit Word Sie nicht mehr belästigt, wenn Sie das Wort noch einmal schreiben.

 ✔ Klicken Sie rechts auf ein rot unterstrichenes Wort, um mögliche korrekte Schreibweisen zu sehen.

 ✔ Word streicht alles als falsch an, was es nicht erkennt. Dazu gehören die fünf Millionen Wörter, die sich nicht in seinem elektronischen Wörterbuch befinden. Darunter befinden sich wahrscheinlich Ihr Name, Ihre Straße, der Name Ihrer Stadt und Ihre Lieblings-Eissorte.

 ✔ Ich persönlich konzentriere mich lieber auf mein Geschreibsel als auf die Rechtschreibung, wenn ich etwas zusammenreime.

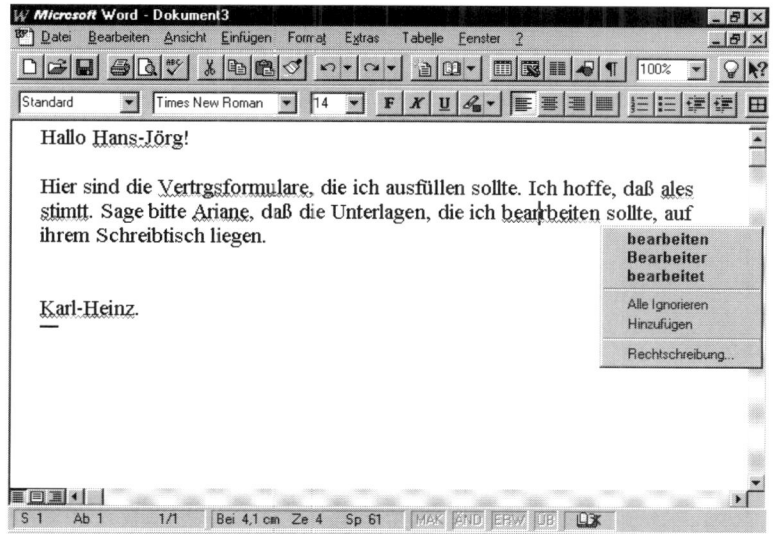

Abbildung 7.1: Word reibt Ihnen unter die Nase, daß Sie kein einziges verdammtes Wort richtig schreiben können.

Wie man das verdammte Ding abschaltet

Wenn Sie die Sofort-Rechtschreibprüfung so lästig finden wie ich selbst, seien Sie dankbar, daß Sie sie ausschalten können. Folgen Sie diesen heiligen Schritten:

1. **Wählen Sie *Extras*, *Optionen*.**

   Die *Optionen*-Dialogbox erscheint auf dem Bildschirm.

2. **Klicken Sie auf das Schildchen *Rechtschreibung*.**

   Das holt das Blatt mit der Rechtschreibprüfung nach vorne, damit Sie seinen Anblick genießen können.

3. **Entfernen Sie das Häkchen aus dem Kontrollkästchen neben *Automatische Recht-schreibprüfung*.**

   Drücken Sie einfach Alt + T oder klicken Sie in das Kästchen neben *Automatische Pecht-schreibprüfung*, um das Häkchen zu entfernen. Damit ist Word die lästige Angewohnheit los, falschgeschriebene Wörter auf dem Bildschirm anzukreuzen.

4. **Klicken Sie auf die Schaltfläche *OK*.**

   So schließen Sie die *Optionen*-Dialogbox und geben Ihre Einstellungen Word und der Menschheit bekannt.

Dieses Buch geht davon aus, daß Sie die automatische Rechtschreibprüfung *nicht angeschaltet* haben. Weshalb? Weil ich meinen Computer so benutze. So.

✔ Sie können die automatische Rechtschreibprüfung immer wieder anschalten. Wiederholen Sie einfach die Schritte, und machen Sie in das Kontrollkästchen wieder ein Häkchen.

✔ Und wie überprüfe ich nun die grausame deutsche Rechtschreibung? Lesen Sie den nächsten Abschnitt.

✔ Die Option der Sofort-Rechtschreibprüfung ist eigentlich gut, aber nur unter einer Bedingung: Wenn Sie Word als E-Mail-Editor benutzen, ist es ganz nett, daß jemand korrigiert, während Sie schreiben. Das ist irgendwie akzeptabel, da E-Mail spontaner ist als das Zeug, das Ihnen in Word wirklich Sorgen macht.

Die Rechtschreibung überprüfen

Streiten Sie sich nicht mit ihm: Der Computer kennt die Rechtschreibung besser als Sie. Gott sei Dank. Ich kann einfach nicht buchstabieren. Überhaupt nicht. Die Regeln sind wirr und sinnlos. Es gibt zuviele Ausnahmen. Aber seien Sie den Wächtern über die goldenen Regeln aus der Grundschule dankbar: Bei Word müssen Sie sich nicht darum kümmern, akkurat zu sein. Seien Sie einfach nur nah dran, und der *Rechtschreibung*-Befehl erledigt den Rest für Sie.

Um die Rechtschreibung in Ihrem Dokument zu überprüfen, wählen Sie den Befehl *Rechtschreibung* im *Extras*-Menü. Folgen Sie diesen Schritten:

1. Holen Sie sich den Befehl *Extras*, *Rechtschreibung*.

Sie können auch das *Rechtschreibung*-Werkzeug anklicken oder F7 drücken, die *Rechtschreibung*-Abkürzung.

Word durchsucht Ihr Dokument nach störenden Wörtern, bei denen Ihrer Grundschullehrerin die Haare zu Berge gestanden hätten.

Ein falsch buchstabiertes Wort wurde gefunden!

Die Dialogbox *Rechtschreibung* erscheint, und das falsch geschriebene oder unbekannte Wort erscheint markiert im Text auf dem Bildschirm. Die Dialogbox zeigt das falsch buchstabierte Wort und schlägt andere Schreibweisen vor – die meisten von ihnen sind korrekt. Abbildung 7.2 zeigt ein Beispiel.

2. Pflücken Sie das korrekt buchstabierte Wort aus der Liste.

Markieren Sie das korrekte Wort, und klicken Sie auf die *Ändern*-Schaltfläche. Wenn das Wort nicht in der Liste ist, können Sie es in die Box *Ändern in* eingeben. Wenn das Wort in Ordnung ist, können Sie auf die *Ignorieren*-Schaltfläche klicken, um das Wort ohne Veränderungen zu übergehen.

3. Word fährt mit der Überprüfung aller Wörter in Ihrem Dokument fort.

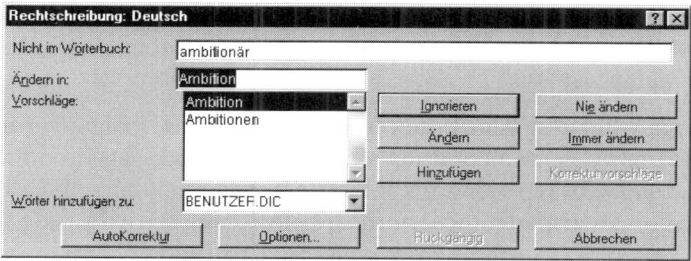

Abbildung 7.2: Ein falsch buchstabiertes Wort

Wenn es fertig sind, verkündet eine Dialogbox folgende Nachricht:

```
Die Rechtschreibprüfung ist abgeschlossen.
```

Okay, das war's.

✔ Klicken Sie auf die *Nie ändern*-Schaltfläche, wenn Ihr Wort wirklich ein Wort ist (wie Ihr Name) und Sie nicht jedesmal angehalten werden wollen, wenn Word diesem Wort im Text begegnet.

✔ Wählen Sie *Immer ändern*, wenn Sie das falsch buchstabierte Wort bei jedem Auftauchen zu dem verändern wollen, was auch immer in der Box *Ändern in* steht. Wenn Sie zum Beispiel immer *Breif* statt *Brief* tippen, können Sie auf *Immer ändern* klicken, und Word ersetzt automatisch, ohne Sie weiter zu belästigen.

 ✔ Wenn Sie sehen, daß Sie eine große Zahl durchgängiger Fehler machen – *dre* statt *der*, *flls* statt *falls*, *rechtig* statt *richtig* – bedienen Sie sich des *AutoKorrektur*-Werkzeugs von Word. Mehr dazu im Abschnitt *»Wie man sein Zeug beim Tippen korrigiert«* weiter hinten in diesem Kapitel.

✔ Sie können auf die *Hinzufügen*-Schaltfläche klicken, um Word Wörter ins Wörterbuch zu schreiben, die es nicht kennt. Zum Beispiel Ihren Nachnamen, Straßennamen, Stadt und andere oft benutzte Wörter, die wahrscheinlich nicht im Word-Wörterbuch stehen. Wenn das Wort als »falsch buchstabiert« bezeichnet wird, klicken Sie auf die *Hinzufügen*-Schaltfläche, und es wird lebenslang Bestandteil des Word-Wörterbuchs.

✔ *Rückgängig* macht Ihre letzte Buchstabierveränderung rückgängig, meistens jedenfalls. Diese Option ist prima, wenn man nachts schläfrig den Text nochmal durch die Rechtschreib-Prüfung laufen läßt, schnell das falsche Wort zum Ersetzen gewählt hat und sich dann nicht mehr sicher ist. Klicken Sie einfach auf *Rückgängig* und schauen Sie sich das letzte Wort noch einmal an (*Rückgängig* funktioniert nicht immer, also verlassen Sie sich nicht allzusehr darauf).

✔ Wie man die korrekte Schreibweise eines einzelnen Wortes prüft – was manchmal nützlich ist –, wird im nächsten Abschnitt *»Wie man ein einzelnes Wort überprüft«*, erläutert.

✔ Wie man die Rechtschreibung in einem Absatz oder unregelmäßig geformten Textblock überprüft, wird im Abschnitt »*Wie man die Rechtschreibung in einem Block überprüft*« in Kapitel 6 erläutert.

✔ Das Word-Wörterbuch ist kein Ersatz für ein echtes Wörterbuch. Nur in einem echten Wörterbuch kann man die Bedeutung eines Wortes nachschlagen und sehen, ob es das richtige Wort im richtigen Kontext ist. Kein Computer-Schreiberling arbeitet allein mit einem elektronischen Wörterbuch; normalerweise steht der gute, fette Duden direkt in Reichweite.

✔ Wenn zwei identische Wörter hintereinander gefunden werden, markiert Word sie als *Wortwiederholung*. Fehler, Fehler! Klicken Sie auf die *Ignorieren*-Schaltfläche, wenn Word das mit dem doppelten Wort vergessen soll, oder klicken Sie auf die *Löschen*-Schaltfläche, um das zweite Wort wegzublasen, oder klicken Sie auf die *Korrekturvorschläge*-Schaltfläche, wenn Sie etwas Ähnliches tippen wollten, aber Ihre Finger nicht mitgespielt haben.

✔ Puh, das ist jetzt eine lange Häkchen-Liste!

✔ Der Befehl *Rechtschreibung* findet auch Wörter mit merkwürdiger Großschreibung. Zum Beispiel kLATsche. Sie bekommen die Möglichkeit, die Großschreibung zu korrigieren, als hätten Sie falsch buchstabiert.

✔ Das Word-Wörterbuch ist gut, aber definitiv nicht so gut wie Ihre Grundschullehrerin. Es überprüft zum Beispiel Ihre Wörter nicht im Kontext. So kann Word zum Beispiel *Lust* und *Last* korrekt geschrieben erscheinen, aber in Wahrheit benutzen Sie die Wörter im entgegengesetzten Sinn.

 ✔ Das Wort *Rechtschreibung* bezieht sich hier darauf, daß man Wörter mit einem akzeptierten Buchstabenmuster kreiert. Das hat nichts mit Zauberei zu tun. Viele Leute nehmen an, durch die Rechtschreibprüfung werde ihr Dokument automatisch besser. Falsch! Sie müssen lesen, was Sie schreiben, und dann bearbeiten, anschauen und wieder lesen. Die Rechtschreibprüfung macht nichts anderes, als faule Wörter zu finden und Ersatz vorzuschlagen.

Ein einzelnes Wort überprüfen

Es ist nicht nötig, die Rechtschreibung in einem ganzen Dokument zu überprüfen, wenn Sie das eigentlich nur mit einem kleinen Wort tun wollen. So kommen Sie übrigens ganz hervorragend mit dem Buchstabieren zurecht: Schreiben Sie das Wort einfach so, wie Sie *denken*. Dann überprüfen Sie das Wort. Word schaut nach, wie man´s im Deutschen korrekt macht, und schon geht's weiter. Und das Tolle daran ist, daß Sie nichts lernen müssen!

Um die Rechtschreibung eines einzelnen verdächtigen Wortes zu überprüfen, tun Sie folgendes:

1. **Stellen Sie den Cursor irgendwo auf das Wort oder davor.**

2. **Markieren Sie das Wort.**

   Drücken Sie zweimal F8, oder machen Sie einen Doppelklick mit der Maus – so können Sie Schritt 1 und 2 umgehen.

   Wählen Sie den Befehl *Extras, Rechtschreibung*. Oder noch besser, klicken Sie auf das *Rechtschreibung*-Werkzeug, oder drücken Sie F7, die *Rechtschreibung*-Abkürzung.

3. **Word überprüft das Wort.**

   Wenn Sie das Wort korrekt buchstabiert haben (bei mir sind die Chancen da 50:50), teilt Word mit, daß es mit der Überprüfung des Abschnitts fertig sei, und fragt höflich, mit Verlaub und Respekt, nach, ob Sie den Rest des Dokuments überprüfen wollen. Wenn Ihr erster Versuch aber nicht korrekt war, stößt Word das erschöpfte Seufzen der Heiligen, Märtyrer und Grundschullehrer dieser Welt aus und zeigt Ihnen die Dialogbox Rechtschreibung, der andere Buchstabierweisen und Alternativen auflistet.

4. **Klicken Sie auf eine der vorgeschlagenen Buchstabierweisen.**

5. **Klicken Sie auf die *Ändern*-Schaltfläche.**

   Word ersetzt das Wort, das Sie für korrekt buchstabiert hielten, durch die amtlich richtige, nicht-intuitive Schreibweise.

✔ Weitere Informationen darüber, wie man mit dem *Rechtschreibung*-Programm von Word arbeitet, finden Sie im ersten Abschnitt dieses Kapitels.

✔ Das Überprüfen eines einzelnen Wortes ist meist eine gute Methode, sofort ein Wort in Angriff zu nehmen, bei dem man weiß, daß die Rechtschreibung hoffnungslos verkehrt ist. Meine Philosophie (oder »Filosofie«) ist es natürlich, einfach draufloszuschreiben und dann die Rechtschreibung im ganzen Dokument auf einmal zu überprüfen.

✔ Wenn Sie eine Menge Wörter einzeln überprüfen, ist übrigens die Sofort-Rechtschreibprüfung genauso gut. Sehen Sie im ersten Abschnitt dieses Kapitels nach.

Dem Wörterbuch Wörter hinzufügen

Einige gebräuchliche Wörter erscheinen nicht im Wörterbuch – mein Nachname zum Beispiel. Vielleicht haben Sie auch einen so einzigartigen Nachnamen wie ich, oder Word erkennt Ihren Vornamen, die Stadt, den Firmennamen und so weiter auch dann nicht, wenn sie korrekt geschrieben sind. Das bedeutet, daß jedesmal, wenn Sie die Rechtschreibung in einem Dokument überprüfen, Ihnen ein Alternativ-Vorschlag für diese Wörter gemacht wird. Sie haben zwei Möglichkeiten, dieser tautologischen Scharade zu entkommen:

Die erste, dümmste Möglichkeit ist, jedesmal die *Ignorieren*-Schaltfläche anzuklicken, wenn die Rechtschreibprüfung das Wort findet. Dann ignoriert Word während der Rechtschreibprüfung das Wort. Aber wenn Sie das nächste Mal die Rechtschreibprüfung durchführen, passiert dasselbe. Dumm, dumm, dumm.

Die andere, schlauere Methode besteht darin, daß Sie das besagte Wort Ihrem persönlichen Wörterbuch *hinzufügen*. Dieses Wörterbuch ist eine Liste von Wörtern, die Word behält und jedesmal überspringt, wenn Sie die Rechtschreibprüfung durchführen, weil Sie ihm gesagt haben, daß diese Wörter okay sind. Folgen Sie diesen Schritten:

1. **Starten Sie Rechtschreibung wie gewohnt.**

   Im ersten Abschnitt dieses Kapitels finden Sie die fisseligen Details.

2. **Hoho, Sie stoßen auf ein Wort, das Ihnen bekannt dräuet, doch Word nicht bekannt vorkümmet.**

   Es ist richtig buchstabiert.

3. **Wählen Sie die *Hinzufügen*-Schaltfläche.**

   Mit diesem Schritt stopfen Sie das Wort in Ihr persönliches Wörterbuch, und Sie müssen sich nie mehr damit herumärgern.

✔ Wenn sich ein Wort im persönlichen Wörterbuch befindet, kennt und erkennt Word es genauso wie die Wörter, die im echten Wörterbuch stehen – demjenigen, das Ihre Grundschullehrerin geschrieben hat.

✔ Seien Sie vorsichtig, wenn Sie sich entscheiden, dem Wörterbuch ein Wort hinzuzufügen, denn es ist nicht leicht, diesen Schritt wieder rückgängig zu machen. Das könnte Ihnen passieren, wenn Sie mal ausflutschen und ein völlig falsch buchstabiertes Wort unabsichtlich dem Wörterbuch hinzufügen (Ich habe mal »fu« dem Wörterbuch hinzugefügt und mußte drei Wochen im Word-Strafkasten bleiben – und das ausgerechnet in Hannover!). Sie können das Wort aber wieder herausbekommen – lesen Sie den nächsten Kasten mit technischem Kram (freiwilliges Lesen!).

✔ Sie können übrigens mehrere verschiedene Ergänzungs-Wörterbücher auf Ihrer Festplatte haben. Wollen Sie ein neues Wörterbuch auswählen oder anlegen, wählen Sie die Dialogbox *Wörter hinzufügen zu* in der Dialogbox *Rechtschreibung*, und geben Sie dem neuen Wörterbuch einen Namen. Word fügt das Wort hinzu und benutzt das Ergänzungs-Wörterbuch (neben dem echten) für die Rechtschreibprüfung.

Was? Die Hinzufügen-Schaltfläche ist matt!

Das passiert, wenn Sie kein persönliches Wörterbuch eingerichtet haben. Um das zu tun, folgen Sie diesen Schritten:

1. **Öffnen Sie die Optionen für die Rechtschreibung.**

   Wenn Sie in der Dialogbox *Rechtschreibung* sind, klicken Sie auf die *Optionen*-Schaltfläche. Oder wählen Sie den *Optionen*-Befehl unten aus dem *Extras*-Menü und klicken dann auf das Wort *Rechtschreibung* auf einem der Schildchen oben in der *Optionen*-Dialogbox.

2. **Klicken Sie auf die *Benutzerwörterbücher*-Schaltfläche, um Ihr eigenes Wörterbuch anzulegen.**

   Die Dialogbox *Benutzerwörterbücher* wird gezeigt.

   In der Liste der *Ergänzungs-Wörterbücher* sollte als erstes BENUTZER.DIC auftauchen. Das ist das gesuchte.

3. **Klicken Sie in das Kästchen neben BENUTZER.DIC.**

   Jetzt erscheint ein Häkchen in dem Kästchen und teilt Word mit, daß Sie es als Ihr eigenes, persönliches Wörterbuch verwenden wollen.

4. **Klicken Sie die *OK*-Schaltfläche in der Dialogbox *Benutzerwörterbücher*.**

   Sie verschwindet.

Sie können jetzt die *Hinzufügen*-Schaltfläche in der *Rechtschreibung*-Dialogbox benutzen, um Wörter in Ihr persönliches Wörterbuch einzufügen.

Kram beim Tippen korrigieren

Eines der nützlichen Dinge, die Word erledigen kann, ist die Korrektur Ihres falschen Buchstabierens, während Sie tippen. Nein, das ist nicht die Sofort-Rechtschreibprüfung. Anders als bei dieser Monstrosität *korrigiert* Word diesmal wirklich Ihre Fehler, manchmal so schnell, daß Sie es gar nicht bemerken.

Die *AutoKorrektur* ist wirklich verblüffend. Sie schreiben *dre*, und Word korrigiert es schnell und still. Wenn Sie wissen, wie man ein Wort buchstabiert, aber feststellen, daß das Ihren Fingern unbekannt ist, kommt Ihnen *AutoKorrektur* zu Hilfe.

Nicht nötig, sich mit diesem trivialen Geschwätz über das Ergänzungs-Wörterbuch zu beschäftigen

Das persönliche oder Ergänzungs-Wörterbuch ist ein Textdokument auf der Festplatte. Es enthält in alphabetischer Reihenfolge alle Wörter, die Sie hinzufügen. Und als besonderer Bonus können Sie die Liste bearbeiten und alle löschwürdigen Wörter entfernen, die Sie hinzugefügt haben könnten.

Um unanständige Wörter zu entfernen, befolgen Sie die Schritte 1 und 2 in »*Was? Die Hinzufügen-Schaltfläche ist matt!*« Dann klicken Sie auf das Wörterbuch, das Sie bearbeiten wollen (wenn es mehr als eins gibt), um es zu markieren. Dann klicken Sie auf die Schaltfläche *Bearbeiten*. Dadurch wird das Wörterbuch wie ein Word-Dokument geöffnet, und Sie können alle Fehler entfernen, die Sie hinzugefügt haben.

Nehmen wir beispielsweise an, daß Sie versehentlich »fu« in das Wörterbuch eingetragen haben. Das können Sie nur herauswerfen, wenn Sie die BENUTZER.DIC-Datei bearbeiten.

Wie man AutoKorrektur aktiviert

Um sicherzugehen, daß *AutoKorrektur* angeschaltet ist, wählen Sie es aus dem *Extras*-Menü (Alt, X, E). Die Dialogbox *AutoKorrektur* wie in Abbildung 7.3 wird gezeigt.

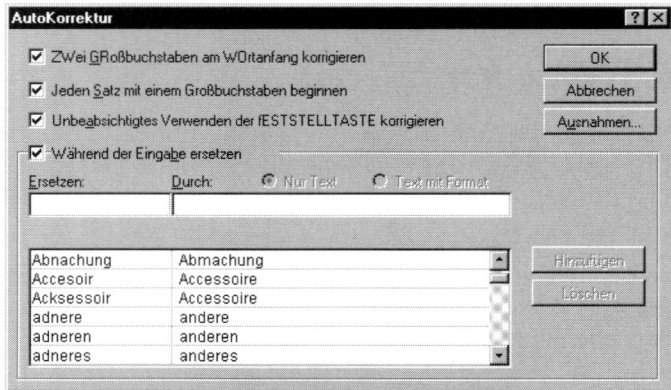

Abbildung 7.3: Die Dialogbox AutoKorrektur

Ungefähr in der Mitte auf der linken Seite der Box sehen Sie *Während der Eingabe ersetzen* neben einem kleinen Kasten stehen. Wenn der Kasten leer ist, klicken Sie mit der Maus darauf (oder drücken Sie B). Das plaziert ein Häkchen in den Kasten, was bedeutet, daß *AutoKorrektur* angeschaltet ist und arbeitet, während Sie tippen.

✔ Der Lebenszweck von *AutoKorrektur* ist es, automatisch Wörter zu ersetzen, die Sie normalerweise vermasseln. Es hat auch noch drei andere Funktionen, die oben in der Dialogbox *AutoKorrektur* aufgelistet sind. Diese Funktionen werden in den folgenden Häkchen-Absätzen erläutert. Wenn Sie sie aktivieren oder deaktivieren wollen, klicken Sie sie mit der Maus an. Ein Häkchen im Kasten der Funktion bedeutet, daß sie eingeschaltet ist.

✔ Der Befehl *Zwei GROßbuchstaben am WOrtanfang korrigieren* gibt Word die Anweisung, diesen verbreiteten faux pas zu beheben, indem es den zweiten Großbuchstaben automatisch in einen kleinen zurückverwandelt.

✔ Der Befehl *Jeden Satz mit einem Großbuchstaben beginnen* bestimmt, ob Word automatisch den ersten Buchstaben in einem Satz großschreibt, wenn Sie es vergessen. ernst jandl hätte diesen Befehl nicht benutzt.

✔ Der Befehl *Unbeabsichtigtes Verwenden der fESTSTELLTASTE korrigieren* korrigiert ein kleines, aber lästiges Problem: Wenn Sie versehentlich mit angeschalteter Feststelltaste tippen, sieht Ihr Text ziemlich bizarr aus. Wenn Sie diesen Befehl ankreuzen, bringt Word das automatisch in Ordnung. Ich nehme an, daß das vor allem etwas für Leute ist, die sich beim Tippen den Bildschirm nicht ansehen.

Dem Repertoire von *AutoKorrektur* Wörter hinzufügen

Die harten Jungs bei Microsoft haben *AutoKorrektur* schon ein paar gebräuchliche Tippfehler ins Gehirn programmiert. Die sind unten in der Dialogbox *AutoKorrektur* in einer Liste aufgeführt, die Sie durchblättern können. Das komische Wort in der linken Spalte ist das, was Sie öfter mal tippen, rechts steht das, womit Word es ersetzt.

In Abbildung 7.3 sehen Sie die gebräuchliche its-ist-Kombination; wenn Sie in Word awr tippen, wird es automatisch durch war ersetzt. (Bei den Wörtern mit drei Buchstaben baut man immer Mist.)

Wenn Sie der Liste etwas Neues hinzufügen wollen, folgen Sie diesen Schritten:

1. **Wählen Sie den *AutoKorrektur*-Befehl aus dem *Extras*-Menü.**

   Benutzen Sie die Maus, oder drücken Sie Alt, X, E. Die Dialogbox *AutoKorrektur* erscheint.

2. **Gehen Sie zur Box *Ersetzen*, wo Sie einen gebräuchlichen Fehler eintippen.**

   Klicken Sie mit der Maus auf die Box *Ersetzen* oder drücken Sie Alt + E auf der Tastatur.

3. **Geben Sie das Wort ein, das Sie meistens vermasseln.**

Machen Sie sich keine Sorgen, wenn Ihnen nichts einfällt, was Sie hinzufügen könnten; Sie können auch mit Hilfe des *Rechtschreibung*-Befehls dem Repertoire von *AutoKorrektur* Wörter hinzufügen. Informationen finden Sie in der später folgenden Checkliste.

4. **Drücken Sie die Tabulator-Taste.**

Mit diesem Schritt gelangen Sie zur Box *Durch*, wo Sie die richtige Schreibweise des Worts eingeben.

5. **Geben Sie die richtige Schreibweise ein.**

6. **Klicken Sie auf die *Hinzufügen*-Schaltfläche, wenn Sie fertig sind.**

7. **Wollen Sie *AutoKorrektur* weitere Wörter hinzufügen, wiederholen Sie Schritt 2 bis 6.**

Oder

Klicken Sie auf die *OK*-Schaltfläche, wenn Sie fertig sind.

✔ Sie können Wörter aus *AutoKorrektur* entfernen, wenn Sie nicht wollen, daß sie automatisch repariert werden. Markieren Sie einfach das Wort in der Liste und klicken Sie auf die *Löschen*-Schaltfläche. Puff! Es ist weg.

✔ Sie sehen in der Wörterliste von *AutoKorrektur* auch *(r)*. Das ist eine Abkürzung für ein besonderes Symbol, das AutoKorrektur automagisch in Ihr Dokument einfügt. Um ein solches Sonderzeichen zu bestimmen, tippen Sie dieses Zeichen in die Box *Durch*. Soll etwa ein langes Trennungszeichen (länger als das gewöhnliche auf der Tastatur) die -- (doppelte Trennung)-Zeichen ersetzen, geben Sie die beiden Trennungszeichen in die *Ersetzen*-Box ein, und drücken Sie in der *Durch*-Box Strg + Alt + – (das Minuszeichen auf der numerischen Tastatur). (In Kapitel 9 finden Sie den Abschnitt »*Wie man seltsame Sonderzeichen einfügt*«, der Ihnen mehr Informationen über solche Zeichen gibt.)

✔ Sie können auch grafische Zeichen in die *AutoKorrektur* eingeben. Gleich oben in der Liste in der *AutoKorrektur*-Dialogbox sehen Sie beispielsweise einen Pfeil und einen Smiley.

✔ Sie können mit *AutoKorrektur* auch ganz schön grausam sein. Wenn Sie zum Beispiel Ähre für Ihre einfügen, können Sie einige Leute in den Wahnsinn treiben. Vergessen Sie nicht, daß *AutoKorrektur* sehr subtil ist. Wenn Sie beim Tippen auf die Tastatur sehen, bekommen Sie nie mit, was es gerade treibt.

✔ Eine leichtere Methode, Wörter in die *AutoKorrektur*-Liste zu bekommen, ist es, die *AutoKorrektur*-Schaltfläche in der Dialogbox *Rechtschreibung* anzuklicken (siehe Abbildung 7.2). Aber seien Sie vorsichtig! Wenn Sie auf diese Schaltfläche klicken, wird das falsch geschriebene Wort samt seinem markierten Ersatz in die *AutoKorrektur*-Liste gesteckt. Vergewissern Sie sich, daß Sie das korrekte Ersatz-Wort markiert haben, *bevor* Sie auf die *AutoKorrektur*-Schaltfläche klicken.

Den Thesaurus benutzen

Wenn Sie denken, ich sei schlau genug, alle diese großen Wörter in diesem Kapitel zu verwenden, machen Sie einen gravierenden Fehler. Beispiel: *Gravierend*. Das ist nur ein anderes Wort für *Schlimm*. Achtung! Das ist jetzt der Thesaurus von Word in Aktion. Ein verblüffendes Werkzeug, ein wundervolles Utensil, eine entzückende Anwendung. Was Sie wollen. Der Thesaurus hilft Ihnen, Synonyme nachzuschauen oder andere Wörter, die die gleiche Bedeutung haben, aber mehr Gewicht oder Präzision besitzen.

Und so werden Sie im Handumdrehen ein Meister der großen, komplizierten Wörter:

1. **Schieben Sie den Cursor auf ein einfaches Wort wie *groß*.**

   Adjektive sind am besten für den Thesaurus geeignet, auch wenn die Statistik-Abteilung von Word meldet, daß der Thesaurus mehr als 120.000 Wörter enthält.

2. **Benutzen Sie den *Thesaurus*-Befehl.**

   Wählen Sie *Extras*, *Thesaurus* oder drücken Sie die *Thesaurus*-Abkürzung, Umschalttaste + F7. Sofort öffnet sich die Dialogbox *Thesaurus* (siehe Abbildung 7.4). Word zeigt mehrere Alternativen zu dem Wort. Sie werden in die Kategorien *Bedeutung* (links) und *Synonyme* (rechts) aufgeteilt.

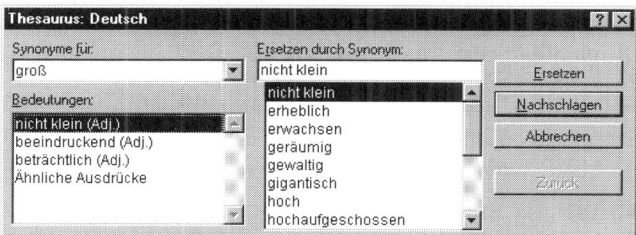

Abbildung7.4: Der Thesaurus zeigt andere Begriff für groß.

3. **Wollen Sie in Ihrem Dokument ein Wort ersetzen, markieren Sie Ihre Wahl, und klicken Sie auf *Ersetzen*.**

   Haben Sie ein Wort gewählt, kehren Sie zu Ihrem Dokument zurück. Wenn Sie kein Wort finden, wählen Sie *Abbrechen*, um zu Ihrem Dokument zurückzukehren.

✔ Ein Thesaurus ist kein kolossales prähistorisches Viehzeug.

✔ Wenn eines der Wörter in der linken Spalte dem nahekommt, was Sie wollen, es aber noch nicht ganz genau ist, markieren Sie es, und klicken Sie auf die *Nachschlagen*-Schaltfläche. Die Synonyme des neuen Wortes erscheinen in der rechten Spalte.

✔ Wenn es für das von Ihnen gewählte Wort kein Synonym gibt, zeigt der Thesaurus eine alphabetische Liste von Wörtern. Tippen Sie ein neues, ähnliches Wort oder wählen Sie *Abbrechen*, um in Ihr Dokument zurückzugelangen.

✔ Haben Sie ein neues Wort eingefügt, kann es sein, daß Sie es ein wenig bearbeiten müssen; Sie müssen eventuell die Endung verändern oder den Artikel von »ein« in »eine«. Ein bißchen Nacharbeiten ist normalerweise nötig, wenn Sie ein Wort durch ein anderes ersetzen.

Wie man Wörter zählt

Eine der albernsten Hausaufgaben in der Schule war wahrscheinlich: »Ich möchte, daß Ihr einen fünfseitigen Aufsatz darüber schreibt, warum Ketchup nicht grün ist«. Fünf Seiten? Durchgeknallt? Heißt es nicht »In der Kürze liegt die Würze«? Ich meine, ich kann in einem einzigen Satz mit sieben Wörtern eine einleuchtende Erklärung geben, wenn das gewünscht ist. Aber ich schweife ab.

Und dann werden einige von uns noch nach Wörtern bezahlt. »Dan, schreib doch ´mal 1.000 Wörter über den Editor der Windows-Registrierung.« Da muß ich wissen, wann ich zu schreiben aufhöre. Außerdem wird auch noch der beste Schreiber neugierig und möchte ein gutes Gefühl dafür bekommen, wieviel Wörter und so er in seinem Dokument hat. Um das zu erfahren, aktiviert man den Befehl *Wörter zählen* im *Extras*-Menü.

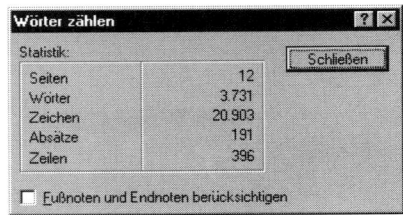

Abbildung 7.5: Ich zähl mal ein paar Wörter.

Die Dialogbox *Wörter zählen* zeigt einen Überblick über die Seiten Ihres Dokuments, seine Wörter, Absätze, Zeichen und Zeilen. Abbildung 7.5 zeigt die Statistik für dieses Dokument (bevor mein Lektor es in die tintenbefleckten Finger bekam). Wie eindrucksvoll. Okay. Klicken Sie auf die *Schließen*-Schaltfläche, und machen Sie sich wieder an die Arbeit.

Der Befehl *Wörter zählen* ist viel genauer als die Seitenzählung. Seiten können zurechtgepfuscht sein. Größere Zeichen und breitere Ränder haben schon viele Studenten davor bewahrt, eine zu kurze Seminararbeit einzureichen.

Druck das!

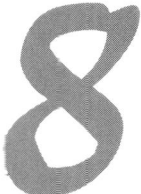

In diesem Kapitel

▶ Den Drucker startklar kriegen

▶ Einen Drucker auswählen

▶ Ein ganzes Dokument drucken

▶ Eine bestimmte Seite drucken

▶ Eine Reihe von Seiten drucken

▶ Einen Block drucken

▶ Mehrere Dokumente drucken

▶ Briefumschläge drucken

▶ Das Drucken abbrechen

Als Sie noch auf Ihrer alten Schreibmaschine »Textverarbeitung« betrieben, brauchten Sie keinen Drucker; Schreiben und Drucken fanden zur gleichen Zeit statt. Das gilt auch für einen Bleistift. Anscheinend sind Sie etwas närrisch, wenn Sie einen Computer samt Textverarbeitungssoftware und Drucker benutzen. Schauen Sie sich mal die Kosten an! Andererseits sieht die Druckerausgabe natürlich toll aus. Und wenn Sie Word richtig zähmen, nähert sich diese Ausgabe der Perfektion. Keine Tipp-Ex-Flecken, keine Radiergummikrümel. (Tja, es war wohl doch gut, sich von der Schreibmaschine zu verabschieden.)

Natürlich müssen Sie sich ein wenig an Ihrem Drucker zu schaffen machen, bis alles bestens läuft. Und kein anderes Gerät in Ihrem ganzen Computersystem benötigt so viel Züchtigung wie Ihr Drucker. Wenn Sie ein bißchen an Ihrem Drucker gemurkst haben, werden Sie merken, daß er ein etwas bockiger kleiner Kerl ist, nicht besonders kooperativ und äußerst schwer zu zähmen. In diesem Kapitel kriegen Sie ein paar Tips, wie Sie Ihren Drucker in Word so benutzen können, daß er genau das druckt, was Sie von ihm erwartet haben – oder zumindest etwas, das jeden Schreibmaschinenhersteller beeindruckt, der angesichts von so viel Technologie noch immer ganz baff ist.

Den Drucker startklar kriegen

Bevor Sie drucken, müssen Sie zunächst prüfen, ob Ihr Drucker auch bereit ist. Dazu gehört mehr, als ihn einfach einzuschalten.

Am Anfang sehen Sie erst mal nach, ob Ihr Drucker Strom hat und richtig an den Computer angeschlossen ist. Ein Kabel verbindet Drucker und Computer. Es muß an beiden Enden fest eingesteckt sein. (Dieses Kabel müssen Sie nur überprüfen, wenn Probleme beim Drucken auftreten.)

Ihr Drucker sollte ein ordentliches Farbband haben. Mit alten und abgenutzten Farbbändern werden Sie nur matte Ausdrucke bekommen und dem Druckmechanismus schaden. Das Geld, das Sie heute sparen, wenn Sie ein Farbband länger als nötig verwenden, geben Sie später doppelt für eine Reparaturrechnung aus. Bei Laserdruckern sollte eine gute Tonerkartusche installiert sein. Zeigt der Drucker 'Toner am Ende' an oder leuchtet die 'Toner'-Lampe, so sollten Sie sofort die Kartusche wechseln.

In dem Drucker, mit dem Sie drucken wollen, muß sich Papier befinden. Das Papier kann von der Rückseite aus eingezogen werden, aus einem Papiereinzug kommen oder Blatt für Blatt mit der Hand eingelegt werden. Egal wie Ihr Drucker Papier frißt, sehen Sie in jedem Fall vor dem Drucken nach, ob die Papierzufuhr stimmt.

Schließlich müssen Sie Ihren Drucker noch auf *Online* stellen, bevor Sie etwas drucken. Irgendwo an Ihrem Drucker ist eine Taste mit *Online* beschriftet, und es sollte ein dazugehöriges Lämpchen oder eine Anzeige geben. Sie müssen auf den Knopf drücken, um die Option (und das Lämpchen) anzuschalten Ihr Drucker kann richtig angeschlossen sein, er kann eingeschaltet sein und schon seine Aufwärmübungen gemacht haben: Drucken wird er erst, wenn Sie auf *Online* gestellt haben.

✔ Bevor Sie drucken können, müssen Sie den Drucker mit Saft aus der Steckdose versorgen und ihn an den Computer anschließen. Sie müssen ihn anstellen, mit Papier versorgen und auf *Online* stellen. (Die meisten Drucker schalten sich ohnehin mit dem *Online*-Modus an.)

 ✔ Stöpseln Sie niemals ein Druckerkabel in einen laufenden Drucker oder Computer. Schalten Sie Drucker und Computer aus, bevor Sie an irgendwelchen Kabeln herummurksen, weil Sie anderenfalls Schäden am elektronischen Innenleben anrichten könnten.

✔ Müssen Sie in einem Netzwerk drucken – schon der Gedanke daran läßt mir kalte Schauer über den Rücken laufen –, ist *jemand anders* für den Drucker zuständig. Der Drucker sollte eingerichtet und druckbereit sein. Wenn nicht, gibt es normalerweise jemanden, bei dem man sich nützlicherweise lautstark beschweren kann.

✔ Wie Ihr Dokument nach dem Drucken einmal aussieht, hängt ganz entscheidend davon ab, welchen Drucker Sie benutzen. Ehe Sie lange Formatierungen an Ihrem Dokument durchführen, sollten Sie erst prüfen, ob Sie den richtigen Drucker gewählt haben. Hilfe bei der Installation Ihres Druckers und dem Anschließen an den Computer finden Sie in Ihrem Windows-Lieblingsbuch.

✔ Zusätzliche Informationen über die Installation des Druckers werden Ihnen im Kapitel 28, *»Der Drucker ist Dein Freund«*, gegeben. Dieses Kapitel enthält nicht Informationen darüber, wie Sie mit Problemen fertig werden, und einen detaillierten anatomischer. Führer zu verbreiteten Druckern, mit dessen Hilfe Sie Ihrem Drucker einen kurzen schmerzlosen Tod bereiten können oder aber einen langen qualvollen.

Einen Drucker auswählen

Eine der Freuden mit Windows-Anwendungen ist ihre Fähigkeit, viele verschiedene Drucker benutzen zu können. Word erinnert sich sogar an die Fähigkeiten verschiedener Drucker und formatiert Ihre Arbeit automatisch so auf dem Bildschirm, wie sie später auf dem Papier aussieht. Diese Eigenschaft wird WYSIWYG genannt (wisiwick oder auch what you see is what you get, d.h., was Sie auf dem Bildschirm sehen, wird auch so gedruckt. Jedenfalls so in etwa).

Nach diesem glücklichen Moment setzt sogleich eine Depression ein, wenn Sie feststellen, daß Sie nur Drucker auswählen können, die schon in Windows installiert sind. Jetzt ist es definitiv mal wieder Zeit für einen Windows-Guru. Aber Sie können sich glücklich schätzen, wenn Ihr Drucker mit anderen Windows-Programmen zusammenarbeitet – dann wird er allemal auch mit Word funktionieren. Diese Funktion gleicht die Tatsache mehr als aus, daß Windows so schmerzlich langsam ist, selbst auf dem schnellsten Computer.

Um einen Drucker auszuwählen – wenn Sie das *wirklich* wollen –, müssen Sie folgende Schritte beachten:

1. **Wählen Sie den *Datei*, *Drucken*-Befehl.**

   Besser noch, geben Sie Strg + P ein, den *Drucken*-Shortcut. Jetzt wird Ihnen die Dialogbox *Drucken* angezeigt, die ziemlich genau so aussieht wie Abbildung 8.1.

   Der obere Bereich der Dialogbox beschreibt Ihren aktuellen Drucker, der von Leuten, die nicht wissen, was Standard bedeutet, als *Standarddrucker* bezeichnet wird.

2. **Klicken Sie auf den nach unten zeigenden Pfeil das Kästchens *Name*.**

   Das Kästchen mit der Namensliste ist oben im Drucker-Bereich. Wenn Sie auf den nach unten zeigenden Pfeil klicken, erscheint eine Liste der Drucker, die Windows kennt.

3. **Wählen Sie den Drucker, den Sie benutzen, und klicken auf OK.**

   Klicken Sie einmal auf den Namen des Druckers und dann auf die *OK*-Schaltfläche.

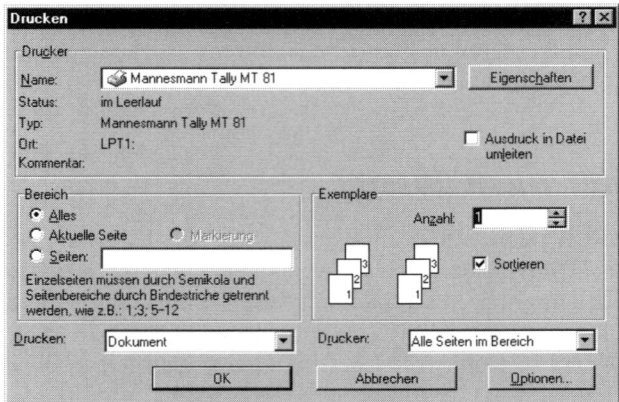

Abbildung 8.1: Die Dialogbox Drucken

Word weiß sofort über Ihren neuen Drucker Bescheid. Sie sind fertig. Das war's.

✔ Sie müssen nur dann einen Drucker auswählen, wenn mehrere Drucker an Ihren PC angeschlossen sind.

✔ Sie können auch eine Fax-Karte aus der Dialogbox wählen, eine Methode, mit der Sie ein Telefax in Word verschicken.

✔ Benutzen Sie einen Netzwerkdrucker, so ist für Sie ein geeigneter Abschnitt in Kapitel 28, _»Der Drucker ist Dein Freund«,_ versteckt.

Die Vorschau auf den Ausdruck

Wenn man etwas 1.000mal ausdruckt, um es richtig hinzubekommen, ist Greenpeace bestimmt nicht glücklich. Ich habe zwar prinzipiell nichts dagegen, ein paar Bäume abzuholzen. Ich besitze selbst ein paar. Kann man gut Geld mit machen! Aber das ist keine Entschuldigung dafür, Papier zu verschwenden. Statt dessen können Sie auch eine umweltbewußtere Variante nehmen – mit der Sie auch noch Zeit sparen! Nutzen Sie den Befehl _Seitenansicht_ So können Sie vor dem Drucken sehen, wie Ihr Dokument gedruckt aussehen wird.

 Um eine Vorschau auf das spätere Aussehen Ihres Dokuments zu bekommen, verwenden Sie den Befehl _Seitenansicht_ in der Standard-Symbolleiste. Damit wechselt die Darstellung Ihres Dokuments, und Sie sehen es jetzt wie aus einer Entfernung.

✔ Ich benutze die Seitenansicht nicht für das tägliche Einerlei. Aber wenn ich etwas wirklich Anspruchsvolles formatiere, mit Fußnoten, seltsamen Spalten und ähnlichem Zeug, dann kann die _Seitenansicht_ ein Geschenk des Himmels sein.

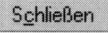 ✔ Klicken Sie auf die _Schließen_-Schaltfläche, wenn Sie Ihr Dokument wieder bearbeiten möchten.

✔ Mit den *Bild-Auf-* und *Bild-Ab-*Schaltflächen können Sie sich gründlich alle Seiten Ihres Dokumentes im Seitenansicht-Modus ansehen.

    ✔ Klicken Sie auf die *Drucker*-Schaltfläche, wenn Sie Ihr Dokument jetzt sofort drucken wollen. Im nächsten Abschnitt erfahren Sie Näheres über die Details.

✔ Nein, in der Seitenansicht können Sie Ihr Dokument nicht bearbeiten, Schnief.

Ein ganzes Dokument drucken

Denken Sie, daß Ihr Text jetzt gut genug ist, um auf ein Blatt Papier gebracht zu werden? Mit den folgenden Schritten können Sie Ihr ganzes Dokument drucken: von Anfang bis Ende, von Kopf bis Fuß, von »Es war einmal« bis »und so lebten sie glücklich bis an ihr Ende«.

1. **Vergewissern Sie sich, daß Ihr Drucker online und bereit zu drucken ist.**

   Was ist das für ein Lärm? Spielt Holger mal wieder mit seinem Nintendo? Nein, der Drucker summt seinen »Ich-bin-soweit«-Ton.

2. **Rufen Sie den *Drucken*-Befehl auf.**

    Wählen Sie den Befehl *Datei, Drucken* (Sie können auch auf das *Drucker*-Werkzeug klicken oder Strg + P eingeben.) Wie durch ein Wunder erscheint die Dialogbox *Drucken* (siehe Abbildung 8.1).

3. **Klicken Sie auf *OK*, oder benutzen Sie die Eingabe-Taste.**

   Müssen Sie nicht, wenn Sie den Drucker aus der Standard-Symbolleiste gewählt haben.

4. **Der Drucker wärmt sich kurz auf und fängt an zu drucken.**

✔ Drucken kann ein Weilchen dauern. Wirklich. Eine lange Zeit. Zum Glück erlaubt Word Ihnen weiterzuarbeiten, während es »im Hintergrund« druckt. Um sicherzugehen, daß Word so funktioniert, lesen Sie bitte den Abschnitt *»Drucken und weiterleben«*.

✔ Wenn der Drucker nichts tut, wiederholen Sie auf keinen Fall den Druckbefehl! Wahrscheinlich ist gar nichts schiefgegangen, und Ihr Computer denkt lediglich noch ein bißchen nach oder schickt Ihrem Drucker die nötigen Schriftarten. Solange Sie keine Fehlermeldung bekommen, geht alles seinen geordneten Gang, jedenfalls wahrscheinlich.

✔ Müssen Sie Ihren Drucker mit der Hand füttern, so wird er Sie ohnehin um Papier anbetteln. Ihr Printer sagt 'Piep', füttere mich. Sie müssen neben ihm stehen, Papier bereithalten und es in sein klaffendes Maul schaufeln, bis Ihr Dokument fertig gedruckt ist. Im Abschnitt *»Briefumschläge drucken«* am Ende des Kapitels erfahren Sie Genaueres zu diesem Thema.

✔ Es empfiehlt sich, ein Dokument vor dem Drucken abzuspeichern und, falls es der endgültige Entwurf ist, eine Rechtschreibkorrektur durchführen zu lassen. In Kapitel 7 finden Sie im Abschnitt _»Prüfen Sie Ihre Rechtschreibung«_ mehr; außerdem sollten Sie sich den Abschnitt _»Ein Dokument abspeichern (danach)«_ in Kapitel 20 ansehen.

✔ Das Drucken wird übrigens von Windows übernommen. Word fungiert nur als Bote. Deswegen erscheint während des Druckens in Word neben der Uhrzeit in der Taskleiste der kleine Drucker von Windows. Das ist nicht sonderlich wichtig.

Eine bestimmte Seite drucken

Befolgen Sie die folgenden Schritte, wenn Sie nur eine Seite Ihres Dokuments ausdrucken wollen:

1. **Prüfen Sie, ob Ihr Drucker angeschaltet ist und voller Sehnsucht darauf wartet zu drukken.**

2. **Bewegen Sie den Zahnstocher-Cursor, so daß er irgendwo auf der Seite sitzt, die Sie gerade ausdrucken wollen.**

   Mit Hilfe der Seitenzahl in der unteren linken Ecke Ihres Bildschirms können Sie feststellen, ob dies tatsächlich die Seite ist, die Sie gerade drucken wollen.

3. **Wählen Sie den Befehl _Drucken_.**

   Nehmen Sie dazu entweder die Tasten _Datei_, _Drucken_ oder drücken Sie Strg + P. Die Dialogbox _Drucken_ erscheint.

4. **Wählen Sie _Aktuelle Seite_.**

   Klicken Sie auf _Aktuelle Seite_ in dem Feld _Bereich_ der _Drucken_-Dialogbox.

5. **Klicken Sie auf _OK_ oder wählen Sie die Eingabe-Taste.**

6. **Word führt Sie wieder in Ihr Dokument zurück, wenn es die einzelne Seite gedruckt hat.**

   Die Seite sollte Kopfzeile, Fußzeile, sämtliche Formatierungen und sogar eine Seitennummer haben. Genau so, als ob Sie sie als Teil eines kompletten Dokuments ausgedruckt hätten.

Drucken und weiterleben

Word besitzt die Fähigkeit zu drucken, während Sie etwas anderes tun. Wenn diese Funktion nicht sanft zum Leben erweckt wird, müssen Sie unsäglich lange vor Ihrem Computer sitzen, während Ihre Dokumente gedruckt werden. Um sicherzugehen, daß diese Eigenschaft aktiviert ist, wählen Sie in der *Drucken*-Dialogbox den Befehl *Optionen* (oder den Shortcut Strg + P und dann Alt + O, um in das Optionsmenü zu gelangen). Die *Optionen*-Dialogbox erscheint, und in erster Reihe steht *Drucken*. In der oberen linken Ecke des Faches sehen Sie den Bereich *Optionen für Ausdruck*. Die letzte Wahlmöglichkeit ist *Drucken im Hintergrund*. In der kleinen Box daneben muß ein Häkchen sein. Wenn nicht, klicken Sie einmal auf die Box oder wählen die Taste Alt, D. Wenn Sie fertig sind, benutzen Sie entweder die Eingabetaste oder klicken mit der Maus auf *OK*. Anschließend können Sie dieser Dialogbox mit Esc entfliehen.

Eine Reihe von Seiten drucken

In Word haben Sie die Möglichkeit, eine einzelne Seite, eine Reihe von Seiten oder auch jeden bunten Mischmasch von zufällig ausgewählten Seitenzahlen zu drucken. Wenn Sie eine bestimmte Auswahl von Seiten drucken wollen, so müssen Sie wie folgt vorgehen:

1. **Prüfen Sie, ob Ihr Drucker online, gutgelaunt und bereit zum Drucken ist.**

2. **Geben Sie den Druck-Befehl.**

   Wählen Sie *Datei*, *Drucken* oder Strg + P. Sie sehen die Dialogbox *Drucken*.

3. **Wählen Sie *Seiten*.**

   Klicken Sie mit der Maus auf *Seiten*. Es ist die dritte Zeile im Feld *Bereich* der Dialogbox.

4. **Geben Sie die Seitenzahlen oder den Umfang der Seiten an.**

   Möchten Sie die Seiten 3 bis 5 gedruckt haben, tippen Sie einfach 3 - 5. Für die Seiten 1 bis 7 geben Sie 1 - 7 ein.

5. **Bestätigen Sie mit *OK*.**

   Klicken Sie auf *OK,* oder bedienen Sie sich der Eingabe-Taste. Die Seiten, die Sie ausgewählt haben – und nur die –, werden jetzt gedruckt.

Sie können sehr genaue Seitenreihenfolgen produzieren. Vielleicht möchten Sie gerade die Seite 3, die Seiten 5 bis 9, außerdem die Seiten 15 bis 17 und zuletzt Seite 19 ausdrucken (Mensch, da haben Sie den Kaffee wundervoll verschüttet!). Geben Sie 3, 5-9, 15-17, 19 ein.

Einen Block drucken

Wenn Sie einen Textblock auf dem Bildschirm markiert haben, können Sie den Druckbefehl so einstellen, daß er nur diesen Block druckt. In dem Abschnitt _»Einen Block drucken«_ in Kapitel 6 erfahren Sie das Nötige über die lästigen Details.

Verschiedene Dokumente drucken

Auf den ersten Blick sieht es so aus, als sei die beste Methode, verschiedene Dokumente gleichzeitig zu drucken, jedes Dokument zu laden und dann eins nach dem anderen zu drucken. Es gibt aber eine bessere Variante, und sie ist in der _Öffnen_-Dialogbox verborgen, mit der Sie jedes Dokument auf der Festplatte öffnen. Sie können mit diesem geheimen Befehl Dateien markieren und in einer Schlange ausdrucken. Dieses Vorgehen gilt als etwas bequemer, als jeden Text einzeln in Word zu laden, zu drucken, wieder zu schließen und den nächsten Text zu laden usw. Aber jeder hat so seine Vorlieben.

Beim Druck mehrerer Dokumente befolgen Sie diese Schritte:

1. **Sehen Sie nach, ob Ihr Drucker angeschaltet, markiert und startklar ist.**

2. **Geben Sie _Datei_, _Öffnen_ ein.**

   Oder drücken Sie Strg + O oder klicken Sie auf das _Öffnen_-Werkzeug. In beiden Fällen erscheint in voller Glorie die Dialogbox _Öffnen_, die Sie in Abbildung 8.2 sehen. Der dritte Schritt zeigt, wie das geht.

3. **Teilen Sie Word mit, wo es nach Ihren Dateien suchen soll.**

   Benutzen Sie die Kontrollen in der _Öffnen_-Dialogbox, um den Ordner auf der Festplatte zu finden, der Ihre Dokumente enthält.

   Um zu sehen, was sich einen Ordner »höher« befindet, klicken Sie auf das Werkzeug _Übergeordneter Ordner_ in der _Öffnen_-Dialogbox.

   Benutzen Sie die _Suchen in_-Liste, um auf anderen Laufwerken oder sogar anderen Computern nach Ordnern zu suchen, falls Ihr Computer sich in einem Netzwerk befindet.

4. Wenn Sie Ihren Ordner gefunden haben, beginnen Sie mit der Auswahl von Dokumenten.

Wollen Sie ein Dokument markieren, halten Sie die Strg-Taste gedrückt, und klikken Sie mit der Maus auf die Datei. So wird das Dokument markiert.

Klicken Sie bei gedrückter Strg-Taste auf Dokumente, bis Sie alle markiert haben.

Abbildung 8.2: Die Dialogbox Öffnen

5. Klicken Sie auf die Schaltfläche Befehle und Einstellungen oben in der Dialogbox Öffnen.

Es erscheint eine Reihe von Befehlen in einem Menü. Der von Ihnen gewünschte ist der zweite von oben, *Drucken*.

6. Klicken Sie den Druckbefehl mit der Maus an.

7. Die Dialogbox *Drucken* erscheint.

Endlich wieder bekannte Gefilde.

8. Klicken Sie OK, um Ihre vielen Dokumente zu drucken.

Word druckt glücklich die von Ihnen ausgewählten Dokumente.

✔ Dies ist wahrscheinlich die merkwürdigste Form, eine Reihe von Dateien zu drucken, die mir jemals in einem Textverarbeitungsprogramm begegnet ist.

✔ Na klar, wie beim Drucken eines Dokumentes braucht auch das Drucken verschiedener Dokumente seine Zeit.

✔ Wie man Dateien in Ordnern und an einer beliebigen Stelle der Festplatte findet, wird in Kapitel 22 abgehandelt, *»Wie man Dateien verwaltet«*.

Umschläge drucken

Tatsächlich, Word kann sogar Briefumschläge drucken. Für diesen Zweck existiert ein eigener Word-Befehl. (Die Briefmarke kann Word leider nicht drucken. Da wäre es auch besser, wenn es gleich richtige Geldscheine drucken könnte.)

Einen gedruckten Briefumschlag erhalten Sie auf folgende Art:

1. **Sie stellen fest, ob Ihr Drucker so gnädig ist, Ihnen etwas zu drucken.**

2. **Bedienen Sie sich des Befehls _Umschläge und Etiketten_ im _Extras_-Menü**

   Jetzt präsentiert Word Ihnen die Dialogbox _Umschläge und Etiketten_, wie sie in Abbildung 8.3. zu sehen ist. Ist in Ihrem Dokument eine Adresse markiert, oder hat Word auf magische Art und Weise die Adresse in der Nähe seines Zahnstocher-Cursors entdeckt, führt es diese Adresse im Kasten _Empfänger(adresse)_ auf.

   Ist Word das nicht automatisch gelungen, müssen Sie die Adresse eintippen.

3. **Schieben Sie einen Briefumschlag in Ihren Drucker.**

   Ich erwähne diesen Schritt nur deshalb, weil manche Drucker Löffelchen für Löffelchen mit Umschlägen gefüttert werden müssen. (Meiner arbeitet zum Beispiel so.) In einigen ganz coolen Büros gibt es Drucker mit Briefumschlagseinzügen. Aber hallo!

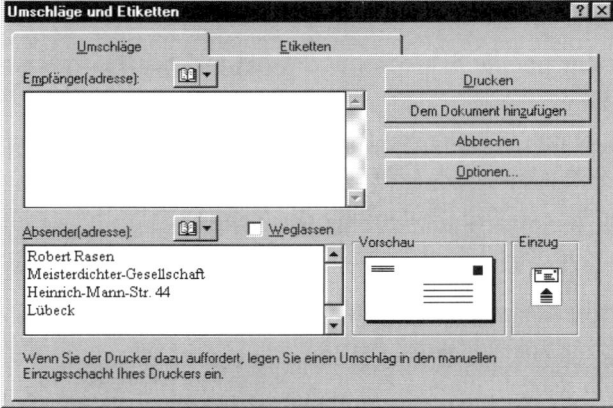

Abbildung 8.3: Die Dialogbox Umschläge, bitte!

 Übrigens, mit einem Klick auf die Schaltfläche _Einzug_ der Dialogbox _Umschläge und Etiketten_ können Sie Word zeigen, wie Ihre Umschläge im Drucker ankommen. Das hängt maßgeblich davon ab, wie Ihr Drucker die Briefumschläge in sich aufnimmt. Meiner hat zum Beispiel einen besonderen Schacht, um sie mit der Vorderseite nach oben in der Mitte einzuziehen.

4. Geben Sie *Drucken* ein.

Klicken Sie mit der Maus auf die Schaltfläche. Ihr Drucker wird piepen oder Ihnen auf irgendeine andere Art signalisieren, daß Sie nun einen Briefumschlag einführen müssen, weil Word gleich mit dem Drucken beginnen wird.

✔ Sehen Sie sich zunächst nochmal den Briefumschlag an, wenn Sie ihn nicht verkehrtherum adressieren wollen, wie mir dies oft passiert. Vergessen Sie diesen wichtigen Schritt nicht, weil Sie sonst die ganze Aktion wiederholen dürfen, wenn Sie hier gepatzt haben.

 ✔ Schieben Sie den Briefumschlag in die Öffnung für manuelle Bedienung des Laserdruckers. Der Briefumschlag wird mit der Vorderseite nach oben und mit der oberen Seite links eingeführt. Zeichnen Sie sich ein Bildchen davon, oder drucken Sie sich diese beiden Sätze aus, und kleben Sie das ganze an Ihren Laserdrucker, damit Sie sich in Zukunft daran erinnern.

✔ Bei einem Matrix-Drucker müssen Sie den Umschlag kopfüber und mit der Rückseite nach oben einführen. Es hilft, den Umschlag ein wenig hineinzudrücken, damit der Drucker ihn sich tatsächlich greifen kann. Oder Sie haben einen neumodischen Drucker mit einem speziellen Umschlagseinzug. Wenn dem so ist, na, tralala.

✔ Das Drucken eines Briefumschlags mit einem Matrix-Drucker ist wie ein Lehrstück in Sachen Frustration. Die Umschläge sehen nachher eher wie etwas aus, das Sie mit vier Jahren in der Vorschule gemacht haben, völlig verschmiert und unleserlich. Sie können immerhin verhindern, daß zuviel Schmiere auf Ihren Umschlag kommt, indem Sie die Entfernung zwischen Papier und Roller vergrößern. Hier müssen Sie ein bißchen experimentieren.

✔ Möchten Sie, daß die Absenderadresse nicht gedruckt wird, müssen Sie die kleine *Weglassen*-Box rechts oberhalb der Absenderadresse anklicken. Bei mir ist das schon Routine geworden, weil mein Drucker immer den oberen Teil des Umschlags verknittert und die Absenderadresse kaum zu erkennen ist.

Einen Druckauftrag abbrechen

Manchmal wollen Sie zunächst drucken und überlegen es sich doch noch anders. Das passiert ständig (Gerüchte besagen, daß Gutenberg ursprünglich einen Wandkalender mit Blumen drucken wollte). Vielleicht war Ihnen auch der Drucker zu langsam, und Sie haben zu häufig die Abkürzung Strg + P betätigt. Ehe Sie sich versehen, finden Sie sich von einem Dutzend Kopien desselben Dokuments umgeben. Umpf.

Weil Word Druckaufträge einfach an Windows weitergibt, gibt es keinen offensichtlichen Weg, einen Druckvorgang abzubrechen. Es geht aber trotzdem – wenn Sie clever sind. Sie gehen wie folgt vor:

1. **Suchen Sie auf der Taskleiste in der Nähe der Uhrzeit nach dem kleinen Drucker.**

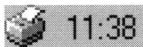 Das kleine Ding erscheint nur, wenn Windows etwas an den Drucker schickt. Je nachdem, wieviel Sie drucken und wie schnell Ihr Drucker ist, sehen Sie es vielleicht gar nicht. Falls das der Fall ist, haben Sie Pech und können jetzt genausogut Eis essen gehen. Sie sind verdammt.

2. **Doppelklicken Sie auf den kleinen Drucker.**

   Jetzt öffnet sich das Fenster Ihres Druckers (siehe Abbildung 8.4). Es zeigt eine Liste der Dokumente, die darauf warten, gedruckt zu werden. Das oberste Dokument in der Liste wird gerade gedruckt; weitere Dokumente stehen Schlange.

3. **Klicken Sie in der Liste des Druck-Managers auf den Namen Ihres Word-Dokument-»Auftrags«.**

   Die Dokumente in dieser Liste heißen Druckaufträge. Ihre Aufgabe ist es, einen von ihnen zu stornieren.

4. **Wählen Sie *Dokument, Druckauftrag abbrechen*.**

   Sie werden vielleicht gefragt, ob Sie das Drucken Ihres Dokuments tatsächlich beenden möchten. Klicken Sie auf die *OK*-Schaltfläche.

   Wenn Sie einen Netzwerkdrucker benutzen, können Sie das Drucken des Dokumentes vielleicht nicht abbrechen. Naja.

Dokumentname	Status	Besitzer	Fortschritt	Startzeit
Microsoft Word - Autorenalpt|	Kein Papier ...	Jirmann	0 von 3 Seit...	10:50:49 16.02.96
Microsoft Word - Dokument3		Jirmann	1! Seite(n)	10:50:52 16.02.96
Microsoft Word - Liebe Hannel|		Jirmann	1! Seite(n)	10:50:57 16.02.96

Mannesmann Tally MT 81 — Drucker Dokument Ansicht ?

3 Aufträge in der Warteschlange

Abbildung 8.4: Die Dokumente warten in einer Schlange vor Ihrem Drucker.

5. **Löschen Sie weitere Druckaufträge, wenn Sie sich besonders gemein fühlen.**

   Wiederholen Sie Schritt 3 und 4 für jeden Auftrag, den Sie stornieren wollen.

6. **Schließen Sie das *Drucker*-Fenster, wenn Sie fertig sind.**

   Wählen Sie *Drucker*, *Schließen*, und das Fenster verschwindet vom Desktop. Sie sind zurück in Word und können andere Dokumente bearbeiten.

Natürlich brechen nur zutiefst verzweifelte Menschen einen Druckvorgang ab. In seinem Bemühen, uns Computerbenutzern das Leben einfach zu machen, versucht Windows angestrengt, uns die Verwirklichung unserer schwankenden Launen zu erleichtern. Der Versuch, einen Druckvorgang abzubrechen, kann, muß jedoch nicht wie geplant klappen. Daher empfehle ich, zunächst sehr vorsichtig im Umgang mit dem Druckbefehl zu sein.

Teil II

Formatieren – oder wie Ihr Text weniger häßlich aussieht

»Ja, es gibt noch ein paar Fehler in der Word-Textverarbeitungssoftware.
Das ist übrigens ein Memo vom Marketing.«

In diesem Teil...

Mit dem Formatieren verleihen Sie Ihren Dokumenten den Glanz des Besonderen. Sie können prahlen, wenn Sie Ihre gedruckte Arbeit einem – sagen wir mal – WordPerfect-Benutzer zeigen, der schluchzend ein »Oh Gott, wie hast Du das nur geschafft« hervorbringen wird. Es gibt wenige Dinge, die einen so mit Stolz erfüllen können.

Dennoch hat auch das Formatieren seine dunklen Seiten. Es beinhaltet eine große Zahl von Tastenkombinationen und anderen geheimen Ritualen. In diesem Teil erfahren Sie mehr über die notwendigen Kniffe, wie das Formatieren in Microsoft Word funktioniert und wie Sie Ihre Dokumente fein herausputzen.

Zeichenformatierung

In diesem Kapitel

▶ Fetten Text erstellen

▶ Text kursiv formatieren

▶ Text unterstreichen

▶ Textattribute benutzen

▶ Die Textgröße verändern

▶ Text hochgestellt formatieren

▶ Text tiefgestellt erstellen

▶ Die Schriftart verändern

▶ Zwischen Groß- und Kleinschreibung wechseln

▶ Seltsame und Sonderzeichen einfügen

▶ Die harte Tour: Eine Reise durch die Dialogbox mit den öffentlichen Verkehrsmitteln

Das grundlegendste Element, das Sie formatieren können, ist ein Zeichen. Zu *Zeichen* gehören Buchstaben, Wörter, Absätze oder die seltsame Flammenschrift an der Wand. Sie können Zeichen fett, kursiv, unterstrichen, klein oder groß oder in verschiedenen Schriftarten formatieren oder sie in ein Osterhasen-Kostüm stecken. Word gibt Ihnen eine unbeschreibliche Anzahl von Möglichkeiten, mit denen Sie das Aussehen Ihres Textes beeinflussen und Ihre Dokumente äußerst professionell aussehen lassen können – und dabei alle hinters Licht führen.

Fetten Text erstellen

Um ein Wort hervorzuheben, machen Sie es fett. Fetter Text ist, na ja, fett eben. Äußerst schwer. Trägt zuviel Gewicht mit sich herum, ist niemals zu übersehen, poltert in der Öffentlichkeit herum, trägt einen Cowboy-Hut – Sie kennen diesen Typ.

Wollen Sie neuen Text hervorheben, so gehen Sie wie folgt vor:

1. Geben Sie die Tastenkombination Strg + Umschalt-Taste, F ein.

F

Mit diesem Schritt aktivieren Sie den *Fett*-Modus, in dem alles, was Sie von nun an schreiben, fett ist. Nur zu, schreiben Sie drauflos. Tralala. (Sie können auch auf das *Fett*-Symbol in der Formatierungsmenüleiste klicken.)

2. **Geben Sie die Tastenkombination Strg + Umschalt-Taste, F nochmals ein.**

   Nun haben Sie den *Fett*-Modus ausgeschaltet. Der Text, den Sie jetzt eingeben, ist normal. (Klicken Sie alternativ ein zweites Mal auf das große F.)

Haben Sie bereits Text auf dem Bildschirm geschrieben, den Sie im nachhinein fett formatieren wollen, so markieren Sie ihn zunächst als Block und machen ihn dann fett. Befolgen Sie dazu diese Schritte:

1. **Markieren Sie den Block, den Sie fett wünschen.**

   Gehen Sie zunächst mit dem Zahnstocher-Cursor an den Anfang des Blocks. Geben Sie F8 ein, um den Erweiterungsmodus zu aktivieren, und bewegen Sie nun den Cursor an das Ende des Blocks. Oder ziehen Sie einfach die Maus, um den Block zu markieren. Der Block erscheint auf dem Bildschirm markiert.

2. **Geben Sie Strg+Umschalt-Taste, F ein, die Tastenkombination für Fett.**

   Der Block ist nun fett (Sie können auch auf das *Fett*-Werkzeug klicken).

✔ Alles was Sie nach dem Befehl Strg+Umschalt-Taste, F eingeben, erscheint auf dem Bildschirm und in Ihrem gedruckten Dokument fett. Dabei kann es Ihnen passieren, daß Sie mit Ihrem Zahnstocher-Cursor versehentlich den *Fett*-Befehl ausschalten. Ich rate Ihnen daher folgendes Vorgehen: Drücken Sie Strg+Umschalt-Taste, F, geben Sie fetten Text ein, drücken Sie Strg+Umschalt-Taste, F, und geben Sie normalen Text ein.

✔ Ist das *Fett*-Werkzeug gedrückt, wird der Text an der Stelle, an der der Zahnstochercursor nistet, fett erscheinen (Diese Funktion hilft Ihnen, wenn der Bildschirm nicht zeigt, ob Text bereits fett ist).

✔ Sie können Zeichenformatierungen vermengen und kombinieren. Text kann sowohl fett als auch kursiv und unterstrichen sein. Falls Sie dies wünschen, müssen Sie die richtigen Tasten drücken, um die Formatierungen vor der Eingabe des Textes zu aktivieren. Richtig, das bedeutet, daß Sie eine Reihe von Tastenkombinationen zum Formatieren eingeben müssen, bevor Sie mit der Texteingabe beginnen können: Strg + Umschalt-Taste, F, Strg + Umschalt-Taste, K und Strg + Umschalt-Taste, U für fetten, kursiven und unterstrichenen Text zum Beispiel. Das ist mühselig, aber alle müssen es so machen.

✔ Sie können mit einem Schlag sämtliche Formatierungen entfernen, indem Sie die Kombination Strg + Leertaste benutzen. Selbstverständlich sollten Sie den formatierten Text zunächst markiert haben.

✔ Schlagen Sie im Abschnitt *»Einen Block markieren«* in Kapitel 6 nach, um Informationen über das Markieren von Blöcken zu erhalten.

Text kursiv formatieren

Kursive Schrift ersetzt das Unterstreichen zunehmend als bevorzugte Methode, Text hervorzuheben. Ich schäme mich nicht, kursive Schrift zur Betonung oder Markierung eines Textes zu verwenden, weil es so viel besser als schäbiges Unterstreichen aussieht. Es ist charmanter, gewitzter und nicht so verkniffen. Unterstreichen ist das, was Verwaltungen machen, wenn sie kreativ sein wollen.

Kursiven Text bekommen Sie mit folgenden Schritten :

1. **Geben Sie die Tastenkombination Strg + Umschalt-Taste, K ein.**

    Der *Kursiv*-Modus ist aktiv! (Sie können auch auf das *K*-Symbol klicken.)

2. **Schreiben Sie nach Lust und Laune.**

   Sehen Sie, wie elegant der nach rechts ausgerichtete Text über den Bildschirm wandert. Da wird Herr Schäuble neidisch.

3. **Geben Sie wieder Strg+Umschalt-Taste, K ein, wenn Sie fertig sind.**

   Der *Kursiv*-Modus ist ausgeschaltet. (Klicken Sie auf das *Kursiv*-Werkzeug.)

Wenn der Text, den Sie kursiv darstellen wollen, bereits auf dem Bildschirm ist, müssen Sie ihn als Block markieren und danach die Formatierung in kursiv ändern. Befolgen Sie diese Schritte:

1. **Sie markieren den Block, der kursiv werden soll.**

   Zunächst kommt das Blockmarkieren. Detaillierte Informationen hierüber finden Sie im sechsten Kapitel und zu Beginn dieses Kapitels.

2. **Drücken Sie die Kombination Strg+Umschalt-Taste, K.**

   Jetzt haben Sie einen kursiven Block. (Sie können auch auf das schräge *K* klicken.)

 ✔ Wollen Sie einen Block mit zwei Attributen versehen, beispielsweise mit kursiv und fett? Dann drücken Sie beide Tasten, während Sie die Strg- und die Umschalt-Taste gedrückt halten. Das scheint einfacher zu sein als den Strg+Umschalt-Taste, K, Strg + Umschalt-Taste, F-Tanz aufzuführen.

✔ Sie können mit Strg + Leertaste kursives Format beseitigen, aber Sie entfernen damit auch alle anderen Formatierungen in dem betreffenden Block.

Text unterstreichen

Text zu unterstreichen ist nicht mehr so populär, wie es einmal war. Statt dessen benutzt man heute *kursive* Schrift für subtile Hervorhebungen, außer wenn Sie eine Abhandlung über <u>Krieg und Frieden</u> bei diesem stockkonservativen Professor schreiben, der ohnehin alle Neuerungen für Teufelswerk hält. In diesem Fall müssen Sie Ihre wichtigsten Literaturzitate unterstreichen (oder zumindest jene von Tolstoi). Schreiben Sie aber immer, *immer*, Titel von Botho Strauß kursiv. Alles dazwischen ist eine Frage des persönlichen Geschmacks.

Zum Unterstreichen müssen Sie diesen Schritten folgen

1. **Geben Sie Strg + Umschalt-Taste, U ein**

    Damit befinden Sie sich im Modus *Unterstreichen*. (Das gleiche Ergebnis erzielen Sie, indem Sie auf das *Unterstreichen*-Werkzeug in der Formatierungsleiste klikken.)

2. **Tippen Sie!**

   Sie können jetzt den Text eingeben, den Sie unterstreichen wollen.

3. **Drücken Sie nochmals die Strg + Umschalt-Taste, U-Kombination.**

   Dieser Schritt führt Sie wieder in die normale Texteingabe. (Oder klicken Sie noch einmal auf das Unterstreichen-Werkzeug.)

Wollen Sie Text, der sich bereits auf dem Bildschirm befindet, unterstreichen, markeiren Sie den Text als Block und drücken dann die Strg+Umschalt-Taste, U. Das sind die Schritte im einzelnen:

1. **Sie markieren den Textblock, den Sie unterstreichen möchten.**

   Alles über die aufregenden Regeln des Markierens von Textblöcken erfahren Sie in Kapitel 6 oder im ersten Abschnitt dieses Kapitels.

2. **Sie geben Strg+Umschalt-Taste, U ein.**

   Der Block ist unterstrichen. (Oder klicken Sie auf das *Unterstreichen*-Werkzeug in der Formatierungsleiste.)

   ✔ Wenn Sie mit dem Unterstreichen fertig sind, können Sie mit Strg + Leertaste, Strg+Umschalt-Taste U oder dem Klicken auf das Symbol das Unterstreichen beenden.

   ✔ Kapitel 6, der König unter den Kapiteln über Blöcke, enthält einen Abschnitt *»Das Markieren eines Blocks«*, der Ihnen mehr über – Sie haben's erraten – das Markieren von Blöcken erzählt.

Textattribute

Fett, *Kursiv* und *Unterstrichen* sind die üblichsten Methoden, mit denen man Zeichen aufmöbeln kann. Sie sind in den letzten Abschnitten abgehandelt worden. Das ist jedoch erst der Anfang von dem, was Word Ihnen an Möglichkeiten zum Formatieren bietet. Sie können einen ganzen Batzen von Strg-Kombinationen für unterschiedliche Formatierungen in Ihrem Text benutzen. Das meiste Zeug davon ist ziemlich esoterisch, weshalb ich es lieber in die folgende öde, brave Tabelle gepackt habe (Tabelle 9.1.), als darüber mit scharfem Verstand in einem traditionellen Abschnitt zu schreiben.

Tastenkombination	und welches Format sie zuweist
Strg + Umschalt-Taste + G	GROSSBUCHSTABEN
Strg + Umschalt-Taste + F	**Fett**
Strg + Umschalt-Taste + D	doppelt unterstreichen
Strg + Umschalt-Taste + H	Verborgener Text (wird nicht gedruckt, pst!)
Strg+Umschalt-Taste+K	*Kursiv*
Umschalt-Taste + F3 (zweimal)	kleinbuchstaben
Strg + Umschalt-Taste + U	Unterstreichen
Strg +Umschalt-Taste + W	Wort unterstreichen
Strg + #	Tiefstellen
Strg + +	Hochstellen
Strg + Umschalt-Taste + Z	Formatierung rückgängig machen

Tabelle 9.1: Textformat-Befehle und Abkürzungen

Um einem Zeichen oder einem markierten Block eines dieser sonderbaren Textformate zuzuweisen, schlagen Sie in dem vorangegangenen Abschnitt *»Text unterstreichen«* nach und ersetzen Sie die betreffende Tastenkombination durch eine passende Abkürzung aus Tabelle 9.1.

Jeden dieser putzigen Formatierungstricks können Sie ebenso über eine Dialogbox durchführen. Fühlen Sie sich gerade beschwingt, kraftvoll und unbesiegbar, dann überspringen Sie die folgenden Seiten und gehen zum Abschnitt *»Die harte Tour«*. Vorher eine kleine Warnung: Die Finger mit Tastenkombinationen zu verknoten ist wesentlich sicherer.

Die Benutzung der Kombination Strg + Leertaste ist definitiv der einfachste Weg zur Rettung, falls Sie gerade eine heillose Unordnung beim Formatieren angerichtet haben.

Verborgener Text – wofür soll das gut sein? Es ist vor allem gut für Sie, den Autor, wenn Sie gerade ein paar Ideen niederschreiben wollen, die Sie jedoch beim Drukken verbergen wollen. Auf dem Bildschirm sehen Sie den Text natürlich auch nicht. Um verborgenen Text zu finden, müssen Sie den Befehl *Suchen* verwenden (der in Kapitel 5 behandelt wurde), mit dem Sie das besondere *Verborgener Text*-Attribut wieder auffinden. Informationen hierüber stehen in dem Abschnitt *»Geheime Codes finden«*. Sie müssen die *Format*-Taste anwählen, danach *Zeichen* und schließlich auf die *»Verborgen«*-Box klicken. (Eigentlich sollte diese Information zunächst verborgen sein.)

Die Wirkung der Schriftgröße

Textattribute – wie *Fett*, *Kursiv*, *Unterstrichen* und so weiter – machen nur die Hälfte der Formatierungsmöglichkeiten aus. Die andere Hälfte betrifft die Textgröße. Durch die Benutzung dieser Befehle können Sie Ihren Text winzig oder riesengroß machen.

Bevor Sie sich mit diesem Thema beschäftigen, müssen Sie zunächst einen Fachbegriff aus dem Schriftsetzervokabular verstehen. Es ist *Punkt*. So benutzt es auch Word: Punkt anstatt Textgröße. Es ist nicht Punkt aus »Nun mach mal einen Punkt« und auch nicht »Punkt für Becker«. Es ist Punkt als Größenmaß. Ein Punkt entspricht $1/72$ Zoll (ca. $1/28$ cm). Schriftsetzer ...

Wollen Sie die Schriftgröße Ihres Textes verändern, gehen Sie folgendermaßen vor:

1. **Klicken Sie mit der Maus auf die Box in der Formatierungs-Symbolleiste, in der die Punktgröße angezeigt wird.**

Dafür gibt es zwei Methoden: Klicken Sie mit der Maus in die Box mit der Größe, oder wählen Sie die Tastenkombination Strg + Umschalt-Taste, P.

2. **Geben Sie die neue Textgröße ein, und drücken Sie die Eingabe-Taste.**

Der Text, den Sie jetzt eingeben, hat die neue Größe.

Hier sind ein paar Dinge, die Sie bezüglich der Wahl der Schriftgröße berücksichtigen sollten:

✔ Sie können auch die Dropdown-Schaltfläche neben dem Punktfenster benutzen, um sich auf diese Art die gesamte Skala der Punktmöglichkeiten für Ihre gegenwärtige Schriftart anzusehen.

✔ Größere Zahlen bedeuten größeren Text; kleinere Zahlen bedeuten kleineren Text.

✔ Die durchschnittliche Punktgröße ist 12 oder gelegentlich 10 Punkt.

✔ TrueType- oder Adobe Type1-Schriftarten können zwischen 1 und 1.638 Punkt groß sein.

✔ Der Autor ist 5.112 Punkt groß.

Wenn Sie einem bereits geschriebenen Text auf dem Bildschirm eine neue Größe zuweisen wollen, müssen Sie diese Zeichen zunächst als Block markieren, bevor Sie die Schriftgröße verändern.

Die Größe eines markierten Textblocks läßt sich mit den folgenden Tastenkombinationen flink verändern:

Strg, 9 – Vergrößert den Text um einen Punkt.

Strg, 8 – Verkleinert den Text um einen Punkt.

Leider kenne ich keine gute Eselsbrücke, um sich das zu merken; Sie müssen es einfach im Gedächtnis behalten.

Einige Schriftarten sehen in manchen Punktgrößen häßlich aus. Um sicher zu gehen, daß die Schriftart gut ausssieht gibt es folgende Abkürzung:

Strg+Umschalt-Taste+>: Vergrößert die Schriftart auf die nächste »gutaussehende« Größe.

Strg+<: Verkleinert die Schriftart auf die nächste »gutaussehende« Größe.

Hochgestellten Text erstellen

Hochgestellter Text befindet sich über der Textzeile (z.B. die 10 in 2^{10}). Um diesen Effekt zu erzielen, müssen Sie sich der Tastenkombination Strg + + (das Pluszeichen) bedienen und danach den Text eingeben. Oder Sie markieren zunächst einen Textblock und formatieren ihn dann mit Strg + + hochgestellt.

Mit Strg + Leertaste fällt Ihr hochgestellter Text wieder runter.

Manche Leute bevorzugen hochgestellten Text eine Spur kleiner, als Word ihn liefert. Schauen Sie im vorhergehenden Abschnitt nach, wie Sie selbst die Textgröße verändern können.

Einen Text tiefgestellt formatieren

Tiefgestellter Text ist unterhalb der Textzeile (z.B. die 2 in H_2O). Für tiefgestellten Text benutzen Sie den Shortcut Strg + # und tippen, was das Zeug hält. Haben Sie einen Textblock markiert und geben jetzt die Tastenkombination Strg + # ein, ist Ihr Text fortan tiefgestellt. Normal sieht der Text erst wieder nach Strg+Leertaste aus (die lange Balkentaste unter Ihrem Daumen).

Normalen Text erstellen

Manchmal haben Sie soviele Zeichenattribute in Ihrem Text, daß Sie nicht mehr wissen, wie Sie zum normalen Text zurückkehren. Diese Situation kann ziemlich frustrierend sein. Zum Glück hat Word ein offenes Ohr für Ihre Hilferufe. Sie können sämtliche Zeichenformatierungen mit einem Befehl entfernen – sowohl Größen als auch Textattribute – und danach mit normalem Text fortfahren. Hier erfahren Sie wie:

Geben Sie Strg + Leertaste ein, die Abkürzung zum Entfernen der Zeichenformatierung.

Von nun an ist alles, was Sie eingeben, wieder normal (oder wenigstens normal formatiert).

Indem Sie einen Textblock markieren und Strg + Leertaste eingeben, wird der ganze Text im Block normal. Detaillierte Informationen über das Markieren von Textblöcken entnehmen Sie bitte dem Abschnitt *»Einen Textblock markieren«* in Kapitel 6.

Die Tastenkombination Strg + Leertaste funktioniert leider nicht bei Ihrem Cousin Eberhard.

Die Schriftart verändern

Eines der größten Vergnügen, welches Sie mit Word erleben können, ist seine Fähigkeit, verschiedene Schriftarten zu verwenden. Zugegeben, Sie können Text fett, kursiv, unterstrichen, groß und klein und und und formatieren, aber die Schriftart Ihrer augenblicklichen Laune anpassen zu können, erlaubt doch völlig neue Ausdrucksmöglichkeiten.

Um zwischen Schriftarten zu wechseln, müssen Sie folgende Schritte beachten:

1. **Wecken Sie die Box mit den Schriftarten in der Formatierungs-Symbolleiste aus ihrem Dornröschenschlaf.**

Abbildung 9.1: Die Liste, die Sie in Word benutzen können

Klicken Sie mit der Maus auf den Pfeil an der Box, oder geben Sie Strg + Umschalt-Taste, A ein. Und dann den nach unten zeigenden Pfeil. Dieser Schritt zeigt Ihnen alle in Windows installierten Schriftarten an (siehe Abbildung 9.1).

2. **Blättern Sie bis zur gewünschten Schriftart.**

Die Schriften sind in alphabetischer Reihenfolge aufgelistet. Sämtliche Schriften, die Sie gerade benutzt haben, erscheinen am Anfang der Liste oberhalb der doppelten Linie (siehe Abbildung 9.1)

3. **Mit der Eingabetaste wählen Sie eine Schrift aus.**

Sie können sie auch mit der Maus anklicken.

✔ Nachdem Sie eine neue Schrift ausgewählt haben, erscheint alles, was Sie eingeben, auf dem Bildschirm in dieser Schrift. Die Schrift wird bei einem Ausdruck genauso wie auf dem Bildschirm aussehen.

✔ Sie können eine Menge Zeit sparen, wenn Sie den Namen der von Ihnen gewünschten Schrift kennen. In diesem Fall geben Sie einfach in dem Fenster für die Schriften den Namen der Schrift ein. Warnung: Word ist hinsichtlich von Rechtschreibefehlern kein bißchen nachsichtig.

 ✔ Sie können die Schriftart für Text, der sich bereits in Ihrem Dokument befindet, ändern, indem Sie ihn zunächst als Textblock markieren (siehe Kapitel 6) und danach die Schrift Ihrer Wahl der Liste entnehmen.

✔ Der Abschnitt *»Die harte Tour«* am Ende dieses Kapitels beschreibt, wie Sie sich in einer Vorschau bestimmte Schriften bereits ansehen können, bevor Sie sie verwenden.

✔ Die Schriftarten sind in der Schriftartenbox alphabetisch sortiert und erscheinen in der Liste mit kleinen Symbolen vor ihren Namen. Dabei bedeutet das Symbol für einen Drucker, daß diese Schriftart von Ihrem Drucker unterstützt wird. Es ist möglich, daß diese Schrift auf dem Bildschirm anders aussieht als später im gedruckten Dokument. Windows ist hier noch etwas verschroben. Schriften mit einem doppelten T vor dem Namen sind TrueType Schriftarten und sehen auf dem Bildschirm genauso wie gedruckt aus. (Eine Schrift ohne Symbol können Sie nur auf dem Bildschirm sehen.)

✔ Die Verantwortung für die Schriften in Word trägt allein Windows. Eine neue Schrift installieren Sie in der Windows-Systemsteuerung. Es gibt Tausende von Schriftarten, die in allen Windows-Anwendungen verwendet werden können. (Windows-Benutzer tauschen Schriften aus wie Else Kling und Effi Zenker Beleidigungen. Nehmen Sie Kontakt zum örtlichen Computer-Club auf, oder suchen Sie einfach auf den Rückseiten von Computer-Magazinen nach coolen Windows-Schriften.)

In Groß- oder Kleinschreibung umwandeln

Groß- oder Kleinschreibung sind nicht so sehr eine Frage der Schriftart oder der Formatierung. Dennoch haben diese Word-Genies bei Microsoft noch etwas in ihrer Wundertüte gefunden, um Ihnen mit ein paar Fingergriffen den Wechsel in der Schreibweise zu ermöglichen. Und sie verlangen nicht allzuviele Verrenkungen von Ihnen.

Um damit zu spielen, äh, die Schreibweise eines Textblocks zu verändern, müssen Sie folgendes erledigen:

1. **Markieren Sie den Text, um ihn umzuwandeln.**

   In Kapitel 6 finden Sie die besten Ratschläge über Textblöcke seit den alten Babyloniern.

2. **Geben Sie Umschalt-Taste + F3 ein.**

   Mit diesem Schritt vergrößern Sie den ersten Buchstaben jedes markierten Wortes oder jedes Zeichen, oder Sie verkleinern alle nacheinander.

3. **Fahren Sie mit der Eingabe von Umschalt-Taste, F3 fort, bis Sie das von Ihnen bevorzugte Aussehen erreicht haben.**

   Tatsächlich, ein ganzes Füllhorn von Umwandlungen liegt vor Ihren Fingerspitzen. Ich pflege dies den Flaschengeist zu nennen.

Sie müssen für diesen Trick ein einzelnes Wort nicht als Textblock markieren: Stellen Sie den Zahnstocher-Cursor einfach irgendwo in die Mitte des Wortes, und drücken Sie Umschalt-Taste + F3, um das Wort zu verändern.

Leider funktioniert dieser Trick nicht bei einzelnen Buchstaben, die Sie als Block markieren können (was irgendwie albern ist und zuviel Tastendrücken erfordert). Geben Sie einfach einen neuen Großbuchstaben ein, indem Sie die Umschalt-Taste gedrückt halten, wenn es das ist, was Sie wollen.

Seltsame und Sonderzeichen einfügen

Sehen Sie sich Ihre Tastatur an. Sie enthält die Buchstaben des Alphabets, die Zahlen und einige seltsame Symbole. Word kann all' diese Zeichen wundervoll darstellen; Sie sehen sie täglich auf dem Bildschirm.

Aber es gibt noch einige Dutzend bis einige hundert weiterer interessanter Zeichen, die Sie sich zeigen lassen können. Diese Word-Sonderzeichen scheinen sich anzusammeln wie Kleiderbügel.

Sonderzeichen können Sie auf folgende Art in Ihren Text einfügen:

1. **Postieren Sie den Zahnstocher-Cursor dort, wo Sie das Sonderzeichen wünschen.**

2. **Wählen Sie den *Einfügen*, *Sonderzeichen*-Befehl.**

   Benutzen Sie die Maus oder die Tasten Alt, E, N. Sie sehen die Dialogbox *Symbole* wie in Abbildung 9.2. (Erscheint das Feld mit der *Auswahl 2*, klicken Sie auf das Feld für *Auswahl 1*.)

3. **Suchen Sie sich ein Symbol aus.**

   Gehen Sie mit dem Mauszeiger auf das Symbol, das Sie interessiert, und klicken Sie dann doppelt darauf. Ebenso können Sie mit den Cursortasten das erleuchtete Feld herumwandern lassen und dann die Eingabetaste benutzen.

4. **Das Sonderzeichen befindet sich in Ihrem Text.**

   Ich bin sehr ✞✈♏✳⌘⓾✂📖🖎🖊♞☺☹

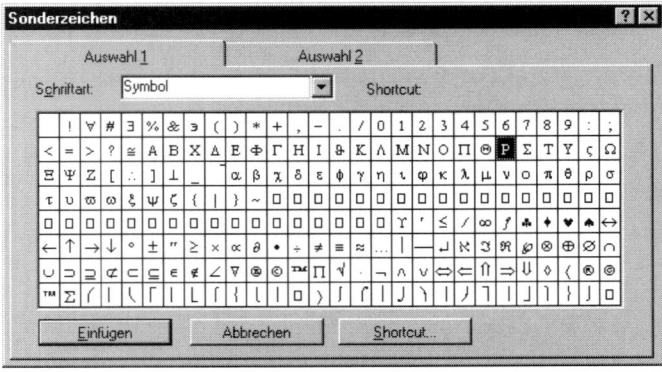

Abbildung 9.2: Die Dialogbox Sonderzeichen

Hier sind ein paar zusätzliche Tips für das Einfügen von Sonderzeichen:

✔ Um eine bessere Ansicht eines einzelnen Zeichens zu bekommen, gehen Sie mit dem Mauszeiger auf das Zeichen, klicken es an und halten dabei die Maustaste weiter gedrückt. Das Symbol wird vergrößert.

✔ Beinahe alle Schriften, die Sie installiert haben und die Symbole enthalten, erscheinen in der Schriftartenliste an der Oberseite der Dialogbox *Sonderzeichen*. Wollen Sie sich weitere Sonderzeichen ansehen, klicken Sie einfach auf den Abwärtspfeil neben der Schriftartenbox und wählen eine andere Gruppe von Symbolen aus, indem Sie sie mit der Maus anklicken. Die besten Symbole finden Sie in den Wingding-Fonts.

    ✔ Es ist möglich, jedem Zeichen in der *Sonderzeichen*-Dialogbox eine Tastaturabkürzung zuzuordnen. Ich habe zum Beispiel die Tastaturkombination Str + – dem Häkchensymbol zugeordnet, da ich das ✔ oft benutze. Klicken Sie einfach auf die Schaltfläche *Shortcut*, geben Sie ein Tastenkombination als Abkürzung ein (am besten eine, die nicht bereits etwas anderem in Word zugeordnet ist – oder eine, die Sie nie benutzen), und klicken Sie dann auf die Schaltfläche *Zuordnen*.

✔ Hinter der Dialogbox *Auswahl 1* lugt schon die Karte *Auswahl 2* hervor. Diese Karte enthält weitere Dinge, die ein bißchen wie Symbole sind, aber mehr von der Sorte, die früher der Deutschlehrer benutzt hat (und nicht der Comic-Zeichner). Sie können damit genauso umgehen wie in der Dialogbox *Auswahl 1*: Klicken Sie auf das *Sonderzeichen*-Feld und suchen sich jetzt das gewünschte Symbol aus. Falls Sie ein gutes Gedächtnis und spindeldürre Finger haben, können Sie sich auch die Tastenkombination für jedes Zeichen merken.

Die harte Tour: Eine Reise durch die Dialogbox Zeichen mit öffentlichen Verkehrsmitteln

Manchmal können einen zu viele Wahlmöglichkeiten auch erschlagen. Die meisten Menschen bevorzugen daher einfache, klare Informationen – alle Möglichkeiten mit Erklärungen im Menü, vielleicht noch mit Bildern, die das spätere Aussehen anzeigen. Angenehm ist auch der Geruch vom Nachbartisch. Sie müssen dann nur darauf zeigen und »Ich möchte das gleiche, was die Nonne hat« sagen.

Andererseits gibt es auch Situationen, wenn man sich seiner Sache sicher ist und alle Möglichkeiten gleichzeitig präsent haben will. Sie wissen, welche Hebel Sie bedienen müssen, welches Salatdressing Sie haben möchten, welche Weinsorte dazu paßt und wie Sie das Fleisch haben wollen – alles gleichzeitig. Für diese seltenen Momente bietet Word die Dialogbox *Zeichen* an. An diesem Ort können Sie simultan alle Zeichenformatierungen durchführen. Diese Dialogbox ist definitv nichts für Ängstliche. Aber wer den Mut hat, den erwarten aufregende und exotische Dinge.

Wählen Sie *Format*, *Zeichen*, so öffnet sich die ziemlich beeindruckende Dialogbox *Zeichen*. Hier passieren jede Menge interessanter Dinge, je nachdem, an welcher Haltestelle Sie gerade aussteigen wollen:

1. Tag   **Schriftart**   Klicken Sie auf die Dropdown-Liste unter dem Wort *Schriftart*, so sehen Sie die Namen aller Schriften in Ihrem Apparat. Sie haben vielleicht eine Handvoll oder auch eine Unmenge davon. Sobald Sie den Namen einer Schrift markieren, werden Sie einen kleinen Vorgeschmack in dem Vorschaufenster bekommen.

2. Tag   **Schriftschnitt**   Wählen Sie Normal, *Kursiv*, **Fett**, ***Fett Kursiv*** oder, wenn Sie gerade in Wien sind, mit Zucker und Sahne!

3. Tag   **Schriftgrad**   Klicken Sie auf die Dropdown-Liste unter *Schriftgrad*, werden Ihnen alle verfügbaren Größen präsentiert. Die mögliche Größe reicht von 1 Punkt bis 1.638 Punkt, oder von winzig klein bis abnorm gigantisch.

4. Tag   **Unterstreichung**   Wählen Sie zwischen einer einfachen Linie, nur die Wörter unterstreichen und doppelt unterstrichen, oder benutzen Sie eine gepunktete Linie, um Ihren Text hervorzuheben.

5. Tag   **Farbe**   Kreieren Sie einen Text in lebensechten Farben, indem Sie eine neue Farbe aus der Drop-Down-Liste für Farben auswählen. Die Farbe können Sie freilich nur auf einem Farbbildschirm sehen, und gedruckt bekommen Sie sie nur mit einem Farbdrucker.

6. Tag   **Darstellung**   Sie können ~~Durchstreichen~~, ^{Hochgestellt}, _{Tiefgestellt}, Verborgen, KᴀᴘɪᴛÄʟᴄʜᴇɴ und GROSSBUCHSTABEN bekommen.

1. Tag   2. Tag   3. Tag

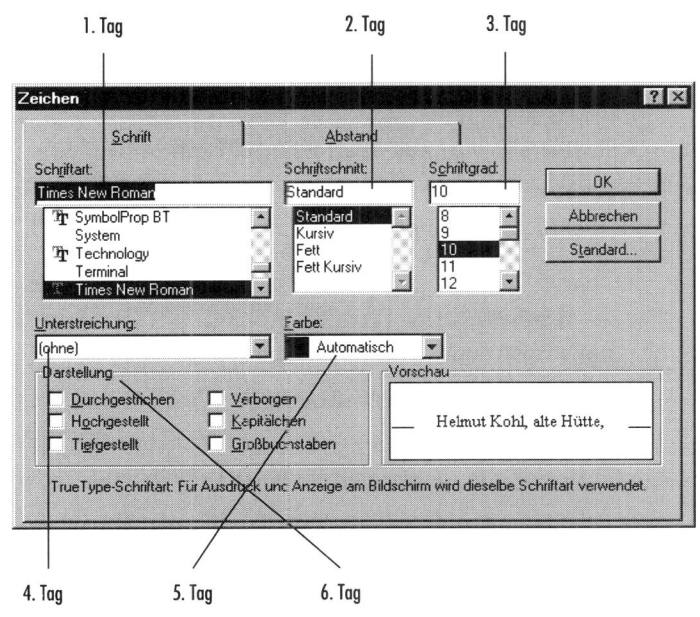

4. Tag   5. Tag   6. Tag

Ein Bonus-Nachmittagsausflug ins Abstandsfeld

Sind Sie bereit, ein bißchen mehr zu bezahlen, so können Sie auf das Feld für *Abstand* klicken, welches direkt hinter dem großen *Schrift*-Feld in der Dialogbox versteckt ist (Dieses Felder-Zeug ist wirklich etwas beknackt. Wenn es neu für Sie ist, versuchen Sie, sich damit vertraut zu machen. Das ist »Zukunfts-Windows« – in erster Linie, weil OS/2 das auch hat!)

13:35 Uhr **Laufweite** Ermöglicht Ihnen, den Abstand zwischen Ihren Buchstaben zu vergrößern oder zu verkleinern.

14:15 Uhr **Position** Ihr Text kann einen ^{Aufstieg} in die Wolken oder einen $_{Abstieg}$ in ungeahnte Tiefen machen. Hört sich verdammt nach Hoch- und Tiefstellen an, was? Ist es aber nicht. Es ist eine brandneue Erfindung der genialen Software-Entwickler bei Microsoft. Wirklich brandneu! Echt!

15:10 Uhr **Unterschneidung ab:** Mit dieser Funktion wird die Zeichenüberschneidung bestimmt. In Word bezeichnet dies die Art, wie zärtlich sich die Buchstaben aneinanderschmiegen – das ist Schriftsetzerkram für Fortgeschrittene und heißt dort Kerning, aber Täterätä – hier ist es. Wenn Sie willens sind, können Sie die Schriftarten mehr oder weniger aneinanderrücken. Der große Clou. Wenn Sie mich fragen, lassen Sie die Hände davon.

Sie können verschiedene Arten von Textsatz in Ihrer Dialogbox bestimmen und sie dann mit OK in Ihren Text einfügen. Das betrifft jeden neu eingegebenen Text oder jeden bereits geschriebenen Text in einem markierten Textblock.

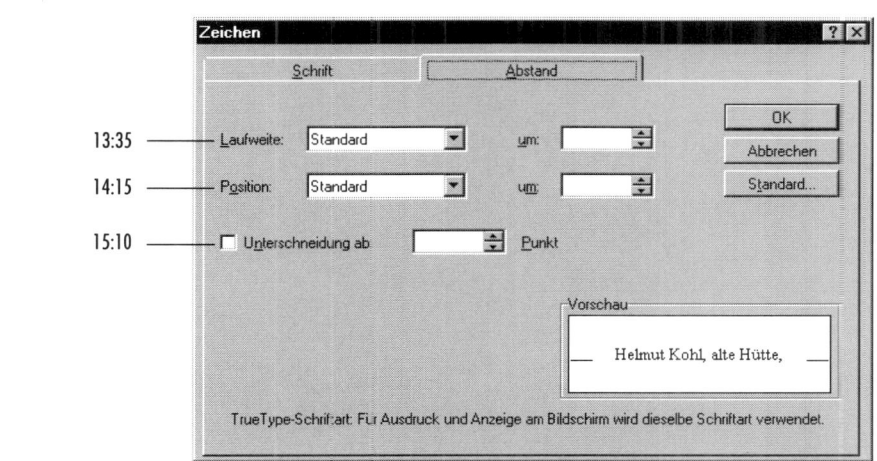

13:35 — Laufweite:

14:15 — Position:

15:10 — Unterschneidung ab

Sätze und Absätze formatieren

10

In diesem Kapitel

- Text zentrieren
- Text rechtsbündig ausrichten
- Den Zeilenabstand verändern
- Platz zwischen Absätzen einfügen
- Einen Absatz einziehen
- Einen Absatz doppelt einziehen
- Einen hängenden Absatz einrichten
- Ein Überlebenstraining für das Formatieren von Absätzen
- Der Tabulator stoppt hier
- Der furchtlose Leittabulator
- Die harte Tour: Eine Reise mit öffentlichen Verkehrsmitteln durch die Dialogbox *Absatz*

Z eichen sind die einfachste Sache, die Sie formatieren können. Danach kommen Sätze und Absätze, die zentriert, nach rechts und links geschoben, mit Tabulatoren gespickt oder soweit auseinandergezogen werden können, daß sie niemanden mehr stören. Dieses Zeug können Sie im Handumdrehen erledigen, aber ich empfehle, es direkt vor dem Drucken zu erledigen (gemeinsam mit der Formatierung der Seiten – siehe Kapitel 11). Sonst verlieren Sie beim Schreiben des Textes und bei der Prüfung der Grammatik und der Rechtschreibung die Hälfte Ihrer Haarpracht. Und wenn dann alles perfekt und der Blutdruck wieder gesunken ist, werden Ihnen die verbliebenen Haare beim Kampf mit der Zeilen- und Absatzformatierung ausgehen. Puh, wird das niemals enden?

Wenn Sie lernen wollen, wie man alles in diesem Kapitel durch Menüs erreicht, schlagen Sie im letzten Abschnitt des Kapitels unter *»Die harte Tour«* nach.

Text zentrieren

Word läßt Sie eine Zeile oder einen ganzen Block Ihres Textes _zentrieren_. Auf wunderbare Weise ist Ihr Text auf der Seite auf dem Bildschirm und auf dem Ausdruck zentriert. Ein weiteres Wunder in der Welt der modernen Computerprogramme.

Wollen Sie ein einzelne Zeile zentrieren, folgen Sie diesen Schritten:

1. **Beginnen Sie eine neue Zeile, die Zeile, die Sie zentrieren wollen.**

   Sollte die Zeile bereits auf dem Bildschirm sein, können Sie bei den nächsten Anweisungen weiterlesen.

2. **Geben Sie den Befehl zum Zentrieren, Strg + E.**

   Ich weiß schon, daß E für Sie nicht Zentrieren bedeutet. Immerhin hat das Wort _Zentrieren_ drei E. Wie wäre es mit E für Egozentriker? Die wollen auch immer im Mittelpunkt stehen.

   Das gleiche Ergebnis erzielen Sie, indem Sie auf das Symbol für Zentrieren in der Formatierungs-Symbolleiste klicken. Es sieht ein bißchen aus wie dieses Ding, in das Sie hineinschreien müssen, wenn Sie bei einer bekannten Imbißkette im Drive-In einen Hamburger bestellen wollen.

3. **Der Cursor springt in die Mitte der Bildschirmseite (oder so).**

4. **Jetzt können Sie Ihren Text oder Ihre Überschrift tippen.**

5. **Schließen Sie den Vorgang mit der Eingabetaste ab.**

Gefällt Ihnen das so gut, daß Sie mehr als eine Zeile (einen Absatz oder mehrere zum Beispiel) zentrieren wollen, tippen Sie einfach weiter. Sind Sie des zentrierten Textes überdrüssig, geben Sie einfach Strg + L für linke Ausrichtung ein, oder Sie klicken auf das Symbol für linksbündige Ausrichtung. (In Word erscheint Text normalerweise zuerst in linker Ausrichtung. Alles lehnt sich an den linken Rand an.)

Text, der sich bereits in Ihrem Dokument befindet, zentrieren Sie mit folgenden Befehlen:

1. **Sie markieren den Text, den Sie zentrieren möchten, als Textblock.**

   In Kapitel 6 finden Sie die besten Ratschläge zum Markieren eines Textblocks, die Sie jemals in einem Computerbuch finden werden.

2. **Betätigen Sie den Befehl zum Zentrieren, Strg + E.**

   Sie sehen sogleich den gesamten markierten Text mit jedem darin befindlichen Absatz in die Mitte gerückt. (Sie können auch auf das Symbol zum Zentrieren klicken.)

Der Befehl _Zentrieren_, Strg + E, zentriert nur Absätze. Möchten Sie immer nur eine Zeile auf einmal zentrieren, so müssen Sie jede Zeile durch das Betätigen der Eingabetaste abschließen. Damit verwandeln Sie die Zeile in einen Absatz.

Der einfachste Weg, Absätze schnell zu formatieren, wie etwa zu zentrieren, ist der Gebrauch der Symbole in der Formatierungs-Symbolleiste. Bedienen Sie sich dort, anstatt mühsam Strg + E, Strg + L oder was auch immer zu betätigen, und Ihr Text wird unverzüglich formatiert.

Um Text im *Blocksatz* zu formatieren – das heißt, daß der Text rechts- *und* linksbündig ausgerichtet ist –, klicken Sie auf das *Blocksatz*-Symbol oder benutzen Strg + B.

Text nach rechts schieben

»Ausrichtung rechts« gibt an, wie Sie Text auf dem Bildschirm ausrichten. (Sie werden bald entdecken, daß einiges an Ausrichten beim Formatieren der Absätze passiert.) Gewöhnlich ist Text *linksbündig* formatiert, wobei jede Zeile am linken Rand beginnt. *Rechtsbündig* richtet den Text am rechten Rand aus. Mit anderen Worten, der Text wird an den rechten Seitenrand geknallt, als ob Sie das Blatt hochnehmen und es heftig schütteln, bis der gesamte Text rüberrutscht.

Sie können einen einzelnen Textabsatz oder jede beliebige Textmenge als Block markieren und rechtsbündig ausrichten. Um einen einzelnen Absatz auszurichten, gehen Sie folgendermaßen vor:

1. **Plazieren Sie den Zahnstocher-Cursor dorthin, wo Sie eine rechtsbündige Zeile eingeben wollen.**

   Der Cursor ist auf der linken Seite des Bildschirms. So weit, so gut. Verwenden Sie jetzt auf keinen Fall die Leertaste oder die Tabulatortaste, um den Cursor zu bewegen; der Befehl *Rechtsbündig* erledigt dies in Sekundenbruchteilen.

   Ist der Text, den Sie rechtsbündig formatieren wollen, bereits auf dem Bildschirm, können Sie sich diese Anweisung schenken und bei der nächsten Instruktion weiterlesen.

2. **Verwenden Sie den Befehl *Rechtsbündig*, Strg + R.**

   Meine Güte, R wie in *rechts*. Zauberhaft! Der Cursor springt unversehens an den rechten Rand auf der rechten Bildschirmseite. (Alternativ können Sie auf das Symbol *Rechtsbündig* aus der Formatierungssymbolleiste klicken.)

3. **Schreiben Sie Ihre Zeile.**

   Die Zeichen wandern nach rechts und verbleiben dabei stets an der rechten Seite des Dokuments. Es ist, wie hebräisch zu schreiben!

4. **Wenn Sie fertig sind, geben Sie Strg + L ein, um wieder zum linksbündigen Format zurückzukehren.**

   Wiederum müssen Sie den Cursor in eine neue Zeile bewegen. Andernfalls macht der Befehl Strg + L Ihr rechtsbündiges Format zunichte. (Oder drücken Sie auf die Schaltfläche *Linksbündig*.)

Wollen Sie mehr als einen Absatz von Text, der bereits in Ihrem Dokument existiert, rechtsbündig ausrichten, müssen Sie ihn als Textblock markieren. Folgen Sie diesen Schritten:

1. **Markieren Sie den Text, den Sie rechtsbündig formatieren wollen, als Block.**

   Kapitel 6 enthält Details über das Markieren von Textblöcken, die dafür sorgen, daß sich Ihre hochgezogenen Augenbrauen wieder sanft senken.

2. **Drücken Sie Strg + R, den Befehl *Rechtsbündig*.**

   Sie sehen den Text an den rechten Rand zischen. Og sagen Block rechts zischen. Block gut. (Oder Sie klicken auf das *Rechtsbündig*-Werkzeug in der Symbolleiste.)

   ✔ Seien Sie vorsichtig mit dem Ausrichten von großen und fremden Objekten, wenn Sie ihr Format verändern. Richten Sie keine Parties aus, wenn Sie Angst vor ungebetenen Gästen haben.

✔ *Rechtsbündig* ist ein Kunstbegriff, der das gleiche wie rechte Ausrichtung oder rechter Rand bedeutet.

Ihre Daten nach rechts ausrichten

Eine Sache, die sich immer gut rechtsbündig formatieren läßt, ist das Datum am Beginn Ihres Dokuments. Die meisten Menschen beginnen ihre Briefe so. Möchten auch Sie Ihr Datum rechtsbündig formatieren, beachten Sie die folgenden kleinen Kniffe:

1. **Bewegen Sie sich an den Anfang des Dokuments in eine Zeile, in der das Datum erscheinen soll. Es muß eine leere Zeile sein.**

2. **Verwenden Sie nun den *Rechtsbündig*-Befehl, Strg + R. Der Cursor hüpft auf die rechte Seite des Blattes.**

3. **Benutzen Sie nun die Kombination Alt + Umschalt + D. Mit dieser Aktion fügen Sie das heutige Datum in Ihr Dokument ein. (Sie müssen sich diesen Befehl nicht merken; besser ist ein Eselsohr an dieser Seite.)**

4. **Betätigen Sie die Eingabetaste.**

5. **Mit Strg + L erhalten Sie wieder einen linksbündigen Absatz.**

   Nun können Sie weiterarbeiten, während das heutige Datum von rechts oben über Ihr Blatt strahlt.

Den Zeilenabstand verändern

Auf einer Schreibmaschine verändern Sie den Zeilenabstand durch doppeltes oder dreifaches Draufhauen auf den Wagen. Leider können Sie das bei Ihrem Computer nicht machen, auch wenn dies vielleicht Ihre Stimmung heben würde. Statt dessen müssen Sie den *Zeilenabstand-* Befehl von Word benutzen.

Sie haben drei Möglichkeiten, um den Zeilenabstand für neuen Text zu verändern:

1. **Mit Strg+1 erhalten Sie einen einzeiligen Abstand.**

   Sie halten die Strg-Taste gedrückt und geben nun eine 1 ein. (Die Strg-Taste und die Eins-Taste und kein kleines L.) Lassen Sie beide Tasten los, und Word gibt Ihrem Text einen einzeiligen Abstand. Jeder Text, den Sie nun tippen, und jeder markierte Block auf dem Bildschirm ist von der Eingabe Strg + 1 betroffen.

1 ½. **Mit Strg + 5 erhalten Sie einen anderthalbzeiligen Abstand.**

   Anderthalbzeilig bedeutet, daß die Zeilen zwischen einer und zwei Zeilen Abstand haben. Das gibt Redakteuren (und Lehrern) weniger Platz, um Bemerkungen in Ihrem Text zu machen, läßt aber noch genügend »Luft«, damit der Text lesbar bleibt. Mit der Eingabe von Strg+5 erhalten Sie 1 ½zeiligen Abstand in Ihrem Dokument, oder Sie verändern den Zeilenabstand für einen markierten Textblock.

2. **Mit Strg + 2 erhalten Sie doppelten Zeilenabstand.**

   Doppelten Zeilenabstand benötigen Sie oftmals für penible Redakteure, denen Ihr 3cm-Seitenrand noch nicht ausreicht und die möglichst über, unter und zwischen Ihren Text schreiben wollen. Mit Strg+2 erhalten Sie doppelten Zeilenabstand.

Der Zeilenabstand eines Absatzes in Ihrem Text läßt sich flott verändern, indem Sie den Zahnstocher-Cursor irgendwo im betreffenden Absatz plazieren und jetzt die magischen Tastenbefehle verwenden.

✔ Strg + 5 heißt 1 ½ Zeilen Abstand, nicht fünf Zeilen Abstand.

✔ In Kapitel 6 finden Sie Informationen, wie man einen Block markiert. Die Abkürzungen Strg+1, Strg+2 und Strg+3 haben auf jeden markierten Block Auswirkungen.

✔ Wenn Sie Strg+5 drücken wollen, benutzen Sie nicht die 5-Taste auf dem numerischen Tastenblock; das ist der Befehl, mit dem Sie den ganzen Text im Dokument markieren. Benutzen Sie lieber die Taste 5, die zwischen R und T herumhängt.

Überflüssiger Detailkram über Zeilenabstände

Möchten Sie etwas anderes als einzeiligen, doppelten oder anderthalbfachen Zeilenabstand, können Sie im *Format*, *Absatz*-Menü wählen. Es öffnet sich die Dialogbox *Absatz*, über die Sie mehr am Ende dieses Kapitels erfahren. Vergewissern Sie sich, daß das Blatt *Einzüge und Abstände* vorne ist. Wählen Sie *Genau* in dem Bereich *Zeilenabstand* und den gewünschten Abstand in der Maßbox. Für einen dreizeiligen Abstand wählen Sie *Genau* und geben bei Maß 3 Ze ein. Damit erhalten Sie einen dreizeiligen Abstand (in Word bedeutet ZE Zeile). Wenn Sie nicht Ze eingeben, verwendet Word pt, das für Punkt oder ein vielleicht noch komplizierteres Zeilenmaß steht. Ich rate Ihnen, Ze für Zeile im Kopf zu behalten und sich nicht um die Punkte zu scheren.

Zwischen den Absätzen Platz zum Atmen hinzufügen

Manche Menschen, meine Wenigkeit eingeschlossen, neigen dazu, die Eingabetaste zweimal zu drücken. Sie drücken Eingabetaste Eingabetaste, um einen Absatz zu beenden, obwohl Word nur einmal die Eingabetaste benötigt. Es ist eine ähnliche Unordnung, als würde man Leertaste Leertaste nach einem Punkt drücken – im Zeitalter der modernen Textverarbeitung eine ausgesprochen nutzlose Übung.

Wenn Ihre Absätze automatisch etwas »Luft« haben sollen, dann müssen Sie – wie ein unsicherer Typ am Strand – Word mitteilen, daß es eine Wattierung einlegen soll. Und so geht's:

1. **Stellen Sie den Zahnstocher-Cursor in den Absatz, der mehr Luft bekommen soll.**

   Die Luft kann vor oder hinter dem Absatz sein.

2. **Wählen Sie *Format*, *Absatz*.**

   Die Dialogbox *Absatz* erscheint, so wie sie in Abbildung 10.1 zu sehen ist.

3. **Holen Sie das Blatt *Einzüge und Abstände* nach vorne.**

   Klicken Sie auf das Schildchen dieses Blattes oder drücken Sie Alt + E, wenn es nicht bereits vorne ist. Sie müssen sich auf den Bereich namens *Abstand* konzentrieren.

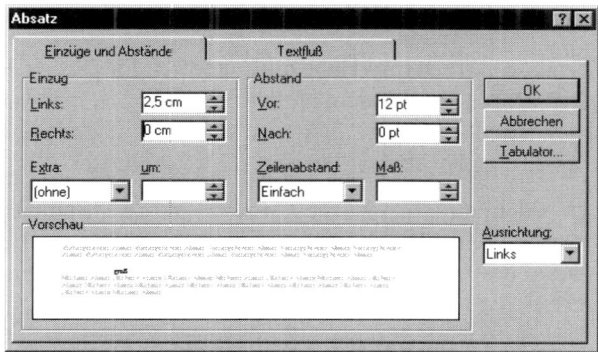

Abbildung 10.1: Die Dialogbox Absatz

4. Geben Sie einen Wert für den Abstand *Vor* oder *Nach* ein.

Ich persönlich benutze hier die nach oben und unten zeigenden Pfeile. Will ich zum Beispiel nach jedem Absatz Platz einfügen, klicke ich zweimal auf den nach unten zeigenden Pfeil neben diesem Kasten. Der Wert 12 pt bedeutet, daß nach jedem Absatz ungefähr eine freie Zeile sein wird.

Eine gute Methode, sich den pt-Unsinn zu merken, besteht darin, daß Word jedesmal eine halbe Zeile Freiraum vor oder nach einem Absatz einfügt, wenn Sie auf einen der kleinen Pfeile klicken. (6 pt entspricht einer halben Zeile.)

5. Klicken Sie auf OK.

Ihr Absatz ist verändert worden. Wenn Sie die Eingabetaste drücken, sehen Sie die frische »Luft« hinter Ihrem Absatz (oder vor dem nächsten).

✔ Wenn Sie einen Absatz auf diese Art und Weise verändern, gilt das für den aktuellen Absatz (denjenigen, in dem Ihr Zahnstocher-Cursor steht) und für alle neuen Absätze, die Sie tippen.

✔ Wollen Sie eine Leerzeile zwischen Ihren Absätzen einfügen, befolgen Sie die Schritte weiter oben, und geben Sie in den Kasten *Nach* 12 pt ein. (Ich rate, die Wattierung immer nach dem Absatz einzugeben.)

✔ Sie können immer im *Vorschau*-Fenster der *Absatz*-Dialogbox überprüfen, wie Ihr neuer Absatz mit dem neuen Abstand davor oder danach aussieht.

✔ Wenn Sie vor oder nach einem Absatz Abstände hinzufügen, ist das etwas anderes, als wenn Sie den Text innerhalb des Absatzes mit doppeltem Abstand versehen. Wenn Sie rund um einen Absatz Abstände hinzufügen, ändert sich der Zeilenabstand in dem Absatz um keinen Deut.

Einen Absatz einziehen

Damit sich ein Textabsatz wohl in seiner Haut fühlt, können Sie ihn einziehen. Damit heben Sie ihn auf der Seite hervor. Er sagt: »Beachte mich! Ich will auch mal was sagen. Bitte lassen Sie mich ausreden, Herr Bundeskanzler.« Sie erreichen dies, indem Sie einen Absatz einziehen. Das hätten viele Absätze gern, aber Sie sollten ruhig wählerisch sein.

Einen Absatz einziehen bedeutet nicht, daß Sie nur seine erste Zeile einziehen. Das können Sie auch mit der Tabulatortaste. Statt dessen können Sie einen Einzug vornehmen, mit dem Sie den gesamten linken Rand des Absatzes am nächsten Tabstop-Zeichen ausrichten. Hier erfahren Sie, wie Sie das anstellen:

1. **Postieren Sie den Zahnstocher-Cursor irgendwo im Absatz.**

   Der Absatz kann bereits auf dem Bildschirm oder noch irgendwo in der Mache sein.

2. **Sie verwenden den Shortcut zum Absatzeinzug, Strg + M.**

    Mmmmm – Einzug! Mmmmm – Einzug! Wiederholen Sie es immer wieder. Es funktioniert irgendwie. (Sie können auch das Symbol für *Einzug vergrößern* in der Formatierungs-Symbolleiste anklicken.)

3. **Schreiben Sie Ihren Absatz, wenn Sie das nicht schon getan haben.**

   Ein markierter Absatz ist jetzt bis zum nächsten Tabstop-Zeichen eingerückt.

 Behalten Sie folgende Dinge im Kopf, wenn Sie mit eingezogenen Absätzen arbeiten:

✔ Um zum ursprünglichen Rand zurückzukehren, können Sie Strg + Umschalt-Taste + M oder, na klar, Strg + Z, den Befehl *Rückgängig,* eingeben (dafür gibt es ihn schließlich). Das gleiche Ergebnis erzielen Sie mit dem Anklicken des *Einzug verkleinern*-Symbols.

✔ Mit der Wiederholung von Strg + M rücken Sie den Absatz bis zum nächsten Tabstop.

✔ Die beiden Tastenkombinationen Strg + M sowie Strg + Umschalt + M sind auf Anhieb nicht leicht zu merken, ihr einziger Unterschied ist aber die Umschalt-Taste. Haben Sie sich erstmal an diese Befehle gewöhnt (hoffentlich noch in diesem Leben), werden Sie sie leicht im Gedächtnis behalten.

✔ Möchten Sie den Absatz nicht rechts und links einziehen, dann schlagen Sie bitte im nächsten Abschnitt *»Einen Absatz beidseitig einziehen«* nach. Sehen Sie sich ebenfalls den Abschnitt *»Einen hängenden Einzug erstellen«* am Ende dieses Kapitels an.

Falls Sie gerade in ausgelassener Stimmung sind, schlagen Sie im Abschnitt *»Der Tabulator stoppt hier«* weiter unten im Kapitel zusätzliche Informationen über das Setzen von Tabstopzeichen nach.

Einen Absatz beidseitig einziehen

Manchmal reicht es einfach nicht aus, nur einen linken Einzug vorzunehmen. Es gibt Tage, da möchten Sie einen Absatz gleich doppelt einziehen: einmal links und einmal rechts (vielleicht haben Sie ein Zitat aufgenommen und möchten nicht den Vorwurf hören, ein Plagiat erstellt zu haben). Ich mache das immer mit Zitaten von Heinrich Lübke so. Wenn ich seine Weisheit zitiere, gehe ich so vor:

1. **Plazieren Sie den Zahnstocher-Cursor am Beginn des Absatzes.**

   Ist der Text im Absatz noch nicht geschrieben, postieren Sie den Cursor dort, wo Sie den neuen Text schreiben wollen.

2. **Wählen Sie den Befehl *Format*, *Absatz*.**

   Die Dialogbox *Absatz* erscheint. Kontrollieren Sie, ob das Blatt *Einzüge und Abstände* im Vordergrund ist. Oben links entdecken Sie das Gebiet *Einzug*. Es besteht aus den drei Feldern: *Links*, *Rechts* und *Extra*.

3. **Geben Sie den Abstand ein, mit dem Sie links und rechts einziehen wollen.**

   Klicken Sie auf die Box *Links*. Tippen Sie einen Wert, sagen wir 2, ein, um den Absatz um 2 cm einzurücken. Danach klicken Sie auf die *Rechts*-Box (oder betätigen die Tabulatortaste) und geben noch einmal 2 ein. Mit diesem Manöver haben Sie Ihren Absatz rechts und links um 2 cm eingezogen.

    Sie können auch mit der Maus auf die Aufwärts- und Abwärtspfeile an der rechten Seite der Box klicken und sich dort mit Hilfe der Maus Zahlen vorführen lassen.

4. **Klicken Sie auf *OK*, oder betätigen Sie die Eingabetaste.**

5. **Schreiben Sie Ihren Absatz, falls Sie das noch nicht getan haben.**

Die Dialogbox *Absatz* wird am Ende dieses Kapitels rasiert und bekommt einen Haarschnitt (in einer Technik-Kram-Box).

Es ist einsichtig, daß ein beidseitig eingerückter Absatz rechts und links gleichmäßig eingezogen sein sollte. Die Zahlen in den Kästen *Links* und *Rechts* sollten einander entsprechen.

Beachten Sie die *Vorschau*-Box an der Unterseite, wenn Sie in der Dialogbox *Absatz* einen Absatz verändern möchten. Die Formatierung Ihres Absatzes wird dort in dunkler Farbe auf der Vorschauseite angezeigt.

Im vorhergehenden Abschnitt »*Einen Absatz einziehen*« können Sie nachlesen, wie Sie einen Absatz nur auf der linken Seite einziehen.

Einen hängenden Absatz erstellen

Ein hängender Absatz hat kein Kapitalverbrechen begangen. Vielmehr ist es ein Absatz, in dem die erste Zeile noch bis zum linken Rand reicht, aber sämtliche folgenden Zeilen des Absatzes eingerückt sind – so als ob der Absatz Ihnen die Zunge rausstreckt oder wie der Seitenanblick eines Sprungturms. Mit folgenden Schritten können Sie eine solche Bestie erstellen:

1. **Plazieren Sie den Zahnstocher-Cursor irgendwo in dem Absatz, den Sie »hängen« und einziehen möchten.**

    Sie können den Cursor auch dort postieren, wo Sie den neuen Absatz mit hängendem Einzug tippen möchten.

2. **Verwenden Sie den Shortcut für einen hängenden Absatz, Strg + T.**

    Ta-Ta! Sie haben einen hängend eingerückten Absatz.

    Die Kombination Strg + T läßt sich sehr leicht merken, weil in England Kapitalverbrecher immer kurz vor der Teezeit gehängt werden.

    Der Befehl Strg + T verschiebt den Absatz zum ersten Tabstopzeichen nach links, läßt jedoch die erste Zeile unversehrt.

Möchten Sie den Absatz noch weiter einrücken, müssen Sie einfach mehrmals die Tastenkombination Strg + T betätigen.

Schlagen Sie unter »*Einen Absatz einziehen*« weiter vorne in diesem Kapitel nach, falls Sie noch Informationen über das Einziehen von Absätzen benötigen.

Um einen hängenden Einzug rückgängig zu machen, müssen Sie nur Strg + Umschalt + T eingeben. Mit diesem Befehl zum Entfernen eines hängenden Einzugs kann Ihr Absatz seinen Kopf noch aus der Schlinge ziehen.

Hängende Einzüge sind sehr von der Plazierung von Tabulatoren abhängig. In dem Abschnitt »*Der Tabulator stoppt hier*« erhalten Sie Hilfe für den Umgang mit Tabulatoren.

Kleines Überlebenstraining für das Formatieren von Absätzen

Diese Tabelle enthält alle Befehle zum Formatieren von Absätzen, die Sie mit der Strg-Taste und einem Buchstaben oder einer Ziffer durchführen können. Sie sollten diese Liste unter keinen Umständen auswendig lernen.

Tastenkombination	Macht das
Strg + E	Zentriert Absätze
Strg, J	AutoFormat
Strg + L	Linksbündig
Strg + R	Rechtsbündig
Strg + M	Texteinzug
Strg + Umschalt-Taste + M	Texteinzug rückgängig
Strg + T	Hängender Einzug
Strg + Umschalt-Taste + T	Hängender Einzug rückgängig
Strg + 1	Macht Text einzeilig
Strg + 2	Macht Text zweizeilig
Strg+5	Macht Text anderthalbzeilig

Der Tabulator stoppt hier

Wenn Sie die Tabulatortaste benutzen, einen Absatz einziehen oder einen hängenden Einzug erstellen, verschiebt Word den Cursor oder Text bis zum nächsten *Tabstop*. Normalerweise beträgt der Abstand zwischen Tabstopzeichen 1,25 cm. Sie können diese Vorgabe verändern und die Tabstops nach Ihrem Geschmack einrichten. Folgen Sie diesen Schritten:

1. **Postieren Sie den Zahnstocher-Cursor in Ihrem Dokument genau vor der Stelle, an der Sie die Tabstops ändern möchten.**

   Sollten Sie die Tabstops in mehr als einem Absatz verändern wollen, markieren Sie die gewünschten Absätze. Schlagen Sie die Anweisungen zum Textblockmarkieren in Kapitel 6 nach.

2. **Klicken Sie dort mit der Maus auf das Lineal, wo Sie den neuen Tabstop wünschen.**

   Der Mauszeiger verwandelt sich in einen Pfeil, sobald Sie ihn nicht über den Text ziehen. Zeigen Sie mit diesem Pfeil auf den Punkt des Lineals, an dem der neue Tabstop erscheinen soll.

Nachdem Sie mit der Maus geklickt haben, taucht eine kleine, fette Ecke – ein plumpes L – im Lineal auf und markiert dort die Position des Tabstops.

3. **Zur Veränderung oder Feinabstimmung der Position des Tabstops ziehen Sie den Tabulator-Anzeiger mit der Maus nach rechts oder links.**

Wählen Sie den Befehl *Lineal* aus dem *Ansicht*-Menü, falls Sie Ihr Lineal auf dem Bildschirm nicht entdecken können.

Haben Sie sich es anders überlegt und wollen den Tabulator nicht mehr, können Sie ihn vom Lineal wegziehen. Greifen Sie sich ihn, und ziehen Sie ihn mit der Maus nach oben oder nach unten. Schwups! Weg ist er.

Wenn ich mit einer Reihe von Tabulatoren arbeite, verwende ich die Tabulatortaste gewöhnlich nur einmal zwischen den Spalten, die mit Informationen gefüllt sind. Danach markiere ich alle Absätze aus und ziehe die Tab-Anzeiger so umher, daß jede meiner Spalten sich ausrichtet. Ein einzelner Tabstop läßt sich viel einfacher bearbeiten als zwei oder drei. Außerdem kann ich damit phantastisches Zeug wie Sortieren und Rechnen erledigen. Mehr über diesen geschmackvollen Kram in Kapitel 12.

Belangloser Unsinn über Tabulatortypen

Word benutzt vier verschiedene Tabulatortypen, die als kleine Symbole auf der äußersten linken Seite des Lineals abgebildet sein können. Für welchen Typ Sie sich entscheiden, bestimmt, welche Sorte Tabulator gesetzt wird. Diese Liste sagt Ihnen, was diese Typen alles anstellen:

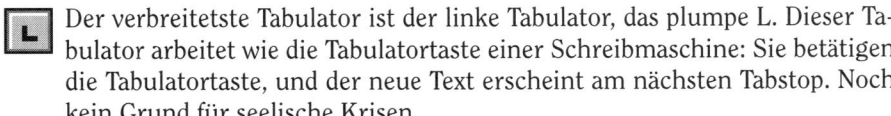

Der verbreitetste Tabulator ist der linke Tabulator, das plumpe L. Dieser Tabulator arbeitet wie die Tabulatortaste einer Schreibmaschine: Sie betätigen die Tabulatortaste, und der neue Text erscheint am nächsten Tabstop. Noch kein Grund für seelische Krisen.

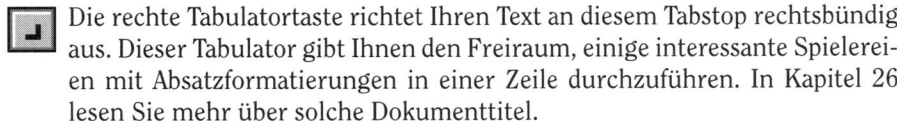

Die rechte Tabulatortaste richtet Ihren Text an diesem Tabstop rechtsbündig aus. Dieser Tabulator gibt Ihnen den Freiraum, einige interessante Spielereien mit Absatzformatierungen in einer Zeile durchzuführen. In Kapitel 26 lesen Sie mehr über solche Dokumenttitel.

Diese hübsche Tabulatortaste zentriert Text am Tabstop. Empfiehlt sich für Spalten mit einem Wort.

Die dezimale Tabulatortaste richtet Zahlen nach ihren Dezimalstellen aus. Die Zahl ist zunächst wie bei der rechten Tabulatortast formatiert. Nach der Eingabe des Kommas sind die Dezimalstellen linksbündig ausgerichtet.

Die furchtlosen Füllzeichen

Füllzeichen sind interessant, werden aber selten zum Schreiben benötigt. Es sind eine Menge Punkte, die erscheinen, wenn Sie die Tabulatortaste betätigen. Sie kennen das aus Inhaltsverzeichnissen oder Indizes. Word gibt Ihnen die Wahl zwischen drei verschiedenen Sorten von Füllzeichen:

Furchtlose gepunktete Füllzeichen.................................... 109

Reißverschluß-Füllzeichen ------------------------------------- 109

U-Boot unterstrichene Füllzeichen _____ 109

Sie wählen zwischen den verschiedenen Tabstoptypen auf folgende Art aus:

1. **Plazieren Sie den Zahnstochercursor in der Zeile, in der Sie die Füllzeichen einfügen möchten.**

   Sie möchten zum Beispiel gerade mit dem Inhaltsverzeichnis des jährlichen Familienrundbriefs beginnen.

2. **Setzen Sie einen Tabstop.**

   Dieser Schritt ist wichtig. Folgen Sie den Anweisungen, die in dem Abschnitt »*Der Tabulator stoppt hier*« gegeben werden. Setzen Sie den Tabstop, wohin Sie wollen. In unserem Beispiel können Sie ein Tabstop-Zeichen unter der 8 im Lineal setzen und erhalten damit einen Tabulator in der Mitte der Seite: Klicken Sie dazu mit der Maus unter die 8. Mit diesem Schritt erhalten Sie an dieser Position einen nach links ausgerichteten Tabulator auf dem Lineal.

3. **Wählen Sie den Befehl *Format, Tabulator***

   Es erscheint die Dialogbox Tabulator, wie Sie sie in Abbildung 10.2 sehen. Ihr Ziel ist die dritte Tür links, die namens Füllzeichen

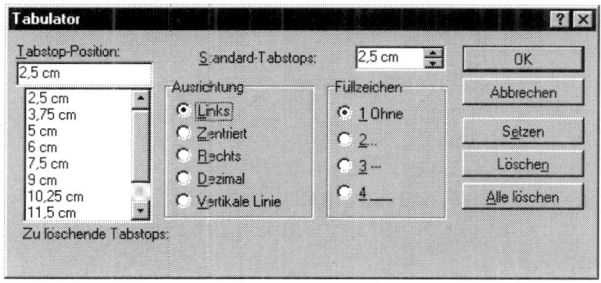

Abbildung 10.1: Die Dialogbox Tabulator

4. Wählen Sie das Füllzeichen Ihrer Wünsche aus.

Entweder klicken Sie auf das passende Format, das Ihnen schon am Anfang des Abschnitts vorgestellt wurde, an, oder Sie geben Alt + 1 bis Alt + 4 ein, um ein Format mit der Tastatur auszuwählen.

5. Klicken Sie auf OK oder betätigen Sie die Eingabe-Taste.

6. Tippen Sie den Text ein, der vor dem Tabulator stehen soll:

Häßliche Babyphotos aus den 50er Jahren

7. Verwenden Sie nun die Tabulator-Taste

Schwupps! Der Tabulator springt zu Ihrem Tabstop und läßt einen Schwanz von, na ja, »Zeug« hinter sich. Das ist Ihr Führer der Füllzeichen.

8. Geben Sie jetzt die Seitenzahl, den Verweis oder was auch immer ein.

9. Schließen Sie die Zeile mit der Eingabetaste ab.

Das Setzen von Füllzeichen funktioniert nur, wenn Sie vorher manuell Tabstops gesetzt haben, wie schon in dem Abschnitt »Der Tabulator stoppt hier« am Anfang dieses Kapitels erklärt wurde.

Sie können Tabstop auch im nachhinein verschieben, wenn der Text sich nicht richtig ausrichtet.

Die harte Tour – eine kleine Reise mit öffentlichen Verkehrsmitteln durch die Dialogbox Absatz

Es ist tatsächlich möglich, die gesamte Absatzformatierung an einem Ort zu erledigen, so wie ich vollkommen sicher bin, daß der allmächtige Herrgott irgendwo ein Kontrollfeld hat, von dem aus Er das gesamte Universum dirigiert. Ähnlich diesem Kontrollfeld ist die Dialogbox *Absatz* ein komplizierter und gefährlicher Ort zum Herumlungern. Diese Abbildung zeigt Ihnen, wie es dort (wahrscheinlich) aussieht:

Um die Dialogbox *Absatz* aufzurufen, geben Sie *Format*, *Absatz* ein. Er wird sich wahrscheinlich mit dem *Einzüge und Abstände*-Blatt in Front öffnen. Ein weiteres Blatt mit den Mysterien des Textflusses liegt zunächst dahinter. Um zwischen den beiden Blättern hin und her zu flitzen, klicken Sie einfach auf das Namensschild, das hinten herausragt.

Das meiste Zeug, das in dieser Dialogbox passiert, ist schon in diesem Kapitel ausführlich erläutert worden, zusammen mit einigen flotten Tastenkombinationen, die das Umgehen dieser Dialogbox für Sie zu einem Muß machen. Dennoch käme ich in das Word-Gefängnis und würde auf der nächsten Versammlung der Word-Autoren ausgelacht, würde ich Sie nicht auf die Blitz-Reise durch diese Dialogbox mitnehmen. Wir fangen mit dem Blatt *Absätze und Einzüge* an:

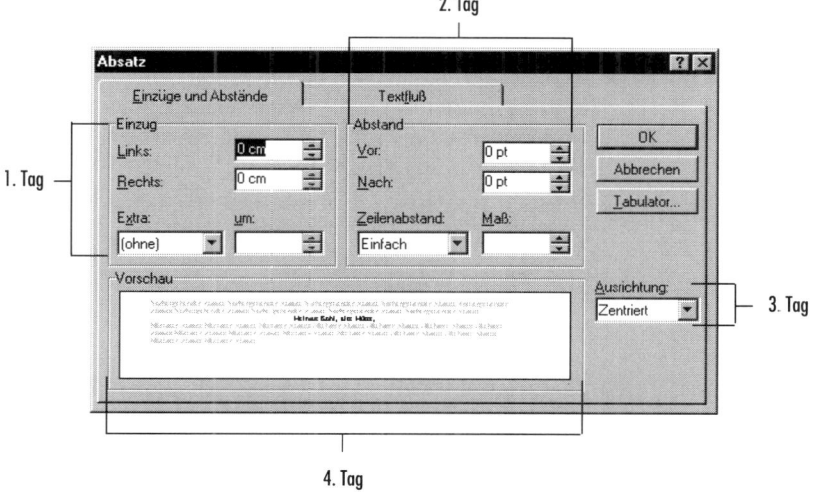

1. Tag   Einzug

Hier können Sie die Formatierung für eingerückte und hängende Einzüge eingeben. *Links* zeigt, wieviele Zentimeter Ihr Absatz vom linken Rand entfernt sein wird. *Rechts* bedeutet das gleiche für den rechten Rand. Sie können *Extra* wählen, wenn Sie die erste Zeile Ihres Absatzes entweder einziehen oder hängen lassen möchten. Sie können in die nebenan gelegenen Kästchen Werte eingeben oder die kleinen Dreiecke benutzen, damit es rundgeht.

2. Tag   Abstand

Hmm, summen Sie. »Okay, am Ende eines *Absatzes* drücke ich die Eingabetaste. Aber wie kann ich zusätzlichen Platz zwischen Absätzen schaffen?« Hier ist der Ort dafür. *Vor* und *Nach* ermöglichen es Ihnen, Zeilen vor und hinter Ihrem Absatz einzufügen. Geben Sie etwa 6pt in der *Vor*-Box ein, so haben Sie 6 Punkte (eine halbe Zeile) zusätzlich vor jedem Absatz. Bei *Nach* funktioniert die Geschichte genauso. Der Kasten *Zeilenabstand* bestimmt den Zeilenabstand in einem Absatz. Hier geben Sie den geeigneten Wert in das Kästchen *Maß* ein oder klicken die Dreiecke an, um sich durch die Werte zu ackern.

3. Tag Ausrichtung Sie können jede der folgenden Ausrichtungen auf den markierten Text oder den Absatz, in dem der Cursor gerade plaziert ist, anwenden: _Links_, _Rechts_, _Zentriert_ oder _Block_. Jede dieser Ausrichtungen wurde weiter vorne in diesem Kapitel erklärt.

4. Tag Vorschau Das Vorschaufenster zeigt Ihnen, wie Ihr Absatz aussieht, falls Sie jetzt die OK-Taste anklicken. Die Textveränderungen werden als schwarzen Zeilen dargestellt, der aktuelle Text ist grau dargestellt.

Freiwillige Wander-Tour (Wanderausrüstung empfohlen)

Klicken Sie auf das Schild _Textfluß_, das hinter Einzüge und Abstände hervorlugt. Sie befinden sich jetzt auf der Seite Textfluß, die unten abgebildet ist. Während dieses Teils der Reise behalten Sie bitte Ihren Wanderführer im Auge (früher nannten sie ihn den König der Berge, und man sagt, er sei ein Kumpel von Luis Trenker gewesen):

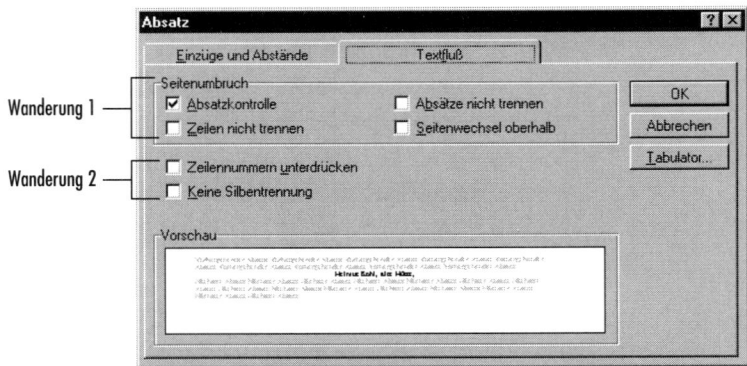

Wanderung 1 – Seitenumbruch: Diese äußerst raffinierten Befehle teilen Word mit, wo es einen neuen Absatz beginnen darf. _Seitenwechsel oberhalb_ gibt Word die Mitteilung, daß es eine neue Seite vor diesem Abschnitt beginnen soll. _Absätze nicht trennen_ besagt, daß Word noch nicht mit einer neuen Seite beginnen kann. _Zeilen nicht trennen_ gibt die Anweisung, nicht eine neue Seite inmitten eines Absatzes zu beginnen. *Absatzkontrolle* bewahrt die erste oder letzte Zeile eines Absatzes davor, alleine auf der vorhergehenden oder der nächsten Seite zu stehen.

 Wanderung 2 – Einzelgänger: *Zeilennummern unterdrücken* hält Word davon ab, die Zeilen in einem Absatz zu numerieren, wenn Sie befohlen haben, daß die Zeilen im Rest des Dokumentes numeriert sein sollen. *Keine Silbentrennung* fordert Word auf, keine Silbentrennung in diesem Absatz durchzuführen, wenn Word im Rest des Dokuments die Silbentrennung durchführen soll.

Seiten und Dokumente formatieren

11

In diesem Kapitel

▶ Eine neue Seite mit einem manuellen Seitenumbruch beginnen

▶ Mal wieder Abstand gewinnen – Abschnittswechsel erstellen

▶ Die Seitenränder verändern

▶ Die Seitengröße bestimmen

▶ Einen Text auf einer Seite zentrieren – von oben bis unten

▶ Die Position der Seitenzahl festlegen

▶ Eine Kopf- oder Fußzeile hinzufügen

▶ Eine Kopf- oder Fußzeile bearbeiten

▶ Fußnoten gebrauchen

D ies ist nun der letzte Teil der Trilogie des Formatierens. Das Formatieren von Seiten und Dokumenten ist nicht so geläufig wie das Formatieren von Zeichen und Absätzen. Dieses hochkarätige Zeug betrifft Ihr ganzes Dokument und kann dabei dennoch sehr nützlich sein: Kopf- und Fußzeilen, Seitenzahlen – und sogar Fußnoten. Das ist der Stoff, aus dem professionell aussehende Dokumente gemacht sind. In diesem Kapitel wird dies alles so sorgfältig erklärt, daß sogar Anfänger wie wir in Zukunft jeden damit beeindrucken können.

Eine neue Seite mit einem manuellen Seitenumbruch beginnen

In Word haben Sie zwei Möglichkeiten, eine neue Seite zu beginnen:

1. **Sie benutzen so lange eifrig die Eingabetaste, bis Ihnen die gepunktete Linie auf dem Bildschirm den Beginn einer neuen Seite anzeigt.**

   Es ist wohl nicht nötig zu erklären, daß diese Methode unsinnig und umständlich ist.

2. **Sie geben die Tastenkombination Strg + Eingabetaste ein, um einen manuellen oder auch »harten« Seitenumbruch zu setzen.**

Strg + Eingabe-Taste fügt eine etwas dichter angeordnete Punktreihe in Ihren Text ein, um den Beginn einer neuen Seite hervorzuheben. Damit Sie niemals vergessen, daß Sie den Seitenumbruch künstlich herbeigeführt haben, erinnert Word Sie durch den Zusatz `Seiten-wechsel` stets daran. Dies ist der bevorzugte Weg, eine neue Seite zu beginnen.

Diese Linie zeigt Ihnen einen manuellen Seitenumbruch:

·····································Seitenwechsel·····························

Merken Sie sich folgendes, wenn Sie mit manuellen Seitenumbrüchen arbeiten:

✔ Der manuelle Seitenumbruch funktioniert genauso wie der übliche Seitenumbruch, obwohl Sie bestimmen können, wo er sich in Ihrem Dokument befindet. Bewegen Sie sich mit dem Cursor einfach auf die Stelle, an der Sie den manuellen Seitenumbruch plazieren möchten, und geben Sie Strg + Eingabetaste ein.

✔ Wenn Sie Strg + Eingabe-Taste drücken, fügen Sie ein *Seitenumbruch-Zeichen* in Ihr Dokument ein. Dieses Zeichen bleibt dort, egal wieviel Sie die vorhergehenden Seiten noch bearbeiten. Bei dieser Methode wird nicht berücksichtigt, was Sie in Ihrem Text noch ändern.

✔ Sie können einen manuellen Seitenumbruch einfach mit der Rückwärts- oder Löschen-Taste löschen. Ist Ihnen das nur zufällig passiert, können Sie entweder nochmals Strg + Einfügetaste oder Strg + Z eingeben, um diesen Lapsus rückgängig zu machen.

✔ Fallen Sie nicht darauf herein, den harten Seitenumbruch zur Manipulation Ihrer Seitenzahlen zu verwenden. Das können Sie mit *Computerkraft* erledigen, ohne sich mit der Seitenformatierung herumärgern zu müssen. Schauen Sie in dem Abschnitt *»Wo die Seitenzahl hingehört«* weiter hinten in diesem Kapitel nach.

Mal wieder Abstand gewinnen – Abschnittswechsel erstellen

In Büchern gibt es Kapitel und Abschnitte, um die wichtigen Teile der Handlung zu gliedern. Beim Formatieren erfüllt der *Abschnittswechsel* die gleiche Funktion. Word kennt alle möglichen Wechsel: Wechsel zwischen Dokumenten, Wechsel zwischen Spalten, Wechsel zwischen Abschnitten, aber keine geplatzten Wechsel.

Sie können einen Abschnittswechsel gebrauchen, wenn Sie Teilen Ihres Dokuments unterschiedliche Formatierungen zuweisen wollen. Vielleicht wünschen Sie unterschiedliche Seitenränder, abwechselnde Kopfzeilen oder verschiedene Anzahlen von Spalten oder was auch immer. Sie können sich diesen Wunsch mit einem Abschnittswechsel verwirklichen. Es ist ein bißchen, als würden Sie eine kleine Insel bauen: Die seltsamsten Formatierungen können darauf existieren, völlig isoliert vom Rest des Dokuments.

Nein, das ist nichts für jedermann. Aber sobald Sie kompliziertere Formatierungen vornehmen müssen, werden Sie dankbar dafür sein.

Um einen Abschnittswechsel durchzuführen, tun Sie folgendes:

1. Plazieren Sie den Zahnstocher-Cursor an der Stelle, an der Sie den Abschnittswechsel durchführen möchten.

2. Verwenden Sie den Befehl *Einfügen, Manueller Wechsel*

Die Dialogbox *Manueller Wechsel*, die in Abbildung 11.1 gezeigt ist, erscheint auf dem Bildschirm.

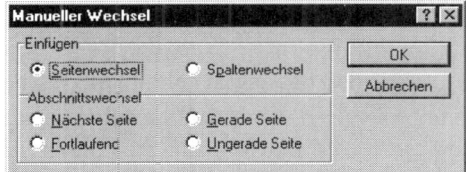

Abbildung 11.1: Die Dialogbox Manueller Wechsel

3. Wählen Sie Ihren Wechsel.

Klicken Sie auf *Nächste Seite*, wenn der nächste Absatz auf einer neuen Seite beginnen soll. Möchten Sie hingegen, daß der Wechsel an exakt jenem Punkt vollzogen wird, an dem Sie gerade sind, müssen Sie *Fortlaufend* wählen. Sie wählen zum Beispiel *Nächste Seite*, wenn Sie Text auf einer Titelseite zentrieren möchten (siehe auch »*Zentrieren einer Seite – von vorne bis hinten*« weiter hinten in diesem Kapitel). In allen anderen Fällen wählen Sie *Fortlaufend*.

4. Wählen Sie OK.

Es taucht eine doppelte gepunktete Linie auf dem Bildschirm auf, in deren Mitte Ab-schnittsende steht. Jawoll, da haben Sie Ihren Abschnittswechsel und können mit neuen Formatierungen beginnen.

Das ist ein Word-Abschnittswechsel:

⋯⋯⋯⋯⋯⋯⋯⋯⋯⋯⋯ Abschnittsende ⋯⋯ ⋯⋯⋯⋯⋯⋯⋯⋯⋯⋯⋯

Abschnittswechsel stellen auch eine hervorragende Möglichkeit dar, ein vielschichtiges Dokument zu teilen. Die Titelseite kann beispielsweise ein Abschnitt sein; die Einführung, das erste Kapitel und der Anhang A können alle als Abschnitte formatiert werden. Sie können dann den Word-Befehl *Gehe zu* verwenden, um in jeden dieser Abschnitte zu gelangen. In Kapitel 2 erfahren Sie mehr über den *Gehe zu*-Befehl.

Hier sind zwei Tips für den Umgang mit Abschnittswechseln:

✔ Sie können einen Abschnittswechsel mit der Rückwärts- oder der Entfernen-Taste löschen. Ist Ihnen das nur zufällig passiert, verlieren Sie sämtliche besonderen Formatierungen, die Sie dem Abschnitt gegeben haben. Korrigieren Sie Ihren Lapsus mit dem _Rückgängig_-Befehl, Strg + Z, bevor Sie irgendetwas anderes unternehmen.

✔ Sie können die Dialogbox _Manueller Wechsel_ auch dazu benutzen, um Seitenumbruch einzugeben. Strg + Eingabetaste ist dafür jedoch viel flotter; schlagen Sie im vorherigen Abschnitt nach.

Die Seitenränder anpassen

Jede Seite hat Ränder. Das ist die »Luft« um Ihr Dokument herum – jene paar Zentimeter Raum zwischen Ihrem Text und dem Rest der Seite. Word setzt automatische Seitenränder, die 2,5 cm links, rechts und oben sowie 2 cm unten vom Seitenrand entfernt sind. Die meisten Deutschlehrer und Redakteure mögen so etwas, weil sie es lieben, auf Seitenrändern herumzukritzeln (sie schreiben selbst auf leeren Blättern so). Sie können die Seitenränder jedoch anpassen, um jeden wichtigtuerischen Profi zu beeindrucken.

Sie haben grundsätzlich zwei Möglichkeiten, wenn Sie Seitenränder setzen: _von hier an_ oder _alles verändern_ (von Anfang bis Ende).

So verändern Sie Seitenränder:

1. **Falls Sie »_von hier an_« ändern möchten, plazieren Sie den Zahnstocher-Cursor an jener Stelle im Dokument, an der die neuen Seitenränder beginnen sollen.**

   Es ist am besten, neue Seitenränder am Beginn eines Dokumentes, einer neuen Seite oder eines neuen Absatzes zu setzen (oder am Beginn eines neuen Abschnitts). Wollen Sie andererseits alles verändern, spielt der Ort des Cursors keine Rolle.

2. **Geben Sie den Befehl _Datei, Seite einrichten_ ein.**

   Auf dem Bildschirm sehen Sie die Dialogbox _Seite einrichten_ aus Abbildung 11.2.

3. **Klicken Sie auf die Seite Seitenränder, falls es noch nicht zu sehen ist.**

4. **Geben Sie neue Maße für die Seitenränder ein, indem Sie neue Werte in die entsprechenden Kästen setzen.**

   So bedeutet zum Beispiel der Wert 3 in allen Kästen, daß sämtliche Seitenränder 3 cm betragen. Ein Wert von 1,5 setzt überall einen 1,5cm-Rand. Sie müssen dafür nicht extra »cm« anfügen.

5. **Aus dem Kasten _Anwenden auf_ wählen Sie entweder _Gesamtes Dokument_ oder _Dokument ab hier_.**

Gesamtes Dokument fügt Ihrem Dokument neue Seitenränder zu. *Dokument ab hier* verändert die Seitenränder von der Position des Zahnstocher-Cursors bis zum letzten Punkt oder Buchstaben, den Sie getippt haben. (Sie können auch *Dieser Abschnitt* wählen.)

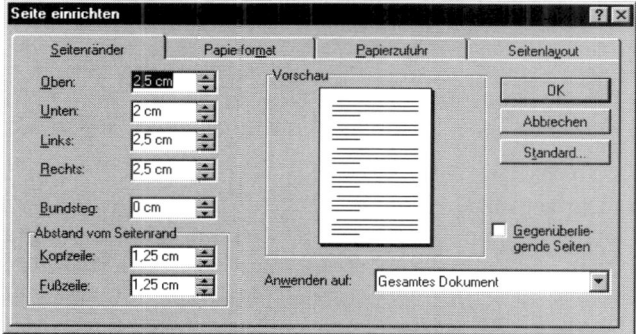

Abbildung 11.2: Die Dialogbox Seite einrichten mit dem Blatt Seitenränder im Vordergrund

6. Bestätigen Sie mit der OK-Taste.

Ihre neuen Seitenränder tauchen auf.

Jawoll! Gucken Sie sich's an! Sie bekommen das Resultat Ihrer Anstrengungen sofort auf dem Bildschirm präsentiert. Das Vorschaufenster gibt Ihnen einen Überblick, wie Ihr Dokument aussehen wird, nachdem Sie alle Änderungen durchgeführt haben.

Sie müssen nicht sämtliche Ränder mit einem Mal verändern. Falls Sie nur einen oder ein paar Werte ändern wollen, lassen Sie die anderen Bereiche einfach in Ruhe. Word erinnert sich an die alten Werte und verwendet sie, bis sie verändert werden.

Was ist der Bundsteg? Der Kasten *Bundsteg* eignet sich mehr für Dokumente, die auf zwei Seiten gedruckt und wie ein Buch gebunden werden. Es ist eine Art *Zusatzrand*, der am linken Rand einer rechten Seite erscheint und umgekehrt.

Hier sind ein paar Tips, die Sie im Gedächtnis behalten sollten, wenn Sie Seitenränder setzen:

✔ Wenn Sie den Seitenrändern erst später in Ihrem Dokument neue Werte geben und die gegenwärtigen Einstellungen für den ersten Teil Ihres Dokuments reservieren möchten, bewegen Sie sich an die Stelle, an der Sie neue Ränder in Ihrem Dokument wünschen. Beginnen Sie mit Punkt 1 der vorangegangenen Schritte, und wählen Sie *Dokument ab hier* in dem *Anwenden auf*-Kästchen. Ein einzelnes Dokument kann verschiedene Wechsel der Seitenränder haben, so wie ein einzelnes Auto auf der Autobahn mehrfach die Spur wechseln kann.

✔ Laserdrucker können nicht auf dem äußersten Zentimeter des Blattes drucken – egal ob oben, unten, rechts oder links. Dies ist eine absolute Grenze. Sie können Word natürlich mitteilen, daß es den linken und rechten Rand auf 0 cm setzen soll, Text wird dennoch nicht gedruckt. Setzen Sie statt dessen den minimalen Seitenrand auf 1 cm für den linken und rechten Rand.

✔ Möchten Sie etwas auf gelochtem Papier drucken, dann setzen Sie den linken Seitenrand auf mindestens 5 cm. Dieser Rand läßt genügend Platz für die kleinen Löcher, und Sie haben den Text klug verschoben, wenn Sie ihn einmal binden lassen oder in einem Ordner ablegen.

✔ Kommt Ihre Hausarbeit mit drei Seiten aus dem Drucker, Ihr Lehrer verlangt aber vier, setzen Sie die Seitenränder ein. Vergrößern Sie den linken und den rechten Seitenrand auf jeweils 3,5 cm. Dann ändern Sie den Zeilenabstand in anderthalb Zeilen. Schlagen Sie außerdem in dem Abschnitt »*Den Zeilenabstand verändern*« in Kapitel 10 nach. (Sie können auch eine größere Schriftart wählen; lesen Sie sich dazu noch einmal den Abschnitt über Schriftgröße in Kapitel 9 durch.)

Die Seitengröße verändern

Meistens werden Sie auf einem normalen DIN A4-Blatt drucken. Word läßt Ihnen jedoch die Wahl, die Größe Ihres Blattes selbst zu wählen, sei es ein Briefumschlag oder eine ausgefallene Seitengröße. Die folgenden Schritte beschreiben Ihnen, wie Sie die Seitengröße ändern, um etwa das amerikanische Format Legal (8,5 mal 14 Zoll) zu erhalten:

1. **Postieren Sie den Zahnstocher-Cursor am Anfang Ihres Dokuments oder am Beginn der Seite, bei der Sie mit einer neuen Seitengröße beginnen möchten:**

2. **Verwenden Sie den Befehl *Datei, Seite einrichten*.**

   Sie bekommen die Dialogbox *Seite einrichten* zu Gesicht.

3. **Suchen Sie sich das Blatt *Papierformat* heraus.**

   Das Blatt befindet sich unter einem jener kleinen Schildchen, die an der Oberseite der Dialogbox hervorgucken. Klicken Sie auf das Namensschild, um an das Blatt zu gelangen und Einblick darauf zu bekommen, falls Sie es noch nicht sehen können.

4. **Klicken Sie auf die Dropdown-Liste *Papierformat*.**

   Sie fällt herunter.

5. **Wählen Sie *US-Legal*.**

   Das ist legal.

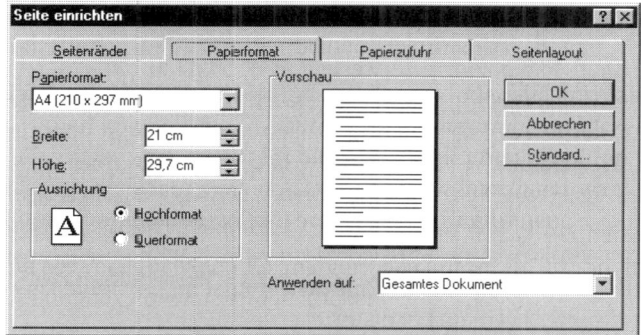

Abbildung 11.3: Das Blatt Papierformat in der Dialogbox Seite einrichten

6. Aus der *Anwenden auf*-Liste können Sie *Gesamtes Dokument* oder *Dokument ab hier* wählen.

Also, was wollen Sie?

7. Wählen Sie OK.

Okay, schreiben Sie jetzt auf Ihrem neuen Papierformat.

✔ Wenn Ihr Dokument in zwei oder mehr Abschnitte geteilt ist, werden Sie bei Schritt 6 eine dritte Wahlmöglichkeit sehen (*Dieser Abschnitt*).

Es kann sein, daß Ihre Liste der Formate noch gar keine Maße für *US-Legal* enthält oder für irgendein Format. In diesem Fall sagt die Liste nur *Benutzerdefiniert* zu Ihnen, und Sie müssen das gute alte Lineal zücken und die tatsächlichen Maße in die Kästen für Breite und Höhe eingeben.

Mit diesem Vorgehen richten Sie ebenfalls den Druck dieses hübschen, parfümierten, wenngleich sonderbar formatierten, neuen Briefpapiers ein, mit dem Sie Ihre Liebesbriefe als Massendrucksache verschicken wollen.

Werfen Sie auch ein Auge auf das Vorschaufenster in der Dialogbox *Seite einrichten*. Es paßt sich der neuen Seitengröße an. In Kapitel 23 erhalten Sie Informationen über den Word-Seriendruck.

Im nächsten Abschnitt erfahren Sie, wie Sie auf einem Blatt auch seitwärts drucken können. Mit dieser Technik können Sie Ihre Verwandten zum Narren halten, die Sie fortan für ein Genie der Textverarbeitung halten werden.

Vergessen Sie nicht, ein Blatt mit Sondergröße in Ihren Drucker zu geben, bevor Sie mit dem Drucken beginnen.

Für Informationen über das Drucken von Briefumschlägen verweise ich auf Kapitel 8. (Dort ist ein besonderer Befehl dafür beschrieben. Es macht keinen Sinn, sich extra mit einer neuen Seitengröße abzumühen.)

Hoch- und Querformat

Word bedruckt ein Blatt Papier normalerweise von oben nach unten – so wie wir das Lesen einer Seite gewöhnt sind. Allerdings kann Word auch seitwärts drucken. In diesem Fall wird die *Ausrichtung* des Blattes geändert; nicht von oben nach unten, sondern eher seitwärts wird das Blatt bedruckt. Die technische »Ich bin ein wichtiger Textverarbeitungsexperte«-Bezeichnung für die beiden Ausrichtungen sind *Hochformat* für das Von-oben-nach-unten-Blatt und *Querformat* für seitwärts. Hochformat ist z.B. für Portraits geeignet, da Gesichter gewöhnlich nicht so breit wie lang sind – meine Tante Gerda und ihre Nachkommen ausgenommen. Querformat ist für Landschaften geeignet, wie auf diesen kitschigen Ölbildern mit Stränden oder Seen und Bäumen, die eher breit als hoch sind.

Möchten Sie Word dazu bringen, ein Papier im Querformat zu drucken, müssen Sie wie folgt vorgehen:

1. **Wählen Sie den Befehl *Datei, Seite einrichten*.**

   Auf dem Bildschirm erscheint die Dialogbox *Seite einrichten*.

2. **Klicken Sie auf das Schildchen *Papierformat*.**

   Mit diesem Schritt gelangen Sie auf die Seite Papierformat, wenn sie nicht schon da ist. In der Ecke unten links sehen Sie das Feld *Ausrichtung* (siehe Abbildung 11.3).

3. **Wählen Sie nun *Hochformat* oder *Querformat*.**

   Die Vorschau und das kleine Bildchen im Feld *Ausrichtung* verändern sich, um Ihre Perspektive zum Ausdruck zu bringen.

4. **Klicken Sie auf OK.**

Vermeiden Sie es, Standarddokumente im Querformat zu drucken. Wissenschaftler und andere Leute in weißen Kitteln, die sich mit solchen Dingen beschäftigt haben, haben herausgefunden, daß die Geschwindigkeit, mit der Menschen lesen, rapide abnimmt, wenn sie lange Zeilen lesen müssen. Behalten Sie sich das Querformat für das Drucken von Listen und ähnlichen Dingen vor, für die ein normales zu schmal ist.

Zentrieren einer Seite – von oben bis unten

Nirgends sieht eine Überschrift besser aus, als wenn sie proper und korrekt in der Mitte der Seite thront. Das ist die Oben-Unten-Mitte im Gegensatz zu der Links-Rechts-Mitte. Um dieses Wunder zu vollbringen, befolgen Sie diese Schritte:

1. **Plazieren Sie den Zahnstocher-Cursor am Anfang der Seite, die den Text enthält, den Sie zwischen *Oben* und *Unten* der Seite zentrieren möchten.**

   Der Text sollte auf einer eigenen Seite stehen – eigentlich in einem eigenen Abschnitt. Ist die Seite, die Sie zentrieren wollen, nicht die erste Seite des Dokuments, geben Sie Alt, E,

W, N, Eingabetaste ein. Diese Tastenkombination fügt einen Abschnittswechsel in Ihren Text ein, und Sie sehen eine Doppellinie auf Ihrem Bildschirm (das Abschnittsende). Diese Zeile markiert eine neue Seite, die Seite, die Sie zentrieren wollen.

2. **Geben Sie den Text ein, den Sie zwischen *Oben* und *Unten* zentrieren wollen.**

In Kapitel 9 erfahren Sie alles Notwendige über das Formatieren von Zeichen, Text vergrößern und verschönern und was nicht alles noch, das für Ihren Titel oder welchen Text auch immer Sie zentrieren wollen, von Bedeutung ist. Falls Sie auch die Zeilen zwischen links und rechts zentrieren möchten, schlagen Sie bitte in Kapitel 10 die Informationen über das Zentrieren einer Zeile nach.

3. **Führen Sie einen neuen Abschnittswechsel durch.**

Zunächst müssen Sie das Ende der Seite, die Sie zentrieren möchten, mit einem Abschnittswechsel markieren. Geben Sie dazu wiederum Alt, E, W, N, Eingabetaste ein. Mit diesem Schritt fügen Sie einen *Nächste Seite*-Abschnittswechsel in Ihren Text ein: Eine doppelt gepunktete Linie markiert eine neue Seite und einen neuen Abschnitt.

4. **Wählen Sie den Befehl *Datei, Seite einrichten*.**

Die Dialogbox *Seite einrichten* erscheint auf dem Bildschirm.

5. **Klicken Sie auf das Blatt mit dem Titel *Seitenlayout*.**

Damit bringen Sie das Blatt für Seitenlayout nach vorne, falls es noch nicht vorne ist. Sie sollten jetzt Ihre Laserstrahlen auf das Feld in der linken unteren Ecke richten, auf das Feld *Vertikale Ausrichtung*.

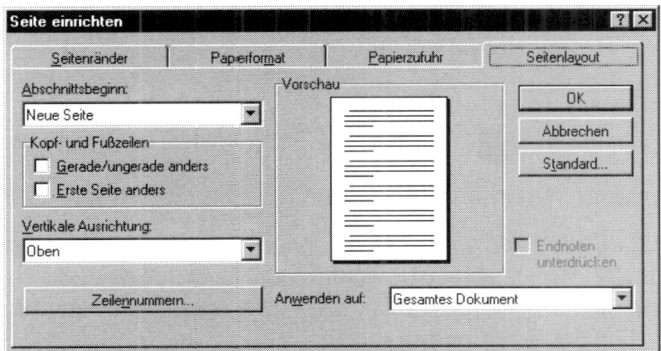

Abbildung 11.4: Das Blatt Seitenlayout in der Dialogbox Seite einrichten

6. **Klicken Sie die Drop-down-Liste *Vertikale Ausrichtung* an.**

7. **Wählen Sie *Zentriert*.**

8. **Klicken Sie auf OK.**

In der Normal-Bildschirmansicht bekommen Sie keine optische Bestätigung, daß Sie die Seite zentriert haben. Wählen Sie daher den Befehl *Ansicht, Layout*, mit dem Sie einen Vorgeschmack auf die zentrierte Seite bekommen. (Wahrscheinlich müssen Sie zoomen, um den zentrierten Titel zu sehen. Schlagen Sie in Kapitel 27 über den *Zoom*-Befehl nach.) Wählen Sie *Ansicht, Normal*, um in die *Normal*-Ansicht zurückzukehren.

Der gesamte Text auf der Seite ist nun mit dem Befehl *Zentrieren* zwischen oben und unten zentriert worden. Es empfiehlt sich, so wenig Text wie möglich auf der Seite zu behalten, eine Überschrift, eine Beschreibung und so weiter.

Für zusätzliche Informationen über Abschnittswechsel schlagen Sie bitte am Anfang dieses Kapitels im Abschnitt »*Mal wieder Abstand gewinnen – Abschnittswechsel erstellen*« nach.

Wo man die Seitenzahlen hinsteckt

Falls Ihr Dokument länger als eine Seite ist, sollten Sie es mit Seitenzahlen versehen. Da Word dies für Sie automatisch erledigen kann, können Sie jetzt damit aufhören, die Seitenzahlen einzeln in Ihr Dokument einzutragen und statt dessen wie folgt vorgehen:

1. **Geben Sie den Befehl *Einfügen, Seitenzahlen* ein.**

   Die Dialogbox *Seitenzahlen* aus Abbildung 11.5 erscheint auf dem Bildschirm.

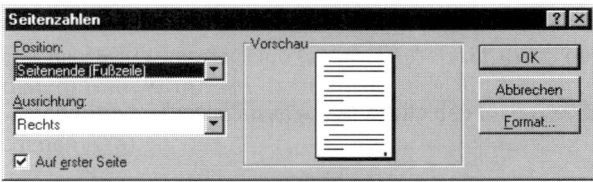

Abbildung 11.5: Die Dialogbox Seitenzahlen

2. **Wo möget Ihr Eure Seitenzahlen erblicken?**

   Aus der Dropdown-Liste *Position* können Sie nun *Seitenanfang (Kopfzeile)* oder *Seitenende (Fußzeile)* wählen. Aus der Liste *Ausrichtung* können Sie zwischen *Links, Zentriert, Rechts, Innen* und *Außen* wählen. Sie können Ihre Seitenzahlen an verschiedenen Stellen plazieren. Machen Sie sich hierüber sorgfältige Gedanken, und werfen Sie auch ein Auge auf die Vorschau-Box – eine kleine Veränderung kann die optische Wirkung Ihres Dokumentes drastisch verändern.

3. **Bestätigen Sie mit OK.**

   Die Seitenzahlen sind eingefügt.

Sie können Seitenzahlen auch einfügen, indem Sie den Befehl Seitenzahl in eine Fuß- oder Kopfzeile packen. Sehen Sie sich dazu den nachfolgenden Abschnitt »*Eine Kopf- oder Fußzeile hinzufügen«* an. Wenn Sie sich für eine dieser beiden Möglichkeiten entscheiden sollten, müssen Sie den Befehl *Seitenzahlen* nicht mehr benutzen.

Wünschen Sie sich hübschere Seitenzahlen, dann klicken Sie auf die Schaltfläche Format in der Dialogbox *Seitenzahlen*. Mit diesem Schritt öffnen Sie die Dialogbox *Seitenzahlen-Format*. Hier können Sie aus der Dropdown-Liste *Seitenzahlen-Format* verschiedene Variationen der Seitenzahlen auswählen – selbst diese hübschen kleinen *ii*s und *xx*s.

Mit einer anderen Seitenzahl beginnen

Wollen Sie die Numerierung Ihrer Seiten mit einer neuen Zahl beginnen, befolgen Sie die Anweisungen in dem vorhergehenden Abschnitt, um die Dialogbox *Seitenzahlen* aufzurufen. Dann gehen Sie so vor:

1. **Klicken Sie in der Dialogbox *Seitenzahlen* auf die Schaltfläche *Format*.**

   Damit öffnen Sie die Dialogbox *Seitenzahlen-Format*, wie sie in Abbildung 11.6 zu sehen ist.

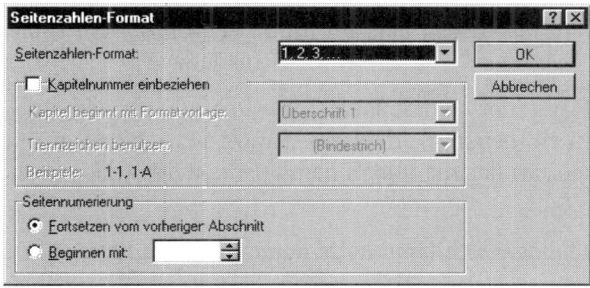

Abbildung 11.6: Die Dialogbox Seitenzahlen-Format

2. **Klicken Sie auf den Knopf *Beginnen mit*.**

   Geben Sie die Seitenzahl, mit der Sie beginnen wollen, in das Kästchen ein. Sie können auch auf die Pfeile drücken, um sich herumzubewegen. Jippiee!

3. **Klicken Sie auf OK, um die Dialogbox *Seitenzahlen-Format* zu schließen.**

4. **Klicken Sie auf OK, um die Dialogbox *Seitenzahlen* zu schließen.**

Sie sehen die neue Seitenzahl in der kleinen Unfug-Zeile der Statusleiste. Cool.

Diese Prozedur ist etwas, das vielleicht beim zweiten, dritten oder späteren Kapitel eines Buches sinnvoll ist. Wenn Sie eine neue Seitenzahl einstellen, sind die Seitenzahlen in allen Kapiteln fortlaufend.

Die Freuden von Kopf- und Fußzeilen

Eine *Kopfzeile* ist keine neue Modefrisur, sondern Text, der auf jeder Seite Ihres Dokumentes oben erscheint. Zum Beispiel ist auf jeder Seite dieses Buches der Titel des Abschnitts und des Kapitels abgebildet. Das sind *Kopfzeilen*. Sie können Kopfzeilen an Ihr Dokument heften, komplett mit einem Titel, Ihrem Namen, Datum, Seitenzahlen, schmutzigen Reimen – was Ihnen einfällt.

Eine *Fußzeile* ist der Text, der am Ende einer Seite erscheint. Eine großartige Fußzeile ist etwa »Umblättern, Dummkopf«, obwohl der professionelle Gebrauch von Fußzeilen Seitenzahlen, den Titel eines Kapitels oder Dokuments und alles Sonstige mit einschließen. Eine Fußzeile erstellen Sie mit den gleichen Schritten wie eine Kopfzeile.

Eine Kopf- oder Fußzeile einfügen

Kopf- und Fußzeilen können jedem Dokument Glanz verleihen. Sie benötigen nicht beides; benutzen Sie entweder das eine oder das andere. In beiden Fällen werden dieselben Befehle benutzt, um mit ihnen zu spielen.

Um eine Kopf- oder Fußzeile einzufügen, wählen Sie folgende Schritte:

1. **Verwenden Sie den Befehl *Ansicht, Kopf- und Fußzeile.***

   Das Dokumentenfenster verändert sich, und Sie erhalten eine Vorschau auf die Kopfzeile (oder Fußzeile) Ihres Dokuments, die mit einer kleinen Überschrift *Kopfzeile* oder *Fußzeile* in der oberen linken Ecke befestigt ist. Des weiteren ist die schwebende Symbolleiste *Kopf- und Fußzeile* sichtbar. Als Beispiel soll hier Abbildung 11.7 dienen.

Abbildung 11.7: Eine Musterkopfzeile mit der Symbolleiste Kopf- und Fußzeile

2. **Klicken Sie auf das Symbol für *Zwischen Kopf- und Fußzeile wechseln*, um zwischen der Bearbeitung von Kopf- oder Fußzeilen zu wählen.**

   Klicken Sie einmal auf die Schaltfläche, um hin und her zu wechseln.

3. **Geben Sie den Text für Ihre Kopf- oder Fußzeile ein.**

   Sie können diesen Text formatieren, als wäre er ein separates Dokument, und dabei die meisten Elemente der Standard- und der Formatierungssymbolleiste verwenden und auf die liebevollen Anweisungen in Kapitel 9 und 10 zurückgreifen.

4. **Benutzen Sie die Tasten aus der Symbolleiste *Kopf- und Fußzeile* für besondere Elemente.**

   Ziehen Sie den Mauszeiger über jedes dieser Symbole, um eine kurze Erklärung seiner Funktion zu erhalten (genauso wie in den großen Symbolleisten!). Diese Schaltflächen werden im Detail in der Techikkram-Box »*Die Kopf- und Fußzeile-Symbolleiste im aufgeknöpften Zustand*« erklärt.

Schließen 5. **Klicken Sie auf die Schaltfläche *Schließen*, wenn Sie fertig sind.**

   Sie sind wieder in Ihrem Dokument. Die Kopf- und/oder Fußzeile ist/sind da, aber Sie können sie nicht sehen, bevor Sie Ihr Dokument drucken oder den Befehl *Seitenansicht* aus dem *Datei*-Menü verwenden (oder Sie benutzen die Schaltfläche *Seitenansicht* in der Standardsymbolleiste), oder Sie sehen sich Ihr Dokument im Layoutmodus an.

Sie können alles in eine Kopf- oder Fußzeile hineintun, das Sie auch in ein Dokument einfügen können, inklusive Grafiken (siehe Abbildung 11.7). Diese Funktion ist besonders sinnvoll, wenn Sie möchten, daß auf jeder Seite ein Logo erscheint. In Kapitel 20 wird das Einfügen von Grafiken erläutert.

Hier sind einige Tips für den Gebrauch von Kopf- und Fußzeilen:

✔ Wenn Sie die Seitenzahl in die Kopf- oder Fußzeile einfügen möchten, plazieren Sie den Zahnstocher-Cursor auf die Stelle, an der sie erscheinen soll, und betätigen Sie dann die *Seitenzahlen*-Schaltfläche in der Symbolleiste *Kopf- und Fußzeile*. Im Kopfzeilentext erscheint die Zahl *1*, die durch die tatsächliche Seitenzahl ersetzt wird, wenn Sie das Dokument drucken.

✔ Wahrscheinlich möchten Sie etwas Text vor der Seitenzahl einfügen, weil sich die Zahl allein etwas einsam führt. Sie können sehr kreativ sein, indem Sie das Wort Seite tippen und etwas Platz lassen, bevor Sie die #-Schaltfläche betätigen. Sie können sich auch selbst einen interessanten Text überlegen.

✔ Um das aktuelle Datum oder die Uhrzeit in die Kopf- oder Fußzeile einzufügen, klicken Sie auf die Symbole für Datum und Uhrzeit in der Symbolleiste.

✔ Möchten Sie Ihre Kopf- oder Fußzeile auf dem Bildschirm sehen, so wählen Sie *Ansicht, Layout*. Im Layoutmodus können Sie Ihre Kopf- oder Fußzeile betrachten, aber sie wird »verwaschen« erscheinen – in grauem Text und nicht sehr attraktiv. Mit *Ansicht, Normal* betrachten Sie Word wieder auf die normale Art.

Sie können zwei Kopfzeilen erhalten, gerade und ungerade, die auf verschiedenen Seiten erscheinen – und das gleiche gilt für Fußzeilen. Zunächst klicken Sie in der Symbolleiste *Kopf- und Fußzeile* auf die Schaltfläche *Seite einrichten*. Es öffnet sich die Dialogbox Seite einrichten. Auf dem Blatt *Seitenlayout* stellen Sie im Bereich *Kopf- und Fußzeilen Gerade/ungerade* anders ein. Klicken Sie auf OK. Entwerfen Sie eine gerade und eine ungerade Kopfzeile (oder Fußzeile) und gehen dabei wie im vorangegangenen Beispiel vor. Sie erhalten unterschiedliche gerade und ungerade Seiten ausgedruckt. Cool.

Möchten Sie, daß die Kopf- oder Fußzeile nicht auf der ersten Seite erscheint, weil dies gewöhnlich die Titelseite ist, dann klicken Sie ebenfalls auf *Seite einrichten* in der Symbolleiste *Kopf- und Fußzeile*. Klicken Sie auf *Erste Seite anders*. Bewegen Sie sich nun zu der ersten Kopfzeile in Ihrem Dokument und lassen sie leer. Mit dieser Prozedur erhalten Sie eine leere Kopfzeile auf der ersten Seite. Auf allen anderen Seiten erscheint die Kopfzeile wie gewünscht. Sie können diese Option auch dazu benutzen, eine Kopfzeile auf der ersten Seite einzufügen – eine Grafik zum Beispiel. In Kapitel 20 lernen Sie, wie Sie Grafiken in Ihrem Dokument plazieren.

Eine Kopfzeile wird abschnittsweise erstellt. Sie können Teile Ihrer Kopfzeile verändern, wie etwa den Titel des Kapitels oder die Nummer, von Abschnitt zu Abschnitt, ohne dabei andere Teile der Kopfzeile wie etwa die Seitenzahl zu verändern. In dem *Abschnitt »Mal wieder Abstand gewinnen – Abschnittswechsel erstellen«* am Anfang dieses Kapitels erhalten Sie detaillierte Informationen über Abschnitte.

Ich habe immer dieses ganze Zeug oben auf dem Cappuccino gehaßt. Aber letztlich war ich in Italien und habe mich mit einem Kenner unterhalten, der mir sagte, daß eine Milchhaube ein notwendiger Teil eines guten Cappuccinos sei. Hmm. Und das in einem Land, in dem der Kaffee aus *winzigen* Tassen getrunken wird.

Die Symbolleiste *Kopf- und Fußzeile* im aufgeknöpften Zustand

Eine kleine, zwei kleine, zehn kleine Tasten auf der wunderbaren schwebenden Kopf- und Fußzeilenpalette der ewigen Tastenfreude. Diese Tabelle zeigt Ihnen das offizielle Symbol, den Titel und die Funktion jedes Symbols:

Schaltfläche	Offizieller Name	Lebenszweck
	Zwischen Kopf- und Fußzeile wechseln	Wie der Name schon sagt
	Vorherige anzeigen	Die vorhergehende Kopf- oder Fußzeile ansehen
	Nächste anzeigen	Die nächste Kopf- oder Fußzeile anzeigen
	Wie vorherige	Kopiert die vorherige Kopf- oder Fußzeile in diese Kopfzeile
	Seitenzahl	Fügt die Seitenzahl in Kopf- oder Fußzeile ein
	Datum	Fügt das aktuelle Datum in Kopf- oder Fußzeile ein
	Zeit	Fügt die aktuelle Zeit in Kopf oder Fußzeile ein
	Seite einrichten	Gewährt Ihnen Zugang zu der Word-Dialogbox *Seitenlayout*
	Dokumenttext anzeigen/verbergen	Erlaubt Ihnen, den Haupttext des Dokuments zusammen mit Kopf- oder Fußzeile zu sehen
Schließen	Schließen	Bringt Sie in Ihr Dokument zurück und schließt den *Kopf- und Fußzeile*-Bildschirm

Die Schaltflächen *Vorherige anzeigen*, *Nächste anzeigen* und *Wie vorherige* sind notwendig, weil Word Ihnen die Möglichkeit gibt, mehrere unterschiedliche Kopf- und Fußzeilen in einem Dokument zu verwenden. Sie möchten eine neue Kopfzeile auf Seite 17? Kein Problem! Sie können mit Dutzenden verschiedenen Kopf- und Fußzeilen arbeiten (obwohl das etwas unpraktisch ist). Mit den Schaltflächen *Vorherige anzeigen*, *Nächste anzeigen* und *Wie vorherige* können Sie zwischen ihnen wechseln.

Eine Kopf- oder Fußzeile bearbeiten

Um eine Kopf- oder Fußzeile zu bearbeiten, die Sie bereits erstellt haben, müssen Sie folgendes erledigen:

1. **Gehen Sie zu der Seite mit der Kopf- oder Fußzeile, die Sie bearbeiten wollen.**

    Möchten Sie die Kopfzeile einer ungeraden Seite ändern, so gehen Sie auf eine ungerade Seite. Wenn Sie die Kopfzeile der ersten Seite verändern wollen, gehen Sie auf die erste Seite.

2. **Geben Sie *Ansicht, Kopf- und Fußzeile* ein.**

    Alternativ können Sie auch die Tastenfolge Alt, A, K verwenden. Als nächstes erscheint der *Kopf- und Fußzeilen*-Bildschirm.

3. **Falls notwendig, klicken Sie auf *Zwischen Kopf- und Fußzeile wechseln*, um zu der Kopf- oder Fußzeile zu gelangen, die Sie bearbeiten möchten.**

4. **Führen Sie die gewünschten Veränderungen und Korrekturen durch.**

    Machen Sie das so, als würden Sie einen x-beliebigen Text auf dem Bildschirm bearbeiten.

5. **Wählen Sie *Schließen*, wenn Sie fertig sind.**

Die Bearbeitung einer Kopf- oder Fußzeile hat Auswirkungen auf ihr Aussehen in Ihrem gesamten Dokument. Sie müssen übrigens nicht erst den Cursor an den Anfang des Dokuments bewegen, um die Kopfzeile zu bearbeiten.

Sie können eine Kopf- oder Fußzeile auch aus in der Layout-Ansicht verändern: Wählen Sie dafür *Ansicht, Layout*, oder klicken Sie auf die *Layout*-Schaltfläche in der Statuszeile. Mit diesem Befehl verändern Sie die Darstellung Ihres Dokuments auf dem Bildschirm. Word zeigt jetzt den mit einem Grauschleier überzogenen Text in Ihren Kopf- und Fußzeilen an. Klicken Sie nun mit dem Mauszeiger auf die ergraute Kopf- oder Fußzeilentexte, öffnet sich das magische Fenster der Kopf- und Fußzeilen-Bearbeitungsmöglichkeiten.

Fußnoten verwenden

Manche Leute denken, daß Fußnoten nur etwas für Fortgeschrittene sind. Pah! Viele Leute brauchen sie in Ihren Dokumenten. Sehen Sie, Akademiker benutzen ständig Fußnoten und überlegen Sie mal, wieviele Leute sie als »Experten« betrachten.

Bevor Sie Fußnoten mit irgendeiner obskuren Methode entwerfen, versuchen Sie es doch einmal mit diesen Schritten:

1. **Plazieren Sie den Zahnstocher-Cursor an jenem Punkt in Ihrem Dokument, an dem der Fußnotenverweis auftauchen soll.**

   An diesem Punkt wird die winzige Zahl angezeigt, die auf Ihre Fußnote verweist. Zum Beispiel[1].

2. **Wählen Sie den Befehl *Einfügen, Fußnote*.**

   Sie sehen die Dialogbox *Fußnote und Endnote*. Weil sie ziemlich langweilig ist, habe ich keine Abbildung von ihr in dieses Buch aufgenommen.

   Wenn dies die erste Fußnote in Ihrem Dokument ist, müssen Sie entscheiden, wo Sie Ihre Fußnoten plazieren möchten. Wählen Sie *Optionen*, und es wird Ihnen die Dialogbox *Optionen für Fußnoten* präsentiert (die ich Ihnen auch nicht zeige). Hier können Sie bestimmen, wo Ihre Fußnoten erscheinen sollen: ob der Inhalt der Fußnote am Ende der Seite, auf die sie sich bezieht, oder am Ende des entsprechenden Textes stehen soll. (Endnoten – die andere Option – können am Ende des aktuellen Abschnitts oder am Ende des Dokuments eingefügt werden.) Nachdem Sie diese grundsätzliche Entscheidung getroffen haben, müssen Sie die Dialogbox erst wieder öffnen, wenn Sie es sich einmal anders überlegen. Klicken Sie auf OK.

3. **Wenn Sie möchten, daß Word die Fußnoten für Sie numeriert (und wer möchte das nicht?), belassen Sie es bei der Voreinstellung *Automatisch* und klicken auf OK.**

   Der Zahnstocher-Cursor erscheint auf wunderbare Weise ganz unten auf der Seite.

4. **Schreiben Sie Ihre Fußnote.**

   Sie können in eine Fußnote alles hineintun, was Sie auch in ein Dokument einfügen können – Tabellen, Grafiken, Bilder, sogar Text.

5. **Wählen Sie *Schließen* und Sie haben es hinter sich.**

Abbildung 11.8 zeigt Ihnen, wie eine Fußnote aussehen könnte. Denken Sie daran, daß niemand Fußnoten liest und Sie daher alles mögliche da reinstopfen können.

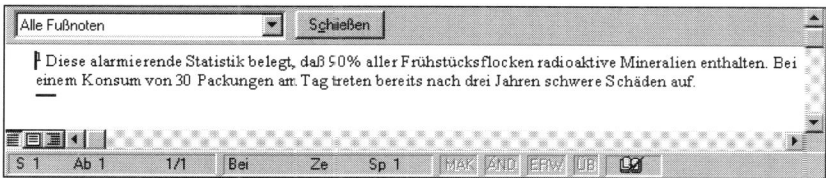

Abbildung 11.8: Ein Beispiel für eine Fußnote

---

[1] Ha, Sie haben hingesehen!

 Diese Liste gibt Ihnen einige Tips für Fußnoten:

✔ Um eine Fußnote zu löschen, markieren Sie die Fußnotenzahl in Ihrem Dokument und betätigen die Löschen-Taste. Auf wundersame Weise korrigiert Word die Nummern aller verbliebenen Fußnoten für Sie.

✔ Mit dem Befehl *Ansicht, Fußnoten* können Sie sich Ihre Fußnoten ansehen und bearbeiten.

✔ Für eine schnelle Bearbeitung einer Fußnote klicken Sie doppelt auf die Fußnotenzahl. Es öffnet sich das Bearbeitungsfeld für Fußnoten.

✔ Sie können Grafiken in Ihre Fußnote einfügen, genau wie Sie das bei einer Kopf- oder Fußzeile tun können. Denken Sie nur daran, wie beschämt diese ganzen Akademiker sein werden und wie sie sich voll Eifersucht nach Ihren wunderbar kreativen, grafischen Fußnoten verzehren werden! Derartige Informationen über das Einfügen von Grafiken in Ihr Dokument erhalten Sie in Kapitel 21, das Ihnen fast alles Wissenswerte über Graphiken näherbringt.

Sollten Sie sich dafür entscheiden, einen Fußnotentext von einer Stelle an eine andere Stelle im Text versetzen zu wollen, können Sie die Fußnote ausschneiden (Strg + X), kopieren (Strg + C) und einfügen (Strg + V) – das geht sogar einfacher als bei normalem Text! Markieren Sie einfach die Nummer der Fußnote im Text, bewegen sie in ihre neue Heimat und – voilà – Word erledigt den Rest. Besser als:«Bei Scholz – da rollt´s!« (Für eine schrittweise Einführung in die Benutzung der Funktionen *Ausschneiden, Kopieren* und *Einfügen* lesen Sie bitte in Kapitel 2, »*Die Kindergarten-Tasten*«, nach.)

Tabellen und Spalten verwenden

12

In diesem Kapitel

▶ Tabellen zusammenflicken

▶ Tabellen verändern

▶ Den Eins-Zwei-Drei-Vier-Spalten-Marsch beherrschen

Sie können Ihren Text mit fetten und kursiven Zeichen würzen oder vielleicht ein paar große Zeichen hinzugeben, wenn er noch nicht lang genug ist. Die Absatz- und Seitenformatierung gibt Knoblauch zu Ihrem Dokumentensalat (nur eine Prise – nicht soviel, daß, nachdem Sie einmal »Hallo« gesagt haben, Pflanzen welken, erwachsene Männer weinen und Frauen in Ohnmacht fallen). Was können Sie noch tun? Na ja, wenn Sie zu den wirklich Wagemutigen gehören, können Sie Ihr Dokument mit phantasievollen Tabellen und Formatierungen füllen, die nur noch einen kleinen Staatsstreich vom Thron des offiziellen Königreichs des Desktop Publishing entfernt sind. Oh ja, wir haben es weit gebracht seit den Tagen der Textverarbeitung mit dem Typenrad.

Tabellen zusammenflicken

Eine *Tabelle* ist in Word eine Liste mit Einträgen in diversen Zeilen, aufgeteilt in hübsche kleine Spalten. In primitiveren Zeiten erstellte man Tabellen mit der Tabulatortaste, einem handlichen Frustrationswerkzeug. Eines ist klar: Das Ausrichten von Zeichen und Wörtern kann verrückt machen. Sogar in einer Textverarbeitung. Sogar, wenn Sie glauben zu wissen, was Sie tun.

Zu unserer Rettung gibt es Word. »Es ist der Tabellenmann, Mama, und er ist gekommen, um uns zu retten.« Der tüchtige Tabellen-Befehl von Word läßt Sie diese gefängnisartigen Gitternetzlinien aus Zeilen und Spalten entwerfen. In jede Gitteröffnung oder Zelle können Sie Informationen oder kleine Gemeinheiten schreiben. Außerdem ist alles hübsch und ordentlich ausgerichtet und zum Einrahmen vorbereitet. Die gedruckten Resultate sehen sehr beeindruckend aus, und wenn Sie alles richtig machen, sieht Ihre Tabelle zum Anbeißen aus.

Eine Tabelle entwerfen (der traditionelle und langweilige Weg)

Um eine Tabelle in Ihrem Dokument zu erstellen, beachten Sie die folgenden Schritte:

1. **Postieren Sie den Zahnstocher-Cursor an der Stelle, an der Sie die Tabelle erstellen möchten.**

   Die Tabelle wird erstellt und in Ihren Text eingefügt (wie das Einkleben eines Blocks – eines *Zellen*blocks). Sie füllen die Tabelle aus, *nachdem* Sie sie entworfen haben.

2. **Geben Sie den Befehl *Tabelle, Einfügen* ein.**

   Ja, Word hat ein eigenes Tabellen-Menü. Wie praktisch. Wenn Sie den Befehl *Tabelle einfügen* aufrufen, öffnet sich die Dialogbox *Tabelle einfügen*, die Sie in Abbildung 12.1 sehen.

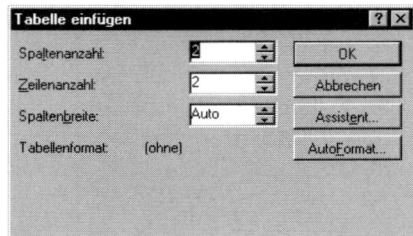

Abbildung 12.1: Die Dialogbox Tabelle einfügen

3. **Geben Sie nun die Anzahl der Spalten in das erste Kästchen ein.**

   Das kann zum Beispiel 3 sein. Sie haben eine Breite von drei Spalten.

4. **Drücken Sie die Tabulatortaste.**

   Der Cursor bewegt sich in das nächste Kästchen.

5. **Geben Sie die Anzahl der Zeilen in die zweite Box ein.**

   In unserem Beispiel 5. Sie haben fünf Zeilen, die nach unten wandern.

   Drei Spalten? Fünf Zeilen? Wer weiß? Genauigkeit ist zu diesem Zeitpunkt nicht sehr wichtig. Sie können Ihre Tabelle im nachhinein verändern, wenn Sie sich anfänglich vertan haben. (Mir passiert das ständig).

6. **Verlassen Sie die Mini-Dialogbox *Tabelle einfügen* mit einem Klicken auf OK.**

   Willkommen im Knast! Nachdem Sie Word mitgeteilt haben, wie viele Zeilen und Spalten Sie benötigen, baut es Ihnen eine komplette Tabelle und zeigt sie auf dem Bildschirm (so wie in Abbildung 12.2, aber nicht ausgefüllt).

Tabellen sehen aus wie Arbeitsbögen und riechen wie Arbeitsbögen, und hätte ich nicht Angst davor, mir einen Stromschlag zu holen, ich würde Ihnen auch sagen, ob sie wie Arbeitsbögen schmecken. Trotzdem sind Sie immer noch in Word.

Abbildung 12.2: Eine Tabelle ist geboren.

7. Füllen Sie die Tabelle aus.

Sie können mit Buntstiften auf Ihren Bildschirm losgehen oder – besser noch – den nächsten Abschnitt lesen.

 Falls Sie Ihre Tabelle nicht sehen können, rufen Sie den Befehl *Tabelle, Gitternetzlinien* auf, um die Zellgitter zu sehen.

Dummerweise werden die Gitterlinien, die Sie um Ihre Tabelle herum sehen, nicht ausgedruckt. Möchten Sie Linien in Ihrer Tabelle, schlagen Sie in Kapitel 24 über das Hinzufügen von Rahmen in Ihrem Text nach.

Sie können eine Tabelle auch mit der Symbolleiste erstellen. Im folgenden Abschnitt wird Ihnen dafür das nötige Rüstzeug gegeben. (Dennoch empfehle ich Ihnen, es zunächst so wie hier beschrieben zu erledigen, bis Sie sich mit der Erstellung von Tabellen besser auskennen.)

 Verwenden Sie Tabellen in Ihrem Dokument, wenn Sie Informationen in Zeilen oder Spalten aufbereiten müssen. Diese Funktion ist viel praktischer als die Verwendung der Tabulatortaste, weil es einfacher ist, Tabellen und Spalten anzupassen, als lange mit Tabstops zu basteln.

Passen Sie auf, daß immer mindestens eine Textzeile oder eine leere Zeile zwischen dem Abschnittsanfang und dem Beginn der Tabelle stehen. Dank dieser Technik verfügen Sie über einen Platz, an den Sie den Cursor setzen können, wenn Sie noch Zeug vor der Tabelle einfügen möchten.

Sie können stets Spalten und Zeilen zu Ihrer Tabelle hinzufügen oder löschen, nachdem Sie sie entworfen haben. Näheres erfahren Sie im Abschnitt _»Eine Tabelle ändern«_ in diesem Kapitel.

Vielleicht hat die Tabelle eine häßliche Linie zwischen den Zellen und außen am Rand. Das können Sie ändern. Wie das geht, erfahren Sie ebenfalls im **Abschnitt »Eine Tabelle ändern«.**

Weitere raffinierte Trickbetrüger-Tips zum Erstellen von Tabellen erhalten Sie in Kapitel 15, _»Dokumentvorlagen und Assistenten«._

Eine Tabelle erstellen (der unkonventionelle Weg)

Hier wird Ihnen eine einfache Alternative zur bisherigen Erstellung von Tabellen gegeben. Dies setzt voraus, daß Sie unter der bekannten Methode schon genügend gelitten haben und jetzt für eine »mausige« Alternative reif sind:

1. **Plazieren Sie den Zahnstocher-Cursor an die Stelle im Text, an der später Ihre Tabelle auftauchen soll.**

   Dieser Schritt markiert den Punkt, an dem das gefängnisartige Gerippe erscheinen wird.

2. **Klicken Sie auf die _Tabellen_-Schaltfläche in der Standardsymbolleiste.**

    Ein Gitter fällt herunter, das dem Fragenlabyrinth ähnlich sieht, welches »Der Preis ist heiß«-Spieler entmutigt, aber das ist das, was Abbildung 12.3 am nächsten kommt. Mit diesem Gitter können Sie die Ausmaße Ihrer Tabelle graphisch mit der Maus festlegen.

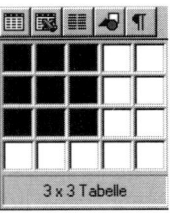

Abbildung 12.3: Es ist möglich, eine Tabelle mit dem Gitter und der Maus zu entwerfen.

3. **Benutzen Sie die Maus, um die Größe der Tabelle zu bestimmen.**

   Ziehen Sie nach unten und nach rechts, um eine Tabelle mit einer bestimmten Anzahl von Zeilen und Spalten zu entwerfen. Der exakte Wert wird an der Unterseite des Gitters angezeigt.

4. Lassen Sie die Maustaste los.

Ihre Tabelle ist in das Dokument eingefügt. Und zwar in der perfekten Größe.

Schlagen Sie in den vorhergehenden Abschnitten wertvolle Tips nach.

Zeug in eine Tabelle packen

Eine leere Tabelle sitzt in Ihrem Dokument. Bevor Sie sie von dort vertreiben, könnten Sie die Tabelle auch auffüllen.

Die Tabelle ist in Spalten und Zeilen unterteilt. Der Ort, an dem sie sich treffen, wird *Zelle* genannt – wie im Gefängnis, nur ohne TV und Metalltoilette. Ihre Aufgabe ist es, die verschiedenen Zellen mit Text, Grafiken oder was sonst auch immer aufzufüllen. Hier sind einige nützliche Hinweise:

✔ Mit der Tabulator-Taste gelangen Sie von Zelle zu Zelle. Mit der Eingabetaste fügen Sie einen neuen Absatz in die gleiche Zelle. (Jede Zelle ist wie ein eigenes kleines Dokument.)

    ✔ Mit der Tastenkombination Umschalt-Taste + Tabulator bewegen Sie sich in der Tabelle zwischen den Zellen zurück. Wenn Sie in der letzten Zelle unten rechts den Tabulator verwenden, fügt Word eine neue Zeile mit Zellen ein.

✔ Sie können ebenso die Cursortasten benutzen, um sich von Zelle zu Zelle zu bewegen (wie elegant). Befindet sich jedoch Text in der Zelle, müssen Sie sich mit den Cursortasten mühsam durch die Wörter arbeiten. Immerhin können Sie die Richtungstasten auch zur Bearbeitung des Textes in einer Zelle verwenden. (Mit der Tabulator-Taste kommen Sie jedoch am besten von Zelle zu Zelle.)

✔ Befehle zur Textformatierung funktionieren auch in Zellen. Sie können Text fett und kursiv formatieren, unterstreichen, zentrieren, nach links verschieben und so weiter. Die Details entnehmen Sie bitte Kapitel 9 und 10. Die Formatierung betrifft nur den Text in einer einzigen Zelle – oder in den Zellen, die Sie als Block markiert hatten.

✔ Sie können einem Text in einer Zelle auch eine Formatvorlage zuweisen. Mehr darüber in Kapitel 14.

✔ Um eine gesamte Zeile oder Spalte zu formatieren, müssen Sie sie zunächst markieren.

✔ Möchten Sie eine Tabelle völlig aus Ihrem Dokument entfernen, markieren Sie das verdammte Ding als Block und verwenden dann den Befehl *Tabelle, Zellen löschen*. Die Tabelle zerfällt in kleine Stücke.

✔ Wollen Sie hingegen den Inhalt einer Zelle löschen, markieren Sie ihn zunächst als Block und betätigen dann die Entfernen-Taste.

Eine Tabelle ändern

Nehmen wir einmal an, Sie wollen gerade eine Bundesligatabelle erstellen. Und das im Büro. Wenn der Chef kommt, tun Sie natürlich schnell so, als sei das eine Bilanztabelle und tragen hektisch alle möglichen Zeilen und Zahlen ein, bis der alte Griesgram wieder verschwunden ist. Mist! Die sorgsam entworfene Tabelle ist hinüber! Oder doch nicht? Sie ahnen es: Word ist ein echter Freund. Sie können in allen Tabellen Änderungen vornehmen, nachdem Sie die Tabelle erstellt haben.

Das Einfügen und Löschen von Zeilen und Spalten

Um Ihrer Tabelle Zeilen hinzuzufügen, gehen Sie wie folgt vor:

1. **Bewegen Sie den Zahnstocher-Cursor in die Zeile über den Punkt, an dem Sie eine neue Zeile einfügen möchten.**

2. **Geben Sie *Tabelle, Zeilen einfügen* ein.**

   Rumms! Das Zentralkomitee der Volksrepublik Word schreibt voller Stolz ein neues Kapitel in der Geschichte der real existierenden Arbeiterwohnsiedlung.

3. **Wiederholen Sie die Schritte 1 und 2 so lange, wie Sie neue Zeilen wünschen.**

 Statt den Befehl *Einfügen, Zeilen* zu verwenden, können Sie ebenso auf die *Tabellen*-Schaltfläche in der Standardsymbolleiste klicken, um sofort eine neue Zeile in Ihre Tabelle einzufügen. Sie werden es nicht glauben, aber während Sie den Mauszeiger durch eine Tabelle ziehen, verwandelt sich das Symbol auf magische Art in das Symbol *Zeilen einfügen*.

Beim Löschen von Zeilen aus Ihrer Tabelle müssen Sie folgendes erledigen:

1. **Markieren Sie die Zeile, die Sie löschen wollen.**

   Postieren Sie den Cursor in der Zeile, und wählen Sie *Tabelle, Zeile markieren*.

2. **Geben Sie den Befehl *Tabelle, Zeilen löschen* ein.**

3. **Wiederholen Sie die Schritte 1 und 2, um so viele Zeilen zu zerstören, wie Sie wollen.**

Sie können die Zeilen ebenfalls markieren, indem Sie den Mauszeiger so weit an den linken Rand bewegen, bis er seine Form ändert und einem Nordostpfeil ähnelt. Zeigen Sie auf die Zeile, und klicken Sie auf die Maustaste. Sie können diverse Zeilen markieren, indem Sie die Maus hoch oder runter ziehen.

Um Ihrer Tabelle Spalten hinzuzufügen, befolgen Sie diese Schritte:

1. **Postieren Sie den Zahnstocher-Cursor in der Spalte links von dem Punkt, an dem Sie die neue einfügen wollen.**

2. **Wählen Sie den Befehl *Tabelle, Spalte markieren*.**

3. **Wählen Sie den Befehl *Tabelle, Spalten einfügen*.**

4. **Wiederholen Sie den dritten Schritt, um so viele Spalten wie notwendig einzufügen.**

 Zweifellos müssen Sie noch die Breite der Tabellenspalten anpassen, nachdem Sie neue Spalten hinzugefügt haben. In dem folgenden Abschnitt, *»Die Breite einer Spalte anpassen«*, erfahren Sie, wie Sie das erledigen.

Um Spalten aus Ihrer Tabelle zu löschen, müssen Sie wie folgt vorgehen:

1. **Markieren Sie die Spalte, die Sie löschen wollen.**

   Bewegen Sie den Zahnstocher-Cursor in diese Spalte.

2. **Suchen Sie sich aus dem Menü *Tabelle, Spalte markieren* heraus.**

3. **Wählen Sie den Befehl *Tabelle, Spalten löschen*.**

4. **Wiederholen Sie die Schritte 1 und 2, um so viele Spalten zu zerstören, wie Sie wollen.**

Hier sind noch ein paar Dinge über Spalten und Zeilen, die Sie sich merken sollten:

✔ Sie können eine Spalte ebenfalls markieren, indem Sie den Mauszeiger über der Spalte plazieren, bis er seine Form verändert und wie ein Abwärtspfeil aussieht. Zeigen Sie mit dem Pfeil auf die Zeile, und klicken Sie mit der linken Maustaste. Sie können mehrere Spalten auswählen, indem Sie die Maus über sie ziehen.

✔ Neue Zeilen werden *unter* der aktiven Zeile eingefügt, das heißt unter der Zeile, die markiert ist oder in der der Zahnstocher-Cursor gerade steht.

✔ Neue Spalten werden *rechts* von der gerade aktiven Tabellenspalte eingefügt.

Die Breite einer Spalte anpassen

Spalten können – wie meine Taille – fetter werden und – im Unterschied zu meiner Taille – auch schmaler werden. Zum Glück ist das Verändern der Spaltenbreite in Word viel einfacher, als eine Diät zu machen.

So verändern Sie die Breite einer Spalte:

1. **Packen Sie den Zahnstochercursor irgendwo in die Tabelle, die Sie verändern möchten.**

   Irgendwo.

2. **Wählen Sie jetzt den Befehl *Tabelle, Zellenhöhe und -breite* aus.**

   Mit diesem Schritt öffnen Sie die niedliche Dialogbox *Zellhöhe und -breite*, wie Sie sie in Abbildung 12.4 sehen.

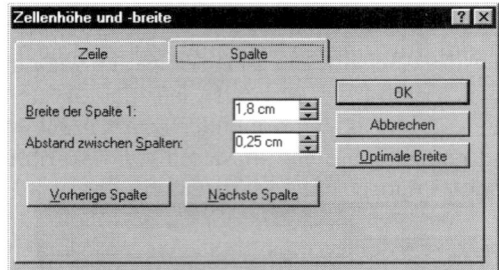

Abbildung 12.4: Die Dialogbox Zellhöhe und -breite

3. **Klicken Sie auf das Blatt für *Spalte*.**

   Oder geben Sie S ein. Damit bringen Sie das Blatt *Spalte* nach vorne (wie in Abbildung 12.4 zu sehen).

4. **Geben Sie das neue Maß für die Spaltenbreite ein.**

   Die Breite wird in cm gemessen. Geben Sie demnach eine kleinere Zahl als die bisherige in die Box ein, wenn Sie eine schmalere Spalte erhalten möchten. Größere Zahlen ergeben breitere Spalten. Denken Sie jedoch daran, daß eine besonders breite Tabelle unter Umständen nicht auf die gesamte Seite paßt.

5. **Falls Sie die folgende oder die nächste Spalte ebenso verändern möchten, betätigen Sie die Taste *Vorherige Spalte* oder *Nächste Spalte*.**

6. **Klicken Sie auf OK, wenn Sie fertig sind.**

Wenn mehrere oder alle Spalten die gleiche Breite erhalten sollen, müssen Sie die Spalten markieren, bevor Sie die Dialogbox *Spaltenbreite* öffnen. Sämtliche durchgeführten Änderungen betreffen alle markierten Spalten.

Es ist einfacher, die Spaltenbreite mit der Maus zu verändern. Viel einfacher sogar, weil Sie sehen können, was mit Ihrem Dokument geschieht (das ist so ähnlich, als sei man so schlank, daß man die eigenen Füße sehen könne, hat man mir gesagt). Postieren Sie den Mauszeiger auf der Grenze zwischen zwei Spalten. Er verändert seine Form und sieht wie ein Eisenbahngleis mit Pfeilen, die nach Osten und Westen zeigen. Halten Sie die linke Maustaste gedrückt, und ziehen Sie den Spaltenrahmen auf die neue Größe.

Wenn Sie mit der Maus doppelklicken, während der Cursor so aussieht wie ein Eisenbahngleis, richten sich alle Spalten in Ihrer Tabelle genau auf das breiteste Element in dieser Spalte aus.

Wenn Sie jetzt nach oben auf das Lineal sehen, während der Zahnstocher-Cursor in der Tabelle steht, stellen Sie fest, daß jede Spalte über ein eigenes Minilineal verfügt. Sie können die Spaltenbreite anpassen, indem Sie die Maus und das kleine Waschbrett benutzen. Sobald Sie die Maus langsam über das Waschbrett ziehen, verwandelt sie sich in einen nach rechts und links zeigenden Pfeil. Ziehen Sie das Waschbrett nach recht oder links, um die Größe der Spalte zu verändern.

Den Eins-Zwei-Drei-Vier-Spalten-Marsch beherrschen

Spalten – besonders jene, die Sie auf Ihrem Bildschirm sehen können – sind eine der Funktionen, die Magazine, Gurus und andere Pseudogelehrte für ihre Textverarbeitungsprogramme verlangen. Brauchen wir sie? Nein. Kann Word sie erstellen? Ja. Wollen Sie sich damit herumplagen? Sicher, warum nicht? Damit haben Sie wenigstens etwas zu tun, während sich der elektrische Stuhl auflädt.

 Bevor ich die letzten Geheimnisse über Word-Spalten ausplaudere, möchte ich noch einen kleinen Ratschlag geben: Am besten lassen sich Spalten in Desktop-Publishing-Programmen wie PageMaker, QuarkXPress oder irgendeinem anderen dieser feinen Produkte erstellen, die für solche Zwecke geeigneter sind. Diese Programme sind für das Spielen mit Texten erschaffen und erlauben es, Spalten viel einfacher zu verwenden, als dies in Word möglich ist (obwohl das Verstehen der Bedienungsanleitung wie ein ewiges Schachspiel gegen einen Typ mit der Hutgröße 12 ist). In Word sind Spalten eher eine Kuriosität als etwas, mit dem Sie oder ich mehr als 15 Minuten unserer Zeit verbringen sollten.

Mit den folgenden Schritten können Sie Spalten in Ihr Dokument einfügen. Haben Sie Ihren Text bereits geschrieben, verwendet Word für den gesamten Text das Spaltenformat. Andernfalls wird jeder neu entworfene Text automatisch in Spalten gestellt.

1. **Bewegen Sie den Zahnstocher-Cursor an die Stelle, wo Ihre Spalte beginnen soll.**

2. **Wählen Sie den Befehl *Format, Spalten* aus.**

   Die Dialogbox *Spalten*, die Sie in Abbildung 12.5 sehen, öffnet sich.

3. **Geben Sie ein, wie viele Spalten Sie wünschen.**

   Sie können statt dessen auf die abgebildeten griffbereiten Schaltflächen zugreifen (Zwei Spalten sind ausreichend, um jeden zu beeindrucken. Mehr Spalten machen Ihren Text schmaler und eventuell schwerer lesbar.)

4. **Falls Sie eine schöne Linie zwischen Ihren Spalten wünschen, prüfen Sie das Kästchen *Zwischenlinie*.**

   Es heißt *Zwischenlinie*, nicht *Hübsche Zwischenlinie*.

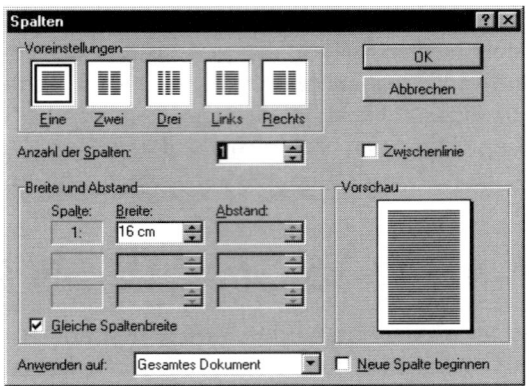

Abbildung 12.5: Die Dialogbox Spalten

5. **Möchten Sie genau an dem Punkt, wo Sie stehen, eine neue Spalte beginnen, kreuzen Sie das Kästchen** *Neue Spalte beginnen* **an.**

6. **Öffen Sie die Dropdown-Liste** *Anwenden auf,* **und bestimmen Sie, ob die Spalten dem gesamten Dokument zugewiesen werden sollen oder nur von hier an (***Dokument ab hier***).**

7. **Bestätigen Sie mit OK.**

   Okay!

Word zeigt Ihnen Ihre Spalten direkt auf dem Bildschirm. Das ist wenigstens 25,- DM vom Kaufpreis wert.

 Sie können auch das Spaltensymbol verwenden. Klicken Sie auf das Bildchen, und eine Babybox mit Spalten öffnet sich. Klicken und ziehen Sie mit der Maus, um anzuzeigen, wie viele Textspalten Sie wünschen. Wenn Sie die Maustaste loslassen, erscheinen die Spalten.

Der Raum zwischen den Spalten wird *Abstand* genannt. Wenn Sie nicht eine große Anzahl von Spalten haben oder eine Menge Platz füllen wollen, ist es am besten, diese Einstellung bei 1,25 cm zu belassen. Dieser Abstand gefällt dem Auge, ohne schon zuviel des Guten zu sein.

Einen Text in Spalten zu bearbeiten ist eine Qual. Der Cursor scheint die ganze Zeit verrückt zu spielen, und es braucht eine Ewigkeit, um sich von einer Spalte zur anderen zu bewegen. Ich beklage mich hier nur, weil es regnet, ich nichts mehr zum Spielen habe und ich mich langweile ...

Viel angenehmer ist es da schon, die Maus zu benutzen, um den Cursor zu einem neuen Punkt in der Spalte zu bewegen.

 Um Spalten loszuwerden, können Sie einfach die Anzahl der Spalten auf eine reduzieren. Nett, nicht? (Oder Sie verwenden den Befehl *Rückgängig*, Strg + Z.)

 Dreispaltiger Text sieht vor allem auf Querformat hübsch aus. Mit dieser Methode werden die meisten Broschüren hergestellt. Schlagen Sie noch einmal in Kapitel 11 nach, wenn Sie Informationen über die Verwendung des Querformats benötigen.

Alles, was in diesem Teil des Buches über die Formatierung von Text und Absätzen gesagt wurde, gilt auch für Text und Absätze in Spalten. Mit dem Unterschied, daß nunmehr die Spaltenränder – nicht die Seitenränder – den linken und rechten Rand der Text- und Absatzformatierung bilden.

Die Freuden des AutoText

In diesem Kapitel

Xenia M. Zyschkowski liebt ihren Namen, aber haßt es, ihn zu tippen. Das ist nicht ihre Schuld. Großmutter Boskops Mädchenname war Muschkin. Und der Kerl, der für die Anordnung der Buchstaben-Tasten zuständig war, war verrückt und konnte eh nur mit zwei Fingern tippen. Jedenfalls muß Xenia ihren Namen sehr vorsichtig schreiben und neigt dazu – wie sehr sie sich auch bemüht –, über diese frustrierenden Y- und Z-Tasten zu stolpern.

Wie würde es Ihnen gefallen, Xenia zu sein? (Es ist okay – sie sieht gut aus und verdient unglaublich viel Geld.) Schlimmer jedoch, wie würden Sie es finden, diesen Namen Phantastillionen Mal in Ihrem Leben zu schreiben? Wäre es nicht viel einfacher, nur Xe einzugeben, und der Rest des massiven Namens wird von Ihrem Computer hervorgezaubert? Sie müssen zugeben, das wär's. Und wäre es nicht viel netter, wenn Sie z.B. nur Tschüß eingeben müßten, und Word fügt automatisch Ihr Signet am Ende eines Briefes ein? Boah. Das alles ist möglich in Word, dank des wunderbaren *AutoText*-Befehls (ich finde es wunderbar, daß sie etwas hinzugefügt haben, das das Leben einfacher macht).

Das Tao des AutoText (Pflichtlektüre, wenn Sie keinen Schimmer haben)

AutoText ist eine Abkürzung. Word tippt automatisch einen Textbestandteil, wenn Sie ihm auch nur den kleinsten Hinweis geben, was Sie wollen. Das ist wie das Füllen eines Luftballon, aber ohne daß Sie soviel pusten müssen. Sie tippen Luftballon, verwenden Words Zauberstab *AutoText*, und das Wort *Luftballon* bläht sich auf, bis etwas ist wie »ein praller, mit heißer Luft gefüllter Sack ...«.

Die Idee, die hinter **AutoText** steckt, ist folgende: Um die Texteingabe zu erleichtern, läßt Word Sie Abkürzungen wählen, die mit Hilfe von AutoText wieder ihre ursprüngliche Länge erhalten. Das ist alles. Das und die Tatsache, daß es ungemein nützlich ist, wenn Sie die gleiche Sache – oder eine äußerst komplexe Angelegenheit – immer wieder tippen müssen.

Diese Liste gibt Ihnen ein paar Tips für den Umgang mit AutoText:

✔ Sie müssen zunächst einen AutoText-*Eintrag* erstellen, bevor Sie den Befehl AutoText verwenden können. Gewöhnlich handelt es sich bei dem Eintrag um Text, den Sie in Ihr Dokument eingegeben haben. Diesem Text wird mit dem Befehl *Bearbeiten, AutoText* eine Abkürzung gegeben. Die Details werden im folgenden Abschnitt erläutert.

✔ AutoText-Einträge werden ein Teil der Dokumentvorlage. Mehr Information über Dokumentvorlagen erhalten Sie in Kapitel 15.

✔ AutoText kann mehr, als nur einfachen Text speichern. Sie können AutoText benutzen, um automatisch Bilder und alle Arten von grafischen Gimmicks mit einem Handschlag in ein Dokument einzufügen.

Einen AutoText-Eintrag erstellen

Um einen AutoText-Eintrag zu erstellen, gehen Sie wie folgt vor:

1. **Tippen Sie den Text, den Sie zu Ihrem AutoText-Eintrag machen wollen.**

   Tippen Sie zum Beispiel Ihren Namen.

2. **Markieren Sie den Text als Block.**

   In Kapitel 6 erfahren Sie alle Details über Textmarkierungen. Merken Sie sich, daß der gesamte markierte Text in Ihren AutoText-Eintrag eingefügt wird. Das bedeutet, daß Sie Extra-Leerstellen oder Punkte nur verwenden sollte, wenn Sie das wirklich wollen.

3. **Wählen Sie den Befehl *Bearbeiten, AutoText*.**

   Die Dialogbox AutoText öffnet sich (siehe Abbildung 13.1). Sie können den markierten Text (oder wenigstens einen Teil davon) im unteren Teil der Dialogbox sehen.

4. **Verpassen Sie dem AutoText-Eintrag einen Namen.**

   Tippen Sie den Namen der Abkürzung, der sogar sehr kurz sein kann, in das AutoText-Feld *Name*. Zum Beispiel würde unsere Freundin Xenia ihren ganzen Namen im Dokument markiert haben, so daß sie nunmehr nur noch die Buchstaben Xe in die Dialogbox eingeben muß.

5. **Klicken Sie auf die Schaltfläche *Hinzufügen*.**

   Sie haben es geschafft. Der AutoText-Eintrag ist fertig und kann verwendet werden. Etwas, worüber Sie mehr im nächsten Abschnitt erfahren.

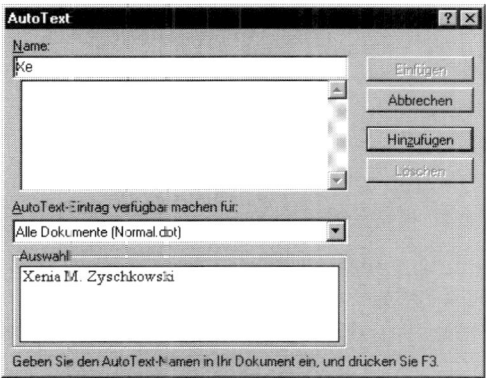

Abbildung 13.1: Die Dialogbox AutoText

Die Abkürzung, die Sie eingeben, kann in Großbuchstaben oder klein geschrieben sein. Ich bevorzuge es, alles klein zu schreiben.

 Wenn Sie die Arbeit an Ihrem Dokument abgeschlossen haben, fragt Word Sie, ob Sie die Änderungen im Dokument und in der Formatvorlage speichern wollen; antworten Sie mit *Ja*, um diese AutoText-Einträge beizubehalten.

AutoText-Einträge benutzen

Um einen AutoText-Eintrag in Ihr Dokument einzufügen, befolgen Sie diese Schritte:

1. **Positionieren Sie den Zahnstocher-Cursor an der Stelle, an der Sie Ihren AutoText-Eintrag plazieren wollen.**

2. **Tippen Sie die Abkürzung.**

   Xenia würde hier die Buchstaben Xe eingeben. Das war's – kein Leerzeichen oder Punkt dahinter. Nehmen Sie an, daß Sie den AutoText-Eintrag für Ihren Namen, Addresse und Postleitzahl *ich* genannt haben. Tippen Sie einfach ich und ...

3. **Betätigen Sie die F3-Taste.**

   Der AutoText-Eintrag wird in Ihr Dokument geschleudert und ersetzt die Abkürzung. So bekommt Xe ihren ganzen anstößigen Namen.

 Diese Liste gibt Ihnen einige Tips für den Umgang mit AutoText-Einträgen:

✔ Sie können einen AutoText-Eintrag ebenfalls einfügen, indem Sie die AutoText-Dialogbox öffnen (*Bearbeiten, AutoText*), Ihr bißchen Text markieren und die *Einfügen*-Schaltfläche anklicken.

✔ Wenn der Zahnstocher-Cursor gerade ein bißchen abwesend ist, beklagt sich Word, daß es den AutoText-Eintrag nicht erkennen kann. Falls Sie sicher sind, daß Sie alles richtig gemacht haben, wählen Sie _Bearbeiten, AutoText,_ und sehen Sie nach Ihrem AutoText-Eintrag, um sicherzugehen.

AutoText-Einträge bearbeiten

Es ist nicht schwierig, den Inhalt oder das Aussehen eines AutoText-Eintrages zu ändern. Sie öffnen die AutoText-Dialogbox (Bearbeiten, AutoText), nehmen den gewünschten Eintrag ins Visier, verändern ihn und speichern den geänderten Eintrag unter demselben Namen.

Nehmen Sie an, daß Sie einen AutoText Eintrag _ich_ entwerfen, der Ihren Namen und Ihre Adresse enthält. Obwohl Sie es hassen, in Word herumzumurksen, erliegen Sie eines Tages der Versuchung umzuziehen. Sie müssen Ihren Eintrag _ich_ für Ihre neue Adresse aktualisieren. Hier erfahren Sie, wie es gemacht wird:

1. **Positionieren Sie den Zahnstochercursor an jener Stelle, an der Sie den Eintrag ins Glossar plazieren möchten.**

   Sie müssen hier »in Bewegung kommen«, um den Vorgang etwas eleganter hinzubekommen. Ja, diese Abkürzung ist nicht durch das Handbuch abgesegnet. (Aber andererseits, darum lesen Sie ja dieses Buch.)

2. **Tippen Sie das Abkürzungswort.**

   Machen Sie das genauso, als ob Sie den Eintrag einfügen würden.

3. **Betätigen Sie die F3-Taste.**

   Der AutoText-Eintrag wird in das Dokument eingefügt und ersetzt die Abkürzung an der Stelle, an der der Zahnstocher-Cursor steht.

4. **Bearbeiten Sie den Eintrag.**

   Nehmen Sie alle gewünschten Veränderungen in Ihrem AutoText-Eintrag vor, den Sie gerade in Ihr Dokument eingefügt haben (geben Sie zum Beispiel Ihre neue Adresse ein). Wenn Sie fertig sind, speichern Sie einfach das Ganze erneut unter demselben Namen. Das Ergebnis dieser ganzen Aktion ist, daß Ihr ursprünglicher Eintrag verändert ist, aber der Name derselbe bleibt.

5. **Markieren Sie auf dem Bildschirm den Text, der in Ihrem AutoText-Eintrag enthalten sein soll.**

6. **Wählen Sie _Bearbeiten, AutoText_.**

7. **Klicken Sie auf den bereits existierenden AutoText-Namen.**

8. **Klicken Sie auf die Hinzufügen-Schaltfläche.**

   Es öffnet sich eine Dialogbox und fragt Sie, ob Sie den AutoText-Eintrag neu definieren möchten.

9. **Klicken Sie auf Ja.**

   Sie haben es geschafft. Der Eintrag ist auf heimtückische, aber absolut legale Art und Weise bearbeitet worden.

AutoText-Einträge löschen

Nichts im Leben ist ewig. Xenia flog nach Brasilien und wurde von einem Stamm am Amazonas gefangen genommen. Sie heiratete den Häuptling, Oota, und mußte ihren Nachnamen ändern. Und ihren Vornamen. Und sie konnte nie wieder einen Computer benutzen. Ich denke, es ist okay, wenn wir sie aus dem AutoText löschen.

Einen AutoText-Eintrag löschen Sie mit den folgenden Schritten:

1. **Wählen Sie *Bearbeiten, AutoText*.**

   Es öffnet sich die AutoText-Dialogbox mit allen Einträgen.

2. **Klicken Sie auf den Namen des Eintrags, den Sie löschen möchten.**

   Tschüß Xe!

3. **Klicken Sie auf die Schaltfläche *Löschen*.**

   Der AutoText-Eintrag verschwindet von der Liste.

4. **Klicken Sie auf *Schließen*.**

   Letztlich habe ich gehört, daß Xenia sehr glücklich ist.

Mit Formatvorlagen arbeiten

In diesem Kapitel

▶ Den Befehl *Formatvorlage* verwenden

▶ Eine neue Formatvorlage entwerfen

▶ Eine Formatvorlage benutzen

▶ Eine Formatvorlage verändern

▶ Zeichenformatierungen kopieren

Möchten Sie abseits der Masse stehen? Machen Sie es wie ich: Essen Sie große Mengen Knoblauch. Nie wieder werden Sie so abseits stehen. In einer Textverarbeitung hilft Knoblauch Ihnen leider nicht (außer wenn Sie Knoblauchpapier kaufen – suchen Sie in einem ehemaligen Hippie-Viertel in Ihrer Stadt nach einem Laden, der das Zeug hat). Sie können sich auch hervorheben, indem Sie den Befehl *Formatvorlage* benutzen.

Eine Formatvorlage ist ein Bündel von Formatierungsbefehlen – fett, zentriert, unterstrichen –, die zusammengefaßt und für eine künftige Verwendung gespeichert werden. Nehmen wir an, daß Sie eine Reihe von Absätzen haben, die Sie mit einem Einzug, in fetter, winziger Schriftgröße mit einem Rahmen um jeden Absatz formatieren wollen – oh, und einer extra Zeile am Ende jedes Absatzes. Sie können eine Formatvorlage entwerfen, die mit einem Schlag all diese Formate hinzufügt. Es mag sein, daß Formatvorlagen fortgeschrittenes Zeug sind, aber sie sind sicherlich sehr praktisch.

Den Befehl *Formatvorlage* verwenden

Mit Formatvorlagen bringen Sie die Zeichen- und Absatzformatierung unter ein Dach – oder zumindest in eine Dialogbox, wie es in Word der Fall ist. Dieses eine Dach finden Sie im *Format*-Menü: der Befehl *Formatvorlage*. Wenn Sie *Format, Formatvorlage* wählen, sehen Sie die Dialogbox *Formatvorlage*, die aussieht wie in Abbildung 14.1.

Auf drei Dinge müssen Sie in dieser Dialogbox achten: *Formatvorlage*, *Beschreibung* und die *Vorschau*-Fenster.

Die Liste *Formatvorlagen* zeigt den einprägsamen Namen für jede Formatvorlage an. Word beginnt ein Dokument immer mit der Standardformatvorlage, was nichts anderes als einfacher, langweiliger Text auf dem Bildschirm ist. Sie können die Liste der Formatvorlagen benutzen, um eine neue Formatvorlage auszuwählen oder einfach nur, um zu sehen, was verfügbar ist.

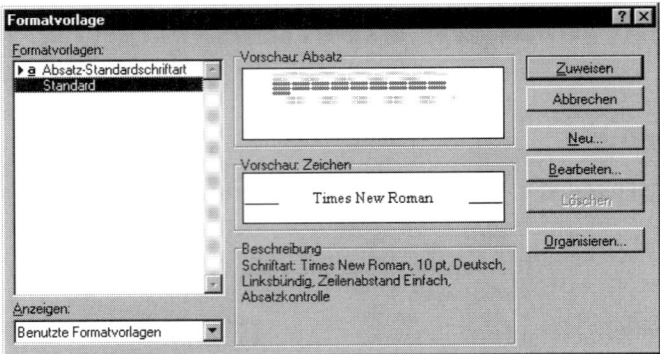

Abbildung 14.1: Die Dialogbox Formatvorlage

Im Feld *Beschreibung* unten in der Mitte der Dialogbox steht der technische Hokuspokus, der die Fomatvorlage beschreibt. Zum Beispiel kann dort stehen *Fett, Absatz mit folgendem zusammenhalten, Tabstops bei 16cm rechts,* und es können Schriftarten und ähnliches Zeug erwähnt sein. Es besteht kein Grund, hier länger mit Ihren müden Augen zu verweilen.

Außerdem gibt es zwei Vorschaufenster, die die Auswirkungen von Formatvorlagen auf die Formatierung des Absatzes und der Zeichen anzeigen.

✔ Sie können Word benutzen, ohne sich jemals mit Formatvorlagen herumzuplagen. Nur wenn Sie wirklich Gefallen daran finden, sollten Sie sich überhaupt mit diesem Zeug beschäftigen. (Schlagen Sie in dem betreffenden Abschnitt in Kapitel 15 über AutoFormat nach, falls Sie richtig faul sind oder es Ihnen einfach egal ist.)

✔ Formatvorlagen sind eine Kombination aus Zeichen-, Absatz-, und anderen Formatierungen, die alle unter einem einprägsamen Namen gespeichert sind.

✔ Der Clou an Formatvorlagen ist, daß Sie nicht während der Arbeit an Ihrem Dokument ständig Schriftart-, Zeichen- und Absatzformatierungen durchführen müssen. Zum Beispiel ist die Formatvorlage für diese Hinweisliste unter dem Namen **Häkchen** gespeichert. Den Haupttext vor dieser Liste habe ich mit der Formatvorlage **Standard** gestaltet. Auf diese Art kann ich meinen Text schreiben, ohne dabei ständig in Schriftarten- und Zeichen-Dialogboxen herummurksen zu müssen. Ich sage bloß »Gib mir die Formatvorlage Häkchen«, und Word gehorcht willig.

✔ Die Standardformatvorlage ist die normale Formatvorlage in Word, die immer erscheint, wenn Sie ein neues Dokument beginnen. Ja, sie ist verdammt einfach und häßlich, aber Sie können Ihre eigenen Formatvorlagen hinzufügen, um Ihren Text gefälliger zu gestalten.

✔ Die Liste der Formatvorlagen enthält zwei Arten von Formatvorlagen. Formatvorlagen, neben denen eine Absatzmarke (¶) steht, steuern sowohl Schriftarten- als auch Absatzformatierungen. Formatvorlagen mit einem unterstrichenen A (<u>a</u>) betreffen nur die

Schriftarten-(Zeichen-)Formatierung. In dem Abschnitt »*Eine Zeichenformatvorlage entwerfen*« erfahren Sie die Details.

✔ Benutzen Sie die Dropdown-Liste *Anzeigen*, um einige oder alle Formatvorlagen zu sehen, über die Sie verfügen können. Wenn *Benutzte Formatvorlagen* angezeigt wird, sehen Sie nur die Formatvorlagen, die zu Ihrem aktuellen Dokument gehören (wie in Abbildung 14.1). Wenn Sie aus der Liste statt dessen *Alle Formatvorlagen* wählen, bekommen Sie tonnenweise Formatvorlagen zu sehen, bis Sie fast durchdrehen.

✔ Sie wenden eine der verschiedenen Formatvorlagen auf Ihren Text an, indem Sie auf ihren Namen in der Dialogbox *Formatvorlage* klicken.

✔ Eine einfachere Methode, eine Formatvorlage auszuwählen, besteht darin, sie sich direkt aus der ersten Dropdown-Liste in der Standardsymbolleiste zu greifen – in diesem Kasten steht gewöhnlich *Standard*. Die Liste enthält alle Formatvorlagen, die mit Ihrem Dokument in Verbindung stehen (jene, die Sie selbst entworfen haben, oder die von Word vorgefertigten).

✔ Die neue Formatvorlage wird dem Absatz zugewiesen, in dem sich der Zahnstocher-Cursor befindet, oder dem Block, den Sie gerade auf dem Bildschirm markiert haben.

✔ Mehr Informationen über das Formatieren von Schriftarten und Zeichen erhalten Sie in Kapitel 9.

✔ Schlagen Sie in Kapitel 10 nach, wenn Sie Einzelheiten über Absatzformatierung nachlesen möchten.

✔ Die Standard-Formatvorlagen, die Word für Ihre neuen Dokumente anbietet, sind *Standard* und *Absatz-Standardschriftart*. Die Standardformatvorlage besteht aus Times New Roman mit 10 Punkten (bißchen klein) ohne weitere aufregende Sachen.

✔ Wenn Sie sich mit Gliederungen befassen, offeriert Word auch noch die Formatvorlagen *Überschrift 1, Überschrift 2* und *Überschrift 3*. Die Überschriften-Formatvorlagen sind durchweg fett und demonstrieren die gleiche Einfallslosigkeit wie bei der Standardformatvorlage. In Kapitel 17 finden Sie mehr zum Thema Gliederung.

Eine neue Formatvorlage erstellen

Neue Formatvorlagen lassen sich einfach erstellen. Folgen Sie einfach diesen locker umrissenen Schritten:

1. Tippen Sie einen Textabsatz.

Es muß nicht einmal ein ganzer Absatz sein, eine einzelne Zeile tut es auch. Vergessen Sie nur nicht, am Ende der Zeile die Eingabetaste zu betätigen, damit Word glaubt, Sie hätten einen gesamten Absatz geschrieben.

2. **Markieren Sie den Absatz als Textblock.**

3. **Wählen Sie die Zeichenformatierung, die Sie für Ihre Formatvorlage wünschen.**

   Die Zeichenformatierung wird dem Block zugewiesen. Wählen Sie eine Schriftart und -größe, um den Text zu vergrößern oder zu verkleinern.

    Blättern Sie geschwind in Kapitel 9 das Nötige über Zeichenformatierung nach. Vorher noch ein Ratschlag von mir: Bleiben Sie bei Schriftarten und -größen, vermeiden Sie fette, kursive und unterstrichene Zeichen, wenn Sie sie nicht in Ihrem gesamten Text haben wollen. (Formatvorlagen sind weitreichende Dinge; nur einzelne Wörter sind fett, unterstrichen oder haben ähnliche Formatierungen.)

4. **Wählen Sie die Absatzformatierung für Ihre Formatvorlage aus.**

   Während der Textblock noch markiert ist, können Sie die Informationen aus Kapitel 10 benutzen, um den Absatz zu formatieren. Zentrieren Sie ihn, nehmen Sie einen Einzug vor, oder weisen Sie ihm einfach irgendeine Formatierung zu, die Sie in Ihre Formatvorlage aufnehmen wollen.

5. **Geben Sie Strg + Umschalt-Taste+ S ein.**

   Mit dieser Tastenkombination aktivieren Sie den Befehl *Formatvorlage*. Sie markieren damit den Eintrag in der Dropdown-Liste der Formatvorlagen in der Standard-Symbolleiste – wo normalerweise *Standard* steht.

6. **Geben Sie einen Namen für Ihre Formatvorlage ein.**

   Ein kurzer, treffender Titel mit einem Wort reicht vollkommen aus. Sollten Sie zum Beispiel einen hängenden Einzug entworfen haben, den Sie für Listen verwenden wollen, nennen Sie die Formatvorlage **Liste**. Oder wenn Sie eine besonders musikalische Formatvorlage entwickelt haben, nennen Sie sie **Liszt**.

7. **Drücken Sie die Eingabetaste.**

   Die Formatvorlage wird dem Vorrat an Formatvorlagen von Word für Ihr Dokument hinzugefügt.

✔ Wollen Sie die Formatvorlage verwenden – sie anderen Absätzen in Ihrem Dokument *zuweisen* –, schlagen Sie in dem Abschnitt *»Eine Formatvorlage verwenden«* in diesem Kapitel nach.

 ✔ Geben Sie Ihrer Formatvorlage einen Namen, der ihre Funktion treffend beschreibt. Namen wie Listeneinzug oder Tabelle Textkörper sind großartig, weil man sich einfach daran erinnern kann, was sie für einen erledigen. Namen wie Herbert oder Jeannette sind dagegen nicht zu empfehlen.

✔ Die Formatvorlagen, die Sie entwickeln, sind ausschließlich in dem Dokument verfügbar, in dem sie entworfen wurden.

✔ Wenn Sie ein ganzes Bündel von Formatvorlagen erstellt haben, die Sie über alles lieben und für verschiedene Dokumente verwenden möchten, dann müssen Sie etwas entwikkeln, das *Dokumentvorlage* genannt wird. Diese Prozedur wird in Kapitel 15 in dem Abschnitt *»Eine Dokumentvorlage für Ihre Formatvorlagen entwerfen«* abgehandelt.

 ✔ Sie können eine Formatvorlage auch mit der Dialogbox *Formatvorlage* erstellen, obwohl diese Methode mehr geistige Anstrengung bereitet, als es so zu erledigen, wie ich es gerade beschrieben habe. Wählen Sie *Format, Formatvorlage,* und klicken Sie auf die Schaltfläche *Neu*. Die Dialogbox *Neue Formatvorlage* taucht auf dem Bildschirm auf. Klicken Sie jetzt auf die *Format*-Taste, und Sie sehen ein Menü, das es Ihnen erlaubt, mit Zeichen, Absatz, Tabulatoren und einigem anderen mehr herumzuspielen. Klicken Sie auf OK, wenn Sie Zeichen, Absätze und was sonst noch bestimmt haben und klicken Sie dann auf das Feld *Name* in der Dialogbox *Neue Formatvorlage*, um Ihrer Formatvorlage einen Namen zu geben. Klicken Sie auf OK und dann auf *Schließen*, um in Ihr Dokument zurückzukehren.

Eine Zeichenformatvorlage erstellen

Sie haben sicher bemerkt, daß einige Formatvorlagen in der Liste der Formatvorlagen mit einem unterstrichenen A markiert sind, etwa so: a. Dies sind nur Zeichenformatvorlagen. Sie betreffen nur die Formatierung von Schriftart und Schriftgröße, nicht jedoch die Absatzformatierung. Wenn Sie Ihren zentrierten Textblock in einen Block mit großer, häßlicher Schrift verwandeln möchten, können Sie das erreichen, indem Sie die *Große-Häßliche*-Zeichenformatvorlage verwenden, die die Absatzformatierung unberührt läßt.

Sie erstellen eine Zeichenformatvorlage mit folgenden Schritten:

1. **Wählen Sie *Format, Formatvorlage*.**

   Es öffnet sich die Dialogbox *Formatvorlage* (siehe Abbildung 14.1)

2. **Klicken Sie auf die Schaltfläche *Neu*...**

   Es erscheint die Dialogbox *Neue Formatvorlage* (siehe Abbildung 14.2). In dieser Dialogbox können Sie neue Formatvorlagen erstellen – bekannte Gefilde, wenn Sie es schon mal getan haben.

3. **Tippen Sie in dem Feld *Name* eine Bezeichnung für Ihre Formatvorlage ein.**

   Seien Sie schlau. Wenn die Zeichenformatvorlage alle Zeichen tiefgestellt in einer breiten Schrift darstellt, nennen Sie sie **Stummel.**

4. **In der Dropdown-Liste *Formatvorlagen-Typ* wählen Sie *Zeichen*.**

   Diese Wahl bringt alles in der Dialogbox *Neue Formatvorlagen* dazu, nur Zeichen und Schriftart und -größe betreffendes Zeug zu akzeptieren.

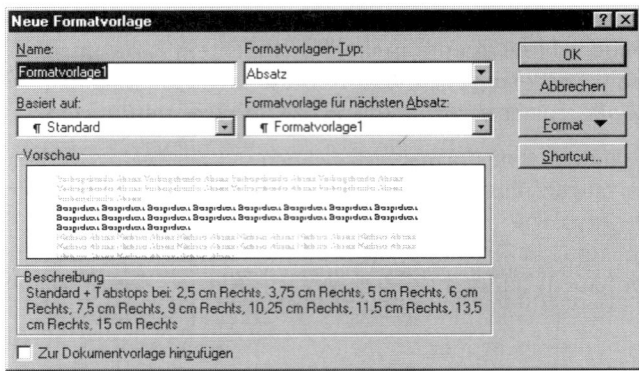

Abbildung 14.2: Die Dialogbox Neue Formatvorlage

5. Benutzen Sie die *Format*-Schaltfläche, um das Zeichenformat Ihrer Wünsche zu bestimmen.

Es sind nur zwei Optionen möglich, *Zeichen* und *Sprache*. Vergessen Sie *Sprache*. Mit *Zeichen* erhalten Sie die Dialogbox *Zeichen*, in der Sie die verschiedenen Zeichenattribute bestimmen können – ähnlich wie es in Kapitel 9 dieses Buches beschrieben ist.

6. Klicken Sie auf OK, wenn Sie Ihre Zeichenformatvorlage vollendet haben.

7. Klicken Sie in der Dialogbox *Formatvorlage* auf *Schließen*.

Und Sie haben es geschafft.

✔   Die Namen von Zeichenformatvorlagen erscheinen in der Liste der Formatvorlagen mit einem unterstrichenen A (a̲).

✔   Diese speziellen Zeichenformatvorlagen haben keine Auswirkung auf irgendeine Absatzformatierung. Die Wahl einer Zeichenformatvorlage verändert ausschließlich Schriftart, Schriftgröße, Unterstreichungen, fette und kursive Zeichen und so weiter.

✔   Schlagen Sie in dem Abschnitt »*Zeichenformatierungen klauen*« am Ende dieses Kapitels nach, falls Sie nach einer kürzeren Variante zum Verändern der Zeichenformatierung suchen.

Ihrer Formatvorlage eine Abkürzungstaste geben

Formatvorlagen bieten Ihnen den Vorteil, Ihre Textabsätze schneller formatieren zu können. Shortcuts (Abkürzungstastenkombinationen) für Formatvorlagen machen das Formatieren noch bequemer, weil es oft schneller ist, Alt + Umschalt + L einzugeben, um die Formatvorlage *Liste* zu bekommen, als sich mit der Dropdown-Liste der Formatvorlagen oder gar der Dialogbox zu plagen – besonders wenn Sie sich mit einem Batzen von Formatvorlagen herumschlagen.

Um Ihrer Formatvorlage eine Abkürzung zu geben, gehen Sie wie folgt vor:

1. Wählen Sie den Befehl *Format, Formatvorlage*.

Dialogbox *Formatvorlage*, herkommen!

2. Wählen Sie die Formatvorlage aus, die Sie mit einer Abkürzung belegen möchten.

Markieren Sie die Formatvorlage in der Liste, indem Sie einmal mit der Maus auf sie klicken.

3. Klicken Sie auf *Bearbeiten*.

Es erscheint die Dialogbox *Formatvorlage bearbeiten*.

4. Klicken Sie auf die Taste *Shortcut*.

Eine seltsame Dialogbox Anpassen taucht auf. Vergeuden Sie keine Zeit beim Erkunden dieser Dialogbox. Fahren Sie mit Schritt 5 fort.

5. Geben Sie Ihre Shortcut-Tastenkombination ein.

Am besten sind Kombinationen wie Strg + Umschalt + Buchstabe oder Alt + Umschalt + Buchstabe oder Strg + Alt + Buchstabe, wobei »Buchstabe« ein Buchstabe der Tastatur ist. Zum Beispiel geben Sie Strg + Alt + B für Ihre Formatvorlage *Briefkopf* ein.

Sie werden bemerken, daß die Tastenkombination, die Sie drücken, in dem Kasten *Neuen Shortcut wählen* erscheint (schauen Sie links in der Mitte der Dialogbox nach). Sie können einen Fehler einfach mit der Rückwärtstaste löschen.

6. Prüfen Sie, ob die Tastenkombination bereits verwendet wird.

Zum Beispiel benutzt Word Strg + B als Abkürzung für Blocksatz. Diese Tastenkombination erscheint unter der Überschrift ***Derzeit zugeordnet zu*** direkt unter der Dialogbox *Neuen Shortcut wählen*. Achten Sie unbedingt auf diesen Kasten! Löschen Sie die Eingabe mit der Rückwärts-Taste, und gehen Sie zu Schritt 5 zurück, wenn Ihre Tastenkombination bereits belegt ist.

Falls Ihre Taste durch nicht anderes belegt ist, sehen Sie ein `nicht zugewiesen` in der Anzeige unter `Derzeit zugeordnet zu`.

7. Klicken Sie auf *Zuordnen*.

8. Klicken Sie auf *Schließen*.

Die Dialogbox *Anpassen* verzieht sich schmollend.

9. Bestätigen Sie erneut mit OK.

Die Dialogbox *Formatvorlage bearbeiten* zieht enttäuscht von dannen.

10. Klicken Sie in der Dialogbox _Formatvorlage_ auf _Schließen_.

Herzlichen Glückwunsch, Sie haben jetzt eine benutzbare Tastenkombination für Ihre Formatvorlage.

Ich verwende gewöhnlich die Strg + Alt-Tastenkombinationen in Verbindung mit einer Buchstaben-Taste für meine Formatvorlagen-Shortcuts. Schreibe ich zum Beispiel einen Artikel in einem Magazin, ist Strg + Alt + K die _Textkörperformatvorlage_; Strg + Alt + Ü ist die Formatvorlage _Überschrift_ und Strg + Alt + H dient für _Hinweise_. Dahinter steckt die Idee, daß die Abkürzung noch an den Namen der Formatvorlage erinnert.

Informationen über die Benutzung von Formatvorlagen – _Formatvorlagen zuweisen_, wenn Sie in der Support-Abteilung von Microsoft arbeiten – erhalten Sie im nächsten Abschnitt.

Eine Formatvorlage verwenden

Sie _verwenden_ eine Formatvorlage nicht, sondern _weisen_ sie vielmehr _zu_. Die Zeichen- und Absatzformatierung, die in einer Formatvorlage sorgfältig gespeichert ist, wird einem Text auf dem Bildschirm zugewiesen oder einem Textblock oder einem Text, den Sie noch schreiben wollen. Eine Formatvorlage zu benutzen ist einfach:

1. Überlegen Sie sich, wo Sie die Formatvorlage zuweisen wollen.

Ist es ein Absatz, der schon auf dem Bildschirm ist, dann setzen Sie einfach Ihren Zahnstocher-Cursor irgendwo in diesen Absatz. Anderenfalls wird die Formatvorlage jedem neuen Text zugewiesen, den Sie als nächstes tippen.

2. Wählen Sie eine Formatvorlage aus der Symbolleiste.

Klicken Sie auf den abwärts gerichteten Pfeil neben der ersten Dropdown-Liste – die »Standard«-Liste. Markierem Sie Ihre Formatvorlage in dieser Liste. Mit der Tastatur geben Sie Strg+Umschalttaste+S ein und benutzen dann die Richtungspfeile, um sich die Formatvorlagen anzusehen. Markieren Sie eine Formatvorlage, und klicken Sie mit der Maus darauf, oder betätigen Sie die Eingabetaste. Sie können auch direkt den Namen der Formatvorlage in den Kasten eingeben, wenn Sie ihn richtig schreiben können.

✔ Eine Formatvorlage zuweisen ist eine Angelegenheit für einen Absatz. Sie können eine Formatvorlage nicht auf ein einzelnes Wort in einem Absatz anwenden; statt dessen wird die Formatvorlage den ganzen Absatz übernehmen.

✔ Sie können eine Formatvorlage ebenfalls mit einem Shortcut zuweisen, vorausgesetzt, daß Sie einen für diese Formatvorlage erstellt haben. Sehen Sie sich dazu noch einmal die ausführlichen und langweiligen Instruktionen im vorherigen Abschnitt an.

✔ Um eine Formatvorlage auf den gesamten Text anzuwenden, wählen Sie _Bearbeiten, Alles Markieren_ und danach die Formatvorlage für _alles_ aus.

✔ Ganze Herden von Formatvorlagen können in sogenannten *Formatvorlagen-Katalogen* gesammelt werden. In Kapitel 15 wird dieses Phänomen näher erläutert.

✔ Sehen Sie sich noch einmal den Abschnitt *»Eine neue Formatvorlage erstellen«* am Anfang dieses Kapitels an, wenn Sie Fragen zum Erstellen Ihrer eigenen Formatvorlagen für ein Dokument haben.

✔ Manchmal werden Sie Formatvorlagen entwerfen, die so kompliziert sind, daß sie sich nicht einmal auf dem Bildschirm anzeigen lassen. Wenn Sie die Fähigkeiten Ihres Druckers oder Ihrer Grafikkarte überschreiten, können Sie sehr seltsames Zeug sehen. Freuen Sie sich zu früh, die 60er Jahre sind noch nicht wieder da.

»Äh, was bedeutet die Dialogbox *Formatvorlage erneut zuweisen?«*

Wenn Sie mit Formatvorlagen herumspielen, stolpern Sie vielleicht über die Dialogbox *Formatvorlage erneut zuweisen*, die in ihrer etwas umständlichen Art versucht, folgendes zu erklären: »Entschuldigung, aber Sie haben da Text und eine Formatvorlage markiert, aber sie passen nicht zueinander. Soll ich so tun, als würde die Formatvorlage von hier an zu dem Text passen, oder soll ich den Text umformatieren, damit er zu der Formatvorlage paßt?« Eine interessante Frage.

Was Word vorschlägt, heißt Möchten Sie die Formatvorlage basierend auf der Markierung neu definieren? Diese Option werden Sie wahrscheinlich nicht wählen wollen. Wenn Sie diese Option anklicken und mit OK bestätigen, bedeutet das, daß die Formatvorlage, die Sie bereits erstellt haben, zu dem markierten Text passen soll. (Wenn Sie das natürlich wollen, klicken Sie auf OK.)

Die andere Option lautet Möchten Sie die Formatvorlage der Markierung wieder zuweisen? Diese Option ist nicht weniger verwirrend und bedeutet, daß Word Ihren markierten Text so formatieren wird, daß er zu der gewählten Formatvorlage paßt. Wahrscheinlich werden Sie sich eher für diese Option entscheiden; so bleibt Ihre Formatvorlage intakt

Seien Sie schließlich Word dankbar, daß es den *Rückgängig*-Befehl besitzt. Egal, wofür Sie sich in der Dialogbox *Formatvorlage erneut zuweisen* entscheiden, mit Hilfe des *Rückgängig*-Befehls wird Ihr Text wieder normal (oder so wie zuvor).

Eine Formatvorlage ändern

Die Zeiten ändern sich, Formatvorlagen ändern sich. Nur Schlaghosen ändern sich nicht; sie waren einmal der große Schrei, und sie bestimmen auch jetzt schon wieder den Modetrend. Times New Roman – der Fluch der Standardformatvorlage – ist eine wunderschöne Schrift ... wenn Sie Fliegen tragen und denken, daß Merengue ein salziger Tequila-Drink ist oder aber ein alter Nazi, der in Brasilien lebte. Times New Roman ist ein Arbeitspferd, das von jedem für beinahe alles gebraucht wird. Vielleicht wollen Sie es wieder auf die Weide bringen und eine andere Schriftart in Ihrer Standardformatvorlage verwenden. Falls ja, können Sie diese Veränderung vornehmen.

Hier sind die Instruktionen, um eine Formatvorlage zu verändern – jede Formatvorlage, nicht nur die Standardformatvorlage. (Ich empfehle Ihnen sowieso, nicht an der Standardformatvorlage herumzubasteln.)

1. **Geben Sie den Befehl *Format, Formatvorlage* ein.**

   Hallo, Herr Dialogbox *Formatvorlage*, wie geht es Weib und Kind?

2. **Wählen Sie die Formatvorlage aus der Liste der Formatvorlagen aus, die Sie ändern wollen.**

3. **Klicken Sie auf die Schaltfläche *Bearbeiten*.**

   Die Dialogbox *Formatvorlage bearbeiten* bahnt sich ihren Weg auf den Bildschirm.

4. **Klicken Sie auf *Format*.**

   Word legt Ihnen eine Liste von Formatierungsoptionen vor. Zeichen, Absatz, Tabulator, Körperbau, Haarfarbe. Es ist alles da. Abbildung 14.3 zeigt, wie es aussieht.

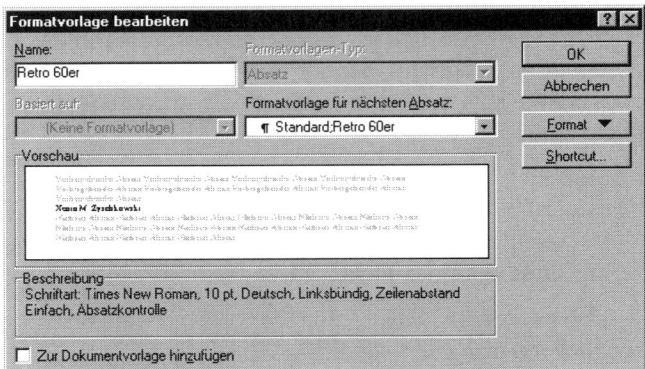

Abbildung 14.3: Die Dialogbox Formatvorlage bearbeiten mit geöffneter Dropdown-Liste Format

5. **Wählen Sie den Teil der Formatvorlage aus, den Sie verändern möchten.**

   Sie klicken beispielsweise auf *Zeichen*, wenn Sie die Dialogbox *Zeichen* öffnen möchten. Hier können Sie die Schriftart, Schriftgröße oder andere Dinge verändern, die von der *Zeichen*-Box gesteuert werden (alles dazu am Ende von Kapitel 9). Andere Schaltflächen in der Dialogbox *Formatvorlage* erlauben Ihnen, andere Eigenschaften Ihrer Formatierung zu verändern.

6. **Bestätigen Sie mit OK.**

Das Betätigen von OK schließt die jeweilige Dialogbox, mit der Sie gerade einen Teil Ihrer Formatvorlage bearbeitet haben. Wenn Sie zum Beispiel die Dialogbox *Zeichen* mit Hilfe ihrer OK-Schaltfläche schließen, erreichen Sie wieder die Dialogbox *Formatvorlage*.

7. **Wiederholen Sie die Schritte 4, 5 und 6 solange wie nötig, um Ihre Formatvorlage zu verändern.**

8. **Klicken Sie in der Dialogbox *Formatvorlage bearbeiten* auf OK, wenn Sie fertig sind.**

9. **Oh, und klicken Sie auf *Schließen* in der *Formatvorlage*-Dialogbox, um zu Ihrem Dokument zurückzukommen.**

✔ Die Bearbeitung von Formatvorlagen ist eine Angelegenheit für Fortgeschrittene – nicht zu empfehlen für Schüchterne. Es ist durchaus möglich, Word zu benutzen, ohne sich überhaupt um Formatvorlagen zu kümmern, wobei die meisten Leute das Programm wahrscheinlich so benutzen werden.

✔ Die Änderung einer Formatvorlage bedeutet, daß alle Absätze in Ihrem Dokument verändert werden, die mit dieser Formatvorlage formatiert sind. Das ist ein großartiger Weg, um etwa eine Schriftart in einem ganzen Dokument zu ändern, ohne dabei alles markieren zu müssen und sich die neue Schriftart manuell herauszusuchen.

✔ Sie mögen es nicht? Klicken Sie auf die Schaltfläche *Rückgängig* (oder geben Sie Strg + Z ein), um alles verschwinden zu lassen und zu Ihren ursprünglichen Kopfschmerzen zurückzukehren.

Zeichenformatierungen klauen

Zur Hölle mit Formatvorlagen! Nehmen wir mal an, daß Sie eine hübsche Zeichenformatierung erstellt haben und sie jetzt in andere Teile Ihres Dokumentes kopieren wollen. Zum Beispiel:

Dummer Text!

Das Format sagt Ihnen zu, und Sie können sich vorstellen, daß es auch andernorts passen würde. Um nur die Zeichenformatierung zu kopieren – was irgendwie zu all dem Unsinn über Formatvorlagen paßt – beachten Sie folgendes:

1. **Pieken Sie den Zahnstocher in die Mitte des Textes, der die Zeichenformatierung aufweist, die Sie kopieren möchten.**

   Sie müssen vorher keine Markierung vornehmen.

 2. **Klicken Sie auf den Pinsel in der Standardsymbolleiste.**

Der Cursor verwandelt sich in einen Malerpinsel-Zeiger, wie am linken Rand abgebildet. Dieser besondere Cursor dient dazu, Text in Ihrem Dokument zu markieren. Dieser Text nimmt danach die neuen Zeichenattribute an.

3. Suchen Sie den Text, den Sie verändern möchten.

In Kapitel 2 erhalten Sie die notwendigen Informationen über die Richtungstasten von Word.

4. Markieren Sie den Text.

Ziehen Sie die Maus über den Text, den Sie ändern möchten. Sie müssen hierfür die Maus verwenden.

5. Lassen Sie die Maustaste los.

Voilà. Der Text ist verändert.

✔ Sie können das Zeichenformat auf diese Weise nur einmal pinseln. Um mit derselben Formatierung weiterzumalen, müssen Sie die oben stehenden Schritte wiederholen oder sich den nächsten Abschnitt ansehen.

✔ Doppelklicken Sie in Schritt 2 auf die Schaltfläche *Format übertragen*. So bleibt der Cursor für das Übertragen von Formaten aktiv und ist bereit, Unmengen von Text zu bemalen. So können Sie nach Schritt 5 fortfahren (wiederholen Sie die Schritte 3, 4 und 5 so oft, wie Sie mögen). Drücken Sie die Esc-Taste, wenn Ihr Malrausch nachläßt.

✔ Wenn Sie der Maus überdrüssig sind, können Sie auch den Befehl Strg + Umschalt-Taste + C der Tastatur benutzen, um das Zeichenformat eines markierten Blocks an einen anderen Ort Ihres Dokumentes zu kopieren. Mit der Tastenkombination Strg + Umschalt-Taste + V fügen Sie die Zeichenformatierung dort ein. Markieren Sie einfach den Text in Ihrem Dokument und drücken Sie Strg + Umschalt-Taste + V, um die Zeichenformatierung einzufügen.

✔ Sie können sich die Tasten Strg + Umschalt-Taste + C zum Kopieren einer Zeichenformatierung und Strg + Umschalt-Taste + V ganz gut merken, weil Strg + C und Strg + V die Shortcuts für Kopieren und Einfügen sind.

✔ Verwechseln Sie nicht die Schaltfläche für das Einfügen von Formatierungen mit dem Markierungswerkzeug, das in Kapitel 17 beschrieben wird.

Dokumentvorlagen und Assistenten

15

In diesem Kapitel

▷ Eine Dokumentvorlage erstellen

▷ Eine Dokumentvorlage benutzen

▷ Eine Dokumentvorlage verändern

▷ Assistenten verwenden, um ach-wie-hübsche Dokumente zu erstellen

Dokumentvorlagen und Assistenten kümmern sich beide um die gleiche Sache wundervoll aussehende Dokumente erstellen, ohne einen schwarzen Gürtel im Schriftsetzen zu besitzen. Dokumentvorlagen sind die eher altmodische Variante, die Sache zu erledigen. Eine Dokumentvorlage ist eine Sammlung von Formatvorlagen und anderen Dingen, um das Schreiben bestimmter Arten von Dokumenten zu erleichtern. Zum Beispiel benutzt die Verkehrspolizei diese riesigen Schablonen, um Verkehrszeichen auf die Straße zu malen. Die Straßenarbeiter legen sie auf den Boden, sprühen Farbe darüber, und schon erscheint ein großes STOP auf der Straße. Die Dokumentvorlagen von Word funktionieren so ähnlich.

Assistenten sind dagegen magischer – eher in die Richtung dessen, was in Computerkreisen einmal *Künstliche Intelligenz* genannt wurde. Na ja, mittlerweile hat sich herausgestellt, daß künstliche Intelligenz nichts anderes heißt, als daß es der Job des Computers ist, Ihnen bei Ihrem Job zu helfen. Im Falle von Word helfen Assistenten Ihnen, Musterdokumente einzurichten und zu schreiben, wobei sie manchmal sogar die Wörter für Sie einfügen. Assistenten sind wie Zauberei, und sie sind ideal für denkfaule Schreiber, die mit einem Minimum an Anstrengung andere verblüffen wollen.

Eine Dokumentvorlage erstellen, um Ihre Formatvorlagen zu speichern

Formatvorlagen sind eine Sammlung von Absatz- und Zeichenattributen, die Sie unter einem einprägsamen Namen speichern. In Kapitel 14 finden Sie alle Details über ihre Erstellung und Verwendung gesagt.

Oftmals möchten Sie ein ganzes Bündel von Formatvorlagen speichern, um sie immer wieder zu verwenden. Sie möchten zum Beispiel alle Formatvorlagen beibehalten, die Sie in dem Rundbrief *Die anonymen Dreckschleudern* verwenden. Um diese Aufgabe zu bewältigen, erstellen Sie eine *Dokumentvorlage*, in Wirklichkeit eine besondere Art von Dokument. In einer Dokumentvorlage können Sie Ihre gesamten Formatvorlagen speichern, was Ihnen erlaubt, sie immer wieder zu benutzen, ohne sie jedes Mal erneut erstellen zu müssen.

Sie erstellen eine Dokumentvorlage wie jedes andere neue Dokument. Beginnen Sie, indem Sie ein neues Dokument in Word anfangen:

1. **Wählen Sie den Befehl *Datei, Neu.***

   Sie müssen den Befehl *Neu* aus dem *Datei*-Menü wählen. Die Schaltfläche für *Neu* in der Standardsymbolleiste hilft Ihnen nicht weiter.

   Die Dialogbox *Neu* taucht auf dem Bildschirm auf und verwirrt Ihr Gehirn, da sie einfach zu komplex ist (siehe Abbildung 15.1).

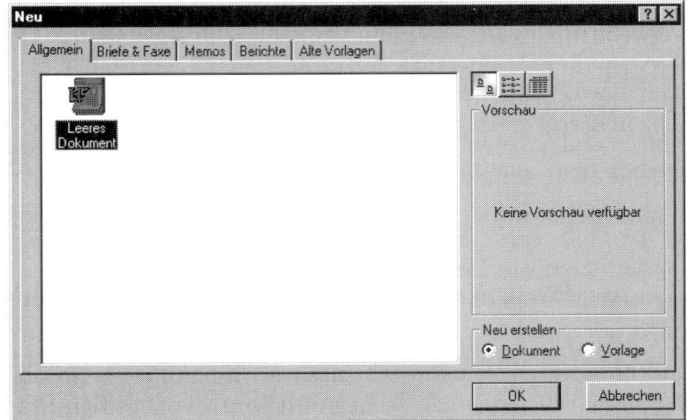

Abbildung 15.1: Die Dialogbox Neu. Verblüffend, was?

2. **Suchen Sie in der Dialogbox *Neu* nach dem Bereich *Neu erstellen*.**

   Sie haben zwei Radioknöpfe: *Dokument* und *Vorlage*.

 Ich würde auch in dem Kasten »Die Vorlage in die richtige Schublade stecken« nachschlagen, aber das müssen Sie in diesem Augenblick nicht unbedingt tun.

3. **Wählen Sie *Vorlage*.**

4. **Klicken Sie auf OK.**

   Was Sie sehen, sieht wie ein neues Dokument auf dem Bildschirm aus. Lassen Sie sich dadurch nicht irre machen. Es ist in Wahrheit eine Dokumentvorlage. (Die Titelzeile des neuen Dokuments zeigt Ihnen an, daß Sie an einer Dokumentvorlage arbeiten.)

5. **Erstellen Sie die Formatvorlagen für Ihre neue Dokumentvorlage.**

   Folgen Sie dabei den Anweisungen für das Erstellen von Formatvorlagen aus Kapitel 14, entwerfen Sie dabei aber eine Anzahl von Formatvorlagen, die Sie für bestimmte Dokumente verwenden möchten. Zum Beispiel wurde dieses Buch mit einer Dokumentvorlage erstellt, die über Formatvorlagen für den Haupttext verfügt, für numerierte Listen, Abschnittsüberschriften und jede Menge anderen Kram, den ich gewohnheitsmäßig ignoriere.

6. Speichern Sie die Dokumentvorlage.

Wählen Sie dazu *Datei, Speichern unter*. Es öffnet sich die Dialogbox *Speichern unter*. Tippen Sie einen Namen ein, wobei Sie darauf achten sollten, etwas Aussagefähiges zu finden. Sie müssen aber nicht das Wort »Dokumentvorlage« verwenden, da Word selbst darauf achtet. Klicken Sie auf OK. Danach schließen Sie die Dokumentvorlage und sind fertig.

✔ Die Dokumentvorlagen von Word sind in dem dafür eingerichteten Unterverzeichnis *Vorlagen* auf Ihrer Festplatte gespeichert. Versuchen Sie nicht, sie irgendwo anders zu speichern.

✔ Um eine Dokumentvorlage für die Erstellung eines neuen Dokumentes zu benutzen, schlagen Sie in dem Abschnitt »*Eine Dokumentvorlage benutzen*« weiter hinten in diesem Kapitel nach.

✔ Wenn Sie eine neue Dokumentvorlage erstellt haben, erscheint ihr Name in dem Hauptfenster der Dialogbox Neu (es leistet dann dem leeren Dokument aus Abbildung 15.1 Gesellschaft). Diese Dokumentvorlage für ein neues Dokument zu verwenden ist eine Kleinigkeit, aber ich erspare mir die Details bis zum Abschnitt »*Eine Dokumentvorlage verwenden*« weiter hinten in diesem Kapitel.

✔ Mehr Informationen über das Speichern, einschließlich des eminent wichtigen Dateinamen-Infos, finden Sie in Kapitel 18.

✔ Seien Sie schlau bei der Namenswahl der Dokumentvorlagen. Ich schicke meine Briefe immer mit der Dokumentvorlage BRIEF; für ein Telefax nehme ich die Dokumentvorlage FAX. Diese Dateinamen sind präzise, kurz, geschmackvoll und beschreiben die Art der Dokumentvorlage, die sie repräsentieren. Machen Sie das gleiche und Ihr Word-Guru wird entzückt lächeln.

✔ Tatsächlich verfügt Word schon zu Beginn über eine Reihe von Dokumentvorlagen, die darauf warten, von Ihnen verwendet zu werden. Schlagen Sie in »*Eine Dokumentvorlage verwenden*« weiter hinten in diesem Kapitel nach.

Die Dokumentvorlage in die richtige Schublade stecken

In der Dialogbox *Neu* gibt es verschiedene Blätter mit unterschiedlichen Schildchen – das ist die typische Art von Windows 95: »Mal sehen, wieviel Krimskrams wir in eine einzige Dialogbox stopfen können.« Schauen Sie sich Abbildung 15.1 an, wenn Sie wissen wollen, was ich meine.

Auf jedem dieser Blätter (*Allgemein*, *Briefe & Faxe*, *Memo*s und so weiter) finden Sie verschiedene Arten von Dokumentvorlagen, mit denen Sie etwas anderes in Word anfangen können. Auf dem Blatt *Briefe & Faxe* befinden sich beispielsweise Dokumentvorlagen, die die Jungs und Mädels bei Microsoft bereits für Sie gestaltet haben, damit Sie Ihre Briefe und Faxe ganz einfach anfangen können. (Sie finden hier sogar Assistenten, ein Thema, das an anderer Stelle in diesem Kapitel abgehandelt wird.)

Wenn Sie eine neue Dokumentvorlage erstellen, können Sie versuchen, sie an die richtige Stelle zu plazieren, indem Sie den passenden Ordner auswählen, wenn Sie sie speichern. Natürlich müssen Sie das nicht; tun Sie sich keinen Zwang an, und stecken Sie alle Dokumentvorlagen in die Schublade *Allgemein*, was ich auch mache (und ich bin kein richtig schlechter Mensch).

Eine Dokumentvorlage komplett mit Text erstellen

Es gibt keine Regel, die besagt daß Dokumentvorlagen allein aus Formatvorlagen bestehen müssen. Sie können auch Text beinhalten, vor allem Text, den Sie ständig in bestimmten Arten von Dokumenten verwenden. Ein typisches Beispiel für den Inhalt einer Word-Dokumentvorlage ist ein Briefkopf, der Ihnen erlaubt, diese Dokumentvorlage für Ihre Korrespondenz zu verwenden. Ich habe eine Dokumentvorlage FAX, die ich verwende, wenn ich ein Fax verschicke. Der erste Teil der Dokumentvorlage (die *Von-*, *An-*, *Betreff*-Zeilen) ist bereits geschrieben, so daß ich meine wertvolle Energie für den Inhalt des Schreibens verwenden kann.

Sie erstellen eine Dokumentvorlage komplett mit Text, indem Sie diesen Schritten folgen:

1. **Tun Sie alles, was in den Schritten 1 bis 5 aus dem vergangenen Abschnitt beschrieben ist.**

    Hee, so eine Anweisung spart dem Autor viel Schreibarbeit.

2. **Bevor Sie Ihre Dokumentvorlage speichern, geben Sie den Text ein, der Bestandteil Ihrer Dokumentvorlage sein soll.**

    Alles, was Sie jetzt tippen, wird gemeinsam mit den Formatvorlagen der Dokumentvorlage gespeichert. Sie können zum Beispiel Ihren Briefkopf entwerfen, vorausgesetzt, Sie lesen einige andere Kapitel in diesem Buch. Wenn Sie Ihr eigenes kleines Rundschreiben verbreiten, können Sie die Teile erstellen, die sich von Ausgabe zu Ausgabe nicht verändern, wie das Beispiel in Abbildung 15.2.

3. **Speichern Sie die Dokumentvorlage, wie im vorangegangen Abschnitt beschrieben.**

    Geben Sie ihr einen cleveren Namen, irgend etwas wie BRIEF oder BRIEFKOPF oder sogar RUNDBRIEF.

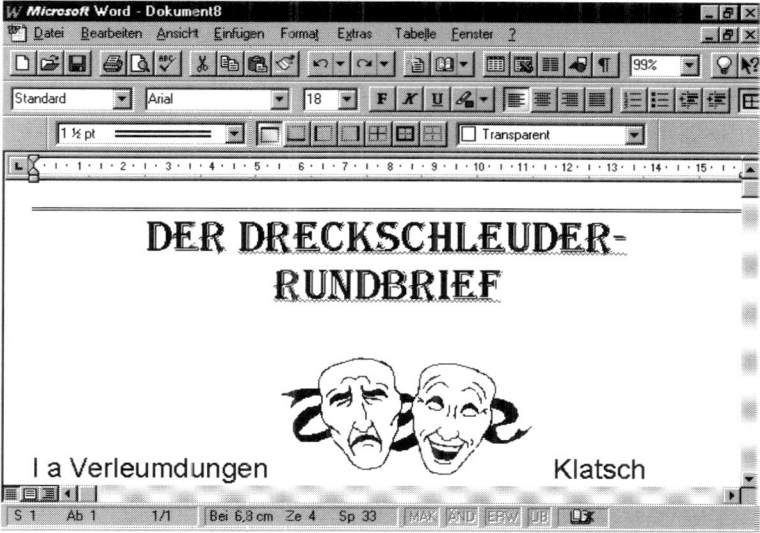

Abbildung 15.2: Eine Muster-Dokumentvorlage, die Text und Grafik enthält

 Sie müssen nicht das Wort »Dokumentvorlage« verwenden, da Word die Dokumentvorlagen getrennt von normalen Dokumenten speichert.

✔ Sie können sehr viel Text in eine Dokumentvorlage packen, wenn Ihnen das gefällt (alles was Sie normalerweise in ein Dokument eingeben). Eigentlich sollten Sie sich hier aber kurz fassen. Eine sehr spezielle Dokumentvorlage ist nicht so nützlich wie eine eher allgemeine.

✔ Sie können auch Grafiken in Ihre Dokumentvorlage einbauen. Schlagen Sie in Kapitel 24 nach, wie man Grafiken in Dokumenten verwendet.

✔ Sehen Sie sich unbedingt auch Kapitel 23 über den Seriendruck an – ein Konzept, das von Dokumentvorlagen weit entfernt ist, obwohl man die beiden leicht miteinander verwechseln kann.

Das aktuelle Datum in eine Dokumentvorlage einfügen

Jeder Text, den Sie in eine Dokumentvorlage eingeben, wird ein dauerhafter Bestandteil dieses Dokumentes. Das ist keine gute Nachricht, falls Sie ein Datum in eine Dokumentvorlage einfügen möchten, denn das heutige Datum unterscheidet sich von dem Datum, an dem Sie den Brief ausdrucken werden, für den Sie Ihre Dokumentvorlage benutzt haben. Zum Glück gibt es dafür eine Lösung. Die Prozedur ist vielleicht etwas umständlich, aber die nachfolgenden

Schritte ermöglichen es Ihnen, ein sich aktualisierendes *Datums-Feld* in Ihre Dokumentvorlage einzufügen:

1. **Positionieren Sie den Zahnstocher-Cursor dort, wo das Datum hin soll.**

2. **Wählen Sie *Einfügen, Feld*. Die Dialogbox *Feld* erscheint.**

3. **Aus dem Bereich *Kategorien* wählen Sie *Datum und Uhrzeit*.**

4. **Aus dem Bereich Feldname wählen Sie *AktualDat*.**

5. **Klicken Sie auf die Schaltfläche *Optionen*.**

   Es erscheint die Dialogbox *Optionen für Felder*. (Achten Sie darauf, daß das Blatt *Allgemeine Schalter* im Vordergrund ist; wenn nicht, klicken Sie auf das entsprechende Schildchen.)

6. **Wählen Sie nun ein Datumsformat aus dem Bereich *Datum/Zeit*.**

   Die Buchstaben t, M und j stehen für Tag, Monat und Jahr. Das Format tttt, tt. MMMM jjjj druckt Tag, Monat und Jahr in voller (nicht abgekürzter) Form.

7. **Klicken Sie auf das Feld *Hinzufügen*.**

8. **Klicken Sie auf OK.**

   Die Dialogbox *Optionen für Felder* verschwindet.

9. **Die Dialogbox *Feld* verschwindet ebenfalls, wenn Sie auf OK klicken.**

   Ihre Dokumentvorlage verfügt nun über ein Datumsfeld, was nicht das gleiche wie normaler Text ist. Ein Feld ähnelt einem Mini-Textblock, der immer das aktuelle Datum anzeigt. (Sie müssen den gesamten Block markieren, um ihn zu löschen. Sie können das Datumsfeld nicht wie normalen Text bearbeiten.)

Eine Dokumentvorlage benutzen

Oh, das ist wirklich öde. Eine Dokumentvorlage können Sie so benutzen:

1. **Wählen Sie *Datei, Neu*.**

   Word öffnet die Dialogbox *Neu*. Sie müssen den Befehl *Datei, Neu* verwenden, wenn Sie die Dialogbox *Neu* sehen wollen; wenn Sie Strg+N drücken oder auf die *Neu*-Schaltfläche klicken, klappt der Trick nicht.

2. **Wählen Sie in der Liste der Vorlagen die aus, die Sie wünschen.**

   Suchen Sie zuerst nach dem Schildchen, das die Art von Dokument beschreibt, die Sie erstellen wollen. Wenn Sie allerdings eigene Dokumentvorlagen erstellen, sollten sie sich alle auf dem Blatt *Allgemein* befinden. Suchen Sie die passende Dokumentvorlage für den Job aus, den Sie zu erledigen versuchen.

Die Dokumentvorlage *Normal* ist Words eigene, langweilige Dokumentvorlage (Sie sollten Sie in *Gähn* umbenennen).

3. Klicken Sie auf OK.

Word *verknüpft* Ihre Dokumentvorlage mit dem Dokument und ist bereit loszulegen. Sie können alle Formatvorlagen der Dokumentvorlage verwenden und jeden Text, der in Ihrer Dokumentvorlage gespeichert ist, ansehen, verwenden oder bearbeiten.

✔ Besonderen Dokumentvorlagen hat man den Beinamen Assistent gegeben. In dem Abschnitt »*Den Assistenten die Kastanien aus dem Feuer holen lassen*« weiter hinten in diesem Kapitel erfahren Sie mehr über dieses Phänomen.

✔ Das Öffnen eines Dokumentes mit einer Dokumentvorlage verändert die Dokumentvorlage nicht. Ihr neues Dokument »bedient« sich lediglich der Formatvorlagen und der Texte, die sich bereits in der Dokumentvorlage befinden. Wie Sie eine Dokumentvorlage verändern, wird im nächsten Abschnitt beschrieben.

✔ Mein Gott, machen diese Dokumentvorlagen Word etwa richtig einfach? Natürlich nur, wenn Sie nach dem Debakel mit Dokumentvorlagen und Formatvorlagen noch nicht hirntot sind.

Eine Dokumentvorlage ändern

Das Bearbeiten oder Ändern einer Dokumentvorlage unterscheidet sich nicht vom Bearbeiten oder Ändern eines normalen Dokuments. Der Unterschied ist lediglich, daß eine Dokumentvorlage geöffnet wird und kein Dokument. Ja, Word kann diese Aufgabe ziemlich einfach erledigen.

1. Öffnen Sie die Dokumentvorlage.

Wählen Sie *Datei, Öffnen*. Die Dialogbox *Öffnen* erscheint.

2. Wählen Sie in der Dialogbox *Öffnen* aus der Dropdown-Liste *Dateityp* die Option *Dokumentvorlage*.

Mit dieser Option geben Sie Word die Anweisung, im Fenster der Dialogbox *Öffnen* nur Dokumentvorlagen anzuzeigen.

3. Suchen Sie Ihren Vorlagen-Ordner.

Word hütet alle seine Vorlagen in einem speziellen Ordner. Sie werden das Dropdown-Kästchen *Suchen in* benötigen, um Hilfe bei der Suche nach diesem Ordner zu bekommen. (In Kapitel 22 finden Sie mehr Informationen, wie man dieses Instrument falls nötig benutzt, obwohl das eine Windows-Standardangelegenheit ist.)

4. Öffnen Sie die Dokumentvorlage, die Sie bearbeiten möchten.

Doppelklicken Sie auf den Dateinamen.

Wenn Sie Ihre Dokumentvorlage in eine andere Schublade als *Allgemein* gesteckt haben (was ich vor ein paar Seiten gerade nicht empfohlen habe), müssen Sie den Ordner öffnen, der Ihre Dokumentvorlage enthält, und *dann* diesen Schritt wiederholen.

5. Nehmen Sie Ihre Veränderungen vor.

Sie bearbeiten die Dokumentvorlage wie jedes andere Dokument. Behalten Sie dabei im Kopf, daß es eine Dokumentvorlage und kein »richtiges« Dokument ist. Jegliche Veränderungen an Formatvorlagen oder am Text betreffen die Dokumentvorlage und werden später in der Dokumentvorlage gespeichert.

6. Speichern Sie die modifizierte Dokumentvorlage.

Wählen Sie *Datei, Speichern*.

Alternativ dazu wählen Sie *Speichern unter*, um der veränderten Dokumentvorlage einen neuen Namen zu geben und die ursprüngliche Dokumentvorlage zu behalten.

7. Schließen Sie die Dokumentvorlage.

Wählen Sie *Datei, Schließen*.

✔ Alle Änderungen, die Sie in Ihrer Dokumentvorlage vorgenommen haben, betreffen nicht die Dokumente, die Sie bereits mit dieser Dokumentvorlage erstellt haben. Die Veränderungen betreffen jedoch alle neuen Dokumente, die Sie erstellen.

    ✔ Die Dokumentvorlage *Normal* ist ein besonderes Tierchen. Alle Veränderungen, die Sie in der Dokumentvorlage *Normal* vornehmen, betreffen alle anderen Dokumentvorlagen, die Sie verwenden. Die Moral dieser Geschichte lautet also, daß Sie die Dokumentvorlage *Normal* in Ruhe lassen sollten.

✔ In dem Menü *Datei* gibt es einen Befehl namens *Dokumentvorlage*. Ignorieren Sie ihn.

Den Assistenten die Kastanien aus dem Feuer holen lassen

Wenn dieser ganze Dokumentvorlagen-Formatvorlagen-Formatierungsunsinn Sie vollkommen verwirrt hat, setzen Sie sich hin und trinken eine Tasse Tee. Und während Sie dabei sind, bereiten Sie Word darauf vor, daß es diesen ganzen Formatierungskram für Sie erledigt. Das ist möglich, zudem mit angenehmen Ergebnissen, dank der wundervollen Word-Assistenten.

Ein Assistent ermöglicht Ihnen, automatisch ein beinahe perfektes Dokument zu erstellen. Sie müssen lediglich die Entscheidungen über verschiedene Optionen treffen und Anpassungen in einer praktischen und informativen Dialogbox vornehmen. Word erledigt den Rest für Sie.

Um einen Word-Assistenten zu verwenden, folgen Sie diesen Schritten:

1. **Wählen Sie *Datei, Neu.***

   Mit diesem Befehl öffnen Sie die Dialogbox *Neu* (sehen Sie in Abbildung 15.1 nach).

2. **Erjagen Sie einen Assistenten.**

   Eine Reihe von Assistenten wird von vornherein mit Word mitgeliefert. Natürlich verbirgt sich keiner in der Schublade *Allgemein*. Wollen Sie einen Assistenten aufspüren, müssen Sie in der Dialogbox *Neu* auf ein anderes Schildchen klicken, zum Beispiel auf *Briefe und Faxe*.

    Assistenten leben mit Dokumentvorlagen zusammen, obwohl die Assistenten ihr eigenes, besonderes Symbol haben (das links zu sehen ist). Achten Sie darauf, daß die Eierköpfe bei Microsoft das Wort Assistent benutzen, wenn sie ihre Assistenten benennen – anders als bei den Dokumentvorlagen. Sie werden den Fax-Assistenten finden, den Brief-Assistenten, den Memo-Assistenten, den Regie-Assistenten und den Oberhilfsvertretungs-Assistenten, wenn Sie nur lange genug suchen.

   Welchen Assistenten auch immer Sie wählen, markieren Sie ihn in der *Vorlagen*-Liste; klicken Sie einmal mit der Maus auf das Symbol des Assistenten.

3. **Klicken Sie auf OK.**

   Word summt und rumort für ein paar Minuten. Es denkt – zweifellos ein schmerzvoller Zustand. Geben Sie ihm Zeit.

4. **Sie werden von der Dialogbox *Assistent* aufgeklärt.**

   Ein Muster der Dialogbox *Assistent* ist in Abbildung 15.3 zu sehen. Die meisten von ihnen sehen sich ähnlich, mit drei Bereichen, auf die Sie achten müssen: das Vorschau-Fenster, das Ihnen eine Vorstellung vom künftigen Aussehen Ihres Dokumentes gibt, die Liste der Optionen und Beschreibungen sowie vier Schaltflächen: *Abbrechen*, *<Zurück*, *Weiter>* und *Fertigstellen*.

   Allgemein gesprochen, sollten Sie die nächsten beiden Schritte so oft wie notwendig wiederholen, um Ihr Dokument zu entwerfen:

5. **Entscheiden Sie sich für eine der Möglichkeiten auf der rechten Seite der Dialogbox *Assistent*.**

   In der Tat, Sie können auch alle wählen, eine nach der anderen. Schauen Sie sich an, welche Variante Ihnen am besten gefällt, und überprüfen Sie sie im Vorschau-Fenster, um zu sehen, wie sie Ihr Dokument verändert.

   Bei manchen Optionen müssen Sie ein wenig tippen, wie etwa Ihren Namen und Ihre Hutgröße, vielleicht eine Absenderadresse und so weiter.

Bei einigen Optionen müssen Sie eventuell Maße eingeben. Machen Sie sich darüber keine Sorgen. Probieren Sie einfach! Das Vorschau-Fenster wird Ihnen zeigen, wie Ihr Versuch sich auf das endgültige Dokument auswirkt.

 Sind Sie unzufrieden mit der Wahl, die Sie getroffen haben, klicken Sie auf die Schaltfläche *<Zurück* und fangen mit einer neuen Option von vorn an.

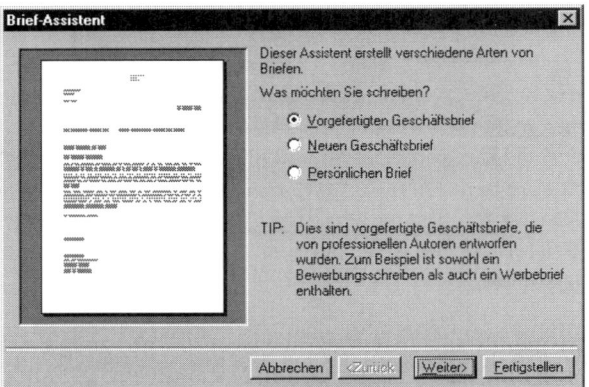

Abbildung 15.3: Die Dialogbox Brief-Assistent hilft Ihnen, die perfekte Epistel zu kreieren

6. Klicken Sie auf die Schaltfläche *Weiter>*.

Dieser Schritt führt Sie zur nächsten Stufe bei der Erstellung Ihres Dokuments und gibt Ihnen weitere Auswahlmöglichkeiten. An diesem Punkt fahren Sie mit Schritt 5 fort und wählen weitere Optionen aus.

Eventuell bekommen Sie die Antwort »Dies sind alle Informationen, die der Assistent zur Erstellung Ihres *was auch immer* benötigt«. Eine karierte Flagge auf dem Bildschirm teilt Ihnen mit, daß Sie es geschafft haben (oder daß Sie gerade auf dem Nürburgring gewonnen haben). Sie werden außerdem bemerken, daß die Schaltfläche *Weiter>* nur noch matt erscheint. Word ist bereit, Ihr Dokument zusammenzuklatschen.

7. Klicken Sie auf die Schaltfläche *Fertigstellen*.

Der Assistent richtet Ihr Dokument her und präsentiert es Ihnen, vorbereitet zum Bearbeiten und für weitere Herumfummelei.

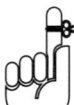 ✔ Obwohl ein Assistent Ihr Dokument erstellt hat, müssen Sie es dennoch speichern, wenn Sie fertig sind. Die meisten Assistenten überlassen Sie irgendwann Ihren eigenen Geschicken. Danach arbeiten Sie mit dem Dokument genauso wie mit jedem anderen in Word. Vergessen Sie nicht zu speichern!

✔ Vergessen Sie nicht den Blick auf das Vorschaufenster. Falls Sie das, was Sie dort sehen, nicht mögen, können Sie entweder auf die Schaltfläche *<Zurück* klicken, um Ihre Strategie zu überdenken oder mit Klicken auf die Schaltfläche *Abbrechen* den ganzen Auftritt abblasen und sich wieder vor den Fernseher setzen und ein paar Salzstangen essen.

✔ Das Vorschau-Fenster zeigt Text verkleinert an. Dieses Fenster gibt Ihnen einen Eindruck, wie das Layout Ihres Dokuments aussehen wird.

✔ Manche Assistenten füllen sogar Text für Sie aus. Das sind die superschlauen Schummel-Assistenten. Der Stephen-King-Assistent zum Beispiel schreibt für ihn seine Bücher an weniger als einem Tag.

✔ Lesen Sie immer die Informationen an der rechten Seite der Dialogbox *Assistent*. Ich würde diesen Hinweis normalerweise nicht mit einem Tip-Symbol versehen, wenn es nicht zu viele Leute gäbe, die einfach nicht lesen, was ihnen der Computer mitteilt, und die Mitteilungen des Assistenten sind eigentlich ziemlich informativ.

Ein paar Tricks zum automatischen Formatieren

16

In diesem Kapitel

▶ Wie man AutoFormat benutzt

▶ Wie man automatisch formatierte Überschriften erstellt

▶ Wie man automatisch formatierte Rahmen erstellt

▶ Wie man automatisch formatierte Listen erstellt

*J*etzt haben Sie einen Computer, aber eigentlich brauchen Sie noch einen, der Sie und Ihren ersten Computer organisiert. So sieht es jedenfalls manchmal aus. Was mich am meisten an Computern ärgert, ist die Tatsache, daß sie gelegentlich so verdammt dumm sind. Einiges sollte einem Computer doch eigentlich klar sein. Das erste Wort eines Satzes wird großgeschrieben; wenn ich 1. tippe, um eine Liste zu beginnen, sollte der Computer automatisch 2. vor die nächste Zeile setzen. Außerdem sollten Computer erkennen, daß sich der verlockende Geruch einer Portion Gyros mit Zatziki nicht mit einem ausgeglichenen Sozialleben verträgt.

In diesem Kapitel geht es um automatischen Formatierungskram. Es gibt tatsächlich einen Befehl namens AutoFormat in Word. Nicht nur das, manchmal wächst Word sogar ein Gehirn unter der Schädeldecke, und es bekommt heraus, was Sie tun. Dann hilft es Ihnen sogar bei Ihrem Job. Das ist so toll, daß Sie fast vergessen, daß Sie mit einem Computer arbeiten.

✔ Word schreibt den ersten Buchstaben eines Wortes für Sie automagisch groß. In Kapitel 7 finden Sie Informationen über den Befehl AutoKorrektur.

Wie man AutoFormat benutzt

Der Befehl AutoFormat von Word hat absolut nichts mit der Formatierung im Sinne von Zeichen- oder Absatzformatierung zu tun. Nein, worum es hier geht, ist die Säuberung Ihres Dokuments, die Entfernung von überflüssigen Leerstellen, die Hinzufügung von Leerstellen, wo das nötig ist, und andere lästige Hausaufgaben. Ja, so wird der Mist entfernt, den die meisten von uns in ein Dokument packen, ohne weiter darüber nachzudenken.

Bevor AutoFormat seinen Job erledigen kann, müssen Sie den Text des Dokuments erstellen. Schreiben! Schreiben! Schreiben! Schreiben Sie ihren Brief, Ihr Memo, Kapitel, Gedicht, was auch immer. Dann befolgen Sie diese Schritte:

1. Speichern Sie Ihr Dokument.

Dieser Schritt ist äußerst wichtig, und es ist etwas, was Sie ständig tun sollten. Speichern Sie ihr Dokument, bevor Sie AutoFormat anwenden. Schalgen Sie die Details des Speicherns in Kapitel 1 nach.

2. Wählen Sie *Format, AutoFormat.*

Die Dialogbox *AutoFormat* erscheint, so wie sie in Abbildung 16.1 zu sehen ist.

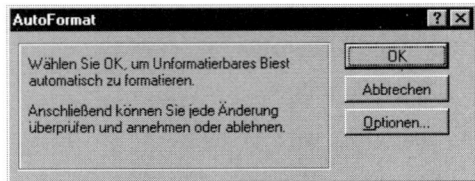

Abbildung 16.1: Die Dialogbox AutoFormat

3. Klicken Sie auf OK.

Ächz! Ach! Stöhn!

4. Formatierung komplett.

Ihnen wird die letzte Formatierungsdialogbox gezeigt, wie sie in Abbildung 16.2 zu sehen ist. Word hat Ihr Dokument sorgfältig massiert und angepaßt. Sie können neue Überschriften, Aufzählungslisten und andere tolle, fantastische Dinge sehen, die Ihrem Text automatisch verpaßt wurden. Wenn Sie mögen, können Sie auf die Schaltfläche *Änderungen überprüfen* klicken, um zu sehen, was genau passiert ist. Ansonsten ...

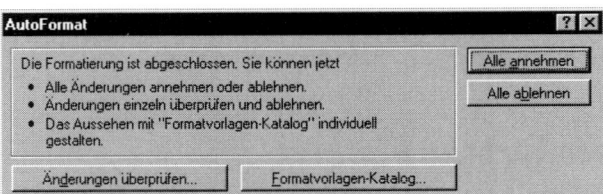

Abbildung 16.2: Die letzte Formatierungsdialogbox

5. Klicken Sie auf die Schaltfläche *Alle annehmen.*

Die Änderungen, die AutoFormat in Ihrem Dokument vorgenommen hat, werden an Ort und Stelle gepackt.

✔ Wenn Ihr Text irgendwie langweilig ist, liegt das nicht daran, daß AutoFormat nichts getan hätte. Verzweifeln Sie nicht. AutoFormat ist gut, wenn es darum geht, Überschriften und Aufzählungslisten zu erstellen, aber es kann nicht Ihre Gedanken lesen.

✔ Das AutoFormat-Werkzeug hat nichts mit der Formatierung Ihres Dokuments, der Zeichen- oder Absatzformatierung, zu tun.

✔ Wenn Sie daran interessiert sind, Ihr Dokument automatisch zu formatieren, lesen Sie den Abschnitt über Assistenten in Kapitel 15.

Automatisch formatieren (die seltsame Methode)

Manchmal kann Word so clever sein, daß es einem fast schon Angst macht. Vor langer Zeit galt es schon als Wunder, wenn ein Programm daran erinnerte, daß man noch speichern mußte, bevor man es verließ. Aber heutzutage ... Also kürzlich hat Word mich daran erinnert, daß ich am Abend zuvor vergessen hatte, die Zahnseide zu benutzen, und daß ich einige Kilo über meinem Idealgewicht bin, obwohl die Blaubeertorte verdammt verlockend aussieht. Macht einem Angst.

Die automatische Formatierung durchführen

Sie müssen Word dazu bringen, clever zu sein. Das schafft es nicht von selbst. Wollen Sie von den vielen automagischen Dingen profitieren, die es tun kann, folgen Sie diesen Schritten:

1. **Wählen Sie *Extras, Optionen*.**

   Die Dialogbox *Optionen* wird auf den Bildschirm geklatscht.

2. **Klicken Sie auf das Schildchen *AutoFormat*, um die Seite nach vorne zu holen.**

   Sie müssen das nur tun, wenn sich die AutoFormat-Seite nicht bereits im Vordergrund befindet. Aber, naja, da gibt es elf Seiten, also schauen Sie vielleicht genauer hin. Was Sie sehen, sieht in etwa aus wie Abbildung 16.3.

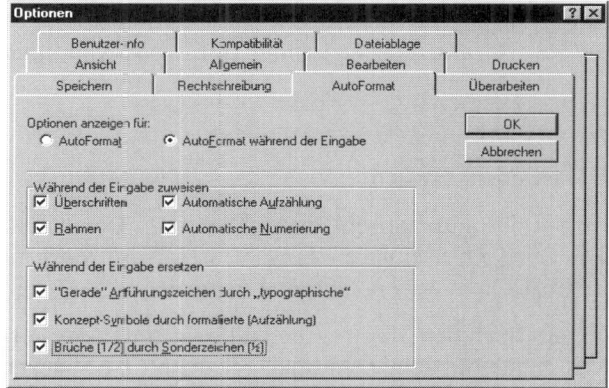

Abbildung 16.3: Die Seite AutoFormat in der Dialogbox Optionen

3. **Im oberen Teil der Dialogbox klicken Sie in das Kästchen neben AutoFormat während der Eingabe.**

Das weist Word an, Verwüstungen in Ihrem Text zu verhindern, während Sie ihn eingeben, was Ihnen Zugang zu den netten Optionen gibt, die unten in der Dialogbox aufgelistet sind.

4. **Da Sie nicht wissen, wofür die Optionen gut sind, kreuzen Sie sie alle an.**

Klicken Sie bei jeder Option in das Kästchen daneben, damit dort ein Häkchen erscheint. Damit aktivieren Sie alle AutoFormat-Funktionen, von denen einige in den nächsten Abschnitten unter die Lupe genommen werden.

5. **Klicken Sie auf OK.**

Sie können anfangen zu spielen.

✔ Vergewissern Sie sich, daß Sie die Funktionen *Überschriften, Rahmen, Automatische Aufzählung* und *Automatische Numerierung* angeschaltet haben, bevor Sie sich durch die restlichen Abschnitte dieses Kapitels arbeiten.

✔ Die Option *"Gerade" Anführungszeichen durch „typographische"* teilt Word mit, daß es die langweiligen " und ' Anführungszeichen durch die modischeren „doppelten" und 'einfachen' Anführungszeichen ersetzen soll. Seien wir ehrlich: Das riecht nach Schreibmaschine.

✔ Die Option *Brüche (1/2) durch Sonderzeichen (1/2)* gibt Word die Anweisung, die Eingabe 1/2 in das hübsche ½-Symbol zu verwandeln. Schon wieder verliert der Text ein Stück Dämlichkeit.

✔ Die Option *Konzept-Symbole durch formatierte (Aufzählung)* dient dazu, Zeichen zu ersetzen, die an Stelle von Symbolen verwendet wurden. Ein solches Zeichen wäre beispielsweise ™ (TM). Irgendwo muß es dafür eine Liste gegeben, aber ich habe sie noch nicht gefunden.

✔ Fast alle dieser drei *Während der Eingabe ersetzen*-Optionen können mit der AutoKorrektur-Funktion emuliert werden (siehe Kapitel 7). Ein paar von ihnen sind übrigens bereits da.

Automatische Überschriften

Das ist einfach. Wollen Sie eine automatische Überschrift in Ihr Dokument stecken, tippen Sie die Überschrift und drücken dann zweimal die Eingabetaste. Word konvertiert die Zeile, die Sie eingegeben haben, automatisch in das *Überschrift 1*-Format.

 ✔ Word aktiviert auch den Tip-Assistenten direkt unter der Formatierungssymbolleiste. Wen er Sie mit seiner Weisheit erleuchtet hat, klicken Sie nochmals auf seine Schaltfläche.

✔ In Kapitel 14 finden Sie mehr Informationen über die Formatvorlage *Überschrift 1*. Sie können diese Formatvorlage ändern, damit sie besser in Ihr Dokument paßt.

✔ Ich persönlich halte das für eine alberne Option. Für mich ist es einfacher, meine eigenen Überschriften zu formatieren, vor allem, weil ich Überschriften für die Ebenen A, B und C benutze und der Trick bei diesen Ebenen nicht funktioniert.

Automatische Rahmen

In den guten alten Schreibmaschinenzeiten möbelten wir unsere Dokumente auf, indem wir eine Zeile mit Gedankenstrichen oder Unterstrichen oder Gleichungszeichen hineinhämmerten. Ich quetsche eine sentimentale Träne heraus, vor allem, weil ich die Tasten immer so fest gedrückt habe, daß das Papier oft zerriß, wenn ich es aus der Schreibmaschine zog. Bei einer Textverarbeitung passiert das nicht.

Wenn Sie eine einzelne Linie als Rahmen haben wollen, von rechts nach links über ihre Seite, tippen Sie drei Gedankenstriche, und drücken Sie die Eingabetaste:

———

Dann drücken Sie die Eingabetaste. Word verwandelt die drei kleinen Gedankenstriche in eine massive Linie.

Sie wollen eine doppelte Linie? Dann benutzen Sie drei Gleichungszeichen:

===

Drücken Sie die Eingabetaste, und Word zieht eine doppelte Linie von einem Rand des Bildschirms zum anderen.

Auch das ist ein billiger, dreckiger Trick. Wenn Sie wirklich hübsche Rahmen haben wollen, sollten Sie sich Kapitel 26 ansehen.

Automatische numerierte Listen

Die beste Methode, dieses Abenteuer zu kapieren, ist, es zu *erleben*. Beachten Sie folgende Schritte:

1. **Beginnen Sie in Word ein neues Dokument.**

   Der einfachste Weg ist es, die Tastenkombination Strg+N zu drücken. Kein großes Herumärgern.

2. **Tippen Sie folgendes:**

   ```
   Heute dringend erledigen:
   ```

Drücken Sie die Eingabe-Taste, um eine neue Zeile zu beginnen. Dann tippen Sie:

```
1. Die Leiche im Keller vergraben.
```

Und nun – halten Sie sich fest – drücken Sie die Eingabetaste, um diese Zeile zu beenden. Sie sehen folgendes:

```
2.
```

Word gibt Ihnen nicht nur automatisch eine 2, sondern formatiert die vorhergehende Zeile neu als eingezogenen Text. Toll. Verblüffend. Mindestens 30 Mark vom Kaufpreis wert.

3. **Tippen Sie Ihre Liste weiter.**

   Machen Sie einfach weiter. Word fügt jedesmal eine neue Zahl hinzu, wenn Sie die Eingabetaste drücken, um einen neuen Absatz zu beginnen.

4. **Drücken Sie die Rücktaste einmal, wenn Sie fertig sind.**

   Gehen Sie einfach mit der Rücktaste über die letzte Zahl. Word vergißt sofort, daß es Ihnen gerade geholfen hat, und kehrt in seinen rüden Originalmodus zurück.

Dieser Trick funktioniert auch bei Buchstaben (und römischen Ziffern). Beginnen Sie einfach etwas mit einem Buchstaben und einem Punkt, und Word fährt in der nächsten Zeile mit dem nächsten Buchstaben des Alphabets und einem weiteren Punkt fort.

Teil III

Seltsame Dinge,
die im Keller leben

The 5th Wave

By Rich Tennant

In diesem Teil...

Seit 1986 oder so haben Computertextverarbeitungsprogramme immer mehr getan als einfach nur Text zu verarbeiten. Das war Teil des großen Funktionenkrieges, in dem rivalisierende Textverarbeitungsprogramme um Herz und Seele von Computermagazinkritikern kämpften, die schrieben, »Oh, aber DudelSchreiber 4.0 ist viel besser als TurboBleistift 3.7, weil es die äußerst wichtige Funktion *Lateinübersetzung* hat«. Und so versuchten die Entwickler von Textverarbeitungsprogrammen, sich ständig zu überbieten, und wir haben nun das leistungsfähige, schicke, funktionsbeladene Textverarbeitungsprogramm des 21. Jahrhunderts.

Die Kapitel in diesem Teil des Buches hätte man vor kaum fünf Jahren noch nicht schreiben können. Nur Dank der um sich greifenden Funktionitis haben diese Informationen entfernt mit Textverarbeitung zu tun. Überspringen Sie sie, wenn Sie möchten, ansonsten lehnen Sie sich zurück, und genießen Sie einige der wirklich seltsamen Dinge, die Word tun kann.

Lassen Sie uns das zusammen ausarbeiten

17

In diesem Kapitel

▸ Überarbeiten verwenden

▸ Wie man sich mit Hilfe von Anmerkungen austauscht

▸ Text hervorheben

▸ Text ent-hervorheben

Für mich ist Schreiben etwas Einzelgängerisches. Na klar, ich habe im Lauf der Jahre mit anderen zusammengearbeitet, aber es war nicht so, als hätten wir beide am selben Computer gesessen und uns gestritten, wessen Daumen auf die Leertaste hauen muß. In diesen Fällen verlassen mein Co-Autor und ich uns auf die Kooperations-Werkzeuge von Word, die uns helfen, miteinander zu kommunizieren. Ohne sie würden Sie oft Zeug wie folgendes in Ihren Leseunterlagen finden:

```
Steve: Das ganze Buch liest sich wie dein letzter Horror-Roman. Mach
etwas Anständiges, ja?
```

Aber – oho! – mit Hilfe der Laß-uns-das-zusammen-ausarbeiten-Befehle von Word könnten Sie mit sämtlichen Chinesen zusammen etwas schreiben, und kein Leser wäre einen Deut schlauer.

Wie man sich mit Hilfe von Überarbeiten Arbeit teilt

Es heißt, daß Helmut Kohl sich mit den Texten zu Hannelores Kochbuch wirklich schwertat. Streichung um Streichung. Hannelore hörte in der Küche ständig sein »Tu tummer Bleistift, tu«. Dann kam ihm die Erleuchtung, und jetzt wissen wir alle, zu welch schöner Prosa ihn die Küche aus deutschen Landen inspiriert. Fragen Sie sich, wie er das geschafft hat? Nun, er schrieb mit Word und benutzte die Funktion *Überarbeiten*, um zu sehen, wie der ursprüngliche Entwurf im Vergleich mit der Endversion aussah. Er sah, wo Wörter geändert waren, und welche Sätze er hinzugefügt hatte. Sie könnten das auch sehen. Direkt da auf dem Bildschirm würden sich die *Überarbeitungen* hervorwölben wie Helmuts Bauch.

Weniger edle Dokumente können dasselbe Schicksal erleiden. Sie möchten sehen, welche Änderungen der ~~bösartige~~ <u>kluge</u> Lektor an Ihrem Meisterwerk vorgenommen hat? Lassen Sie den Word-Befehl *Überarbeiten* laufen, und Sie werden es herausfinden.

Der Befehl *Überarbeiten* erfordert, daß Sie ein Dokument mit einem anderen vergleichen. Nehmen wir mal an, Sie seien Helmut Kohl, und Wolfgang Schäuble sieht Ihre Arbeiten durch. Wenn er das Dokument zurückgibt, wollen Sie genau sehen, was er gemacht hat. Nehmen wir mal an, daß Sie beide Versionen haben, SAUMAGEN1 (Ihr Original) und SAUMAGEN2 (womit sich Schäuble herumgeschlagen hat). So gehen Sie vor:

1. **Vergewissern Sie sich, daß Sie Ihr Originaldokument auf dem Bildschirm geladen haben.**

   In Helmuts Fall wäre das SAUMAGEN1, der erste Entwurf für ein Kochrezept.

2. **Wählen Sie *Extras, Überarbeiten*.**

 Ein nützliche Shortcut zur Dialogbox *Überarbeiten* ist ein Doppelklicken auf die drei Buchstaben ÄND in der Statusleiste. ÄND sind nicht nur die Initialen meiner großen Uni-Liebe, sondern auch der Shortcut für *Überarbeiten* auf der Statusleiste.

   Egal, wie Sie hinkommen, die Dialogbox *Überarbeiten* erscheint, so wie sie in Abbildung 17.1 zu sehen ist:

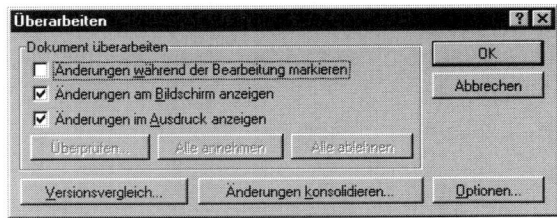

Abbildung 17.1: Die Dialogbox Überarbeiten

3. **Klicken Sie auf die Schaltfläche *Versionsvergleich*.**

   Eine Dialogbox *Öffnen* erscheint, obwohl Versionsvergleich auf ihr steht.

4. **Suchen Sie die zweite, bearbeitete Version Ihrer Datei.**

   In Helmuts Fall sucht er nach der SAUMAGEN2-Datei, an der der Fraktionsvorsitzende herumgewurstelt hat.

 Also denken Sie daran: Ihr Originaldokument ist auf dem Bildschirm. Die bearbeitete Version ist gespeichert. Word vergleicht die beiden.

5. **Klicken Sie auf *Öffnen*.**

   Damit öffnen Sie die modifizierte Version Ihrer Datei.

   Word denkt lange und heftig nach.

Schließlich sehen Sie das Ergebnis des Überarbeitungsvergleichs. Während dieses Vorgangs notiert Word Veränderungen zwischen den beiden Dokumenten. Blauer Text weist auf Änderungen hin. Neuer Text ist unterstrichen. Gelöschter Text ist durchgestrichen (derselbe Effekt wie bei durchgestrichenem Text in der Zeichenformatierung). Und die Bereiche, in denen Text geändert wurde, sind mit einer Linie an der linken Seite des Dokuments markiert. Abbildung 17.2 zeigt, was Helmut vielleicht auf dem Bildschirm sah:

Ich ~~bedauere, Ihnen mitteilen zu müssen, daß Sie ab heute entlassen sind~~ freue mich, Ihnen mitteilen zu dürfen, daß Sie ab heute wieder dem Arbeitsmarkt zur Verfügung stehen.

Abbildung 17.2: Überarbeitungszeichen auf dem Bildschirm

Sie können jetzt genau sehen, was in Ihrem Dokument geändert wurde. Sie können beispielsweise sehen, ob Ihr Lektor das Wort ~~Transvestiten~~ durch <u>die schnuckligen IWT-Lektoren</u> ersetzt hat. Der ersetzte Text ist durchgestrichen, der neue unterstrichen.

✔ Sie können damit fortfahren, das Dokument zu bearbeiten. Schließlich ist es Ihr Dokument.

✔ Überarbeitungszeichen können lästig werden. Wollen Sie sie entfernen, rufen Sie erneut die Dialogbox *Überarbeiten* auf (siehe Schritt 2), und entfernen Sie das Häkchen neben *Änderungen am Bildschirm anzeigen*.

✔ Machen Sie sich nicht die Mühe zu versuchen, den farbigen Text vom Bildschirm zu entfernen: Das sind Überarbeitungszeichen und keine Textformatierungen. Sie können in der Dialogbox *Überarbeiten* auf die Schaltfläche *Alle ablehnen* klicken, um die Überarbeitungen loszuwerden, oder Sie können auf *Alle annehmen* klicken, um die Änderungen zu übernehmen. Klicken Sie auf die Schaltfläche *Schließen*, damit sich die Dialogbox *Überarbeiten* wieder verzieht.

Anmerkungen oder »Laß mich mal eben folgendes sagen«

Wenn Sie die Arbeiten von jemand anderem lesen und einen Kommentar abgeben, aber nichts verändern wollen, können Sie eine Anmerkung einfügen. Das funktioniert ähnlich wie eine Fußnote (siehe Kapitel 11), obwohl die Anmerkungen nie ausgedruckt werden.

Wollen Sie eine Anmerkung in ein Dokument stecken, folgen Sie diesen Schritten:

1. Stellen Sie den Zahnstocher-Cursor dorthin, wo Sie eine Anmerkung zum Text machen wollen.

Wenn Sie zum Beispiel einen Satz kommentieren, den Ihr Co-Autor geschrieben hat, stellen Sie den Zahnstocher-Cursor an das Ende des Satzes.

2. Wählen Sie *Einfügen, Anmerkung*.

Sofort teilt sich der Bildschirm, wie in Abbildung 17.3 gezeigt wird.

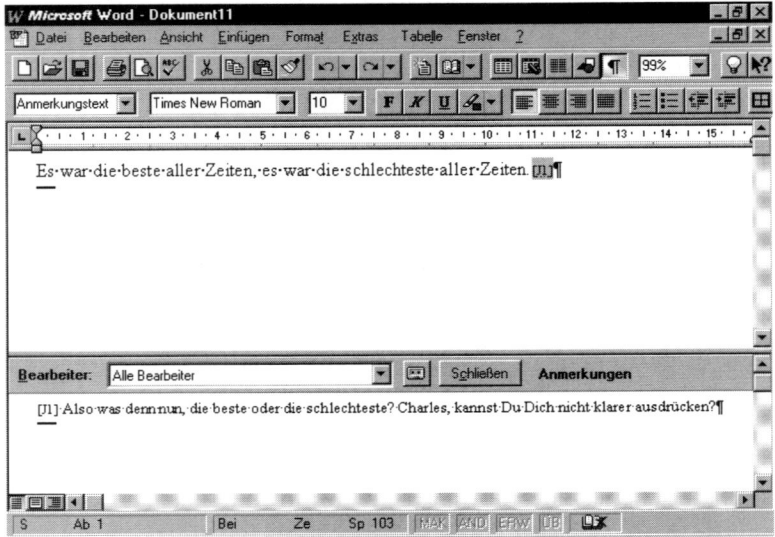

Abbildung 17.3: Eine lästige Anmerkung wird gemacht.

Ein verborgener Code – ein Feld nämlich – wird in das Dokument eingefügt. Der Code enthält Ihre Initialen, wie Sie sie eingegeben haben, als Word (oder Microsoft Office) zum erstenmal installiert wurde.

3. Tippen Sie Ihren Kommentar.

Geben Sie ihren Kommentar im unteren teil des Bildschirms ein, im Anmerkungsbereich. Legen Sie los!

4. Klicken Sie auf die Schaltfläche *Schließen*, wenn Sie fertig sind.

Der Anmerkungsbereich und die kleine Markierung im Text verschwinden.

Wiederholen Sie diese Schritte, um weitere Anmerkungen in den Text einzufügen.

Das Schöne daran ist, daß die Anmerkungen stumm bleiben, bis Sie sie sehen wollen. Um sich die Anmerkungen in Ihrem Text anzuschauen, wählen Sie *Ansicht, Anmerkungen*. Der Anmerkungsbereich erscheint auf dem Bildschirm und zeigt die harschen Kommentare, die Ihre Rezensenten gemacht haben.

✔ Sie können in Ihrem Text herumspringen, indem Sie mit der Maus auf die Initialen klicken, mit denen jede Anmerkung beginnt. Wenn Sie beispielsweise auf [J4] klicken, sehen Sie, auf welchen Teil des Textes sich die vierte Anmerkung bezieht, die J gemacht hat.

✔ Wenn der Befehl *Anmerkungen* im Menü *Ansicht* grau gefärbt ist, gibt es keine Kommentare in Ihrem Dokument. Klasse!

✔ Wenn sich mehrere Leute Ihr Dokument ansehen, erscheint jeder ihrer Kommentare nach ihren eigenen Initialen. Wollen Sie die Kommentare individuell betrachten, benutzen Sie die Dropdown-Liste *Bearbeiter*.

✔ Ja, sie werden nicht ausgedruckt. Es gibt auch keine Methode, um sie dazu zu veranlassen. Es sei denn natürlich, Sie entscheiden sich in der Dialogbox *Drucken* im Bereich *Drucken* für *Anmerkungen*. Aber lassen Sie sich dabei im echten Leben ja nicht von mir erwischen.

✔ Die kleine Cassetten-Schaltfläche auf der Leiste über dem Anmerkungsbereich erlaubt es Ihnen, wirklich Kommentare in Ihrem Text aufzunehmen. An Ihrer Stelle würde ich mich nicht darum kümmern.

✔ Wenn Sie die Initialen ändern wollen, die Word benutzt (und wer wollte das nicht), wählen Sie *Extras, Optionen*. Die Dialogbox *Optionen* erscheint. Klicken Sie auf das Schildchen *Benutzer-Info*, um diese Seite nach vorne zu holen. Tippen Sie Ihre neuen Initialen in das Kästchen *Initialen*. Klicken Sie auf OK.

Mit dem gelben Hervorheber ausholen

Es gibt einen alten Witz, daß man erkennen kann, wann ein Österreicher ein Textverarbeitungsprogramm benutzt hat, weil dann Tipp-Ex auf dem Bildschirm ist. Nun, darüber muß man sich heute keine Sorgen mehr machen, da Word Text automatisch löscht. Aber womit man den Bildschirm wirklich gerne bearbeiten würde, wäre ein Textmarker-Stift. Das wollte ich immer, seit ich einen Cartoon gesehen habe, wo eine der Figuren auf dem Bildschirm einen Regenschirm gezeichnet bekam und tatsächlich nicht naß wurde. Bei Word muß man sich keine Sorge machen, daß es in der Familie Ärger gibt, weil der neue Farbfernseher mit nicht-abwaschbarem Filzstift zugekritzelt ist.

Ja, ich weiß, daß es kein Österreicher ist, der Tipp-Ex auf den Bildschirm schmiert. Aber versuchen Sie mal, den Witz in der Originalversion an den politisch korrekten Lektoren von IWT vorbeizubringen, über deren Haarfarbe ich hier nichts sagen möchte.

Den Marker benutzen

Wollen Sie Text hervorheben (auf dem Bildschirm, elektronisch natürlich), müssen Sie in der Formatierungs-Symbolleiste auf die Schaltfläche *Hervorheben* klicken. Klick!

Sie befinden sich jetzt im *Hervorheben*-Modus. Der Mauszeiger verändert sich in etwas, das ich nicht verbal beschreiben, sondern nur am Rand abbilden kann. Wenn Sie die Maus über Ihren Text ziehen, wird der Text hervorgehoben – als würden Sie das auf normalem Papier mit einem Textmarker tun. Toll, was sich die kleinen Genies bei Microsoft so einfallen lassen ...

✔ Um die Hervorhebung von Text zu beenden, klicken Sie noch einmal auf die Schaltfläche *Hervorheben,* oder Sie drücken die Esc-Taste.

✔ Sie können auch einen Textblock hervorheben, indem Sie zuerst den Block markieren und dann auf die Schaltfläche *Hervorheben* klicken. In Kapitel 6 finden Sie alle passenden Anweisungen zum Markieren von Blöcken.

✔ Der hervorgehobene Text wird ausgedruckt, also seien Sie vorsichtig damit. Hervorgehobener Text erscheint im Ausdruck schwarz auf grau.

✔ Im nächsten Abschnitt finden Sie Hinweise, wie man Hervorhebungen aus dem Text entfernt.

✔ Wie die anderen Werkzeuge in diesem Kapitel ist die Hervorhebung großartig, wenn Sie mit anderen zusammenarbeiten. Ich persönlich benutze sie, um Text zu markieren, der überarbeitet werden muß oder auf den ich vielleicht später noch zurückgreifen muß. Hoffentlich finden meine Augen den leuchtend gelben Text auf dem Bildschirm.

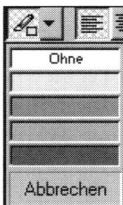 Wenn Sie auf den nach unten zeigenden Pfeil neben der Schaltfläche *Hervorheben* klicken, können Sie sich andere Farben für Ihren hervorgehobenen Text aussuchen. Und wenn man daran denkt, daß ein Büroartikelgeschäft für jede Farbe nochmal zwei Mark verlangen würde ...

Die Hervorhebung entfernen

Sie haben es mit Radieren versucht, Sie wollten es wegreiben, aber die verdammten Hervorhebungen sind einfach nicht aus dem Text herauszubekommen.

Entspannen Sie sich. Um die Hervorhebungen aus Ihrem Text zu entfernen, haben Sie zwei Optionen:

Zuerst einmal können Sie aus der Dropdown-Liste von *Hervorheben* als Farbe *Ohne* wählen. Klicken Sie auf den nach unten zeigenden Pfeil neben der Schaltfläche *Hervorheben,* und klicken Sie dann auf die oberste Farbe, *Ohne.* Dann gehen Sie über ihren ganzen hervorgehobenen Text und übermalen ihn mit der Farbe *Ohne.*

Als zweites können Sie den hervorgehobenen Text als Block markieren und dann auf die Schaltfläche *Hervorheben* klicken. Damit wird der Text automagisch ent-hervorgehoben. (In Kapitel 6 stehen die Expertenanweisungen für das Markieren von Blöcken.)

Wenn Sie in Ihrem ganzen Dokument hervorgehoben haben (wie ein gebrauchtes Buch in einem Uni-Buchladen), dann markieren Sie das ganze Dokument mit dem Befehl *Bearbeiten, Alles markieren* (oder Sie drücken Strg + A). Danach klicken Sie auf der Standard-Symbolleiste auf die Schaltfläche *Hervorheben*. Gott Allmächtiger! Der ganze Text ist hervorgehoben! Beruhigen Sie sich. Wiederholen Sie diese beiden Schritte, und Ihr Dokument ist so jungfräulich wie am ersten Tag (blütenweiß).

Wie Sie Ihre Produktion organisieren

18

In diesem Kapitel

▶ Eine neue Gliederung beginnen

▶ Themen hinzufügen

▶ Unterthemen anlegen

▶ Ein Textthema erstellen

▶ Die Gliederung insgesamt oder in Teilen ansehen

▶ Die Gliederung reorganisieren

▶ Die Gliederung ausdrucken

A lle meine Lehrer im Gymnasium zwangen mich, Gliederungen für meine Papiere zu erstellen. Ich fand das albern, und ich hatte recht: Wenn man ein dreiseitiges Papier darüber schreibt, warum Winnie, der Bär, Honig liebt, benötigt man wirklich keine Gliederung. Aber wenn man an etwas Langem und Verwickelten arbeitet, benötigt man wahrscheinlich eine Gliederung, um die Einfälle zu organisieren. Selbst ich schreibe heute nichts mehr ohne eine Gliederung.

Bei einem Computer sind Gliederungen wunderbar. Sie helfen, indem sie die Möglichkeit bieten, sich die Arbeit aus der Ferne oder in der Nahansicht anzuschauen. Sie können sich beispielsweise nur die Hauptthemen in Ihrer Gliederung ansehen und die Details verbergen, oder Sie können sich dafür entscheiden, sich alles auf einmal anzusehen. In beiden Fällen ist es hilfreich, etwas Großes mit einer Gliederung zu beginnen, damit Sie organisiert denken und ein zusammenhängenderes Dokument erstellen. Und wer mag das Wort zusammenhängend denn nicht?

Eine neue Gliederung erstellen

Kürzlich nahm mich die Disney Corporation unter Vertrag, damit ich das Drehbuch für eine Musical-Cartoon-Version von *Planet der Affen* schreibe (Regie: Oliver Stone). Es basiert locker auf dem Originalfilm, aber ich möchte trotzdem meine Ideen in eine Gliederung packen, damit ich sie besser verstehe.

Sie legen eine Gliederung wie ein beliebiges anderes Dokument in Word an. Eine Gliederung *ist* nämlich einfach nur ein Dokument. Der einzige Unterschied besteht darin, wie Word es auf dem Bildschirm anzeigt. Folgen Sie diesen Schritten:

1. **Fangen Sie ein neues Dokument an.**

   Drücken Sie Strg + N, oder klicken Sie auf die Schaltfläche *Neu* auf der Symbolleiste. (Machen Sie sich keine Gedanken über *Datei, Neu*, da dadurch nur ein weiterer lästiger Schritt hinzukommt, den Sie jetzt wirklich nicht brauchen.)

   Das neue Dokument starrt Sie an wie die blendenden weißen Scheinwerfer eines Lastwagens, der Ihnen mit dösendem Fahrer entgegenkommt.

2. **Gehen Sie in die Gliederungsansicht.**

   Ah. Das Geheimnis. Wählen Sie *Ansicht, Gliederung*, oder klicken Sie auf die Schaltfläche *Gliederungsansicht*, die sich in der unteren linken Ecke des Fensters herumdrückt. Sehen Sie sich Abbildung 18.1 an (obwohl sich dort eine Menge Text befindet, den Sie jetzt noch nicht auf Ihrem Bildschirm sehen).

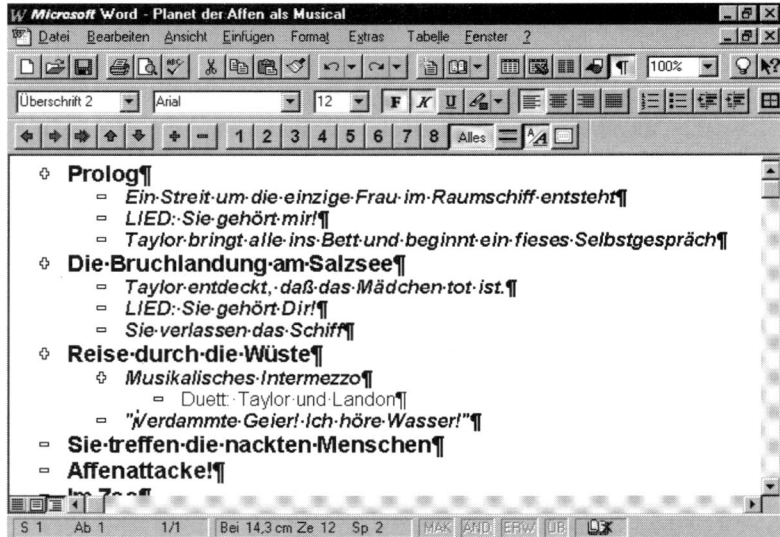

Abbildung 18.1: Eine typische Gliederung

Zwei verblüffende Dinge passieren: Zuerst einmal bekommen Sie das Gliederungssymbol zu sehen, das Ihnen hilft, Ihre Gliederung zu bearbeiten. Zum zweiten erscheint ein hohles Minuszeichen vor dem Zahnstocher-Cursor. Das bedeutet, daß Sie eine *Überschrift* in die Gliederung eingeben und daß es keine Unterthemen gibt.

3. Sie sind bereit, Ihre Gliederung zu beginnen.

Die Details dazu werden in den nächsten Abschnitten erläutert.

✔ Die Gliederungsfunktion von Word ist lediglich eine andere Methode, ein Dokument zu betrachten. Es ist möglich, in die Normal- oder die Layoutansicht zurückzuwechseln, wenn man an einer Gliederung arbeitet, aber nicht wirklich notwendig.

✔ Machen Sie sich keine Gedanken über Schriftarten oder Formatierungen, wenn Sie eine Gliederung erstellen. Word benutzt für Ihre Gliederung voreingestellte Schriftarten (die berühmte Serie *Überschrift 1* bis *Überschrift 9*). Die sind für das, was Sie tun, mehr als in Ordnung.

✔ Alle normalen Befehle von Word funktionieren auch im Gliederungsmodus. Sie können die Cursor-Tasten verwenden, Text löschen, die Rechtschreibung prüfen, Sonderzeichen einfügen, drucken und so weiter.

✔ Die einzigen Befehle, die nicht normal funktionieren, sind die zur Markierung von Blökken. Im Gliederungsmodus läßt Word Sie nur einen Absatz (der ein Thema ist) als Block markieren. Sie können weder Wörter noch Teile eines Absatzes markieren. Das ist nur ein kleineres Übel und in Wahrheit sogar ein Segen, wenn Sie Ihre Überschriften in der Gliederung durcheinanderschaufeln.

Der Gliederung neue Themen hinzufügen

Eine Gliederung besteht aus Überschriften und Unterthemen. Die Hauptthemen sind Ihre wesentlichen Ideen, wobei die Unterthemen die Details beschreiben. Sie sollten Ihre Gliederung beginnen, indem Sie die Hauptthemen einfügen. Das machen Sie, indem Sie sie einfach tippen.

In Abbildung 18.2 sehen Sie verschiedene Überschriften geschrieben, die jeweils eine Zeile bilden. Wenn Sie nach der Eingabe jedes Themas die Eingabetaste drücken, erscheint ein neuer hohler Gedankenstrich, hinter dem Sie das nächste Thema tippen können.

> ▫ **1 Stück Butter schmelzen**
> ▫ **Ein Ei hinzufügen**
> ▫ **1 Teelöffel Backpulver**
> ▫ **1 Tasse Zucker**
> ▫ **1 Tasse brauner Zucker**
> ▫ **1 Tasse Erdnußbutter**
> ▫ **In Mehl einrühren, bis eine steife Masse entsteht**

Abbildung 18.2: Überschriften der Ebene 1

✔ Drücken Sie am Ende jeder Überschrift die Eingabetaste. Dadurch teilen Sie Word mit, daß Sie mit der Eingabe von Informationen für dieses Thema fertig sind und sich zum nächsten Thema begeben wollen.

✔ Wenn Sie die Eingabetaste drücken, entsteht eine neue Überschrift auf derselben *Ebene* wie die erste Überschrift. Wenn Sie ein Unterthema anlegen wollen, sehen Sie im nächsten Abschnitt nach.

✔ Eine Überschrift kann ein einzelnes Wort sein, ein paar Wörter, ein ganzer Satz oder ein großer Absatz. Ihre Hauptüberschriften sollten allerdings kurz und aussagekräftig sein, wie in dem Inhaltsverzeichnis eines Buches.

✔ Sie können eine Überschrift aufsplitten, indem Sie den Zahnstocher-Cursor irgendwo in die Mitte stellen und die Eingabetaste drücken.

✔ Wollen Sie zwei Überschriften miteinander verbinden, stellen Sie den Zahnstocher-Cursor an das Ende der ersten Überschrift, und drücken Sie die Entf-Taste. (Das funktioniert so wie das Zusammenfügen von zwei Absätzen in einem normalen Dokument.)

✔ Es spielt keine Rolle, ob Sie die Reihenfolge auf Anhieb richtig hinbekommen oder nicht. Das Schöne an der Schöpfung einer Gliederung mit einem Textverarbeitungsprogramm ist, daß Sie Ihre Überschriften umarrangieren können, wenn Ihre Einfälle Gestalt annehmen.

✔ Eine Gliederung kann die Handlung eines Romans sein, eine Rede, die Sie halten müssen, ein Rezept, eine Reiseplanung ein Produktentwicklungszyklus – so ziemlich alles, was mehr als einen Gedanken erfordert.

✔ Oliver ist ein ziemlicher Verschwörungstheoretiker. Er denkt wirklich, daß die Freiheitsstatue am Ende der Originalversion von *Planet der Affen* von den Franzosen dorthin gebracht wurde.

Mit Unterthemen arbeiten

Der Zweck einer Gliederung ist es, mit mehr als einer thematischen Ebene arbeiten zu können. Ihr Hauptthema könnte beispielsweise *In Aluminiumfolie eingepackte Dinge, die sich im Kühlschrank befinden* sein, und Unterthemen wären dann, was diese Dinge tatsächlich sind.

Um ein Unterthema anzulegen, müssen Sie diese Schritte befolgen:

1. **Stellen Sie den Cursor an das Ende der Hauptüberschrift.**

   Wenn Ihr Hauptthema beispielsweise *In Aluminiumfolie eingepackte Dinge, die sich im Kühlschrank befinden* ist, klicken Sie mit der Maus auf diese Zeile, um den Zahnstocher-Cursor dorthin zu bewegen, und drücken dann die Ende-Taste, um den Cursor an das Ende der Zeile zu bewegen.

2. **Drücken Sie die Eingabetaste.**

   Dadurch entsteht eine weitere Überschrift, aber auf derselben Ebene! Sie müssen die Überschrift zur rechten Einrückung bewegen, damit sie ein Unterthema wird.

3. Bewegen Sie das Unterthema zur rechten Einrückung.

Klicken Sie auf die Schaltfläche *Tieferstufen,* oder drücken Sie Alt – Umschalt-Taste + →, um das Thema rüberzuschieben.

Im Handumdrehen wird die Textzeile einen Tabstop weiterbewegt, und die Textformatierung ändert sich. Das weist beides darauf hin, daß Sie auf einer neuen Gliederungsebene arbeiten.

4. Geben Sie Ihr Unterthema ein.

Geben Sie beispielsweise schimmliger Hackbraten ein, um in der Kühlschrankgliederung fortzufahren.

Anders als bei den Hauptthemen dürfen Sie sich bei den Unterthemen ruhig ein wenig auslassen. Schließlich geht es hier um Ausführungen zu der Überschrift. Wenn Sie beispielsweise eine Rede schreiben, sollte ein Unterthema eine detailliertere Skizzierung Ihrer Rede enthalten. Vielleicht noch nicht die ganze Rede, aber ein paar Einzelheiten mehr.

5. Wollen Sie ein weiteres Unterthema erstellen, drücken Sie die Eingabetaste.

Sie erhalten eine weitere leere Unterthemen-Zeile, an der Sie Ihre Brillanz beweisen können.

Denken Sie daran, daß jede Unterthemenzeile einen einzelnen Gedanken oder eine besondere Idee enthalten sollte. Wenn Ihr Unterthema zu Beispiel lautet:

Altes Salamisandwich und Vollkornbrot

sollten Sie es zweiteilen:

Altes Salamisandwich
Vollkornbrot

Jedes Element ist ein unterschiedliches Unterthema des Hauptthemas *In Aluminium eingewickelte Dinge im Kühlschrank.*

✔ Wollen Sie ein Thema in ein Unterthema verwandeln, müssen Sie es *tieferstufen.* Stellen Sie den Zahnstocher-Cursor auf das Thema, und drücken Sie Alt + Umschalt-Taste + →.

✔ Wollen Sie ein Unterthema in eine Überschrift zurückverwandeln, müssen Sie es *höherstufen.* Stellen Sie den Zahnstocher-Cursor in das Thema und drücken Sie Alt + Umschalt-Taste + ←.

✔ Wollen Sie weitere Unterthemen anlegen, drücken Sie einfach weiter auf die Eingabetaste. Dadurch entstehen zusätzliche Unterthemen auf derselben Ebene. Nur, wenn Sie Themen tiefer- oder höherstufen, gelangen sie auf eine andere Ebene.

✔ Sie werden feststellen, daß vor einer Überschrift mit einem Unterthema statt des hohlen Minuszeichens ein hohles Pluszeichen steht.

✔ Sehen Sie unter »_Die Gliederung ansehen_« nach, wenn Sie Informationen suchen, wie man sich bestimmte Teile der Gliederung ansieht, während andere verborgen werden.

✔ Sie können ein Unter-Unterthema ganz einfach anlegen, indem Sie die Schritte für ein Unterthema, die oben stehen, einfach wiederholen. Word gestattet Ihnen nämlich sogar, eine Anzahl von Ebenen zu organisieren. Die meisten Gliederungen haben allerdings maximal vier oder fünf Ebenen.

Ein Textthema hinzufügen

Wenn Sie den Drang verspüren, auszubrechen und tatsächlich einen ganzen Absatz in Ihrer Gliederung zu schreiben, können Sie das ruhig tun. Es ist zwar absolut in Ordnung, den Absatz auf der Überschriftenebene zu schreiben, aber besser ist es, wenn Sie ein Textthema einfügen, indem Sie die Schaltfläche _Umwandeln in Textkörper_ benutzen. Das geht so:

1. **Drücken Sie die Eingabetaste, um eine neue Überschrift zu beginnen.**

   Tun Sie das genauso, als würden Sie eine neue Überschrift in einer eigenen Zeile schreiben.

2. **Klicken Sie auf die Schaltfläche _Umwandeln in Textkörper_.**

   Sie können auch Strg+Umschalt-Taste+N drücken. Was pasiiert, ist, daß die Formatierung auf _Standard_ wechselt (das erledigt der Tastatur-Shortcut). In Ihrer Gliederung bedeutet das allerdings, daß Sie einen Textabsatz schreiben können, der keine Überschrift ist. So können Sie wirklich ein bißchen von Ihrer Rede, Anweisungsliste oder Romankonversation verfassen.

✔ Die Formatvorlage _Textkörper_ erscheint zusammen mit einem winzigen hohlen Viereck, anders als die Überschriften, neben denen hohle Plus- oder Minuszeichen stehen.

✔ Wenn Sie es sich anders überlegen, können Sie Ihren Textkörper zu einer Überschrift oder einem Unterthema herauf- oder herunterstufen. Schauen Sie im vorhergehenden Abschnitt nach, welche Tasten Sie drücken müssen.

✔ Sehen Sie in Kapitel 14 nach, wenn Sie etwas über die Standard-Formatvorlage wissen wollen.

Die Gliederung ansehen

Sofern Sie Word nichts anderes befehlen, werden alle Überschriften in Ihrer Gliederung angezeigt, von oben bis unten, alles. Aber das ist nicht der wirkliche Vorteil der Gliederung. Was die Gliederung auf einem Computer zu etwas Besonderem macht, ist die Tatsache, daß Sie jederzeit einen Schritt zurücktreten und sich das Gesamtbild ansehen können.

Wollen Sie zum Beispiel alle Überschriften der Ebene 1 in Ihrer Gliederung sehen, klicken Sie auf die Schaltfläche *Ebene 1*. Alle Unter- und Textthemen verschwinden, und Sie bleiben mit den Hauptthemen allein – einem Überblick über Ihre Gliederung, der aussehen könnte wie Abbildung 18.3.

Wenn eine Überschrift Unterthemen hat, steht nicht nur ein hohes Pluszeichen daneben, sondern Sie sehen auch eine komische Linie über dem letzten Teil des Namens der Überschrift. Ich habe noch niemanden getroffen, der mir den Sinn dieser Linie genau erklären konnte.

 Wenn Sie Ihre Gliederung detaillierter sehen wollen, klicken Sie auf die Schaltflächen *Ebene 2* oder *3*. Jede Schaltfläche zeigt Ihnen Ihre Gliederung auf einer anderen Ebene.

Die Schaltfläche *Alles* wird benutzt, um die Gliederung zu erweitern, damit Sie *alles* auf einmal sehen können.

> ◇ **Prolog**
> ◇ **Die Bruchlandung am Salzsee**
> ◇ **Reise durch die Wüste**
> ◇ **Sie treffen die nackten Menschen**
> ◇ **Affenattacke!**
> ◇ **Im Zoo**
> ◇ **Cornelius und Dr. Zaius**
> ◇ **Taylor spricht**
> ◇ **Der Prozeß**
> ◇ **Die verbotene Zone**
> ◇ **Epilog**

Abbildung 18.3: Hier werden nur Überschriften der obersten Ebene gezeigt.

✔ Word erkennt ein Gliederungsdokument automatisch und wechselt sofort in die Gliederungsansicht, wenn es geladen wird. Normalerweise zeigt es *alle* Überschriften, so daß Sie auf die entsprechende Schaltfläche klicken müssen, wenn Sie gewohnt sind, nur die Ebene 1 oder 2 zu sehen.

✔ Sie können sich eine Gliederung in der Normalansicht anschauen, wenn Sie wollen, aber das sieht albern aus. (Die Gliederung sieht albern aus, heißt das. Es ist nicht so, daß Sie albern aussehen, wenn Sie die Gliederung in der Normalansicht betrachten.)

 ✔ Sie können einzelne Überschriften einzeln öffnen oder schließen, wenn Sie mit der Maus auf das hohle Pluszeichen doppelklicken. Wenn Sie die Tastatur benutzen, drücken Sie Alt+Umschalt-Taste+Plus, um ein Thema zu öffnen, und Alt+Umschalt-Taste+Minus, um es zu schließen. (Die Plus- und Minus-Tasten sind die grauen Plus- und Minustasten auf der numerischen Tastatur.)

✔ Wenn sich Ihre Gliederung der Perfektion nähert, können Sie Teile davon kopieren und in andere, neue Dokumente einfügen. So erschaffen manche Autoren neu Bücher und Romane;

das Dokument ist lediglich eine längere, komplettere Version von dem, was ursprünglich als Gliederung begann.

✔ Sie sollten übrigens darauf achten, daß das Num-Licht aus ist (drücken Sie die Num-Taste), bevor Sie die Tasten Plus und Minus benutzen.

Überschriften umarrangieren

Meine Lehrer zwangen mich dazu, für Gliederungen Karteikarten zu benutzen, und es ist genauso ein Kinderspiel, Überschriften in einer Computer-Gliederung umzuarrangieren, wie die Karten durcheinanderzumischen. Außerdem ist es auch lustiger, da Sie einen Computer benutzen und nicht etwas, wo die Kochrezepte Ihrer Mutter auf der Rückseite stehen. (Und die hatte schon Einfälle!)

Wollen Sie eine Überschrift in Ihrem Dokument verschieben, stellen Sie den Zahnstocher-Cursor auf diese Überschrift und klicken dann auf eine der folgenden Schaltflächen:

 Klicken Sie auf die Schaltfläche *Nach oben* (oder drücken Sie Alt + Umschalt-Taste + ↑), wenn Sie eine Überschrift eine Zeile nach oben bewegen möchten.

 Klicken Sie auf die Schaltfläche *Nach unten* (oder drücken Sie Alt + Umschalt-Taste + ↓), um eine Überschrift eine Zeile nach unten zu verschieben.

 Klicken Sie auf die Schaltfläche *Höherstufen* (oder drücken Sie Alt + Umschalt-Taste + ←), um eine Überschrift nach links zu bewegen.

 Klicken Sie auf die Schaltfläche *Tieferstufen* (oder drücken Sie Alt + Umschalt-Taste + →), um eine Überschrift nach rechts zu bewegen.

Sie können auch die Maus benutzen, um Überschriften herumzuschieben: Ziehen Sie die Überschrift an ihrem Plus- oder Minuszeichen, und lassen Sie sie an der neuen Stelle los. Ich persönlich benutze diese Technik nicht, da meine Gliederungen ziemlich komplex sind und es leicht unübersichtlich wird, wenn man Überschriften auf diese Art und Weise verschiebt.

Wenn Sie eine Gruppe von Überschriften als Block markieren, können Sie sie in Ihrer Gliederung als Block verschieben. Nur eine Überschrift und ihre Unterthemen können so markiert werden, und denken Sie daran, daß Sie in einer Gliederung nur Überschriften markieren können und nicht einzelne Texthappen.

 Es könnte ganz gut sein, wenn Sie in der Gliederung in die *Alles*-Ansicht wechseln, bevor Sie damit beginnen, Überschriften zu verschieben. So können Sie sehen, was wo landet, und es entgeht Ihnen kein Detail.

Die Gliederung drucken

Das Ausdrucken Ihrer Gliederung funktioniert wie bei jedem anderen Word-Dokument. Aber da es sich um eine Gliederung handelt, gibt es einen Unterschied: Nur die in Ihrer Gliederung sichtbaren Überschriften werden gedruckt.

 Wollen Sie beispielsweise nur die beiden ersten Ebenen Ihrer Gliederung ausdrucken, klicken Sie auf die Schaltfläche *Ebene 2*. So werden alle Unterthemen verborgen und beim Ausdruck Ihrer Gliederung erscheinen nur Überschriften der Ebene 1 und 2.

 Soll Ihre gesamte Gliederung gedruckt werden, klicken Sie vor dem Drucken auf die Schaltfläche *Alles*.

 ## Der Kasten mit der Zusammenfassung der Gliederungs-Shortcuts

Wenn ich tippe, lasse ich meine Hände am liebsten auf der Tastatur. Deswegen habe ich folgende Tastenkombinationen entdeckt, die beim Spielen mit einer Gliederung funktionieren. Probieren Sie sie aus, wenn Sie sich trauen:

Tastenkombination	Funktion
Alt + Umschalt-Taste + →	Eine Überschrift tieferstufen
Alt + Umschalt-Taste + ←	Eine Überschrift höherstufen
Alt + Umschalt-Taste + ↑	Eine Überschrift um eine Zeile nach oben bewegen
Alt + Umschalt-Taste + ↓	Eine Überschrift um eine Zeile nach unten bewegen
Strg + Umschalt-Taste + N	Textkörper einfügen
Alt + Umschalt-Taste + 1	Zeigt nur die obersten Themen
Alt + Umschalt-Taste + 2	Zeigt nur Überschriften der Ebenen 1 und 2
Alt + Umschalt-Taste + (Zahl)	Zeigt alle Überschriften bis zur Ebene (Zahl)
Alt + Umschalt-Taste + A	Zeigt alle Überschriften
Alt + Umschalt-Taste + Pluszeichen (+)	Zeigt alle Unterthemen der aktuellen Überschrift
Alt + Umschalt-Taste + Minuszeichen (-)	Verbirgt alle Unterthemen der aktuellen Überschrift

Ein mikroskopisches Makro-Kapitel

19

In diesem Kapitel

▷ Die Makros von Word

▷ Ein Makro aufzeichnen

▷ Ein Makro ausführen

▷ Den Makro bearbeiten

Tja, eigentlich sind Makros ein so kompliziertes Thema, daß sie gar keinen Platz in diesem *Dummies*-Buch haben. Trotzdem haben ganze Horden von Lesern geschrieben und nach irgendeiner Form von Literatur verlangt, die sich mit dem Gebrauch von Makros in Word befaßt. Ich persönlich habe davon keine Ahnung. Ich dachte, Makros sei der ehemalige Diktator der Philippinen. Aber dann habe ich das Wort *Makro* im Hilfesystem von Word nachgesehen und herausgefunden, daß das ziemlich praktisch ist, allerdings auch ziemlich technisch, weswegen man auch nicht tiefer in das Thema eindringen sollte, als es in diesem Kapitel geschieht.

Eine kurze Beschreibung, was ein Makro ist

Ein Makro ist eine geheimes kleines Programm, das Sie schreiben, um eine Aufgabe in Word zu erledigen. Ja, es bedeutet Programmieren. Deswegen habe ich es in frühere Ausgaben dieses Buches nie aufgenommen. Sie müssen wirklich etwas vom Programmieren verstehen, um das meiste aus Makros herauszuholen. Und selbst für diesen Fall habe ich mich bemüht, Ihnen in diesem Kapitel ein paar Taue zu geben, an denen Sie sich langhangeln können.

Es gibt zwei Sorten von Makros: aufgezeichnete und programmierte.

Ein aufgezeichneter Makro ist das, wonach erklingt. Wie bei einem Kassetten- oder Videorecorder (naja, bleiben wir besser beim Kassettenrecorder) können Sie etwas aufzeichnen und dann wieder abspielen. Mit einem Word-Makro nehmen Sie auf, was Sie auf der Tastatur drücken, wie Sie die Maus bewegen und welche Menüs Sie auswählen, um das alles später wieder abzuspielen. Das ist die einfachste Form eines Makros.

Ein programmierter Makro ist ein Programm, das Sie mit der Programmiersprache von Word schreiben, mit WordBasic. (Oder heißt das jetzt VisualBasic? Ich hab's vergessen, und es spielt auch keine Rolle.) Sie schreiben ein kleines Programm, das Word befiehlt, etwas zu tun, dann lassen Sie den Makro »laufen«, und Word dreht durch, weil es Ihre Befehle befolgen muß. Irgendwie so.

✔ Aufgezeichnete Makros sind leicht zu erledigen, weshalb es in diesem Kapitel hauptsächlich um sie geht.

✔ Programmierte Makros. Oh, ich schüttle mich. (Schüttelgeräusch.)

✔ Ehrlich, es werden ganze Bücher über das Schreiben von Makros in Word verfaßt. Wenn Sie neugierig sind, können Sie sich die Hilfedatei für WordBasic ansehen. Sie listet alle Befehle auf, und was sie tun, und Sie bekommen sogar noch ein paar Beispiele gezeigt. Wählen Sie Hilfe, *Microsoft Word-Hilfethemen*. Die Word-Hilfemaschine erscheint. Klikken Sie auf das Schildchen *Inhalt*, um das entsprechende Blatt nach vorne zu holen, und sehen Sie sich dann das vorletzte »Kapitel« in der Liste an, Referenz-Informationen. (Schüttelgeräusch.)

✔ Fast jedes Computerbuch, das ich jemals gelesen habe und das sich der Beschreibung von Makros widmet, enthält die folgende Zeile: »Makro ist eine Abkürzung für Makroinstruktion.« Sie schreiben das einfach und erwarten, daß wir es irgendwie absorbieren und auch noch sagen, »Wow. Das ist *wirklich* interessant. Ich bin so froh, daß Sie mir das gesagt haben. Jetzt fühle ich mich wirklich erleuchtet. Vielen, vielen Dank.« Mal ernsthaft, wen interessiert's?

Einen Makro erstellen, der das Drücken von Tasten aufzeichnet

Die einfachste Form von Makros, die Sie erstellen können, ist die, bei der das Drücken von Tasten aufgezeichnet wird. Wenn Sie aufgepaßt haben (was bedeutet, daß Sie dieses Buch nicht im Bett lesen), sind Sie wahrscheinlich über einige Informationen zur Funktion AutoText gestolpert (siehe Kapitel 13). Mit ihr können Sie auch das Drücken von Tasten aufzeichnen und dann wieder abspielen.

Sie sitzen also da (oder liegen im Bett) und denken: »Na, was soll denn jetzt der ganze Aufstand?« Der große Aufstand ist, daß der Makro nicht nur aufzeichnet, welche Tasten Sie drükken, sondern daß er sich auch erinnert, welche Befehle Sie benutzen.

Ich persönlich benutze keine Makros. Als ich allerdings vor ein paar Minuten nachdachte, fiel mir einer ein, den ich zur Demonstration benutzen könnte. Es ist der Makro WortWechsel. Er tauscht ein Wort mit dem anderen aus, so daß Sie im folgenden Satz den Zahnstocher-Cursor auf *einfach* stellen können:

```
einfach schön
```

und den WortWechsel-Makro laufenlassen können, um folgendes Ergebnis zu bekommen:

```
schön einfach
```

Dumm, aber für Demonstrationszwecke nützlich.

Befolgen Sie diese Anweisungen, um einen Makro zu erstellen, der aufzeichnet, wie Sie die Tasten drücken:

1. Richten Sie alles ordentlich ein.

Wenn Ihr Makro Text benötigt, der auf dem Bildschirm manipuliert wird, müssen Sie Text eingeben. Die Grundidee ist, daß Sie alles so einrichten, wie es wäre, wenn Sie den Makro ausführen wollen; der Makro kann nicht aufgezeichnet werden, wenn Sie nicht dafür vorbereitet sind.

Im Falle eines Makros, der aufzeichnet, wie Sie Ihre Tasten drücken, geben Sie die folgende Textzeile ein:

```
Sie ist einfach schön.
```

Außerdem stellen Sie den Cursor in das Wort *einfach*.

2. Wählen Sie *Extras, Makro*.

Die Dialogbox *Makro* erscheint. Sie enthält eventuell mehrere Makros, die Sie bereits aufgezeichnet haben; sie kann aber auch leer sein (wie in Abbildung 19.1) oder sie hält bereits den *Makro 1* bereit, damit Sie an ihm herumspielen können.

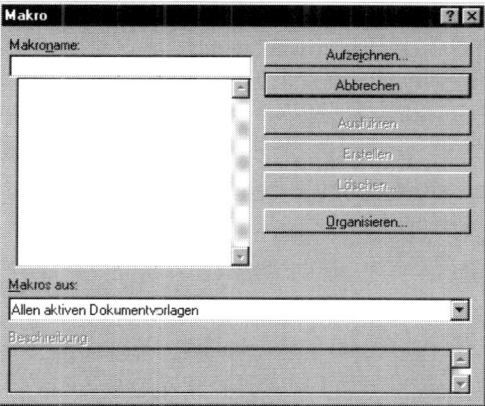

Abbildung 19.1: Die Dialogbox Makro

3. Geben Sie in den Kasten *Makroname* einen Namen für Ihren Makro ein.

Nehmen Sie etwas Aussagefähiges, aber verzichten Sie auf Leerstellen. Benutzen Sie nur Buchstaben und vielleicht Zahlen.

Nennen Sie den Makro zum Wechseln von Wörtern WortWechsel.

4. Klicken Sie auf *Aufzeichnen*.

Hoppla! Sollten Sie annehmen, daß es jetzt schon mit der Aufzeichnung losgeht, haben Sie sich aber getäuscht. Statt dessen sehen Sie die Dialogbox *Makro aufzeichnen* wie in Abbildung 19.2.

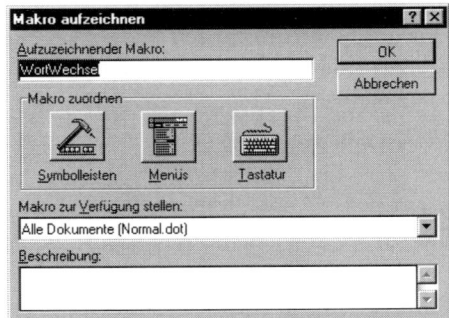

Abbildung 19.2: Die Dialogbox Makro aufzeichnen

Die Dialogbox *Makro aufzeichnen* erlaubt es Ihnen, Ihren Makro auf eine Symbolleiste oder in ein Menü zu stecken oder ihm eine Tastenkombination zuzuweisen. Sie wählen eine dieser Möglichkeiten aus, indem Sie auf die passende Schaltfläche in der Dialogbox *Makro aufzeichnen* klicken. Wenn Sie einfach nur auf die Schaltfläche OK klicken, kann der Makro nur aus der Dialogbox *Makro* ausgeführt werden, nachdem Sie *Extras, Makro* gewählt haben. Aus reiner Bequemlichkeit sollten Sie ihm daher einen anderen Platz zuweisen.

5. Klicken Sie auf die Schaltfläche *Tastatur*.

Die Dialogbox *Anpassen* erscheint; im Vordergrund befindet sich das Blatt *Tastatur*. Hier drücken Sie die Tastenkombination, die Sie Ihrem Makro zuweisen wollen.

6. Drücken Sie Alt+Umschalttaste+W.

Die Tastenkombination erscheint in dem Kasten *Neuen Shortcut wählen* als `Alt+Umschalt+W`. Unter diesem Kasten sehen Sie, daß diese Tastenkombination `[nicht zugewiesen]` ist. Das ist gut. Vermeiden Sie nach Möglichkeit eine Tastenkombination, die bereits etwas anderem zugewiesen ist (was alle schlauen und einfachen ausschließt).

7. Klicken Sie auf *Zuordnen*.

8. Klicken Sie auf *Schließen*.

Jetzt sind Sie endlich in Word zurück und können Ihren Makro aufzeichnen.

Sie können sehen, daß sich der Mauszeiger in einen Pfeil mit einer Kassette verwandelt. Nein, Sie hören keine Musik, wenn Sie da draufklicken. Und als ob das nicht schon genug wäre, sehen Sie auch noch die schwebende Palette *Aufzeichnen* wie in Abbildung 19.3.

Abbildung 19.3: Die schwebende Palette Aufzeichnen

9. Jetzt können Sie Ihren Makro aufzeichnen.

Alle Tasten, die Sie drücken, und alle Befehle, die Sie wählen, einfach alles wird als Teil Ihres Makros aufgezeichnet.

Um den Makro WortWechsel zu vervollständigen, tun Sie folgendes:

Drücken Sie zweimal die Taste F8: F8, F8. Dadurch wird das Wort markiert, auf dem der Zahnstocher-Cursor steht.

Drücken Sie Strg + X. Damit wird das Wort ausgeschnitten.

Drücken Sie Strg + →. Dadurch bewegen Sie sich zum nächsten Wort herüber.

Drücken Sie Strg + V. So wird das ausgeschnittene Wort eingefügt und die Reihenfolge der Wörter geändert.

Sie sind mit der Aufzeichnung fertig.

10. Klicken Sie auf der schwebenden Palette *Aufzeichnen* auf die Schaltfläche *Beenden*.

Die Aufzeichnung Ihres Makros wird beendet. Sie können durchatmen. Das schwebende *Aufzeichnen*-Ding verschwindet, und der Mauszeiger nimmt die gewohnte Gestalt an.

Gratulation, Ihr Makro ist aufgezeichnet worden.

Den Makro ausführen

Um den Makro WortWechsel auszuführen, müssen Sie einfach nur seine spezielle Tastenkombination drücken: Alt + Umschalt-Taste + W. Stellen Sie den Cursor irgendwo in Ihr Dokument, und drücken Sie Alt + Umschalt-Taste + W. Word wechselt automatisch die beiden Wörter aus. Wo also stand:

```
Sie ist einfach schön.
```

steht nun:

Sie ist schön einfach.

Clever, was?

✔ Wenn Sie den Makro in ein Menü oder eine Symbolleiste plazieren, müssen Sie sich zu diesem Menü oder dieser Symbolleiste begeben, um ihn auszuführen.

✔ Wenn der Makro weder zu einem Menü gehört noch zu einer Symbolleiste und nicht über einen Tastatur-Shortcut verfügt, müssen Sie *Extras, Makro* wählen, um sich die Dialogbox *Makro* zeigen zu lassen. Lokalisieren Sie Ihren Makro in der Liste, klicken Sie einmal darauf, um ihn zu markieren und klicken Sie dann auf die Schaltfläche *Ausführen*.

Den Makro bearbeiten

Ich sage hier kein Wort über das Bearbeiten des Makros, was schon ein großer Zeh im Tümpel des Makro-Programmierens wäre – ein viel zu stinkiges Thema für dieses Buch. Statt dessen können Sie sich den Makro WortWechsel anschauen und feststellen, wie die Programmiersprache WordBasic in Wirklichkeit so ausieht. Befolgen Sie diese Schritte:

1. **Wählen Sie *Extras, Makro*.**

   Die Dialogbox *Makro* erscheint (siehe Abbildung 19.1).

2. **Markieren Sie in der Liste Ihren Makro.**

   Suchen Sie in der Liste nach dem Namen des Makros, und klicken Sie einmal darauf, um ihn zu markieren.

3. **Klicken Sie auf *Bearbeiten*.**

   Die Dialogbox *Makro* verschwindet, und Sie sehen etwas, das aussieht wie ein Word-Dokument – aber keins ist. In Wahrheit ist das der Makro, wie er in WordBasic geschrieben ist. Eine besondere Makro-Symbolleiste erscheint, um denjenigen von Ihnen zu helfen, die wissen, wie man einen Makro bearbeitet. Abbildung 19.4 zeigt, wie der Makro WortWechsel in diesem Modus aussieht.

4. **Der Schritt *Bearbeiten Sie Ihren Makro*.**

   Wenn Sie wüßten, wie es nach oben geht, könnten Sie dort bestimmt etwas tun. Ansonsten glotzen Sie halt.

5. **Schließen Sie das Makro-Dokument.**

   Ob Sie es verändert haben oder nicht: Sie schließen einen Makro in Word wie jedes andere Dokument, nämlich mit *Datei, Schließen*. Das Fenster schließt sich (Sie werden aufgefordert zu speichern, falls Sie das noch nicht getan haben sollten), und Sie kehren in das normale Word zurück.

Wenn das alles Ihre Neugierde geweckt hat, rate ich Ihnen, sich ausführlichere Bücher über die Makros von Word anzusehen. Sie können ziemlich leistungsfähig und nützlich sein. Ich meine, was Sie dabei tun, erstellt potentiell neue Befehle für Word und fügt sie in das Programm ein. Faszinierendes Zeug. Ich wünschte, ich hätte mehr Zeit, um selbst damit herumzuspielen.

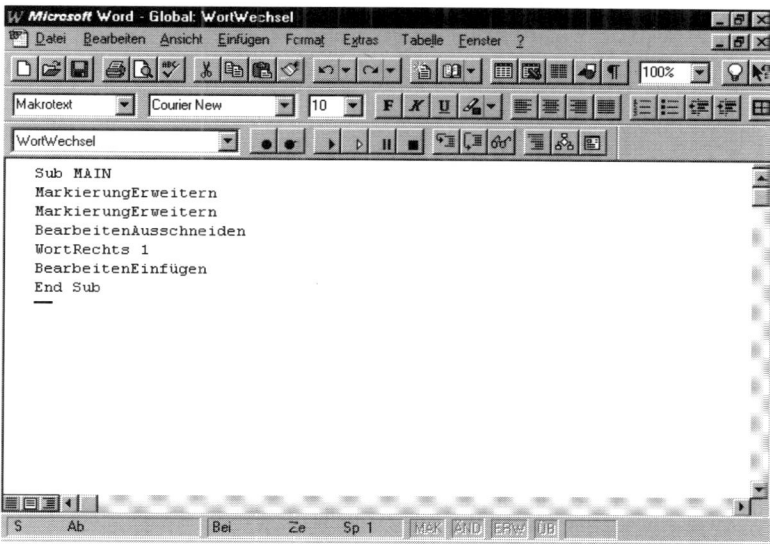

Abbildung 19.4: Der Makro WortWechsel in seiner häßlichen Rohform

Teil IV

Mit Dokumenten arbeiten

The 5th Wave · By Rich Tennant

Die neue Funktion der längeren Dateinamen bei Windows 95 fand besonders bei der Sekretärin der Abschleppfirma AAAAAAAAAA Anklang.

In diesem Teil...

»Dokument« klingt einfach so viel wichtiger als »das Ding, das ich mit meiner Textverarbeitung gemacht habe«. Es impliziert eine knackige, meisterhafte Wirkung. Nein, das ist kein weiterer langweiliger Bericht; es ist ein Dokument. Das ist nicht ein Beschwerdebrief an den lokalen Kabelfernsehsender; es ist ein Dokument. Es ist keine Entschuldigung für Herberts Lehrer, der seinen »Ausschlag« erklärt; es ist ein Dokument. Es klingt professionell, also vergessen Sie, daß Sie Ihre Finger verknoten und mehrere hundert Ausdrucke machen mußten, bis Sie es hinbekommen hatten – es ist ein Dokument!

Dieser Teil des Buches erforscht das Ding, wofür Sie Word verwenden, die Erstellung von Dokumenten. Dazu gehören das Ausdrucken, das Arbeiten mit gespeicherten Dokumenten und Dateien und die häßliche, langweilige Geschichte vom Seriendruck, der in puncto mentaler Agonie und Leid direkt nach dem Steuerbescheid kommt.

Mehr als eine Datei –
ein Dokument

20

In diesem Kapitel

▷ An mehreren Dokumenten gleichzeitig arbeiten

▷ Mehr als ein Dokument ansehen

▷ An zwei oder mehr Teilen desselben Dokumentes arbeiten

▷ Den alten Ausschnitt-Teilen-Trick verwenden

▷ Ein Dokument speichern (das erste Mal)

▷ Ein Dokument speichern (danach)

▷ Ein Dokument speichern und Word beenden

▷ Speichern und mit einer sauberen Tafel neu beginnen

▷ Ein Dokument auf der Festplatte finden

▷ Ein Dokument in ein anderes laden

▷ Verschiedene Dokumente gleichzeitig speichern oder laden

*W*ord lebt, um dem Dokument zu dienen, so wie Eltern leben, um ihren Kindern zu dienen (ohne daß sie das wissen). Wenn ein Dokument die ganze Nacht wach ist, sind Sie da. Wenn ein Dokument Schmerzen hat, sind Sie da. Wenn das Dokument sich über den Drucker erbricht, sind Sie da. Aber Dokumente sind für uns keine Folter. Sie sind da, damit wir sie lieben, Oh, ich schweife gerade etwas ab ...

Ein *Dokument* ist in Wahrheit das, was Sie auf dem Bildschirm in Word sehen. Es ist der Text, den Sie erstellen und bearbeiten, die Formatierung, die Sie zuweisen, und das Endergebnis, das Sie drucken. Ein Dokument ist jedoch auch eine Datei, die Sie zum späteren Laden, Bearbeiten oder Drucken auf Diskette oder Festplatte speichern.

An verschiedenen Dokumenten gleichzeitig arbeiten

Das ist praktisch: Word läßt Sie an Zillionen von Dokumenten gleichzeitig arbeiten. Nun, tatsächlich können Sie an verschiedenen Dokumenten gleichzeitig arbeiten, obwohl nur neune von ihnen in dem Menü *Fenster* zu sehen sind. Aber neun ist immer noch eine ganze Menge – fast soviel Leute wie beim Letzten Abendmahl!

Jedes Dokument besitzt in Word sein eigenes Fenster. Normalerweise nimmt dieses »Fenster« den ganzen Bildschirm für sich in Anspruch, so daß das Dokument das einzige ist, was Sie in Word sehen. Um sich weitere Dokumente anzusehen, greifen Sie auf das *Fenster*-Menü zurück (Alt, F). Hier wählen Sie eine Ziffer zwischen 1 und 9 aus, dem Dokument entsprechend, das Sie sehen wollen.

Aus Höflichkeit zeigt Word Ihnen den Namen des Dokumentes rechts neben der Ziffer im Menü. Abbildung 20.1 zeigt, wie das *Fenster*-Menü mit einem Haufen geöffneter Dokumente aussieht. Sobald mehr als neun Dokumente geöffnet sind, erscheint eine zusätzliche Zeile »*Weitere Fenster*«. Wählen Sie diese Option, um eine Dialogbox zu erhalten, in der Sie Ihre Dokumente aus einer Liste auswählen können.

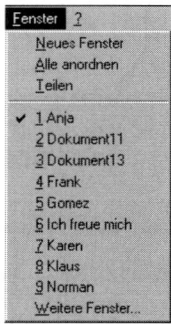

Abbildung 20.1: Verwenden Sie das Fenster-Menü, um offene Dokumente aufzuspüren.

✔ Um in der Ansicht von einem zu Dokument zu einem anderen zu wechseln, wählen Sie seinen Namen mit der Maus oder der Tastatur aus dem Menü *Fenster*. Um die Angelegenheit für Sie etwas bequemer zu gestalten, sind die Namen in alphabetischer Reihenfolge aufgelistet.

✔ Die Tastenkombination Strg+ Umschalt+ F6 führt Sie in das »nächste« Fenster. Strg+F6 führt Sie in das »vorherige« zurück. Bei nur zwei geöffneten Fenstern ist Strg + F6 eine prima Abkürzung zum Rumhüpfen.

✔ Die Dokumente sind untereinander völlig unabhängig: Wenn Sie in einem Dokument drucken, die Rechtschreibprüfung durchführen und formatieren, betrifft das ausschließlich das Dokument, das Sie auf dem Bildschirm sehen.

✔ Sie können einen Block von einem Dokument in ein anderes kopieren. Markieren Sie einfach den Block im ersten Dokument, kopieren Sie ihn (Strg + C), öffnen Sie das zweite Dokument und fügen Sie den Block ein (Strg + V). (Vergessen Sie nicht, daß Sie auch die Schaltflächen für Kopieren und Einfügen verwenden können.) Schlagen Sie in Kapitel 6 detaillierte Information über Textblöcke nach.

Mehr als ein Dokument ansehen

Sie können alle geöffneten Dokumente mit dem Befehl *Fenster, Alle anordnen* auf dem Bildschirm versammeln. Mit diesem Befehl erhält jedes Dokument sein eigenes »Mini-Fenster« – bei den Windows-Gesundbetern offiziell als Multi-Dokument-Interface bekannt.

✔ Obwohl Sie mehr als ein Dokument auf einmal sehen können, können Sie immer nur an einem arbeiten: dem Dokument mit der farblich hervorgehobenen Titelzeile. Andere Dokumente bearbeiten Sie, indem Sie mit der Maus auf sie klicken oder die Kombination Strg+F6 verwenden.

✔ Nachdem die Fenster angeordnet sind, können Sie ihre Position und Größe mit der Maus variieren.

 ✔ Ein Klicken auf die *Maximieren*-Schaltfläche eines Mini-Fensters stellt die normale Vollbildansicht Ihres Bildschirms wieder her.

✔ Der Befehl *Fenster, Alle anordnen* ist für zwei oder drei Dokumente bestens geeignet, zum Beispiel, wenn Sie Texte vergleichen. Bei mehr als drei Dokumenten wird jedoch der einzelne Bildschirm zu klein, so daß Ihnen das Ganze wenig hilft.

An zwei oder mehr Teilen desselben Dokumentes arbeiten

Sie können sich auch zwei oder mehr Teile des selben Dokumentes ansehen – ja, *desselben* Dokumentes –, indem Sie den Befehl *Fenster, Neues Fenster* auswählen. Hiermit rufen Sie ein weiteres Fenster auf den Bildschirm, in dem Sie eine weitere Kopie Ihres Dokumentes finden. Im Unterschied zu verschiedenen Dokumenten in unterschiedlichen Fenstern sind alle Kopien dieses Dokumentes miteinander »verbunden«. Veränderungen, die Sie in einer der Kopien vornehmen, werden sofort in die andere übernommen.

✔ Diese Funktion ist sinnvoll, wenn Sie Text oder Grafiken zwischen Abschnitten desselben Dokuments ausschneiden und einfügen wollen. Das gilt vor allem dann, wenn das Dokument sehr lang ist.

✔ Die Titelzeile teilt Ihnen mit, welche Variante Ihres Dokumentes Sie gerade ansehen, indem sie einen Doppelpunkt und eine Ziffer hinter den Dateinamen setzt. Zum Beispiel ist das Dokument KAPITEL20:1 im ersten und das Dokument KAPITEL20:2 im zweiten Fenster.

✔ Sie können sich mit Strg + F6 zwischen den Fenstern vor und zurück bewegen.

 ✔ Sie können nicht den Befehl *Datei, Schließen* verwenden, um ein Fenster zu schließen. Statt dessen klicken Sie auf die Schließen-Schaltfläche des einen Fensters (das »X«) in der oberen rechten Ecke.

✔ Eine andere Möglichkeit, zwei Teile eines Dokumentes anzusehen, ist der alte Bildschirm-Teilen-Trick. Diese Funktion wird ... nun, hier ist das Ganze nochmal.

Den alten Bildschirm-Teilen-Trick verwenden

Das Teilen des Bildschirm erlaubt Ihnen, zwei Teile Ihres Dokumentes in einem Fenster zu betrachten. Kein Ärger mit weiteren Extra-Fenstern. Ich bevorzuge Word mit so wenig »Müll« auf dem Bildschirm wie möglich. Wenn ich zwei Teile des gleichen Dokumentes auf dem Bildschirm benötige, teile ich einfach – salomonisch – den Bildschim und beseitige zum Schluß den Riß. Sie können das gleiche mit folgenden Schritten zuwege bringen:

1. **Plazieren Sie den Mauszeiger auf dem kleinen grauen Bereich direkt über dem Aufwärtspfeil auf der vertikalen Bildlaufleiste (an der oberen rechten Seite Ihres Dokumentes).**

   Oh, zum Henker. Sehen Sie sich Abbildung 20.2 an, damit Sie sehen, worüber ich rede.

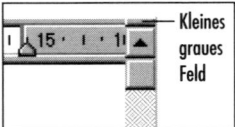

Abbildung 20.2: Das kleine graue Feld, mit dem Sie einen Bildschirm teilen

Wenn Sie diesen süßen Punkt gefunden haben, verändert sich der Mauszeiger und sieht aus wie ein Paar benachbarter horizontaler Linien mit Pfeilen nach oben und unten.

2. **Halten Sie die linke Maustaste gedrückt, und ziehen Sie den Mauszeiger nach unten.**

   Während Sie ziehen, folgt Ihnen eine Linie, die das Dokument in zwei Teile schneidet. Sie markiert den Punkt, an dem der Bildschirm geteilt wird.

3. **Lassen Sie die Maustaste los.**

   Ihr Bildschirm sieht jetzt wie in Abbildung 20.3 aus.

✔ Jeder Abschnitt des Bildschirms kann individuell bearbeitet werden. Sie können auch in jedem Abschnitt für sich mit Hilfe der Bildlaufleiste blättern. Die Fenster bilden jedoch noch immer das gleiche Dokument ab. Veränderungen, die Sie in einem Ausschnitt vornehmen, werden sofort in den anderen übernommen.

✔ Diese Funktion ist beim Ausschneiden und Einfügen von Text und Grafiken zwischen Teilen des selben Dokuments nützlich.

✔ Um die Teilung des Bildschirms rückgängig zu machen, postieren Sie den Cursor wieder auf dem kleinen grauen Feld und ziehen ihn zum Lineal hoch.

✔ Sie können auch den Befehl *Fenster, Teilen* aus dem Menü wählen, um Ihren Bildschirm zu teilen, und mit *Fenster, Teilung aufheben* die Teilung rückgängig machen.

✔ Die schnellste Methode, ein Fenster zu teilen, besteht darin, mit der Maus auf das kleine graue Feld zu zeigen und doppelzuklicken.

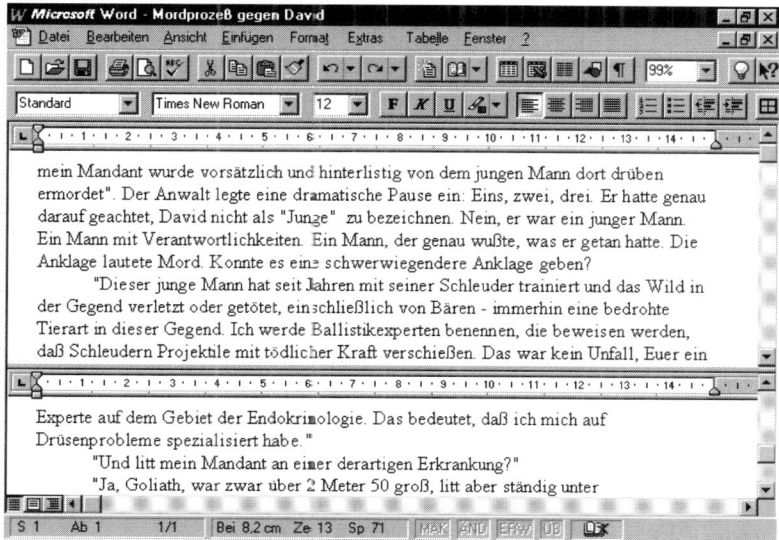

Abbildung 20.3: Den Bildschirm teilen

Ein Dokument speichern (das erste Mal)

Sie müssen Ihr Dokument nicht nur speichern, wenn Sie damit fertig sind. Sie sollten es vielmehr fast sofort speichern – sobald Sie ein paar Sätze und Absätze geschrieben haben. Speichern! Speichern! Speichern!

Sie speichern ein Dokument, das zuvor noch nicht gespeichert wurde, indem Sie die unten aufgelisteten Schritte befolgen. Haben Sie Ihr Dokument schon einmal gespeichert, können Sie zum nächsten Abschnitt springen.

1. **Rufen Sie den Befehl *Speichern* auf.**

Wählen Sie dazu *Datei, Speichern*, geben Sie Alt, D, S ein oder verwenden Sie den Shortcut F12. Sie sehen die Dialogbox *Speichern unter* aus Abbildung 20.4

2. **Geben Sie einen Namen für Ihr Dokument ein.**

Sie können die Datei benennen, wie es Ihnen gefällt – mit Buchstaben, Zahlen, irgendwelchen Symbolen, Leerstellen und was weiß ich noch. Obwohl der Dateiname endlos lang sein kann, rate ich Ihnen, kurz, einfach und präzise zu sein. (Dies schließt die meisten Anwälte aus der Liste der effektiven Dateinamen aus.)

Sie werden in der Dialogbox *Speichern unter* sehen, daß Word Ihrem Dokument automatisch einen Namen gibt, der den ersten paar Wörtern des Textes entspricht. Das ist oft mehr als passend (sofern Sie nicht alles mit einer Formulierung beginnen wie »Mir ist aufgefallen, daß ...«).

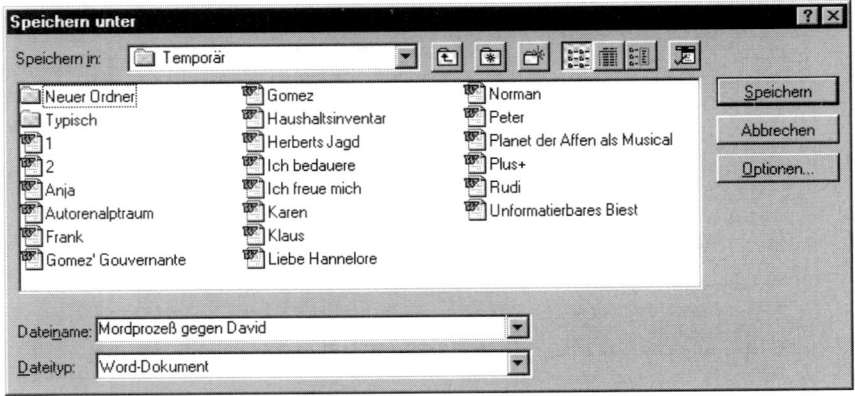

Abbildung 20.4: Die Dialogbox Speichern unter

3. Klicken Sie auf *Speichern*.

Wenn alles klappt, surrt Ihr PC einige Sekunden, und schließlich erscheint Ihr Dateiname in der Titelzeile. Ihre Datei ist gespeichert.

Falls ein Problem auftaucht, erhalten Sie wahrscheinlich eine dieser beiden Fehlermeldungen:

```
Soll die bereits existierende Datei WASDENN.DOC ersetzt werden?
Ja Nein Abbrechen Hilfe
```

Es gibt bereits eine Datei mit diesem Dateinamen. Geben Sie N ein, gehen Sie zurück zu Schritt 2, und geben Sie einen anderen Namen ein. Wenn Sie J eingeben, ersetzt Ihre Datei eine andere, was wahrscheinlich nicht das ist, was Sie möchten.

```
Eine Datei kann nicht unter dem gleichen Namen wie eine bereits
geöffnete gespeichert werden.
```

Diese Nachricht bedeutet, daß Sie versucht haben, eine Datei unter dem Namen eines Dokuments zu speichern, an dem Sie gerade arbeiten. Versuchen Sie es einfach unter einem anderen Namen.

Das letzte Problem ist wahrscheinlich das lästigste: Nichts passiert. Word weigert sich, die Datei zu speichern, egal wie fest Sie auf die *Speichern*-Schaltfläche klicken. Was Word Ihnen nicht sagt, ist, daß Sie ein unanständiges Symbol im Dateinamen verwendet haben. Versuchen Sie es noch einmal ab Schritt 2, und benutzen Sie im Dateinamen nur Buchstaben und Zahlen.

✔ Speichern Sie stets Ihr Dokument, selbst wenn Sie erst ein paar Textzeilen eingegeben haben.

✔ Sie sollten Ihre Dateien außerdem ordnen, indem Sie sie in ihren eigenen Ordnern unterbringen. Dieses Thema wird in Kapitel 22 behandelt, und zwar im Abschnitt »*Wie Sie einen Platz für Ihre Arbeit finden*«.

✔ Hier ist eine Liste der gemeingefährlichen Zeichen, die Sie nicht nur Benennung einer Datei verwenden können:

\ / : * ? " < > Á

Alles andere geht in Ordnung (einschließlich Leerstellen und Punkte).

Ein Dokument speichern (danach)

Die Anweisungen in diesem Abschnitt gehen davon aus, daß Sie Ihr Dokument schon einmal abgespeichert haben. Warum sollten Sie Ihre Datei noch einmal speichern (und noch einmal)? Weil es klüger ist! Sie sollten Ihre Datei so häufig wie möglich speichern – gewöhnlich dann, wenn Sie etwas so Brillantes oder Kompliziertes geschrieben haben, daß Sie es so nicht noch einmal tippen können. (Falls Sie Ihr Dokument noch nicht gespeichert haben, schlagen Sie im vorangegangenen Abschnitt nach.)

Sie bringen Ihre Datei auf den neuesten Stand, wenn Sie sie ein zweites Mal speichern. Das geht kurz und schmerzlos:

1. **Wählen Sie *Datei, Speichern,* oder geben Sie den *Speichern*-Shortcut Strg + S ein.**

   Wenn Sie speichern, sehen Sie, wie sich die Statuszeile in Sekundenschnelle verändert. (Sie können auch die Schaltfläche *Speichern* verwenden.)

2. **Fahren Sie mit Ihrer Arbeit fort.**

   Ich empfehle Ihnen, diesen Schritt ständig zu wiederholen, solange Sie noch Wörter auf die Seite werfen.

✔ Speichern! Speichern! Speichern!

✔ Speichern Sie Ihr Dokument alle drei Minuten oder so oder immer, wenn Sie etwas Schlaues geschrieben haben.

✔ Wenn Sie in einem Netzwerk arbeiten, sollten Sie nach jedem Tastendruck speichern.

✔ Falls Sie Ihr Dokument bereits gespeichert haben, erscheint sein Name in der Titelzeile. Wenn dort kein Name ist (sondern nur »Dokument« oder etwas ähnlich Langweiliges dort steht), schlagen Sie noch einmal im letzten Abschnitt über Speicherbefehle nach.

Ein Dokument speichern und aufhören

Sie haben genug für heute getan. Ihre Finger sind wund, die Augen werden glasig, »Ich möchte nicht mehr weiterschreiben«. Überall sehen Sie Mauszeiger. Sie blinzeln, reiben sich die Augen und strecken Ihren Rücken. Ah, es ist Kneipen-Zeit. Aber bevor Sie Ihre Kumpels treffen und gemeinsam auf ein Bierchen in den Sonnenuntergang weggehen, müssen Sie noch Ihr Dokument speichern und Word für heute beenden:

1. **Beenden Sie Ihre Arbeit.**

   Wählen Sie *Datei, Beenden* oder geben Sie Alt + F4 ein. Eine Box fragt Sie:

   ```
   Möchten Sie die Änderungen in  wasauchimmer speichern?
   Ja Nein Abbrechen
   ```

2. **Geben Sie J ein, um Ihr Dokument zu speichern.**

   Das Dokument ist gespeichert, und Word verabschiedet sich – Schluß, aus.

✔ Falls es ein zweites Dokument in Word gibt, in dem Sie ebenfalls seit dem letzten Speichern Änderungen vorgenommen haben, wird Ihnen diese Nachricht noch einmal präsentiert. Geben Sie wieder J ein, um auch dieses Dokument zu speichern.

✔ Wenn Sie dem Dokument noch keinen Namen gegeben haben, können Sie das nach der Eingabe J tun. Schlagen Sie die Anweisungen in dem Abschnitt »*Ein Dokument speichern (das erste Mal)*« weiter vorne in diesem Kapitels nach.

✔ Nachdem Sie Word verlassen haben, befinden Sie sich wieder in Windows. Hier können Sie ein neues Programm beginnen oder Windows verlassen und Ihren PC verkaufen und sich den Hare Krishna-Jüngern anschließen.

    ✔ Verlassen Sie Word und Windows immer richtig. Schalten Sie niemals Ihren PC aus, und drücken Sie nie die Reset-Taste, wenn Word oder Windows noch auf dem Bildschirm zu sehen sind. Schalten Sie Ihren PC nur dann aus, wenn Windows Ihnen mitteilt, daß es »sicher« ist, das jetzt zu tun.

Speichern und mit einer sauberen Tafel beginnen

Wenn Sie ein Dokument speichern und es vom Bildschirm verschwinden lassen und mit einer sauberen Tafel von vorne beginnen wollen, wählen Sie den Befehl *Datei, Schließen*. Damit bleiben Sie in Word und können mit der Textverarbeitung fortfahren.

    ✔ Sie können auch von vorne beginnen und an einem neuen Dokument arbeiten, indem Sie den Befehl *Datei, Neu* wählen oder aber auf die Schaltfläche *Neu* in der Standard-Symbolleiste klicken oder die Tasten Strg + N drücken oder auf Neumond warten.

✔ Wenn Sie Ihr Dokument noch nicht gespeichert haben, schlagen Sie in dem Abschnitt *»Ein Dokument speichern (das erste Mal)«* weiter vorne in diesem Kapitel nach. Speichern Sie Ihr Dokument immer, nachdem Sie etwas geschrieben haben (und 2, 3 Sekunden danach noch einmal).

✔ Es gibt keinen Grund, Word zu beenden und neu zu starten, nur um eine saubere Tafel zu bekommen.

Ein Dokument finden

Wenn Sie Ihre Arbeit mit Word beginnen oder wenn Sie gerade ein Dokument geschlossen haben und mit einer sauberen Tafel neu beginnen, haben Sie die Möglichkeit, ein bereits gespeichertes Dokument zur Bearbeitung zu suchen.

Um sich eine Datei zu schnappen – sie zu *finden* – beachten Sie folgende Schritte:

1. Rufen Sie den *Öffnen*-Befehl auf.

Wählen Sie *Datei, Öffnen*, geben Sie Strg + O, den *Öffnen*-Shortcut, ein oder klikken Sie auf die *Öffnen*-Schaltfläche in der Standard-Symbolleiste. Die Dialogbox *Öffnen*, wie sie in Abbildung 20.5. zu sehen ist, erscheint.

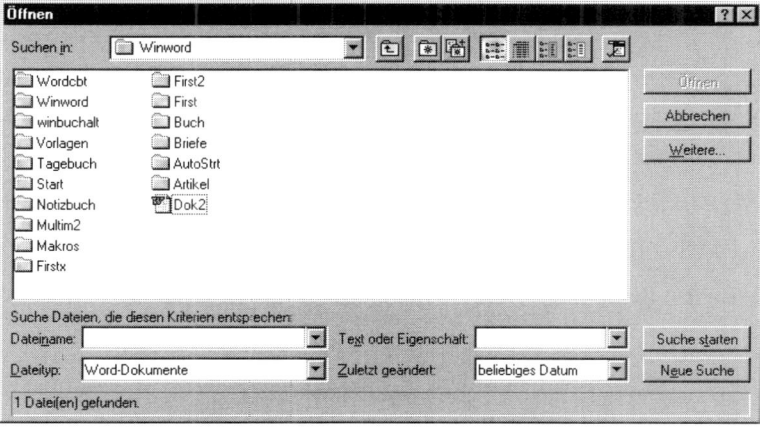

Abbildung 20.5: Die Dialogbox Öffnen

2. Suchen Sie den Ordner Ihres Dokuments.

Sie können auch die Wunderdinger in der Dialogbox verwenden, um in den verschiedenen Laufwerken und Ordnern Ihres PCs zu schmökern – vorausgesetzt, daß Sie über Erfahrung in diesen Dingen verfügen oder bereits Kapitel 22 gelesen haben, das sich mit solchen Dingen beschäftigt.

3. **Klicken Sie mit dem Mauszeiger auf das Symbol des Dokuments.**

4. **Drücken Sie die Eingabetaste.**

    Word findet Ihr Dokument und lädt es auf den Bildschirm.

5. **Los!**

✔ Wenn Sie sich nicht sicher sind, was in einem Dokument ist, klicken Sie in der Dialogbox *Öffnen* auf die Schaltfläche *Vorschau*. Dann erscheint in der Dialogbox ein weiteres Fenster, in dem Sie einen Blick riskieren können, was in einem Dokument ist, bevor Sie es öffnen.

✔ Wenn Sie ihr Dokument nicht finden können, schlagen Sie in Kapitel 26 den Abschnitt »*Ich habe meine Dateien verloren!*« nach.

✔ Wenn Sie eine Datei laden, die mit einer anderen Textverarbeitung geschrieben wurde, fragt Sie eventuell eine Dialogbox, ob Word die Datei konvertieren soll. Antworten Sie mit Ja, und schlagen Sie in Kapitel 21 zusätzliche Informationen über fremde Textverarbeitungsdokumente nach.

Ein Dokument in ein anderes Dokument laden

Es gibt Momente, in denen Sie ein Dokument in ein anderes laden wollen. Mir fällt zwar keiner ein, aber wenn es Ihnen mal so gehen sollte, folgen Sie diesen Schritten:

1. **Plazieren Sie den Zahnstocher-Cursor an die Stelle, wo der Text des anderen Dokumentes erscheinen soll.**

2. **Wählen Sie *Einfügen, Datei*.**

    Oder drücken Sie Alt, E, D.

3. **Pflücken Sie das Symbol der Datei heraus, die für das Dokument steht, das Sie einfügen möchten.**

    Klicken Sie mit der Maus auf das Symbol des Dokuments.

    Sie können auch die ganzen Wunderdinge in der Dialogbox benutzen, um eine Datei in einem anderen Ordner aufzustöbern oder auf einem anderen Laufwerk oder sogar auf einem anderen Computer, falls Sie sich in einem Netzwerk befinden.

4. **Drücken Sie die Eingabetaste.**

    Das Dokument erscheint genau dort, wo der Zahnstocher-Cursor sitzt.

✔ Das fertige, kombinierte Dokument besitzt immer noch den Namen des ersten Dokumentes.

✔ Sie können soviele Dokumente in Ihr Dokument laden, wie Sie wollen. Es gibt keine Grenze, obwohl Sie natürlich das riesige, klobige Mount-Everest-Dokument wenn möglich vermeiden sollten.

✔ Diese Schritte erlauben Ihnen, sich einen gespeicherten Textblock aus einem Dokument zu schnappen und in ein anderes Dokument zu packen. Dies wird häufig Schnellkoch-Methode genannt, wobei ein häufig benutztes Textteil in verschiedene andere Dokumente befördert wird. Auf diese Art werden auch Arztromane geschrieben.

✔ Sehen Sie auch in Kapitel 6 nach, wo Sie Informationen darüber finden, wie man Dokumentauszug-Symbole vom Windows-Desktop in das Dokument kopiert.

Alles gleichzeitig erledigen

Sie öffnen. Sie speichern. Sie schließen. Wenn Sie voll ausgelastet sind (und Sie würden sich nicht die Zeit nehmen, diese Passage zu lesen, wenn Sie es wären), wäre es nett zu wissen, daß Word diese bezaubernden Dinge für ein Bündel von Dateien gleichzeitig durchführen kann.

Das Thema, wie man eine Gruppe von Dateien gleichzeitig öffnet, wird in Kapitel 22 behandelt. Hier geht es als nächstes um das Speichern und Schließen einer Gruppe von Dokumenten.

Eine Horde Dokumente gleichzeitig speichern

Word kann an einer Anzahl von Dokumenten gleichzeitig arbeiten. Um sie alle zu speichern, könnten Sie zwischen den Fenstern umherspringen und jeweils den *Speichern*-Befehl aufrufen. Oder Sie sind gewieft und wählen den *Datei, Alles speichern*-Befehl, der Ihre gesamte Arbeit mit einem Handschlag speichert. Es gibt keine zusätzliche Arbeit und kein Warten. Alles wird so schnell gespeichert, wie es Ihrem PC möglich ist.

✔ Wenn eine Datei noch nicht gespeichert wurde, werden Sie aufgefordert, ihr einen Namen zu geben. Schlagen Sie weiter vorne in diesem Kapitel in dem Abschnitt *»Ein Dokument speichern (das erste Mal)«* weitere Informationen nach.

 ✔ Ich verwende den *Alles speichern*-Befehl immer, wenn ich aufstehen muß und meinen Computer verlasse – sogar, wenn nur einmal kurz das Telefon klingelt oder Außerirdische landen und alle meine Erdnüsse verlangen.

Eine Horde Dokumente gleichzeitig schließen

Es gibt einen *Alles speichern*-Befehl, aber warum gibt es keinen *Alles schließen*-Befehl? Die Antwort ist hier, daß es einen *Alles schließen*-Befehl tatsächlich gibt, aber daß es einige Mühe kostet, ihn erscheinen zu lassen. Wenn Sie alle Ihre Dokumente auf einen Schlag schließen wollen, beachten Sie die folgenden Schritte:

1. **Betätigen Sie die Umschalt-Taste und lassen sie nicht los. Eine von beiden. Egal welche.**

2. **Wählen Sie das Menü *Datei*.**

3. **Wählen Sie *Alles schließen*.**

   Normalerweise steht hier Schließen. Aber weil Sie die Umschalt-Taste betätigt haben, bevor Sie auf das Datei-Menü geklickt haben, wird auf magische Art daraus *Alles schließen*. Sehr elegant.

✔ Dieser Trick funktioniert nur mit der Maus, nicht mit der Tastatur.

✔ Word fragt Sie dennoch, ob Sie ungespeicherte Dokumente speichern wollen, bevor es sie schließt.

Andere Dokumente –
Fremde und ASCII

21

In diesem Kapitel

▶ Eine Textdatei laden

▶ Eine Textdatei speichern

▶ Dokumente laden, die mit fremden Textverarbeitungen erstellt wurden

▶ Dokumente in fremden Formaten speichern

*W*ord ist nicht die einzige Textverarbeitung in der Welt (obwohl Microsoft sich wirklich *sehr* anstrengt ...). Andere Leute benutzen andere Textverarbeitungsprogramme, und gelegentlich könnten Sie mit Dateien in Berührung geraten, die dabei entstehen. Vielleicht müssen Sie auch jemandem eine Datei im ASCII- oder im einfachen Text-Format geben. In solchen Momenten müssen Sie sich mit Nicht-Word-Dokumenten befassen, die ich *fremde* Dateiformate nenne.

Eine Textdatei laden

Eine Textdatei ist eine besondere Datei, die kein Dokument ist und die Sie zur Bearbeitung in Word laden können. Die Datei ist kein Dokument, weil sie keine Formatierungen enthält, keine Fettschrift oder Unterstreichung, keine Zentrierung, Kopf- oder Fußzeilen. Nur guten, einfachen Text.

Wollen Sie eine Text-Datei öffnen, folgen Sie diesen Schritten:

1. **Führen Sie den Befehl *Öffnen* aus.**

    Wählen Sie *Datei, Öffnen*, oder drücken Sie Strg + O, die Öffnen-Abkürzung. Die Dialogbox *Öffnen* erscheint.

2. **Wählen Sie in der Dropdown-Box *Dateityp Textdateien*.**

   Klicken Sie mit der Maus auf den nach unten zeigenden Pfeil neben dem Kasten *Dateityp*. Klicken Sie mit der Maus in der dann erscheinenden Liste einmal auf das Element *Textdateien*. Mit diesem Schritt teilen Sie Word mit, daß es nur Textdateien in der Dialogbox *Öffnen* anzeigen soll.

3. **Suchen Sie die Textdatei, die Sie laden wollen.**

Benutzen Sie die Kontrollen in der Dialogbox, um die gewünschte Datei auf Ihrer Festplatte zu erjagen.

Verwenden Sie die Dropdown-Box *Suchen in,* um in einen anderen Ordner oder auf eine andere Festplatte zu wechseln.

Doppelklicken Sie im Hauptfenster der Dialogbox *Öffnen* auf ein Ordner-Symbol, um zu sehen, ob Ihre Datei darin steckt.

4. **Klicken Sie einmal mit der Maus auf das Symbol der Textdatei.**

5. **Wählen Sie *Öffnen*.**

Klicken Sie auf die Schaltfläche *Öffnen,* oder drücken Sie die Eingabetaste. Die Textdatei erscheint auf dem Bildschirm, und Sie können sie bearbeiten wie ein beliebiges Word-Dokument – die Formatierung wird allerdings ziemlich krude sein.

✔ Weitere Informationen über das Öffnen von Word-Dokumentdateien lungern in Kapitel 16 herum.

✔ In Kapitel 22 finden Sie Informationen, wie man Ordner und so etwas zum Speichern von Dokumenten verwendet, und außerdem einen allgemeinen Überblick, wie die Dropdown-Box *Suchen in* in der Dialogbox *Öffnen* funktioniert.

✔ Textdateien heißen auch *ASCII*-Dateien. ASCII ist eine Technik-Abkürzung, die sich ungefähr mit »eine Textdatei« ins Deutsche übersetzen ließe. Man spricht das *Äskii* aus.

✔ Andere Begriffe für Textdatei lauten DOS-Textdatei, einfache Textdatei und unformatierte Datei.

✔ Das einzig Schwierige bei der Beschäftigung mit einer Textdatei kommt ins Spiel, wenn es nötig ist, die Datei wieder im *Textformat* zu speichern – *und nicht als Word-Dokument.* Diese Schritte werden im folgenden Abschnitt erklärt.

Eine Textdatei speichern

Da einige Anwendungen Dateien im Textformat benötigen, müssen Sie Word angewöhnen, sie auch so zu speichern. Sonst nimmt Word nämlich an, daß Sie ein Word-Dokument speichern wollen und müllt die Textdatei mit Massen von komischem Word-Kram zu. Weil es hierbei darum geht, eine Textdatei, auch bekannt als Datei im ASCII-Format, zu speichern, müssen Sie sorgfältiger sein als sonst.

Wenn Sie eine DOS-Textdatei, die Sie gerade geladen und bearbeitet haben, speichern wollen, ist das ganz einfach. Sie wählen den Befehl *Datei, Speichern*, drücken Strg + S, oder klicken auf die Speichern-Schaltfläche in der Standard-Symbolleiste. Word erinnert sich, »Heh, das ist eine DOS-Textdatei«, und speichert sie genau so wieder ab. Wunderbar.

Um ein neues Dokument im DOS-Text- oder ASCII-Format zu speichern, befolgen Sie diese Schritte:

1. Zaubern Sie den Befehl *Speichern unter* hervor.

Sie müssen den Befehl *Speichern unter* verwenden, und nicht den *Speichern*-Befehl.

2. Die typische Dialogbox *Speichern unter* erscheint.

Normalerweise geben Sie jetzt einen Dateinamen ein, und Word speichert die Datei als Dokument. Aber da Sie die Datei als Textdatei speichern wollen, müssen Sie das *Format* verändern, das in dem Kasten *Dateityp* auftaucht.

3. Klicken Sie auf den nach unten weisenden Pfeil neben dem Kasten *Dateityp*.

Wenn Sie auf diese Schaltfläche klicken, erscheint die Liste mit den Dateiformaten, in denen Word Ihr Dokument speichern kann.

4. Suchen Sie in der Liste nach dem Format *Nur Text*.

Benutzen Sie die nach oben und unten zeigenden Cursor-Pfeile, um die verschiedenen Formate in der Liste zu markieren. Wenn Sie *Nur Text* sehen, markieren Sie es, indem Sie einmal mit der Maus darauf klicken.

5. Wählen Sie noch einmal den Kasten *Dateiname*.

Klicken Sie mit der Maus auf diesen Kasten.

6. Tippen Sie einen Namen für die Textdatei.

Sie können den Text beliebig benennen, aber fassen Sie sich kurz, und seien Sie präzise.

 Wenn Sie aus der alten Schule stammen, dann schreiben Sie *kein* .TXT ans Ende des Dateinamens. Das hier ist Windows 95, wo Windows diesen ganzen Informationen auf der Spur bleibt und sie nicht in einen Dateinamen gesteckt werden müssen. Wenn Sie nicht aus der alten Schule stammen, tun Sie so, als hätten sie das nicht gelesen.

7. Wählen Sie *Speichern*.

Drücken Sie die Eingabetaste oder klicken Sie mit der Maus auf *Speichern*, wenn Sie die Datei speichern wollen.

Wenn die Datei bereits existiert, werden Sie gefragt werden, ob Sie sie ersetzen wollen; drücken Sie J, wenn Sie das beabsichtigen. Dies ist eine der wenigen Gelegenheiten, wo es okay ist, J zu drücken und die Datei zu ersetzen.

✔ Was ist der Unterschied zwischen *Nur Text*, Text mit Zeilenumbrüchen, MS-DOS-Text und so weiter? Naja, da hab ich nicht die leiseste Idee. Wählen Sie *Nur Text*, und Sie werden immerdar ein glückliches Leben führen.

✔ Sie können ein Dokument als Textdatei *und* als Word-Dokumentdatei speichern. Zuerst speichern Sie die Datei als Word-Dokument, indem Sie aus dem Kasten *Dateityp Word-Dokument* wählen. Dann speichern Sie die Datei als Textdatei, indem Sie diesmal aus dieser Liste *Nur Text* benutzen. Sie haben jetzt die Textdatei, die Sie haben wollen, und eine Word-Datei, die geheime Codes enthält und beim Ausdruck wirklich niedlich aussieht.

✔ Zum Glück nähern sich die Tage, wo man Dinge im *Nur Text*-Format speichern mußte, den verdienten Ende.

Zum tieferen Verständnis der ASCII-Angelegenheit

Word speichert ein Dokument in seinem eigenen besonderen Dateiformat. Dieses Format enthält Text – die einfachen Zeichen, die Sie eingeben – plus Informationen über Formatierungen, Fettschrift, Unterstreichungen, Grafiken und alles andere, was Sie in das Dokument gekippt haben. Diese Elemente werden gespeichert, damit Sie das nächste Mal, wenn Sie Word benutzen, das ganze Formatierte zum Bearbeiten, Drucken oder Wasauchimmer zurückbekommen.

Jede Textverarbeitung hat ihr eigenes Dokument-Dateiformat. Und so wirken Ihre Word-Dokumente »fremd« auf andere Textverarbeitungen, die ihr eigenes Nicht-Word-Format benutzen. So war es seit der Dämmerung des PC-Zeitalters, und um die Verwirrung zu reduzieren, wurde ein gemeinsames Textformat entwickelt. Es heißt *Einfacher Text*- oder *ASCII*-Format.

ASCII ist eine Abkürzung für etwas, das ich nicht zu erwähnen brauche, weil es keine Prüfung zu diesem Thema geben wird und Sie sowieso in zwei Minuten wieder vergessen hätten, wofür die einzelnen Buchstaben stehen. Wichtiger als die Frage, was die Buchstaben bedeuten, ist ihre Aussprache: ASKII. Nicht »Ask zwei«, sondern ASKII.

Eine ASCII-Datei enthält nur Text. Es gibt keine Formatierungs-Codes, keine Fettschrift, Unterstreichungen, Grafiken oder sonst etwas. Nur Text. Das Format heißt daher auch *Einfacher Text* oder manchmal *DOS-Text*. Wie auch immer Sie es nennen, eine ASCII-Datei enthält nur Text.

Weil ASCII-Dateien nicht mit Textverarbeitungscodes zugemüllt sind, kann jede Textverarbeitung den Text lesen. Irgendwo ist ASCII das Esperanto der Dokumentdateien. Jede Textverarbeitung kann eine ASCII-Datei lesen und anzeigen. Der Text mag häßlich aussehen, aber das ist besser als nichts. Und um die Kompatibilität zu bewahren, kann Word Ihre Dateien auch im ASCII-Format speichern, wie im Abschnitt »*Eine Textdatei speichern*« beschrieben wird.

Dokumente laden, die mit fremden Textverarbeitungen erstellt wurden

Nehmen wir mal an, der verrückte Kuddel hat Ihnen eine Diskette mit seinen Lieblings-Ostfriesen-Witzen gegeben. Natürlich ist Kuddel verrückt, so verrückt, daß er doch tatsächlich WordPerfect benutzt. Ohne darüber nachzudenken, hat Ihnen Kuddel also eine Diskette voller WordPerfect-Dokumente gegeben, und Sie drehen fast durch.

Erstens: Drücken Sie jetzt auf keinen Fall den Panikknopf, und machen Sie sich auch keine Sorgen um den Windows-Aspekt. Auch wenn Kuddels WordPerfect nicht Windows benutzt, hat das keine Auswirkung darauf, ob Sie Windows benutzen oder nicht. Eine PC-Diskette ist eine PC-Diskette. Kein Problem.

Zweitens: Drücken Sie nicht auf den Panikknopf – Word kann ganz sicher Kuddels Ostfriesen-Witz-Dateien lesen, auch wenn er sie in diesem durchgeknallten WordPerfect-Dateiformat gespeichert hat. Um die Dateien zu finden, befolgen Sie einfach die Schritte, die im vorhergehenden Abschnitt, *»Eine Textdatei laden«*, beschrieben sind. In Schritt 2 wählen Sie allerdings aus der Dropdown-Box *Dateityp WordPerfect 5.x* (oder *6.x*). Damit sagen Sie Word, daß es nur Dateien dieses Typs in der Dialogbox *Öffnen* zeigen soll, was es Ihnen erleichtert, Kuddels Ostfriesen-Witze zu finden.

Wenn sie geöffnet sind, erkennt Word die WordPerfect-Dokumente und konvertiert sie automatisch ins Word-Format. Das gilt auch für alle anderen Textverarbeitungsdokumente; wählen Sie einfach den entsprechenden Typ aus der Liste, und alles läuft glatt.

✔ Word kann nicht nur WordPerfect-Dokumente lesen, sondern auch verschiedene andere populäre Dokumentformate sofort erkennen.

✔ Wenn Sie unsicher sind, in welchem Format das Dokument ist, wählen Sie in der Dropdown-Box *Dateityp Alle Dateien*. So wird jede Datei gezeigt. Word läßt Sie schon wissen, ob die Datei geöffnet werden kann oder nicht, wenn Sie auf die Schaltfläche *Öffnen* klicken. (Sie können dabei keinen Schaden anrichten.)

✔ Niemand ist perfekt. Das fremde Dokument, das Sie in Word öffnen, benötigt möglicherweise einige Reparaturen, eine Neueinstellung der Zeichen oder sonstwas. Das ist aber eine kleinere Belästigung; immerhin müssen Sie den ganzen Mist nicht noch einmal abtippen.

✔ Manchmal findet Word etwas derartig bizarr, daß es es nicht erkennt. Wenn diese Situation eintritt, können Sie versuchen, das Dokument zu öffnen, aber wahrscheinlich ist es besser, die Person, die das Dokument angelegt hat, um eine ASCII-Datei zu bitten.

✔ Ein weiteres verbreitetes Dokumentformat ist RTF, das Rich Text Format. Dieses Format ist besser als ASCII, weil es den Unterstreichungen, Fettschriften und anderen Formatierungen nachspürt. Wenn Sie Ihre Dateien öfters an seltsame Textverarbeitungen weitergeben, versuchen Sie, die anderen davon zu überzeugen, sich auf ein gemeinsames Format wie RTF zu verständigen. Oder noch besser, bringen Sie alle dazu, sich auf Word zu verständigen.

✔ Word erkennt nichts, das in einer neueren Version als es selbst geschrieben wurde. So wie ein Lehrer, der nie den Besserwisser aufruft, der ihm immer eine Seite im Schulbuch voraus ist.

Dokumente in fremden Formaten speichern

Jetzt sind Sie dran, Kuddel Ihre Sammlung an Sachsen-Witzen zu überlassen. Tja, und die ist nun im Word-Format gespeichert. Sie können es sich jetzt wie Kuddel leichtmachen und ihm einfach eine Diskette voller Word-Dokumente geben. Aber dann würde er ewig und drei Tage anrufen und sich beschweren oder sich endlos über irgendein neues Textverarbeitungs-Konvertierungsprogramm auslassen, das er gerade aufgetrieben hat. Und da Sie dafür keine Zeit haben, tun Sie ihm einfach den Gefallen und speichern die Datei im Format seiner eigenen Textverarbeitung.

Die Aufgabe ist simpel: Folgen Sie den Schritten im Abschnitt »*Eine Textdatei speichern*«. Bei Schritt 4 allerdings wählen Sie das passende fremde Textverarbeitungsformat aus der Liste. Für Kuddel wäre das WordPerfect 5.1 für DOS. So wird die Datei in dem fremden Format gespeichert.

✔ Anwender auf der Venus bevorzugen AmiPro für Windows.

✔ Anwender auf dem Mars bevorzugen WordStar, aber, naja, die lebten immer schon hinterm Mond.

Die Verwaltung von Dateien

22

In diesem Kapitel

▷ Dateien benennen

▷ Wie man einen Platz für seine Werke findet

▷ Einen anderen Ordner benutzen

▷ Dateien in Word finden

▷ Text in Dateien finden

▷ Gespeicherte Dokumente ansehen

▷ Mit Dateigruppen arbeiten

▷ Dateien öffnen

▷ Dateien drucken

▷ Dateien kopieren

▷ Dateien löschen

*J*e länger Sie in Word arbeiten, desto mehr Dokumente legen Sie an. Und weil Sie diese Dokumente immer speichern, legen Sie immer mehr Dateien an, und so wird Ihre Festplatte immer voller und voller: Sie sind dran schuld. Irgendwie ist die Festplatte wie Ihr Wandschrank. Voller Kram. Wenn Sie kein ordentliches Organisationssystem haben – wie das, das ich aus der Fernsehwerbung bestellt habe, für die sagenhaft niedrige Summe von drei Raten zu 50 Mark –, wird er sehr schnell unübersichtlich. Dieses Kapitel behandelt das Thema der Dateien – wie man sie benutzt und organisiert.

Dateien benennen

Wenn Sie Ihre wertvolle Arbeit speichern, was immer eine gute Idee ist, müssen Sie Ihrem Dokument eine besondere Sorte von Dateinamen geben. Das hat nichts mit Word zu tun; wenn Sie einen Schuldigen suchen, ist es Windows.

✔ Ein Dateiname kann eine beliebige Länge haben, von einem einzigen Zeichen bis zu 255. Natürlich wäre es lächerlich, einen derartig langen Dateinamen zu haben.

✔ Kurze, aussagefähige Namen sind immer am besten.

✔ Sie können jede Kombination von Buchstaben und Zahlen für den Namen verwenden. Es gibt Extrapunkte für Cleverness. Groß- und Kleinbuchstaben sehen auf dem Bildschirm verschieden aus, sind für Windows aber das selbe.

✔ Ein Dateiname kann mit einer Zahl beginnen. Der Name der Datei, des Dokuments, das dieses Kapitel beinhaltet, heißt zum Beispiel 22 (zweimal eine 2). Das ist ein völlig legaler Dateiname – und aussagefähig, weil ich so weiß, was diese Datei enthält. (Ein besserer Dateiname wäre KAPITEL 22, aber ich persönlich finde KAPITEL redundant.)

✔ Dateinamen können Leerstellen, Punkte und alle möglichen Satzzeichen und Symbole enthalten, außer dem folgenden Sortiment:

\ : * ? " < > Á /

✔ Wenn Sie aus der alten Schule sind, dann vergessen Sie alles, was Sie über Dateinamenerweiterungen wissen. Das wird jetzt alles intern von Windows übernommen. Ignorieren Sie Erweiterungen. Schreiben Sie nicht .DOC ans Ende Ihrer Dateien! Machen Sie sich einfach keine Gedanken.

✔ Ein *Pfadname* ist ein superlanger Dateiname, der genau beschreibt, wo eine Datei sich auf einem Laufwerk befindet. Der Pfadname enthält einen Doppelpunkt, Buchstaben, Zahlen und Backslash-Zeichen. Mehr Informationen finden Sie im folgenden Abschnitt.

✔ Beispiele für gute und schlechte Dateinamen gibt es in Kapitel 1, Abschnitt »*Den Kram abspeichern*«.

Wie man einen Platz für seine Werke findet

Eine Festplatte kann ein gefährlicher, gnadenloser Ort sein – wie das Parkhaus an der Fußgängerzone am langen Samstag. Ärger hängt in der Luft wie das fehlende Wechselgeld zum Bezahlen des Automaten. Wenn es nicht irgend etwas gibt, was wenigstens den Anschein von Organisation erweckt, herrscht das Chaos.

Um mit Ihrer Festplatte effektiv zu arbeiten, benötigen Sie Organisation; das ist das Zauberwort. Es gibt besondere Orte auf Ihrer Festplatte, die *Ordner* heißen. Diese Dinge sind wie Regale für Dateien. Alle Dateien einer bestimmten Sorte können in ihren eigenen Ordnern gelagert – und gesucht – werden.

Ihr Guru oder der Mensch, der für die Einrichtung Ihres Computers verantwortlich ist, sollte einige Ordner angelegt und Ihnen zur Benutzung vorbereitet haben. Wenn nicht, können Sie die benötigten Ordner selbst anlegen, was weiter hinten in diesem Kapitel erklärt wird.

Jeder dieser Ordner hat einen besonderen Namen, den *Pfadnamen*. Der Pfadname enthält den Buchstaben des Laufwerks, einen Doppelpunkt, einen Backslash und einen Dateinamen. Wenn Sie einen Ordner haben, der sich in einem anderen Ordner befindet (ein Unterordner sozusagen), dann befindet sich auch dessen Name im Pfadnamen, zusammen mit Extra-Backslash-Zeichen, damit das Ganze auch schön verwirrend aussieht.

Tabelle 22.1 führt einige gebräuchliche Pfadnamen auf. Tragen Sie bitte weitere Pfadnamen ein, die Sie benutzen, zusammen mit deren Zweck. Wenn diese Aufgabe Ihnen unlösbar erscheint, lassen Sie Ihren Guru die Pfadnamen eintragen.

Pfadname	Inhalt/Beschreibung:
C:\	Laufwerk C, Haupt-»Wurzel«-Ordner
A:\	Laufwerk A, Haupt-»Wurzel«-Ordner
C:\OFFICE95\WINWORD	Word-Ordner
C:\WINDOWS	Windows-Ordner
C:\PERSONAL	Der Hauptordner von Office für Dokumente
_____	_____
_____	_____
_____	_____
_____	_____
_____	_____

Tabelle 22.1: Gebräuchliche Pfadnamen

✔ Wie man Word dazu bringt, einen bestimmten Ordner zu benutzen, ist im nächsten Abschnitt beschrieben.

✔ Wie Sie Ihren eigenen Ordner anlegen, wird in *»Einen neuen Ordner erstellen«* weiter hinten in diesem Kapitel erklärt.

✔ In prähistorischen Zeiten wurden *Ordner* als *Verzeichnisse* bezeichnet, und manchmal wurde der nautische Begriff *Unterverzeichnis* verwendet. Es gibt eigentlich keinen Unterschied, wenn man davon absieht, daß jemand, der *Ordner* sagt, ein DOS-Spinner ist.

Einen anderen Ordner benutzen

Wenn Word keine anderen Anweisungen bekommt, plaziert es seine Dateien wieder dorthin, wo es sie her hat. Diese Methode ist prima, wenn Sie eine Datei bereits im richtigen Ordner gespeichert haben. Wenn Sie allerdings eine neue Datei öffnen, wandert die in den Ordner, der gerade offen war, als Sie sie angelegt haben. Mit anderen Worten: Wenn ich eine neue Datei anfange und mich im C:\WORD\DUMMIES-Ordner befinde, wird Word die neue Datei automatisch in diesem Ordner speichern, wenn ich nichts anderes verlautbaren lasse. Das ergibt eine ziemlich lausige Dateiorganisation, wenn ich, sagen wir mal, tödliche Fliegenpilzrezepte speichere.

Folgende Schritte müssen Sie befolgen, wenn Word eine Datei in einem besonderen Ordner auf Ihrer Festplatte speichern soll:

1. **Rufen Sie den Befehl *Datei, Speichern unter* oder den Befehl *Datei, Öffnen* auf.**

   Sie können einen neuen Ordner verwenden, wenn Sie eine Datei speichern oder eine neue Datei öffnen. Wenn Sie *Datei, Speichern unter* wählen, öffnet sich die Dialogbox Speichern unter, wie in Abbildung 22.1 gezeigt. Wenn Sie *Datei, Öffnen* wählen, sehen Sie die Dialogbox *Öffnen* in Abbildung 22.2.

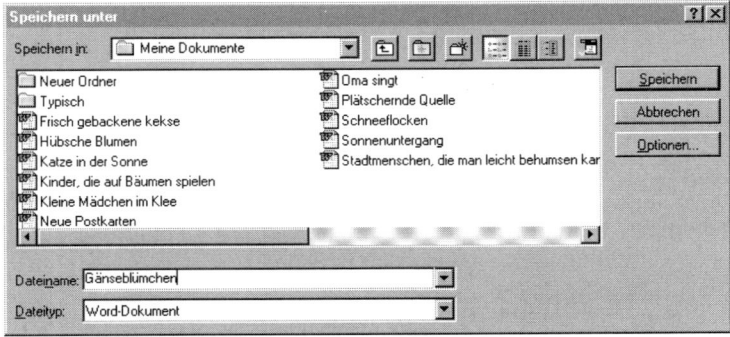

Abbildung 22.1: Die Dialogbox Speichern unter...

2. **Sehen Sie nach, welchen Ordner Sie benutzen.**

   Der Name des Ordners erscheint in der Box *Suchen in* oben in der Dialogbox. Sowohl in Abbildung 22.1 als auch in Abbildung 22.2 ist es der Ordner *Meine Dokumente.*

   Wenn Sie sich bereits im gewünschten Ordner befinden, springen Sie zu Schritt 6 (was bedeutet, daß Sie mehr oder weniger fertig sind).

3. **Wählen Sie das gewünschte Laufwerk aus der Dropdown-Liste *Suchen in*.**

   Klicken Sie auf den nach unten weisenden Pfeil oder drücken Sie Alt+L. Wählen Sie den Buchstaben eines Laufwerks aus der Liste. Wenn es ein Diskettenlaufwerk ist, vergewissern Sie sich, daß darin eine Diskette steckt, *bevor* Sie es markieren.

4. **Wählen Sie Ihren Ordner aus der Liste in der Dialogbox.**

   Eventuell müssen Sie durch die Liste blättern, bis Sie den gewünschten Ordner finden. Wenn Sie den gewünschten Ordner gefunden haben – zum Beispiel *Personal* (der sich auf Laufwerk C befinden sollte) –, doppelklicken Sie mit der Maus darauf, um ihn zu öffnen. Alle Dateien in diesem Ordner werden in dem Kasten *Dateiname* aufgelistet, wenn Sie darauf doppelklicken. (Weitere Instruktionen zur Arbeit mit Ordnern werden am Ende der Liste mit den Schritten angeboten.)

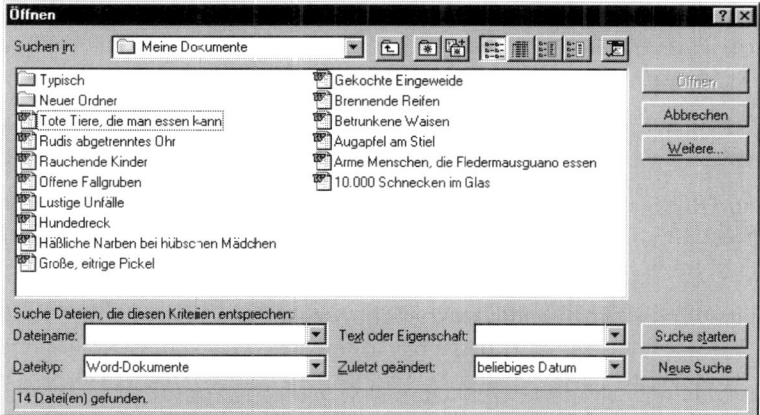

Abbildung 22.2: Die Dialogbox Öffnen

5. Wiederholen Sie Schritt 4, bis Sie den gesuchten Ordner gefunden haben.

Nehmen wir an, Sie müssen beispielsweise *Personal*, dann *Projekte* und schließlich *Memos* öffnen, um die Dokumente zu sehen, die sich im Ordner *Memos* befinden.

6a. Wenn Sie ein Dokument öffnen, klicken Sie einmal auf seinen Namen.

Sehen Sie in Kapitel 20 nach, wenn Sie ab diesem Punkt weitere Informationen benötigen, wie man ein Dokument öffnet.

6b. Wenn Sie eine Datei speichern wollen, tun Sie das jetzt.

Sehen Sie in Kapitel 20 nach, wenn Sie ab diesem Punkt weitere Informationen benötigen, wie man ein Dokument speichert.

✔ Einige Ordner enthalten andere Ordner. Wollen Sie ihren Inhalt sehen, doppelklicken Sie auf den Namen des Ordners.

✔ Der Hauptordner auf jedem Laufwerk und jeder Diskette ist der *Stammordner*. Das ist derjenige mit dem Laufwerksbuchstaben, auf den ein Backslash folgt. Im Laufwerk C heißt der Stammordner C:\. Andere Ordner auf der Festplatte haben andere Namen, und manchmal gibt der Name einen Hinweis auf den Inhalt des Ordners. Manchmal.

✔ Die Dateien in jedem Ordner erscheinen in dem großen Fenster in der Mitte der Dialogboxen *Öffnen* und *Speichern unter*.

✔ Jedes Laufwerk und jede Diskette in Ihrem System hat ein eigenes Set von Ordnern. Wenn Sie den gesuchten Ordner auf dem einen Laufwerk nicht finden, probieren Sie ein anderes aus. Erforschen Sie zum Beispiel Laufwerk D, wenn Laufwerk C sich als Niete erweist.

Einen neuen Ordner anlegen

Um organisiert zu bleiben, müssen Sie vielleicht neue Ordner für neue Projekte anlegen. Nehmen wir beispielsweise an, Sie haben gerade mit dem Plan begonnen, wie Sie die Unterhaltungsindustrie übernehmen. Tja, jetzt brauchen Sie einen neuen Ordner für diese ganzen Memos und Drohbriefe. Und so erledigen Sie das:

1. **Befolgen Sie die Schritte in dem vorhergehenden Abschnitt, wie man ein Dokument in einem bestimmten Ordner speichert.**

   Ihr Ordner muß irgendwo hin. Sie müssen ihn in einem anderen Ordner erstellen. Sie würden sich zum Beispiel zuerst zum Ordner *Personal* tummeln, wenn Sie dort einen neuen Ordner erstellen wollen.

   Wenn Sie unter *Personal* einen Ordner *Drohbriefe* haben, könnten Sie auch diesen Ordner öffnen, um dort Ihren neuen Ordner abzulegen. (So funktioniert es eben – nicht, daß ich unterstellen möchte, Sie hätten einen Ordner *Drohbriefe* oder so.)

2. **Klicken Sie auf die Schaltfläche *Neuen Ordner erstellen*.**

   Dieses glückliche Kerlchen lebt in der obersten Reihe der Dialogbox *Speichern unter*. Klicken Sie einmal darauf, um die Dialogbox *Neuer Ordner* zu sehen.

3. **Geben Sie einen Namen für Ihren neuen Ordner ein.**

   Seien Sie präzise. Seien Sie kreativ. Kurz und knapp. Auf den Punkt kommen. (Versuchen Sie wirklich angestrengt, dieses Ziel zu erreichen, selbst wenn Sie Politiker sein sollten.)

   Word schlägt automatisch den Namen *Neuer Ordner* vor. Guter Witz! Jeder, der einen Ordner namens *Neuer Ordner* auf seiner Festplatte hat, sollte herausgeworfen und gezwungen werden, bis ans Ende seines Berufslebens DOS auf einem 8088 zu benutzen.

4. **Klicken Sie auf OK.**

   Die Magie des Computers erschafft einen neuen Ordner, der direkt vor Ihnen auf dem Bildschirm sitzt, damit Sie ihn bewundern können.

5. **Bewundern Sie ihn.**

6. **Doppelklicken Sie auf den Ordner, um ihn zu öffnen.**

   Immerhin ist das hier eine Übung zum Dateispeichern. Sie öffnen Ihren Ordner mit einem Doppelklicken. Sein Inhalt (nichts) wird dann in der Dialogbox *Speichern unter* gezeigt.

7. **Fahren Sie mit dem Speichern des Dokuments fort.**

   Und verwenden Sie die Techniken aus dem vorhergehenden Abschnitt, wenn Sie diesen Ordner nochmals benutzen wollen, um künftig darin Kram zu speichern.

✔ Neue Ordner können nur in der Dialogbox *Speichern unter* erstellt werden. Irgendwo logisch. Wenn Sie einen neuen Ordner in der Dialogbox *Öffnen* anlegen können, wäre da ja nichts drin, was Sie öffnen können.

✔ Sie können auch mit dem Windows Explorer oder dem Arbeitsplatz-Ding neue Ordner anlegen. Mehr Informationen dazu finden Sie in Ihrem Windows-Lieblingsbuch.

✔ Ordner werden wie Dateien benannt. Dieselben Regeln. Im ersten Abschnitt dieses Kapitels finden Sie alles Wesentliche.

Dateien in Word finden

Es ist wirklich schwer, eine Datei so nachhaltig zu verbaseln, daß Word sie nicht mehr findet, auch wenn Sie selbst ein Gedächtnis wie ein Sieb haben. Ich finde es ziemlich oft schwierig, mich daran zu erinnern, welches Dokument die gesuchten Informationen enthält und wo zum Teufel nochmal ich diese Datei überhaupt hingesteckt habe. Ich finde eigentlich auf Anhieb nur die Sachen in meinem Kühlschrank. Milch und Cornflakes und so. Egal – es ist jedenfalls möglich, die Dialogbox *Öffnen* so zurechtzubiegen, daß man jede noch so alte Datei findet, egal, wo Sie sie hingestopft haben. Befolgen Sie dazu diese Schritte:

1. **Rufen Sie die Dialogbox *Öffnen* auf.**

   Drücken Sie Strg + O.

2. **Wählen Sie ein Laufwerk aus der Dropdown-Liste *Suchen in*.**

   Suchen Sie sich einfach irgendeins aus. Meistens ist das Laufwerk C. Bei einem älteren Computer habe ich allerdings meinen Textverarbeitungskram immer auf Laufwerk D gestopft.

 3. **Klicken Sie auf die Schaltfläche *Befehle und Einstellungen*.**

   Diesen kleinen Kerl finden Sie ganz oben in der Dialogbox *Öffnen*. Wenn Sie einmal mit der Maus darauf klicken, erscheint ein bis dahin verborgenes Menü (nicht daß das Symbol auf der Schaltfläche irgendeinen Hinweis darauf gegeben hätte).

4. **Wählen Sie *Unterordner durchsuchen*.**

   Klicken Sie einmal mit der Maus auf dieses Menüelement.

   Word ächzt und summt.

   Schließlich sehen Sie eine Liste mit Ordner und Word-Dokumenten herunterströmen – jedes Dokument, das sich auf Ihrer Festplatte befindet, ist dabei. Abbildung 22.3 zeigt, wie es aussehen könnte.

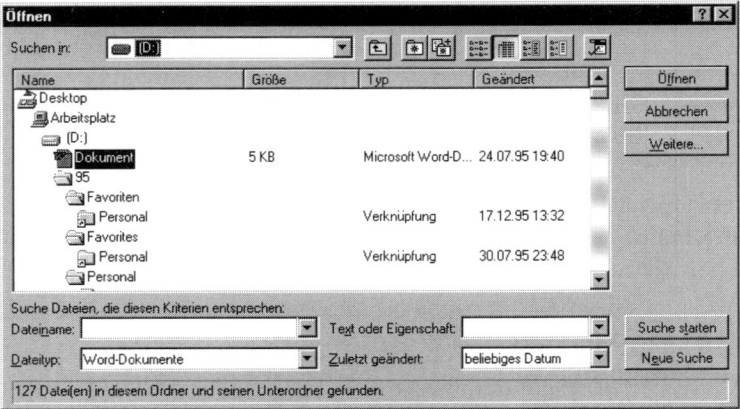

Abbildung 22.3: Die Dialogbox Öffnen zeigt alle Word-Dokumente auf Ihrer Festplatte

5. Suchen Sie Ihr Dokument.

Benutzen Sie die Bildlaufleiste, um durch das Dokument zu blättern, oder befolgen Sie einige der Hinweise aus der folgenden Häkchenliste.

✔ So, wie sie die Dateien anzeigt, erinnert die Dialogbox *Öffnen* ein wenig an den Explorer. Sie können Ordner und Laufweke sogar mit einem Doppelklicken öffnen und schließen. So kriegen Sie die Liste viel besser in den Griff.

 ✔ Wenn Sie nach einer Datei suchen, die eine bestimmte Textpassage enthält, geben Sie diesen Text in den Kasten *Text oder Eigenschaft* ein, und klicken Sie danach auf die Schaltfläche *Suche starten*. Word braucht eine Weile, um dieses bestimmte Dokument (oder die Dokumente) zu finden, aber das kann ein Gottesgeschenk sein, wenn Sie den Namen eines Dokuments vergessen haben, aber sich noch an etwas von dem Text erinnern können, der darin steht.

✔ Wenn Word keine passenden Dateien findet, bleibt die Liste leer. Der furchtbare Text 0 `Dateien gefunden` erscheint. Weinen Sie bitterlich, und verfluchen Sie den Computer. Oder versuchen Sie es noch einmal mit einem Wort, bei dem Sie sich *sicher* sind, daß es sich im Text befindet.

✔ Wenn Sie die gewünschte Datei finden, markieren Sie sie und klicken Sie auf die Schaltfläche *Öffnen*, damit sie in Word geladen wird.

✔ Denken Sie daran, daß Sie auch in anderen Laufwerken nach Ihren Dateien suchen können. Wählen Sie einfach in Schritt 2 ein anderes Laufwerk.

 ✔ Die Dialogbox *Öffnen* befindet sich im Modus »*Alle Dateien suchen*«, wenn Sie den nicht ausschalten. Klicken Sie nochmals auf die Schaltfläche *Befehle und Einstellungen* und wählen Sie *Unterordner durchsuchen*. So kehren Sie zur normalen Arbeitsweise der Dialogbox *Öffnen* zurück (mehr oder weniger).

Dokumente anschauen, ohne sie zu laden

Wäre es nicht schön, wenn Sie sich ein Dokument anschauen könnten, bevor Sie es laden, so als würde man durchs Schlüsselloch spinstern? Das ist alles möglich, und zwar dank der Schaltfläche *Vorschau* in der Dialogbox *Öffnen*.

Folgen Sie diesen Schritten, wenn Sie sich den Inhalt einer Datei anschauen wollen, bevor Sie sie öffnen:

1. **Wählen Sie *Datei, Öffnen*.**

   Oder benutzen Sie Ihre Lieblingsalternative, um zur Dialogbox *Öffnen* zu gelangen.

 2. **Klicken Sie auf die Schaltfläche *Vorschau*.**

   Sie sehen sie am Rand; klicken Sie einmal mit der Maus.

3. **Ein besonderes *Vorschau*-Fenster öffnet sich in der Dialogbox *Öffnen*.**

   Abbildung 22.4 zeigt Ihnen, wie es aussieht. Jetzt können Sie den Inhalt jeder Datei, auf die Sie klicken, in der linken Hälfte der Dialogbox sehen. Benutzen Sie die Bildlaufleiste, um herumzustöbern, bevor Sie etwas öffnen.

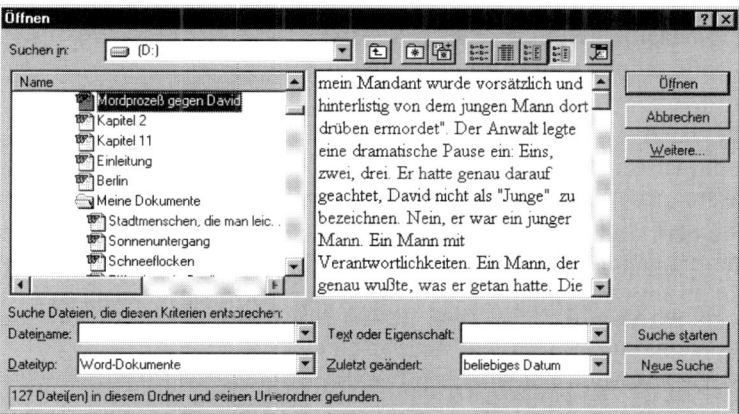

Abbildung 22.4: Die Dialogbox Öffnen mit aktivem Vorschau-Fenster

4. **Öffnen Sie die Datei.**

Klicken Sie auf die Schaltfläche *Öffnen*, wenn Ihnen gefällt, was Sie sehen.

Mit Dateigruppen arbeiten

Die Dialogbox *Öffnen* erlaubt es Ihnen, sich mit einzelnen Dateien oder mit ganzen Gruppen zu beschäftigen. Wollen Sie mit einer Dateigruppe arbeiten, müssen Sie sie mit der Maus markieren, die das typische Windows-Verhaltensmuster beim Markieren von mehreren Elementen als Gruppe zeigt:

1. **Drücken Sie die Strg-Taste, und klicken Sie auf jedes gewünschte Dokument.**

   Die Datei wird markiert.

2. **Wiederholen Sie Schritt 1 für jedes zusätzliche Element, das zu der Gruppe gehören soll.**

   Und so weiter und so weiter.

✔ Wenn das Vorschau-Fenster aktiv ist, zeigt es nur den Inhalt der letzten Datei in der Gruppe. Schauen Sie im vorhergehenden Abschnitt, »*Dokumente anschauen, ohne sie zu laden*«, nach, wenn Sie Details über den *Vorschau*-Modus erfahren wollen.

✔ Sie können nur eine Gruppe von Dateien in einem Ordner markieren. Wenn Sie allerdings die Anweisungen in »*Dateien in Word finden*« weiter vorne in diesem Kapitel befolgen, können Sie Dateien von beliebigen Stellen Ihrer Festplatte auswählen.

✔ Die Befehle, die in den folgenden Abschnitten erklärt werden, gelten für Dateigruppen. Eigentlich gibt es nur zwei: *Öffnen* und *Drucken*. Trotzdem sind das wunderbare Befehle beim Arbeiten mit Dateigruppen, die viele komplexe und ärgerliche Probleme lösen.

Dateien öffnen

So öffnen Sie mehr als eine Datei auf einmal mit der Dialogbox *Öffnen*:

1. **Wählen Sie die Datei oder Dateigruppe, die Sie öffnen möchten, aus dem aus, was im Fenster der Dialogbox *Öffnen* zu sehen ist.**

   Schlagen Sie die Details in den Abschnitten »*Dateien in Word finden*« und »*Mit Dateigruppen arbeiten*« nach.

2. **Klicken Sie auf die Schaltfläche Öffnen.**

   Sie öffnen sich, und Word plaziert jede in ihr eigenes Dokument-Fenster.

3. **Hauen Sie rein!**

✔ Die Zahl der Dateien, mit denen Word auf einmal arbeiten kann, ist begrenzt. Nein, ich weiß nicht, auf wieviel – aber Sie werden's noch erfahren! Sie werden eine bizarre Fehlermeldung erhalten, daß nicht genügend freier Raum oder ausreichender Speicher vorhanden ist oder etwas ähnlich Merkwürdiges. Geraten Sie nicht in Panik. Schließen Sie ein paar Fenster – vielleicht verlassen Sie sogar Word –, und fangen Sie von vorne an.

✔ Schauen Sie in Kapitel 20 nach, wie Sie alle Ihre Dateien auf einen Schlag speichern und schließen können. Holla! Alles auf einmal. Ich bin ganz sicher, daß das irgendwo in einer Computerwerbung auch schon mal versprochen wurde.

Dateien drucken

Sie können aus der Dialogbox ein Dokument oder mehrere drucken, ohne sie zu öffnen. Wenn Sie das wollen, tun Sie folgendes:

1. **Wählen Sie aus der Dialogbox *Öffnen* die Datei oder Dateigruppe aus, die Sie drucken wollen.**

   Instruktionen in den Abschnitten »Dateien in Word finden« und *»Mit Dateigruppen arbeiten«* werden Ihnen sagen, wie Sie die Dateien finden und markieren.

 2. **Klicken Sie auf die Schaltfläche *Befehle und Einstellungen*.**

   Ein Dropdown-Menü erscheint.

3. **Wählen Sie den Befehl *Drucken*.**

   Die Dialogbox *Drucken* erscheint.

4. **Klicken Sie auf OK, um Ihr(e) Dokument(e) zu drucken.**

 ✔ Achten Sie darauf, daß der Drucker eingeschaltet und druckbereit ist, bevor Sie auf die OK-Schaltfläche in der Dialogbox *Drucken* klicken.

✔ In Kapitel 8 gibt es mehr Informationen übers Drucken. Was Sie dort über die Dialogbox *Drucken* lesen, gilt hier auch.

Seriendruck für Geisteskranke

In diesem Kapitel

▶ Die *Seriendruck*-Funktion verstehen

▶ Den *Seriendruck*-Befehl anwenden

▶ Das Hauptdokument vorbereiten

▶ Die Datenquelle vorbereiten

▶ Daten in die Datenquelle hinzufügen

▶ Felder einfügen

▶ Seriendruck-Manie!

S eriendruck. Würg. Was das ist: eine Methode, verschiedene spezialangefertigte Dokumente zu erstellen, ohne jedes einzelne individuell bearbeiten zu müssen. Wir reden hier von Serienbriefen – aber clever gemachten Serienbriefen, denen man das gar nicht ansieht.

Seien wir ehrlich, Seriendruck macht keinen Spaß. Aus irgendeinem Grund wird er bei jeder Inkarnation von Word noch schwieriger und verwirrender. Die Jungs und Mädels bei Microsoft »verbessern« diese Funktion immer mit viel Spaß, vor allem, indem sie unglaubliche Mengen neuer, häßlicher und unverständlicher Begriffe herbeizerren, um sie zu erklären. Normalerweise würde ich dieses Thema überspringen, aber in einem heldenhaften Versuch, meine Bürgerpflicht zu tun – und im Bemühen, die massiven Chiropraktiker-Kosten niedrigzuhalten, die entstehen, wenn Sie den Computer durchs Fenster werfen –, habe ich in diesem Kapitel nur die einfachen, allernotwendigsten Schritte für die Seriendruck-Funktion beschrieben

Die Seriendruck-Funktion verstehen

Es gibt drei Ansätze, sich dem Thema des Seriendrucks von Word (oder irgend jemand sonst) zu nähern:

1. **Lesen Sie dieses Kapitel, und gehen Sie danach auf einen Drink in die Kneipe.**

2. **Überspringen Sie dieses Kapitel, und greifen Sie direkt zur Flasche.**

3. **Heuern Sie einen Profi an, der alles für Sie erledigt, während Sie in der Ausnüchterungszelle stecken.**

Ich werde hier den ersten Teil des ersten Ansatzes erklären. Den zweiten Ansatz können Sie allein probieren. Der dritte Ansatz sollte nicht nötig sein. (Wenn Sie die Sache mit dem Seriendruck schon mal durchgemacht haben, können Sie gleich zum Absatz »*Den Seriendruck-Befehl anwenden*« vorblättern.)

Der *Seriendruck* ist ein Prozeß, bei dem man ein einzelnes Formschreiben nimmt, eine Liste mit Namen und anderen Informationen umrührt und dann alles zusammenkippt, um verschiedene Dokumente zu erschaffen. Jedes dieser Dokumente ist dank der Namensliste und der Informationen, die Sie liefern, eine Spezialanfertigung.

Die Datei, die die Namen und andere Informationen enthält, heißt *Datenquelle*. Die Datei, die den Serienbrief enthält, wird als *Hauptdokument* bezeichnet. Nein, das denke ich mir nicht aus. Das sind die Begriffe, die Word benutzt. Gewöhnen Sie sich daran.

Sie fangen an, indem Sie das Hauptdokument tippen, und zwar genauso, wie Sie jedes andere Dokument anlegen würden, komplett mit Formaten und anderem Humbug. Lassen Sie aber diejenigen Flächen frei, wo die Anrede stehen soll, »Sehr geehrter Herr Oggersheim«, oder alles andere, das sich von Brief zu Brief verändern wird. Hier werden Sie ein paar Spezialcodes zum Füllen der Leerstellen einfügen müssen. Diese Spezialcodes heißen *Felder* (noch ein Begriff, den nicht ich mir ausgedacht habe).

Die Datenquelle ist eine Datei (oder so), die die Namen, Adressen und andere gewünschte Informationen enthält. Anders als das Hauptdokument jedoch wird dieses Dokument in einem speziellen Format angelegt. Das ist fast so, als würde man Namen in ein Datenbankprogramm eintragen. (Tatsächlich handelt es sich genau darum.)

Jeder Name, jede Adresse und was sonst noch in der Datenquelle steht, gehören zu einem *Datensatz*. Word erschafft einen spezialangefertigten Brief, indem es die Hauptdatei als Skelett benutzt und sie mit dem Fleisch der Datensätze in der sekundären Datei füllt. Ich weiß – ziemlich grobes Beispiel. Aber mir fällt jetzt auch nichts Besseres zur Beschreibung ein.

Da sich niemand diesen ganzen Vorgang richtig merkt (und zwar aus gutem Grund), liefern die folgenden Abschnitte Richtlinien, denen Sie folgen können, wenn Sie einen Seriendruck anfertigen und Hauptdokumente und Datenquellen benutzen wollen. Drücken Sie beide Daumen, beten Sie den Rosenkranz, und sehen Sie nach den Kindern. Wir gehen auf den Seriendruck-Trip.

✔ Bitte haben Sie nicht das Gefühl, daß meine Betonung auf der Ausnüchterungszelle in den ersten drei Schritten dieses Abschnitts leichtgenommen werden kann. Ich nehme meine ganze Trinkerei ernst.

Den Seriendruck-Befehl anwenden

Beginnen Sie Ihren Ausflug ins Reich des Seriendrucks, indem Sie *Extras, Seriendruck* wählen. Dieser Befehl öffnet die Dialogbox *Seriendruck-Manager*, die Sie in Abbildung 23.1 sehen. Lassen Sie sich vom Titel nicht verwirren.

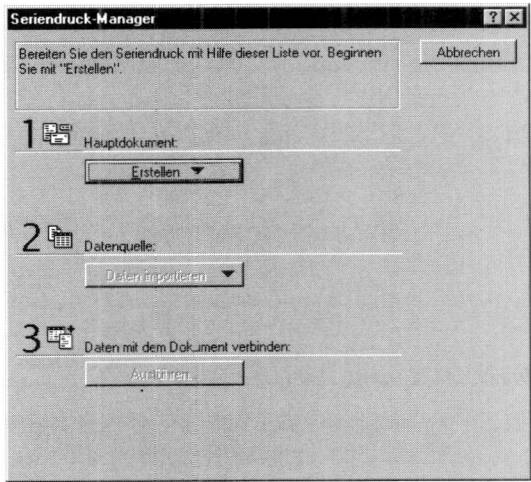

Abbildung 23.1: Die etwas unpassend Seriendruck-Manager getaufte Dialogbox

Sie werden in drei Schritten arbeiten, genau wie es die Dialogbox des Seriendruck-Managers anzeigt. Zuerst kommt das Hauptdokument, dann die Datenquelle und zum Schluß die Verbindung.

✔ Lassen Sie sich nicht von der etwas spartanischen Art der Dialogbox des Seriendruck-Managers verwirren. Andere Schaltflächen und Spielzeuge erscheinen, sobald Sie in seine Welt eintauchen. Es ist wirklich furchterregend.

✔ Die Datenquelle (zweiter Schritt in der Dialogbox) ist in Wahrheit ein zweites Dokument: Namen, Listen und andere Informationen. Ich weiß, es ist ein gräßlicher Name, aber er soll es Ihnen eigentlich bequemer machen.

✔ Jawoll, es gibt eigentlich mehr als drei Schritte bei dieser Operation. Eine Menge mehr.

✔ Bitte fahren Sie fort, indem Sie den nächsten Abschnitt lesen.

Das Hauptdokument vorbereiten

Das Hauptdokument ist das mit den zu füllenden Leerstellen. Sie befolgen diese Schritte, um es anzulegen:

1. **Klicken Sie auf die *Erstellen*-Schaltfläche in der Dialogbox des Seriendruck-Managers.**

   Eine Dropdown-Liste erscheint.

2. **Wählen Sie aus dieser Liste *Serienbriefe*.**

   Und wieder erscheint eine lästige Dialogbox. Ignorieren Sie sie und ...

3. Klicken Sie auf die Schaltfläche *Neues Hauptdokument*.

Mit dieser Option können Sie ein neues Dokument anlegen, in das Sie Ihren Serienbrief schreiben können.

4. Klicken Sie auf die neue *Bearbeiten*-Schaltfläche, die soeben aus dem Nichts neben der *Erstellen*-Schaltfläche erschienen ist.

Sehen Sie? Ich hatte Ihnen gesagt, daß es in der Dialogbox noch eng werden würde. Und es wird schlimmer.

Die Schaltfläche *Bearbeiten* enthält eine Dropdown-Liste mit einem Gegenstand, `Seri-enbrief: Dokument (Zahl)`.

5. Wählen Sie *Serienbrief: Dokument(Zahl)*.

Es ist Ihnen jetzt gestattet, Ihr Serienbrief-Dokument zu bearbeiten. Die Dialogbox des Seriendruck-Managers verschwindet, und Sie erhalten ein neues Dokument-Fenster, in dem Sie arbeiten können.

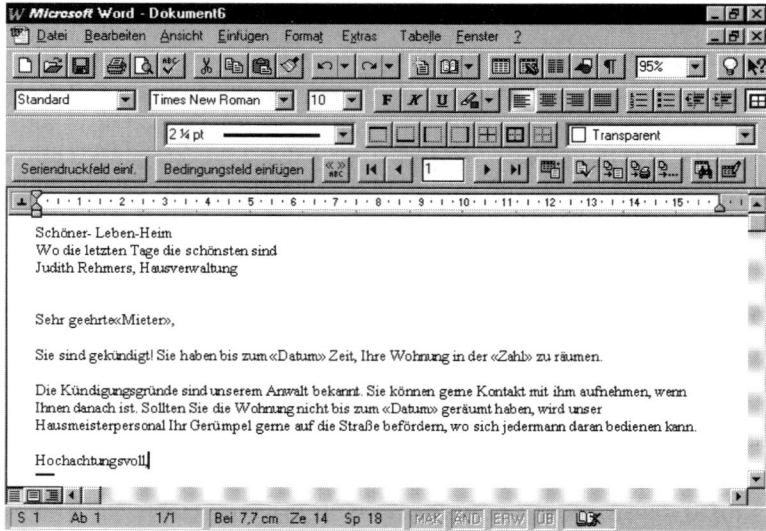

Abbildung 23.2: Ein Beispiel für ein Hauptdokument und die Symbolleiste Seriendruck

✔ Das Hauptdokument enthält den ganzen auszufüllenden Kram. Kümmern Sie sich jetzt nicht darum, das alles einzufügen; diese Aufgabe kommt bei einem späteren Schritt auf Sie zu. Behalten Sie aber im Kopf, was wohin soll.

✔ Ich schreibe in meinen Hauptdokumenten normalerweise an die Stellen, wo die auszufül-lenden Leerfelder sein sollen, PLATZHALTER in Großbuchstaben (siehe Abbildung 23.2), damit ich sie nachher leichter wiederfinde.

✔ Die neue Symbolleiste, die Sie auf dem Bildschirm sehen (Abbildung 23.2), ist die Serien-druck-Symbolleiste. Kümmern Sie sich nicht darum; zu diesem Zeitpunkt funktioniert da sowieso noch keine Schaltfläche. (Sollten Sie es dennoch versuchen, wartet eine Lehr-stunde in Sachen Frustration auf Sie, nach der Sie sich fragen, warum das überhaupt da ist.)

Die Datenquelle vorbereiten

Eine Datenquelle ist kein traditionelles Word-Dokument. Es ist eher eine Art Datenbank-tabelle, die Informationen enthält, die in *Feldern* und *Datensätzen* gelagert sind. Jedes Feld enthält ein Fitzelchen Text, das eine Leerstelle im Hauptdokument füllen wird. Eine Samm-lung von Feldern – ein Serienbrief – ergibt einen Datensatz. Schwitzen Sie nicht über diesem Jargon. Word kümmert sich schon um die Details. Und ich helfe Ihnen durch den Jargon.

Wollen Sie eine Datenquelle anlegen, folgen Sie diesen Schritten:

1. **Wählen Sie *Extras, Seriendruck*.**

   Die Dialogbox des Seriendruck-Managers erscheint wieder. Kümmern Sie sich nicht um Abbildung 23.1. – das Ding hat sich schon wieder verändert. Vor allem bei Schritt 2 werden Sie eine neue Schaltfläche plus ein paar neue Informationen sehen. Wie üblich können Sie die Details ignorieren und beim nächsten Schritt weiterlesen.

2. **Klicken Sie auf die Schaltfläche *Daten importieren*.**

   Eine Dropdown-Liste erscheint.

3. **Wählen Sie *Datenquelle erstellen* aus der Liste.**

   Die Dialogbox *Datenquelle erstellen* erscheint, voller Wunder und Freuden (Abbildung 23.3). Dies ist der Ort, wo Sie die Felder erschaffen – die auszufüllenden Bereiche.

   Um besonders nützlich zu sein, hat sich Word bereits eine ganze Parade von Feldnamen ausgedacht. Ihre erste Pflicht ist es, sie alle auszulöschen.

4. **Klicken Sie so lange auf die Schaltfläche *Feldnamen löschen*, bis alle Namen, die Word in der Liste Feldnamen im Steuersatz hervorwürgt, vollständig weg, weg, weg sind.**

   Ich mußte das 13mal machen. Wenn Sie zu schnell klicken, müssen Sie eventuell noch öfter klicken.

 Sie löschen jetzt alle vorgegeben Namen, damit Sie sich eigene ausdenken können.

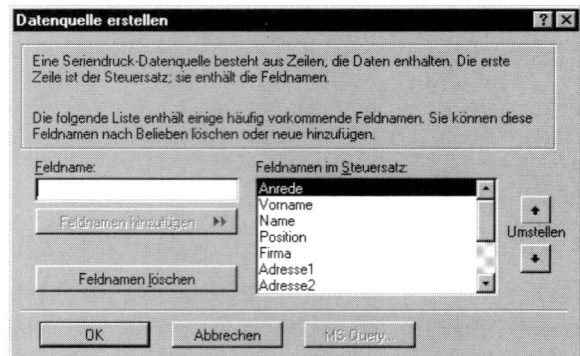

Abbildung 23.3: Die Dialogbox Datenquelle erstellen

5. Tippen Sie einen Feldnamen in den Kasten Feldname.

Hier ein paar Vorschläge, damit dieser Schritt auch Sinn macht:

Das Feld sollte so benannt werden, daß klar wird, welche Art Information darin enthalten ist. Ein Feld namens *Vorname* sollte dann zum Beispiel auch wirklich Vornamen enthalten.

Zwei Felder können nicht denselben Namen haben.

Ein Feldname muß mit einem Buchstaben beginnen.

Ein Feldname kann bis zu 20 Buchstaben, Zahlen oder andere Zeichen enthalten.

Sie können keine Leerstellen oder Interpunktionszeichen in Feldnamen verwenden.

Sollten Sie Adressen eingeben, legen Sie immer unterschiedliche Felder für Stadt, Land und Postleitzahl an.

6. Klicken Sie auf die Schaltfläche *Hinzufügen*, wenn Sie Ihren Feldnamen getippt haben.

Dieser Befehl steckt das Feld, das Sie gerade erschaffen haben, in die Liste, die in dem Kasten namens *Feldnamen im Steuersatz* gezeigt wird.

7. Wiederholen Sie Schritt 5 und 6 für jedes Feld, das zur Datenquelle gehören soll.

In meinem Beispiel (Abbildung 23.2) gibt es MIETER, DATUM und ZAHL. Ich mußte Schritt 5 und 6 dreimal durchmachen. Bei detaillierteren Serienbriefen hängen Sie hier eine Ewigkeit fest.

8. Klicken Sie auf die OK-Schaltfläche, wenn Sie mit dem Kreieren von Feldnamen fertig sind.

Die Dialogbox *Datenquelle speichern* erscheint. Diese Dialogbox funktioniert genau wie die bei *Speichern unter*, wenn Sie ein Dokument speichern. Genau das tun Sie jetzt auch: Sie speichern Ihr Datenquelle-Dokument.

9. Geben Sie Ihrem Datenquelle-Dokument einen Namen.

Seien Sie clever. Ich habe meine Kündigung KÜNDIGUNGSMITTEILUNG genannt. Das Datenquelle-Dokument, das Namen, Adressen und diesen Kram enthält, nenne ich TROT-TEL.

10. Klicken Sie auf die Schaltfläche *Speichern*.

Eine weitere störende Dialogbox erscheint, nachdem Sie Ihre Datenquelle gespeichert haben. Ignorieren Sie alles – jetzt haben wir's gleich – und ...

11. Klicken Sie auf die Schaltfläche *Datenquelle bearbeiten*.

Die Dialogbox *Datenmaske* erscheint, und ... Sie können jetzt im nächsten Absatz weiterlesen.

Daten in die Datenquelle zufügen

Weil Sie Schritt für Schritt Instruktionen befolgen müssen, wird das Bearbeiten der Informationen für die auszufüllenden Leerflächen – was rein technisch »Daten in die Datenquelle zufügen« heißt – mit Hilfe der nützlichen Dialogbox *Datenmaske* erledigt, die Sie in Abbildung 23.4 sehen. Aus den folgenden Schritten erfahren Sie, wie man die Leerstellen füllt.

Abbildung 23.4: Die Dialogbox Datenmaske

1. Füllen Sie die Leerstellen!

Jedes Feld in Ihrem Dokument benötigt Informationen. In ein NAME-Feld geben Sie einen Namen ein. Dann tippen Sie alle notwendigen Informationen ein, wie sie in der Dialogbox der Datenmaske gezeigt werden: Straße, Postleitzahl, Telefonnummer, Hutgröße und so weiter. Benutzen Sie die Tabulator-Taste, um sich von Feld zu Feld bewegen.

2. Wenn Sie alle Leerstellen ausgefüllt haben, klicken Sie auf die Schaltfläche *Neuer Datensatz*.

Nach dem letzten Datensatz müssen Sie nicht auf die Schaltfläche *Neuer Datensatz* klicken; statt dessen gehen Sie direkt zu Schritt 4.

3. **Wiederholen Sie Schritt 1 und 2 für jede Person, die Ihren Serienbrief erhalten soll.**

4. **Wenn Sie fertig sind, klicken Sie auf die OK-Schaltfläche.**

   Mit dem OK-Klicken wird die Dialogbox *Datenmaske* abgeschickt und die Information gespeichert.

✔ Die Namen der Kästchen in der Dialogbox der Datenmaske sind diejenigen, die Sie im vorausgehenden Abschnitt angelegt haben.

✔ Bewegen Sie sich mit der Tabulator-Taste von Kästchen zu Kästchen.

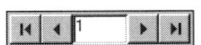 ✔ Sie können die *Datensatz*-Schaltflächen benutzen, um bereits eingegebene Informationen durchzuschauen und zu verändern.

✔ Wenn Sie die Datenquelle-Datei überprüfen oder bearbeiten wollen, schauen Sie in den nächsten Abschnitt.

Die Datenquelle-Datei bearbeiten

Wenn Sie Ihre Datenquelle-Informationen nachschauen müssen, sei es zur Erholung oder zur Bearbeitung, können Sie diese Schritte befolgen:

1. **Wählen Sie *Extras, Seriendruck*.**

   Die Dialogbox *Seriendruck* erscheint aus der Hölle.

2. **Klicken Sie in der Dialogbox bei Schritt 2, *Datenquelle*, auf die Schaltfläche *Bearbeiten*.**

   Jetzt sollte eine Liste mit einem Eintrag erscheinen.

3. **Klicken Sie auf das markierte Feld *Daten*, oder drücken Sie die Eingabetaste.**

   Sie sehen jetzt die Dialogbox *Datenmaske*. Jetzt können Sie an Ihren Informationen herumbasteln, wie es Ihnen paßt.

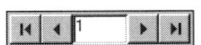 Benutzen Sie die *Datensatz*-Schaltflächen, um sich die verschiedenen Datensätze anzuschauen. Sie können die *Löschen*-Schaltfläche benutzen, um einen Datensatz zu entfernen. Bearbeiten Sie den Text in den Feldern, und klicken Sie auf die Schaltfläche OK, wenn Sie fertig sind.

 Beim Klicken auf die Schaltfläche *Datenquelle bearbeiten* sollte die Dialogbox *Datenquelle* ebenfalls erscheinen. (Wenn nicht, und das passiert so jedes zweite Mal, befolgen Sie einfach die oben beschriebenen Schritte – dann klappt es sicher.)

Felder einfügen

Jetzt müssen Sie die Felder – die Leerstellen – in Ihr Hauptdokument plazieren. Und das geht mit folgenden Schritten:

1. **Stellen Sie den Zahnstocher-Cursor dorthin, wo das Feld sein soll.**

   Wenn zum Beispiel ein Namensfeld hinter *Lieber* in Ihrem Brief erscheinen soll, stellen Sie den Cursor zwischen das *Lieber* und das nachfolgende Komma.

    Die Felder in dem Daten-Dokument enthalten keine Interpunktion. Wenn Sie ein Leerzeichen, ein Komma oder etwas anderes benötigen, müssen Sie das im Hauptdokument eintragen.

   | Seriendruckfeld einf. |

2. **Klicken Sie auf die große Schaltfläche *Seriendruckfeld einf.* in der Seriendruck-Symbolleiste.**

   Eine Liste von Feldern erscheint.

3. **Markieren Sie das Feld, das im Dokument erscheinen soll.**

   Wenn Sie zum Beispiel den Cursor zwischen *Lieber* und das Komma stellen, wählen Sie mit der Maus das Feld *Vorname*. Mit dieser Wahl fügen Sie den kryptischen Code <<Vorname>> in das Hautdokument ein, das Word jetzt für eine auszufüllende Leerstelle hält.

   Sie können mehr als ein Feld in einer Zeile verwenden.

   Ein winziges bißchen Bearbeiten könnte hinter dem Feld nötig werden. Ich zum Beispiel muß typischerweise immer noch Leerzeichen, Kommata, Doppelpunkte oder so etwas hinter Feldern hinzufügen, wenn Word sie eingefügt hat.

4. **Fahren Sie mit dem Zufügen von Feldern fort, bis das Dokument vollständig ist.**

   Wiederholen Sie Schritt 1, 2 und 3 so oft wie nötig.

✔ Machen Sie sich keine Sorgen, daß die Formatierung mit all den <<Feldern>> in Ihrem Dokument merkwürdig aussieht. Alles wird hübsch und ordentlich formatiert, sobald Word die Leerstellen ausfüllt – *nach* dem Verbinden.

✔ Wollen Sie ein unerwünschtes Feld löschen, markieren Sie es mit der Maus und drücken die Entf-Taste. Sie können die Löschtaste oder die Rücktaste nicht allein verwenden! Zuerst müssen Sie das Feld markieren, danach können Sie es löschen.

Seriendruck-Manie!

Nachdem Sie das Hauptdokument und die Datenquelle angelegt haben, können Sie sie jetzt verbinden! Vergewissern Sie sich, daß Hauptdokument und Datenquelle gespeichert sind:

Speichern!

Speichern!

Dieser Teil des Vorgangs ist äußerst wichtig! Wenn Sie das Verbinden erledigen wollen, befolgen Sie diese Schritte, die – Sie werden froh sein, es zu hören – wesentlich einfacher sind als alles andere, was mit dem Seriendruck zu tun hat:

1. **Wählen Sie *Extras, Seriendruck.***

   Hoppla, ist es in der Dialogbox geschäftig geworden. Zum Glück wird sie jetzt das letzte mal Ihre Augen beleidigen.

2. **Klicken Sie auf die Schaltfläche *Ausführen*, unten in der Dialogbox bei Schritt 3.**

   Die Dialogbox *Ausführen* erscheint, mit der Sie später herumtrödeln können, wenn Sie den ganzen Vorgang parat haben.

3. **Klicken Sie auf die Schaltfläche *Verbinden*.**

   Wie durch Zauberei erschafft Word verschiedene Dokumente, indem es Ihr Hauptdokument mit den Informationen verbindet, die Sie in die Datenquelle gesteckt haben. Nacheinander erscheinen alle neuen Dokumente, eins nach dem anderen, in Word vor Ihnen auf dem Bildschirm.

   Gratulation, gerade eben haben Sie verbunden.

✔ Word verbindet die Namen und andere Informationen aus der Datenquelle mit dem Hauptdokument und erschafft Unmengen kleiner spezialangefertigter Dokumente in einer großen Dokumentdatei. Die sehen Sie jetzt auf dem Bildschirm. Die Möglichkeiten, die Sie jetzt haben, sind die Durchsicht aller Dokumente, Speichern oder Drucken. Sie haben's geschafft!

✔ Es ist eine gute Idee, sich vor dem Ausdruck ein paar Verbindungen anzusehen. Überprüfen Sie Interpunktion und Leerzeichen.

✔ Das Hauptdokument erscheint verschiedene Male auf dem Bildschirm; in jeder Kopie stecken Informationen aus der Datenquelle. Alle Dateien sind durch Abschnittsumbrüche oder »harte« Seitenumbrüche voneinander getrennt.

✔ Wenn Ihre Verbindungen nicht gerade gigantisch groß sind, sollten Sie Ihre Serienbriefe in dem Format auf dem Bildschirm speichern.

✔ Sie können direkt aus der Bildschirmansicht der verbundenen Dateien drucken, wenn Sie *Datei, Drucken* wählen.

✔ Jetzt wissen Sie, wie man diese mit viel Liebe spezialangefertigten Dokumente hinbekommt, von denen ein paar Trottel doch immer noch annehmen, Sie hätten sie eigens persönlich mit viel Zeitaufwand geschrieben. Ha! Sind Serienbriefe nicht großartig?

✔ Überprüfen Sie immer die Ergebnisse des Verbindens. Einige Sachen passen eventuell nicht ganz, und ohne Frage wird es noch einiger Nachbearbeitung bedürfen.

Teil V

Mit Grafiken arbeiten

Nä – ich warte besser, bis alle Schriftarten funktionieren. Ein Schmähbrief in Blumenstrauß Filigran Extragroß sieht einfach nicht aus.

Bei Textverarbeitung geht es um Wörter, also warum kümmern wir uns hier dann um ein so häßliches Thema wie Grafiken? Sie ringen doch schon um Worte, und nun sollen Sie sich auch noch im Zeichnen bewähren?

Zum Glück ist es gar nicht so schwer, in einer Textverarbeitung Grafiken zu verwenden, Windows sei dank. Windows lebt von Luft, Liebe und Graphiken, und das ist der Witz in diesem Teil des Buches. Es geht um mehr als das Ausschneiden und Einfügen von hübschen Bildern. Mit etwas Glück wird es für Sie auch wenig wirkliche Zeichenarbeit geben. (Verabschieden Sie sich also von der Vorstellung, daß irgendwelche Strichmännchen Ihr literarisches Meisterwerk umgeben könnten.) Sie können viele Teile von Word dazu benutzen, um Grafiken zu erschaffen – Kram, über den Sie sonst nie etwas erfahren würden. Hier wird es auf die bewährt fröhliche Tour abgehandelt. Stellen Sie sich darauf ein, daß Ihre Prosa nicht nur literarisch, sondern auch blumig sein wird.

Putzige Bildchen machen

In diesem Kapitel

▸ Eine Grafik hinzufügen

▸ Den Befehl *Einfügen, Grafik* benutzen

▸ Das Bild in eine Tabelle einfügen

▸ Das Bild in einen Rahmen plazieren

▸ Die Grafik ausrichten

Gottseidank ist ein Bild keine tausend Wörter wert – ansonsten würden bestimmte Künstler wohl nie die Klappe halten. Und Sie wissen, wie sehr diese Typen es lieben zu quatschen. Gehen Sie mal in ein Café, und Sie finden es raus. Da fragt man sich, ob Michelangelo auch so drauf war: »Tachchen, Eure Heiligkeit, wie wär´s denn, wenn wir uns mal hierherhocken und bei einem ordentlichen türkischen Mokka ein wenig über Didaktik und Moral des ersten vorchristlichen Jahrhunderts diskutieren?« (Julius II. hätte Michels Eingeweide in der Sixtinischen Kapelle zerstreut, wenn er das einmal gewagt hätte!)

Grafiken können in Ihrem Dokument geschmackvolle Akzente setzen. Geschmackvolle. Naja, manchmal auch gräßliche. Wenn Sie Word benutzen, können Sie ganz leicht Illustrationen, einfache Strichzeichnungen und sogar Fotos einfügen, die die Kreativität Ihrer Arbeit unterstreichen. Auf multimedia-fähigen Computern – *Multimedia* bedeutet soviel wie »Ich habe den PC durch die Nase bezahlt« –, können Sie auch Filme mit Ton oder Zeichentricksequenzen mit Ihrer eigenen Stimme auf der Tonspur zu Ihrem Word-Dokument packen. Cool, aber geschmacklos. Zum Glück können Sie das in Word wenigstens mit geringem Aufwand erledigen, wie dieses Kapitel zeigt.

Eine Grafik hinzufügen

Sie können mit drei Methoden eine Grafik in Ihr Word-Dokument einfügen:

1. **Fügen Sie sie dort ein, wo Ihr Zahnstocher-Cursor gerade steht.**

2. **Stecken Sie sie in eine Tabelle.**

3. **Stecken Sie sie in einen Rahmen.**

Jede Methode hat etwas für sich; aber jede hat auch etwas gegen sich:

✔ Einfügen ist die zweite Hälfte von Kopieren-und-Einfügen. Zuerst suchen oder entwerfen Sie ein Bild in einem anderen Programm, das für Grafiken geeignet ist. Dann *kopieren* Sie das Bild. Windows erinnert sich daran. Dann *fügen* Sie das Bild in Word *ein*. Das funktioniert wie beim Kopieren und Einfügen von Text, und man benutzt zu diesem Zweck auch dieselben Tasten (Strg+C fürs Kopieren und Strg+V fürs Einfügen), und zwar in allen Windows-Programmen.

✔ Windows hat ein einfaches Zeichenprogramm namens Paint. Damit kann man interessante, aber definitiv primitive Bilder für den Gebrauch in Word entwerfen. Die Grafik in Abbildung 11.7 und die anderen Bilder in diesem Buch wurden in Paint gestaltet und dann in ein Word-Dokument eingefügt.

✔ Das Einfügen eines Bildes in eine Tabelle funktioniert wie das Einfügen von Text an der Stelle, wo der Zahnstocher-Cursor steht. Der Unterschied ist, daß es sich das Bild gleich in der Zelle gemütlich macht. In Kapitel 12 finden Sie mehr Informationen über Tabellen.

✔ Wenn Sie ein Bild in einen Rahmen stecken, sieht das sehr hübsch aus, weil Sie den Text um diesen Rahmen *herum* schreiben können. Ansonsten sitzt das arme Bild ganz allein und verlassen von jeglichem Text auf seiner Insel.

Wo kümmst Du her, o grafischs Büld?

Bevor Sie irgendwas schreiben, sollten Sie schon eine Vorstellung haben, worüber Sie schreiben wollen. (Haben Sie die nicht, und starren Sie nur so auf den leeren Bildschirm, Sie sind wahrscheinlich ein *echter* Dichter!) Dasselbe gilt für Grafiken. Sie müssen schon eine Grafik haben, die Sie benutzen wollen, bevor Sie sie in Ihren Text einkleben. Word kann zwar viel, aber zeichnen können Sie nicht damit. Nicht wirklich.

Grafiken – Bilder – kommen aus mehreren Quellen. Sie können sie in einem Grafikprogramm entwerfen, eine Diskette mit Bildern oder *ClipArt* kaufen, oder Sie können ein Hilfsmittel namens *Scanner* verwenden, um Bilder und andere gedruckte Grafiken elektronisch in Grafikdateien umzuwandeln, die Sie in Ihrem Computer speichern können.

✔ Word kann mit vielen populären Grafik-Dateiformaten umgehen, die wahrscheinlich irgendwo im Handbuch aufgelistet sind und in einer der Listen mit Dateitypen aufgeführt sind, die Ihnen in den verschiedenen grafikbezogenen Dialogboxen begegnen werden. Solange Sie Ihre Grafiken in einem *kompatiblen* Format speichern können, stänkert Word schon nicht.

✔ Sie benötigen keine Grafikdatei auf Ihrer Festplatte, um sie in Ihrem Dokument zu verwenden. Was auch immer Sie in die Windows-Zwischenablage hereinbekommen, können Sie auch direkt als Grafik in ein Word-Dokument einkleben. Das bedeutet, daß Sie eine

Grafik mit einem Zeichenprogramm erstellen, sie in die Zwischenablage kopieren und dann in Ihr Word-Dokument einfügen können. Das ist die »Im-Handumdrehen«-Schule der Grafikerstellung.

✔ Tabelle 24.1 erläutert kurz verschiedene Grafik-Dateiformate. Wenn Sie Ihre Grafiken in einem dieser Formate speichern können, kommen Sie ins Geschäft, und Word strahlt über alle Backen.

Format	Aussprache	Dateiart
BMP	Bee-Emm-Pe (Achtung! Keine Räder)	Windows BitMap-Dateien, die für Paint und andere Windows-Programme verwendet werden
EPS	Ii-Pee-Ess	Encapsulated PostScript; wird von ausgeklügelten Zeichenprogrammen benutzt (vor allem von Adobe)
GIF	Giff (giff man her dat Bütti)	Grafic Interchange Format (Grafisches Austausch-Format), wird vor allem in CompuServe für Bilder »nackiger Damen« (huch) verwendet
JPEG	Dschäi-Peg	Steht für irgendwas, ist im Moment das beliebteste Format für nackige Mädels im Internet
PCD	Pi- Sii-Dii	Kodak Photo CD; Bilder von Bill Cosby
PCX	Pi-Zi-Ix	PC Paintbrush (die alte Version von Windows Paint)
PICT	Pikt	Grafisches Format von Macintosh
TIFF	Tiff	Tagged Image File Format, wird von komplizierten Zeichenprogrammen benutzt
WMF	Weh-Emm-Eff	Windows *Metafile*, ein gebräuchliches Format für Grafik-Dateien
WPG	Weh-Pe-Ge	WordPerfect-Grafikdatei; seltsam, aber wahr

Tabelle 24.1: Gebräuchliche Grafikformate

Eine Grafik in ein Dokument klatschen

Wollen Sie eine bereits auf der Festplatte existierende Grafik in Ihren Text einkleben, folgen Sie diesen erbaulichen Schritten:

1. **Plazieren Sie den Zahnstocher-Cursor, dorthin, wo Ihr Bild erscheinen soll.**

   Wenn dort schon Text steht, wird er zur Seite geschubst, um Platz für die Grafik zu machen.

2. **Wählen Sie den Befehl _Einfügen, Grafik_.**

Sie sehen jetzt die Dialogbox _Grafik einfügen_ aus Abbildung 24.1.

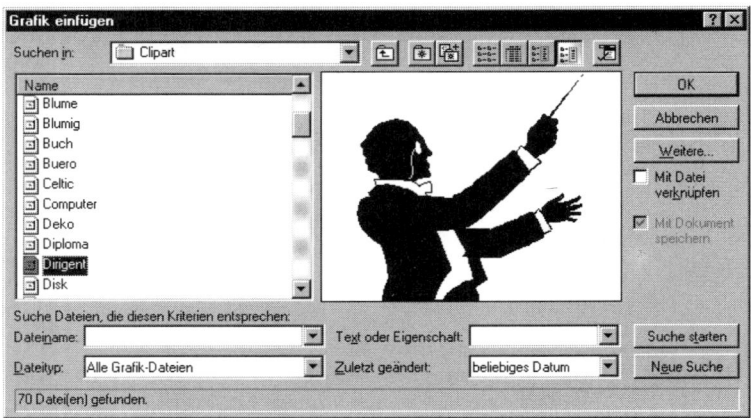

Abbildung 24.1: Die Dialogbox Grafik einfügen

3. **Vergewissern Sie sich, daß der Kasten für die Grafik-Vorschau sichtbar ist.**

Klicken Sie auf die Schaltfläche _Vorschau_, wenn der Vorschaukasten nicht zu sehen ist.

4. **Navigieren Sie durch Laufwerke und Verzeichnisse, bis Sie die gewünschte Grafik finden.**

Dieser Schritt ist freiwillig. Word zeigt Ihnen auch immer gleich eine Portion seiner eigenen ClipArt-Bilder. Nur wenn Sie ein Bild suchen, das woanders gespeichert ist, müssen Sie wirklich herumstrolchen.

5. **Wählen Sie ein Bild aus.**

Wählen Sie _Alle Grafik-Dateien_ aus dem _Dateityp_-Kästchen, und markieren Sie den Dateinamen.

6. **Wählen Sie OK!**

Klatsch! Das Bild ist in Ihr Dokument eingefügt, wo auch immer der Cursor gerade war.

✔ Wenn Sie keine Bilder auf Ihrer Festplatte finden, schauen Sie in dem Kasten »_Waah! Ich habe keine ClipArt-Bilder auf meinem Computer!_« nach.

✔ »Ups! Das Bild wollte ich aber nicht«. Schnell, schnell, wählen Sie _Bearbeiten, Rückgängig,_ oder drücken Sie Strg + Z, und versuchen Sie's nochmal.

✔ Sie müssen nicht den Befehl *Einfügen, Grafik* verwenden, wenn Sie ein Bild kopieren und einfügen wollen. Dazu erschaffen Sie das Bild in einer anderen Windows-Anwendung, markieren es zum Kopieren, kehren in Word zurück und fügen es ein.

✔ Das Bild erscheint genau dort, wo der Zahnstocher-Cursor steht. Sie können das Bild tatsächlich fast so behandeln wie irgendein anderes Zeichen in Ihrem Dokument allerdings wie ein sehr großes Zeichen.

✔ Der Abschnitt »*Die Grafik ausrichten*« bietet Informationen über die Ausrichtung des Bildes, nachdem Sie es in Ihr Dokument übernommen haben.

✔ Einige Bilder sehen auf dem Bildschirm sehr farbenfreudig aus. Wenn Sie aber keinen Farbdrucker haben, werden sie nur in Schwarz, Weiß und – bei einem Laserdrucker – Graustufen ausgedruckt.

✔ Was wirklich cool aussieht am Ende Ihres Briefes, ist Ihre Unterschrift. Benutzen Sie ein Zeichenprogramm wie Paint oder einen *Scanner*, um einen richtig schönen Friedrich Wilhelm zu produzieren. Speichern Sie ihn als Datei, und befolgen Sie dann die vorhergehenden Schritte, um ihn an der richtigen Stelle ins Dokument zu packen.

✔ Wenn Sie die vorhergehenden Schritte ordnungsgemäß befolgt haben und sich die verdammte Grafik einfach nicht auf dem Bildschirm zeigen will, liegt das wahrscheinlich daran, daß die Absatzformatierung durcheinandergeraten ist. Stellen Sie den Cursor in den Absatz mit der Grafik, öffnen Sie die Dialogbox *Format, Absatz,* und verändern Sie den Zeilenabstand zu irgend etwas anderem als *Genau.*

✔ Diese Methode der Grafikeinfügung erlaubt es Ihnen nicht, mehrere Textzeilen neben das Bild zu stellen. Sehen Sie unter »*Eine Grafik in eine Tabelle klatschen*« oder »*Das Ding einrahmen*« nach, wenn Sie das lernen wollen.

✔ Obwohl sie nicht wirkliche Grafiken sind, hält Word ein Sortiment von sonderbaren Zeichen für Sie parat, die Sie in den Text einfügen können, zusammen mit den menschenähnlicheren Zeichen. Bei Möchtegern-Hippies sind zum Beispiel ♥ und ☺ sehr beliebt. Mehr über die Sonderzeichen von Word in Kapitel 9.

✔ Nichts verlangsamt Word so sehr wie ein paar Grafiken auf dem Bildschirm. Fügen Sie sie immer als letztes ein.

✔ Sie können eine Grafik nicht mit der Rück-Taste löschen. Um sie loszuwerden, markieren Sie sie als Block, und drücken Sie Entf.

Eine Grafik in eine Tabelle klatschen

Tabellen sind ein wunderbarer Ort für eine Grafik. Sie können, sagen wir mal, das Bild Ihres Lieblingspolitikers in eine Zelle stecken und Text in jede benachbarte Zelle vor oder hinter der Grafik. So bleibt alles hübsch und ordentlich, ohne daß man mit dem Text vor oder hinter der Tabelle herummachen müßte. Abbildung 24.2 zeigt Ihnen, was ich meine.

Abbildung 24.2: Text und Grafik verbinden sich in einer Tabelle wirklich hübsch.

Wollen Sie eine Grafik in eine Tabelle einfügen, folgen Sie diesen Schritten:

1. **Erstellen Sie die Tabelle.**

   Schauen Sie in Kapitel 12 nach, um alles über Tabellen herauszufinden. Merken Sie sich, daß es völlig in Ordnung ist, eine Tabelle mit einer einzigen Zeile anzulegen. Sie können das Bild in eine Spalte stecken und den Text in die andere.

2. **Stellen Sie den Zahnstocher-Cursor in die Zelle, wo das Bild hinsoll.**

   Zeigen Sie mit der Maus darauf und klicken Sie.

3. **Wählen Sie den Befehl *Einfügen, Grafik*.**

   Navigieren Sie durch die Laufwerke und Verzeichnisse, bis Sie die gewünschte Grafik finden.

4. **Markieren Sie Ihr Bild, und wählen Sie OK.**

   Klatsch! Das Bild ist in Ihre Tabelle eingefügt.

✔ Wenn das Bild schon in der Zwischenablage von Windows gespeichert ist (Sie haben es aus einem anderen Programm kopiert), müssen Sie einfach nur bei Schritt 3 Strg + C, den *Kopier*-Befehl, drücken, und schon haben Sie's hinter sich.

✔ Sie können die Ränder einer Zelle in der Tabelle »grabschen«, um Größe oder Position der Zelle zu verändern.

✔ Wollen Sie die Größe Ihres Bildes verändern, schauen Sie sich den Abschnitt »*Die Grafik ausrichten*« weiter hinten in diesem Kapitel an.

»Waaa! Ich habe keine Word-ClipArt-Grafiken auf meinem Computer!«

Die Installation der ClipArt-Grafiken ist freiwillig und wurde eventuell nicht vorgenommen, weil Ihr PC nicht genügend Platz auf der Festplatte hat. Aber Sie können das nachbessern. Wählen Sie im Menü des Start-Dings (an das Sie kommen, wenn Sie Strg+Esc drücken) *Programme, Microsoft Office, Office-Setup*. Damit führen Sie das Setup-Programm von Microsoft Office und Word aus. (Sie müssen Word beenden, bevor Sie das Setup laufen lassen; das wird Ihnen aber auch mitgeteilt, falls Sie es vergessen haben sollten.)

Im Setup-Programm klicken Sie auf die Schaltfläche Hinzufügen/Entfernen. Klikken Sie in der Liste *Optionen* auf *Office-Tools* und dann auf *Optionen ändern*. Noch eine Dialogbox erscheint. Diesmal suchen Sie in der Liste nach *ClipArt* (das ist irgendwo unten, so daß Sie blättern müssen, bis Sie es gefunden haben). Klikken Sie auf *ClipArt*, damit ein Häkchen in dem Kästchen steht. Dann klicken Sie auf die Schaltfläche OK. Die Dialogbox schließt sich. Klicken Sie auf die Schaltfläche *Weiter*.

Befolgen Sie die Anweisungen auf dem Bildschirm, während die Dateien kopiert werden. Sie werden aufgefordert, Ihre Microsoft Office-CD oder -Disketten einzulegen, damit die Dateien kopiert werden können. Gehorchen Sie Ihrem Computer!

Das Ding einrahmen

Die dritte und befriedigendste Methode, ein Bild in ein Dokument zu stecken, ist die Plazierung in einem Rahmen. Ein Rahmen ist ein Bereich in Ihrem Dokument, in den Sie Sachen stecken können – meist Text und Grafiken. Der Rahmen wird dann zum Behälter für den Text oder die Grafiken, den Sie in Ihrem Text herumbewegen können. Der Text Ihres Dokuments fließt weich und warm um den Rahmen herum, ohne jemals seinen zarten, zerbrechlichen Inhalt zu stören.

Wollen Sie eine Grafik in einen Rahmen stecken, müsen Sie zuerst den Rahmen machen. Dazu befolgen Sie diese Schritte:

1. **Wechseln Sie in die Layoutansicht.**

   Wählen Sie *Ansicht, Layout*. Dieser Schritt ist notwendig. Wenn Sie ihn vergessen, wird Word Sie später daran erinnern. (Sie könen auch auf die Schaltfläche *Layoutansicht* klicken, die Sie nahe der unteren linken Ecke des Bildschirms finden.)

2. **Wählen Sie den Befehl *Einfügen, Positionsrahmen*.**

   Der Zahnstocher-Cursor verwandelt sich in ein komisches Kreuzding. (Falls Sie vergessen haben, in den Layout-Modus zu wechseln, werden Sie jetzt daran erinnert; klicken Sie auf *Ja*, wenn Sie eine entsprechende Aufforderung erhalten.)

3. **Stellen Sie das komische Kreuzding dorthin, wo die obere linke Ecke des Rahmens sein soll.**

4. **Der Rahmen entsteht, wenn Sie die linke Maustaste gedrückt halten und das komische Kreuzding nach unten und nach rechts ziehen.**

   Dadurch entsteht ein Rechteck auf dem Bildschirm. Ihr Bild wird in diesem Rechteck, nein, *Rahmen*, erscheinen.

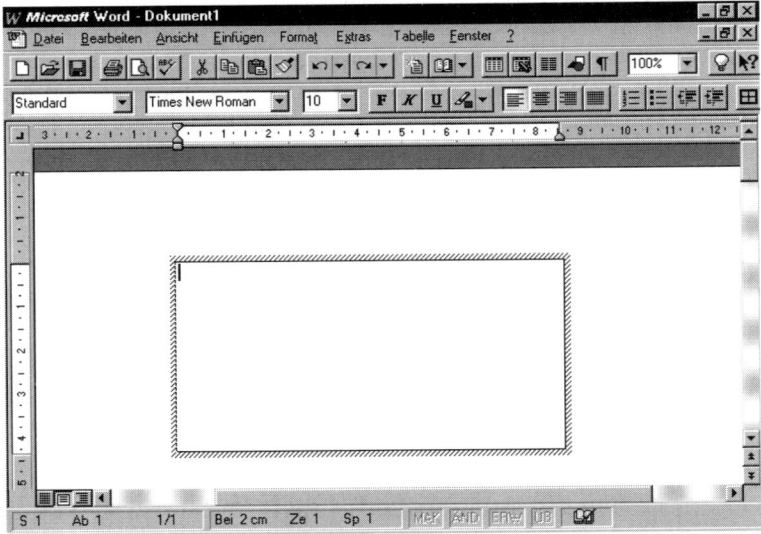

Abbildung 24.3: Ein Positionsrahmen lungert in Ihrem Dokument herum.

5. Bewegen Sie den Rahmen, wohin Sie wollen.

Sie können den Rahmen umherbewegen, indem Sie mit dem Mauszeiger auf einen Rand des Rahmens zeigen. Er verwandelt sich dann in ein Pfeildings, das in vier Richtungen gleichzeitig weist. Wenn das passiert ist, halten Sie die Maustaste gedrückt, und ziehen Sie den Rahmen an seine neue Stelle.

Wenn der Rahmen konstruiert ist, können Sie mit folgenden Schritten eine Grafik hineinploppen:

1. Klicken Sie irgendwo auf den Rahmen.

Der Rahmen wird markiert und von einem Kasten mit acht »Griffen« umgeben – einen für jeden Ehemann von Elizabeth Taylor.

2. Wählen Sie *Einfügen, Grafik*.

Die Dialogbox *Grafik einfügen* verschönert Ihren Bildschirm. Navigieren Sie durch die Laufwerke und Verzeichnisse, bis Sie die gewünschte Grafik finden.

3. Markieren Sie das gewünschte Bild, und geben Sie Ihr OK.

Plopp. Das Bild ist in den Rahmen eingefügt. Wunderhübsch.

✔ Mehr Informationen über die Layoutansicht finden Sie in Kapitel 27.

✔ Sie können auch ein Bild in einen Rahmen einfügen, das Sie gerade eben aus einem Grafik-Programm kopiert haben.

✔ Wenn irgendwas schief geht, liegt es in neun von zehn Fällen daran, daß der Rahmen nicht markiert war, bevor Sie Ihr Bild importiert haben.

✔ Der folgende Abschnitt erklärt, wie man die Größe des Bildes verändert, nachdem Sie es hereingeploppt haben.

Die Grafik einrichten

Wollen Sie eine Grafik in Ihrem Text haben, befolgen Sie die vorangegangenen Schritte. Wenn das Bild da ist, können Sie seine Größe einrichten – aber das war's dann. In Word können Sie nicht daran herummalen oder das Bild sonstwie bearbeiten. Schließlich ist es immer noch ein Textverarbeitungsprogramm.

Hier sind die grundlegenden »Ich will meine Grafik zurechtbiegen«-Schritte:

1. Klicken Sie mit dem Maus-Cursor auf das Bild.

Die Grafik steckt in einem Umschlag mit acht kleinen *Griffen*. Die benutzen Sie, um die Größe des Bildes einzurichten (siehe Abbildung 24.4).

Abbildung 24.4: Ein Bild wird in Word verändert

2. Grabschen Sie sich irgendeinen der Griffe, und ziehen Sie daran, um die Größe des Bildes zu verändern.

Allgemein gesagt, grabschen Sie sich einen Griff und ziehen ihn zum Bild hin oder vom Bild weg. Mit dem oberen Griff können Sie das Bild höher oder kleiner machen. Mit den Seitengriffen können Sie es schmaler oder breiter machen. Die Griffe in den Ecken bewegen sich gleichzeitig in zwei Richtungen (diagonal).

3. Lassen Sie die Maustaste los, wenn Sie fertig sind.

Word verpaßt dem Bild die von Ihnen gewünschte Größe.

✔ Die Grafik kann *skaliert* werden (ohne Verzerrungen größer oder kleiner gemacht werden), indem Sie an einem der Eckgriffe ziehen.

✔ Die Grafik kann abgeschnitten oder zerhackt werden, indem Sie die Umschalttaste gedrückt halten, während Sie den Griff ziehen.

✔ Wenn Sie nur in die eine oder andere Richtung ziehen, ohne einen der Knöpfe gedrückt zu halten, wird das Bild in diese Richtung gedehnt oder gequetscht. So können Sie ein Bild dicker und höher oder dünner und kürzer machen.

 ✔ Wenn es nicht langt, die Größe des Bildes zu verändern, können Sie es auch ganz nett bearbeiten, indem Sie mit der Maus darauf doppelklicken. Das öffnet eine Verbindung zwischen dem Bild und dem Programm, in dem es entstanden ist – oder einem Programm, das damit arbeiten kann. Normalerweise öffnet sich Microsoft Draw, obwohl es manchmal auch Paint sein kann.

✔ Schlagen Sie in Kapitel 25 nach, wenn Sie lernen wollen, wie man Grafiken mit Microsoft Draw bearbeitet.

Das wunderbare Zubehör von Word: Formel-Editor, Graph, Grafik und WordArt

25

In diesem Kapitel

▶ Die große Word-Zubehörjagd

▶ Das Zubehör installieren

▶ Den Microsoft Formel-Editor einsetzen

▶ Mit Microsoft Graph herumhantieren

▶ WordArt aktivieren

▶ Mit Microsoft Word-Grafik herummachen

*W*ord ist nicht allein. So wie Windows sein eigenes »Köfferchen« voll kleiner Programme hat – Mini-Anwendungen, die Zubehör heißen – hat auch Word noch einige kleine PrograMmchen zu bieten. Bei Windows bekommen Sie die WordPad-Textverarbeitung, das Paint-Malprogramm, das Terminal-Kommunikationsprogramm und vielleicht ein paar Spiele. Die eifrig interessierten Windows-Benutzer haben also etwas zum Spielen, während sie darauf sparen, sich richtige Programme kaufen zu können.

Die Programme, die Word im Gepäck hat, orientieren sich mehr an der Textverarbeitung, also ist das Spektrum nicht so breit wie beim Windows-Zubehör (was aber auch impliziert, daß sie tatsächlich von einem gewissen Nutzen sein können). Sich mit diesen kleinen Perlen zu befassen ist freiwillig. Allerdings scheinen sie jedem zu gefallen, dem ich sie zeige, und vielleicht wird es Ihnen genauso gehen. Das wäre eine nette Abwechslung, nicht wahr?

Die große Word-Zubehörjagd

Mein Freund Kalle ist ständig auf Zubehörjagd. Kalle ist Manta-Fahrer. Fuchsschwanz und Spoiler hat er schon, aber da gibt es Tausende von Sachen, die seine Karre noch dringend benötigt. Also klappert er jedes Wochenende die einschlägigen Floh- und Automärkte ab, um ein weiteres Zubehörteil für sein wunderbares Automobil zu erstehen. Kalle mag ja ein netter Kerl sein – aber zu seinen Spinnertreffen kriegt er mich nicht hin (geschweige denn in sein Auto). Zum Glück hat die Zubehörjagd bei Word nichts mit Kalles Manta zu tun.

Word hat vier Programme im Schlepptau (in Wahrheit sind sie heimlich bei Microsoft Office dabei). Vielleicht noch mehr, aber die vier sind es wert, daß man sich um sie kümmert. Diese Zubehör-Programme wurden vielleicht schon zur selben Zeit wie Word installiert, vielleicht auch nicht:

✔ Microsoft Formel-Editor, den man zur Erstellung mathematisch aussehender Gleichungen benutzt

✔ Microsoft Graph, ein Grafik/Statistik-Programm

✔ WordArt, ein hübsches Wort/Buchstaben-Anzeigeprogramm

✔ Microsoft Word-Grafik, ein Zeichenprogramm, das exakter ist als ein Malprogramm (dieses Programm haben Sie eventuell nur, wenn Sie eine älter Version von Word besitzen, die installiert wurde, bevor Sie auf Windows 95 aufgerüstet haben).

Wollen Sie herausfinden, ob Sie diese Programme installiert haben, tun Sie folgendes:

1. **Wählen Sie den Befehl *Einfügen, Objekt.***

   Die *Objekt*-Dialogbox erscheint, ähnlich der in Abbildung 25.1. Klicken Sie auf das Schildchen *Neu erstellen*, wenn sich dieses Blatt noch nicht im Vordergrund befindet – jetzt muß es so aussehen wie in der Abbildung. Diese Box enthält eine Liste von Objekten, die Sie in ein Word-Dokument stecken können.

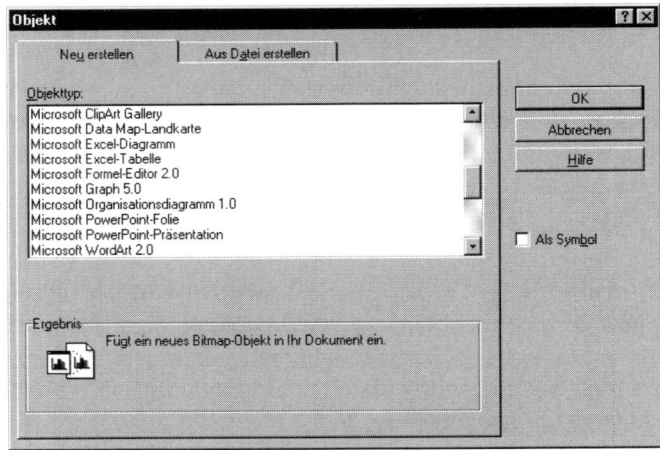

Abbildung 25.1: Die Objekt-Dialogbox

2. **Schauen Sie die Liste durch.**

   Sie suchen nach vier Sachen: Microsoft Formel-Editor 2.0, Microsoft Graph 5.0, Microsoft Word-Grafik und Microsoft WordArt 2.0. Das sind die Zubehörteile, die am Anfang dieses Abschnitts erwähnt wurden. Wenn Sie eines oder mehrere davon nicht finden können, werden Sie das Zubehör wie im folgenden Abschnitt beschrieben installieren müssen. Wenn sie alle da sind, kommen wir in's Geschäft.

3. Klicken Sie auf *Abbrechen*, um die *Objekt*-Dialogbox zu schließen.

Sie ist weg.

✔ Viele andere Dinge werden in der *Objekt*-Dialogbox aufgelistet. Sie repräsentieren verschiedene Dinge, die Sie in ein Word-Dokument einfügen können. Wenn Sie zum Beispiel Excel haben, dürften Sie das Excel-Diagramm oder die Excel-Tabelle hier sehen.

✔ Die Idee hinter »Objekt« ist, daß Sie jetzt nicht mehr irgendwo anders hingehen müssen, um etwas zu erstellen, es kopieren und wieder in Word einfügen. Die Objekt-Dialogbox läßt Sie sofort etwas erschaffen und ohne exzessive Reisekosten in Word stecken.

✔ Das Word-Zubehör besteht aus Programm, die ausschließlich zu Word gehören, und Sie können sie aus keinem anderen Programm erreichen.

✔ Verzweifeln Sie nicht, wenn die Zahlen (2.0 und 5.0) nicht mit denen übereinstimmen, die Sie auf dem Bildschirm sehen. Neuere Versionen von Word werden hier wahrscheinlich höhere Nummern haben, aber der meiste Kram sollte auf dieselbe Art und Weise funktionieren.

✔ Jedes Zubehörteil hat eine besondere Funktion und produziert ein besonderes grafisches Objekt, das Sie ganz einfach in Ihr Word-Dokument einfügen können.

Das Zubehör installieren

Das Word-Zubehör bekommen Sie mit Microsoft Word, und es hätte installiert werden müssen, als Sie das erste Mal Word oder Microsoft Office eingerichtet haben. Aus verschiedenen Gründen könnte es allerdings nicht da sein: Sie haben nicht genügend Platz auf der Festplatte; Sie haben es vorgezogen, es nicht zu berücksichtigen, als Sie Word installierten (wahrscheinlich weil Sie nicht wußten, was das überhaupt ist); oder jemand anders hat Word eingerichtet, hatte etwas gegen Sie und wollte Ihnen einen kleinen zusätzlichen Schmerz verschaffen. Wir Hobby-Psychologen nennen das *passive Aggression*. Widerstehen Sie dem Verlangen, seine/ ihre Unterwäsche in die Tiefkühltruhe zu stopfen. Beweisen Sie Ihre emotionale Überlegenheit. Folgende Schritte müssen Sie befolgen, wenn Sie das Zubehör selbst installieren wollen:

1. Suchen Sie Ihre Word- oder Office-Original-CD-ROM oder -disketten.

Das ist die CD (oder die Disketten), die bei Microsoft Word dabei war(en). Sie ist (bzw. sind) wahrscheinlich immer noch im Karton oder in einer Diskettenbox oder an irgendeinem feuersicheren Platz. Ich verwahre meine Disketten in der Originalschachtel, die unter einem Berg von allem möglichen Kram in der letzten Ecke meines Büros vergraben ist.

2. **Lassen Sie das Setup-Programm laufen.**

Word (oder Microsoft Office) hat es auf Ihrem Computer installiert. Sie finden es im Menü dieses Start-Dings, an das Sie gelangen, wenn Sie Strg+Esc drücken und dann *Programme, Microsoft Office, Office-Setup* wählen.

 Wenn Sie jetzt gerade Word laufen lassen, erscheint eine Dialogbox und fordert Sie auf, das Programm zu schließen. Tun Sie's: Klicken Sie auf die Schaltfläche *Setup beenden*, klicken Sie nochmals darauf und dann auf OK. Dann verlassen Sie Word. Instruktionen zum Verlassen von Word finden Sie in Kapitel 1.

3. **Klicken Sie auf die Schaltfläche *Hinzufügen/Entfernen*.**

Eine große, häßliche Dialogbox erscheint. Links sehen Sie in einer Box mit einer Liste verschiedener Programme. Ein Element mit einem Kästchen daneben heißt? *Office Tools*.

4. **Klicken Sie mit der Maus auf *Office Tools*.**

So wird das Element markiert.

5. **Klicken Sie mit der Maus auf die Schaltfläche *Option ändern*.**

Jetzt erscheint eine weitere Dialogbox, die der ersten ausgesprochen ähnlich sieht. Diesmal enthält die Liste die gewünschten Schmankerln, das Word-Zubehör.

6. **Wählen Sie Ihr Zubehör aus.**

Halten Sie Strg gedrückt, und klicken Sie auf *Formel-Editor, Microsoft Graph, WordArt* und *Word-Grafik*.

7. **Klicken Sie auf die Schaltfläche OK.**

Die häßliche Dialogbox verschwindet, und Sie befinden sich wieder in der häßlichen ersten Dialogbox.

8. **Klicken Sie auf die Schaltfläche *Weiter*.**

9. **Folgen Sie den Anweisungen auf dem Bildschirm.**

Lesen Sie alles, und beantworten Sie die Fragen, damit das Zubehör in Ihrem System installiert wird. Wenn Sie eine Auswahl haben, drücken Sie immer die Eingabe-Taste. Dann wird das gewählt, was Sie am wahrscheinlichsten wollen.

Sie werden aufgefordert, die Original-CD oder eine der Originaldisketten einzulegen. Das kann bei einer Installation mit Disketten mehrfach passieren. Versuchen Sie nicht, irgendeinen Sinn darin zu finden, warum Setup nach bestimmten Disketten fragt und nach anderen nicht. Verdammt, vielleicht werden sie alle nacheinander benötigt. Machen Sie sich ein Späßchen daraus und lachen Sie mal wieder so richtig herzhaft.

10. **Zu guterLetzt ist das Setup-Programm beendet.**

✔ Endlich. Klicken Sie auf die Schaltfläche OK, um zu Windows zurückzukehren. Das Word-Zubehör ist jetzt installiert, und Sie können damit herumspielen.

✔ Wenn Sie die Original-Word-Disketten (oder deren Kopie, so Sie eine gemacht haben) nicht finden können, haben Sie Pech. Tut mir leid.

✔ Wenn es nicht genügend Platz auf Ihrer Festplatte gab, als Sie Word zum ersten Mal installierten, kann es sein, daß es auch jetzt nicht genügend Platz gibt. Wenn das so ist, warnt das Setup-Programm Sie vor diesem Problem. Da können Sie nichts machen außer daß Sie Platz auf Ihrer Festplatte freischaufeln. Das ist ein technisches Problem, also holen Sie sich den Windows-Guru heran, und zwingen Sie ihn oder sie, Ihnen zu helfen.

✔ Wenn Sie übrigens die Tiefkühltruhen-Nummer versuchen, feuchten Sie die Unterwäsche zunächst leicht an. Machen Sie das auch mit den Socken. Und sagen Sie nichts. Lassen Sie sie einfach in die Tiefkühltruhe schauen, am besten, wenn sie auf der Suche nach Eiskrem sind.

Die seltsamen Gestalten des Word-Zubehörs

Das Word-Zubehör ist wie eine Reihe von kleinen Programmen, die etwas produzieren, das man *Objekt* nennt. Soweit es Sie und mich angeht, sind diese Objekte Grafiken – Sachen, die Sie in Ihr Dokument einfügen können. Aber Windows hält die Grafiken für *Objekte*, für Gegenstände von extremer Wichtigkeit, um die es herumhüpft wie ein kleines Kind, das zuviel Brausepulver geschluckt hat.

Und was ist, Himmel verhüte, wenn Sie Ihre Leser mit etwas wie in Abbildung 25.2 bombardieren wollen?

Diese Formel sollte gerüchteweise in den Formularen zur diesjährigen Steuererklärung auftauchen. Bei Word ist das ein *Formel-Objekt*, das mit dem Word-Formel-Editor erschaffen wurde. Eigentlich bedeutet es nichts, genausowenig wie die folgende Graphik (Abbildung 25.3):

$$Sxg = \sqrt{\frac{\sum x \frac{2}{1} fi - \frac{\sum (x_i fi)2}{\sum fi}}{(\sum fi) - 1}}\,|$$

Abbildung 25.2: Beispiel für ein Formel-Editor Objektding

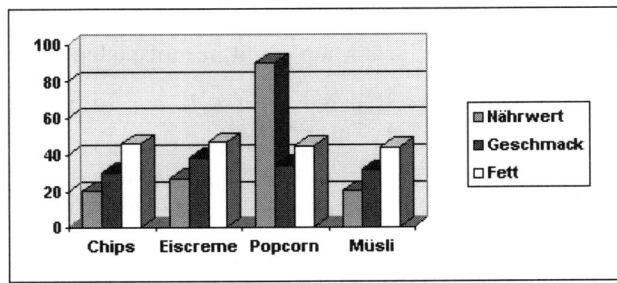

Abbildung 25.3: Beispiel für ein Graph-Objektding

Die obige, professionell aussehende und ausgesprochen eindrucksvolle Grafik wurde mit dem Microsoft Graph-Zubehör erstellt, und zwar von denselben angelernten Arbeitern, die dieses Buch geschrieben haben.

Die Schritte zur Produktion dieses eindrucksvollen Gerümpels sind einfach:

1. Stellen Sie den Zahnstocher-Cursor dorthin, wo das Objekt erscheinen soll.

Das Objekt ist eine Grafik. Manchmal erscheint es in der Mitte eines Satzes oder am Anfang einer Zeile. Manchmal sollte es auch in einer eigenen Zeile stehen oder in der Mitte einer Tabelle oder eines Rahmens, wo man sich einfacher damit beschäftigen kann.

2. Wählen Sie den Befehl *Einfügen, Objekt*.

Die *Objekt*-Dialogbox öffnet sich (siehe Abbildung 25.1).

3. Wählen Sie das Objekt aus, das Sie einfügen wollen.

Nehmen wir mal an, Sie wollen eine Formel für Giftmüll in die Schülerzeitung Ihres Sohnes einbauen. Sie klicken auf das Formel-Editor-Ding in der *Objekt*-Dialogbox und markieren es. (Die folgenden Abschnitte beschäftigen sich damit, wie die einzelnen Zubehörteile funktionieren.)

4. Wählen Sie OK.

Damit beamen Sie zu dem Zubehör, mit dem Sie das Objekt oder die Grafik für Ihr Dokument erstellen können.

5. Plocker! Plocker! Plocker!

Kreieren Sie Ihr Objekt oder Ihre Grafik! Das kann wirklich einfach sein, also ist das mit dem Plockern eine Irreführung. (Aber Sie wollen doch nicht, daß irgendwer denkt, Sie hätten gerade eine Menge Spaß, oder?) Erst letzte Nacht habe ich mit Hilfe von WordArt ein einfaches Objekt für ein Dokument entworfen. Das dauerte fünf Minuten, aber es sieht so beeindruckend aus, daß ich meinem Klienten glatt drei Stunden Arbeitszeit berechnet habe.

6. Verlassen Sie das Zubehör.

So kehren Sie zu Word zurück, und das grafische Objekt wird in Ihr Dokument eingefügt.

✔ Der Vorteil beim Einfügen eines Objekts in ein Word-Dokument – besonders von einem, das mit Word-Zubehör erstellt wurde – liegt darin, daß das Objekt einen »heißen Draht« zu dem Programm hat, von dem es erschaffen wurde. Wollen Sie Ihr grafisches Objekt in Ordnung bringen, müssen Sie nur mit der Maus darauf doppelklicken. Zapp! Sie sind zurück im Zubehör, wo Sie das Objekt bearbeiten und zurechtbiegen können.

 ✔ Das Word-Zubehör, Grafik, Graph, Formel-Editor und WordArt, ist nur in Word erhältlich und naja, in anderen Microsoft Office-Anwendungen. Sie können es nicht in einer anderen, Nicht-Office-Windows-Anwendung einsetzen, zumindest in keiner mir bekannten.

✔ Wenn das Zubehör sein Objekt in Ihr Dokument plaziert hat, funktioniert es wie eine Grafik. Sie können einmal auf das Objekt klicken, und die verräterische gepunktete Umriß-Box erscheint. Sie können mit der Maus die Größe der Grafik verändern, wenn Sie an den Rändern oder Ecken ziehen. Das Bild nimmt entsprechend eine andere Größe an.

✔ Um etwas von dem Bild abzuschneiden (zum Beispiel überflüssigen weißen Raum rund um die Grafik), müssen Sie die Umschalttaste gedrückt halten, während Sie die Griffe herumziehen und die Größe Ihres graphischen Objekts verändern.

✔ Wollen Sie ein grafisches Objekt aus einem Zubehör verändern, klicken Sie zweimal mit der Maus darauf. Das Zubehör, mit dem das Objekt erschaffen wurde, öffnet sich, und Sie könnten die nötigen Ergänzungen und Verrenkungen machen.

Den Formel-Editor einsetzen

Sofern Sie nicht gerade Algebra-Lehrer sind oder schlicht und einfach ein ausgemachter Sadist (was, seien wir ehrlich, eigentlich dasselbe ist), werden Sie den Formel-Editor wahrscheinlich nie benötigen. Trotzdem nehme ich an, daß einige Leser das unstillbare Bedürfnis haben, mathematischen Mystizismus zu verbreiten, und zwar in dem vielbestaunten »Wie haben sie das nur hingekriegt?«-Format. Das ist viel besser, als die skurrilen und verbogenen Zeichen auf Ihrer Tastatur zu benutzen, um Ihre komischen griechischen Mathe-Sachen hinzukriegen. Vielleicht sind einige Anwender ja auch einfach neugierig. Nichts macht mehr Spaß als *vorzugeben*, man sei ein As in Quantenphysik, und sich dann eine Einstein-IQ-Niveau-Formel auszudenken, mit der man die Schwiegereltern auf der Weihnachtskarte beeindruckt. Befolgen Sie diese Schritte:

1. Bewegen Sie den Zahnstocher-Cursor, dorthin, wo die Formel eingefügt werden soll.

Das kann überall sein – auf einer eigenen Zeile oder mitten in einem Satz.

2. Wählen Sie den Befehl *Einfügen, Objekt*.

Die Dialogbox Objekt öffnet sich.

3. Klicken Sie in der Liste auf *Microsoft Formel-Editor* und dann auf OK.

Wenn Sie mehr als einen Formel-Editor in der Liste sehen, klicken Sie auf den mit der höchsten Nummer am Ende.

So aktivieren Sie das Formel-Editor-Zubehör – ein echtes Programm. Es erscheint in einem Fenster auf dem Bildschirm, direkt über Word und Ihrem Dokument (siehe Abbildung 25.4). Der Formel-Editor besteht aus einer Symbolleiste und einem eingezäunten Bereich, in dem Sie Ihre Formel zusammenbasteln können.

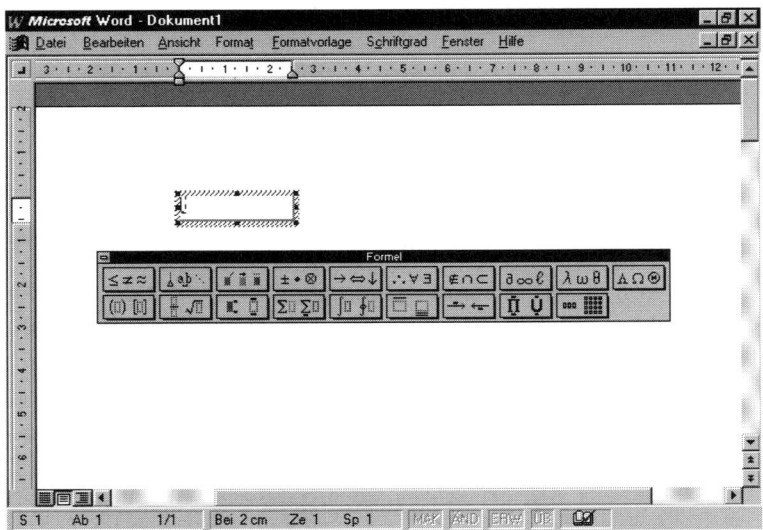

Abbildung 25.4: Der Formel-Editor auf dem Bildschirm

4. Denken Sie sich eine Formel aus.

Benutzen Sie die Schaltflächen der Symbolleiste, und Sie sehen eine ganze Palette von Formeln, komischen Zeichen und mathematischem Humbug. Daraus wählen Sie die verschiedenen Bestandteile für Ihre Formel – und bauen Ihre Formel grafisch zusammen.

Jetzt sind Sie auf sich allein gestellt. Der Formel-Editor kann zwar so gut wie jede Formel zusammenbauen, aber es liegt an Ihnen, was drinstehen soll. Sie wählen die Einzelteile aus der Schaltflächen-Palette, füllen die gepunkteten Rechtecke aus und knuffen und ändern den Kram mit Ihrer Maus. Viel Spaß!

5. Wenn Sie mit dem Bearbeiten fertig sind, klicken Sie mit der Maus auf eine Stelle außerhalb der Formel-Editor-Box.

Mit diesem Klicken ploppen Sie in Word zurück und können Ihre wunderbare Formel sehen, die die Menschheit in Staunen versetzen wird oder wer auch immer Ihre Notiz erhalten soll.

✔ Die von Ihnen erschaffene Formel erscheint im Dokument wie eine Grafik.

✔ Wenn Sie auf die Formel klicken, wird sie so umrahmt wie ein grafischer Fensterrahmen. Sie können die Maus benutzen, um der Formel eine andere Größe zu verleihen und sie an einer Seite des Rahmens an eine neue Stelle ziehen. Die Formel verändert ihre Form dementsprechend.

✔ Wollen Sie die Formel bearbeiten, klicken Sie zweimal mit der Maus darauf. Der Formel-Editor erscheint und erlaubt Ihnen kleinere Veränderungen.

✔ Nein, Word kann Ihre Formel nicht »lösen«. Wenn Sie an so etwas interessiert sind, kaufen Sie sich ein Mathematik-Programm, das diesen Job übernimmt. Sowas ist ziemlich teuer und perfekt für die Eierköpfe unter uns.

Mit Microsoft Graph herumhantieren

Nichts kann den Staub besser von ein paar trockenen Zahlen wegblasen als eine wirklich coole Grafik. Sie müssen sich nicht mit einem Arbeitsbogen herumplagen oder einem »Chart-Programm«. Sie können alles ordentlich innerhalb von Word erledigen, dank des neuartigen Microsoft Graph-Zubehörs.

Wollen Sie eine Grafik in Ihr Dokument einfügen, tun Sie einfach dies:

1. **Bewegen Sie den Zahnstocher-Cursor an die Stelle, wo Sie die obere linke Ecke der Grafik einfügen wollen.**

   Grafiken sind große viereckige Dinger. Word fügt das große viereckige Ding in Ihr Dokument ein, also bewegen Sie Ihren Cursor an die gewünschte Stelle, *bevor* Sie anfangen.

2. **Wählen Sie den Befehl *Einfügen, Objekt*.**

   Die Dialogbox *Objekt* erscheint (siehe Abbildung 25.1).

3. **Wählen Sie *Microsoft Graph* aus der Liste.**

   Das Graph-Zubehör öffnet sich – ein echtes Live-Programm –, und zwar über Word und dem Dokument, das Sie auf dem Bildschirm haben. Abbildung 25.5 zeigt, wie das Graph-Zubehör aussehen könnte. Da sind zwei Fenster, eines für die Grafik und das andere für die Daten. Das Tabelle-Fenster sieht wie ein Arbeitsbogen oder wie (genau!) eine Tabelle aus. Das Diagramm-Fenster sieht (Sie erraten es) wie ein Diagramm aus. Beide Fenster enthalten zu diesem Zeitpunkt beliebige Daten, die Sie ersetzen können. Und Sie können auch andere Grafikarten auswählen (Tortengrafik, Zeilengrafik) – ganz wie Sie wünschen.

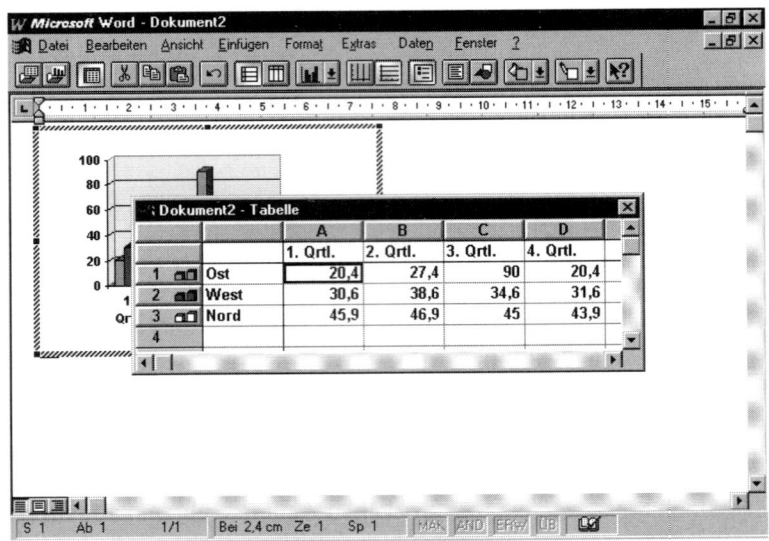

Abbildung 25.5: Das Microsoft Graph-Zubehör

4. Ersetzen Sie die Beispiel-Daten durch die Informationen, die dargestellt werden sollen.

Sie können Spalten und Reihen hinzufügen und löschen, wie Sie das in jeder Tabelle tun würden. Informationen über Tabellen finden Sie in Kapitel 12. Bevor Sie neue Werte eingeben können, müssen Sie auf das *Tabelle*-Fenster klicken, um es zu aktivieren, bevor Sie neue Daten eingeben können. Wollen Sie neue Reihen und Spalten hinzufügen, benutzen Sie die beiden letzten Befehle im *Bearbeiten*-Menü.

5. Verändern Sie die Grafik, wie Sie wollen.

Das Muster-Menü enthält alle Tabellen-Optionen. Wenn Sie eine Tortengrafik haben wollen, wählen Sie zum Beispiel *Muster, Kreis*. Sie müssen die Anweisungen auf dem Bildschirm befolgen und Ihre Daten wahrscheinlich ein bißchen zurechtbiegen, bis Sie den richtigen Tortengeschmack hinbekommen.

6. Gesang und Tanz!

Die Informationen, die Sie in die Tabelle eingeben, akualisieren umgehend die Graphik. So können Sie sehen, wie sie sich entwickelt. Das kann Spaß machen, aber sorgen Sie dafür, daß niemand Sie dabei beobachtet. Das wäre nicht fair.

7. Sie sind fertig!

Klicken Sie mit der Maus auf irgend etwas außerhalb des Bereichs der Grafik (klicken Sie auf Ihr Dokument). Ihr Dokument besitzt jetzt eine wunderbare Grafik, die man glatt einrahmen könnte. (In Kapitel 24 finden Sie Informationen zu diesem Thema.)

✔ Sie können auch eine Grafik mit Hilfe von Daten erstellen, die bereits in Ihrem Dokument sind. Nehmen wir an, Sie haben Zahlen, die in einer Tabelle stehen. Um die in ein Microsoft Graph-Ding zu verwandeln, markieren Sie die ganze Tabelle als Block und befolgen dann alle vorausgegangenen Schritte zur Erstellung einer neuen Grafik. Anstatt der »Pseudo«-Daten füllen jetzt Ihre Daten die Tabelle zur Erstellung der Grafik. Gut ausgedacht, was?

✔ Wenn Sie eine bereits in Ihrem Dokument vorhandene Tabelle in eine Grafik verwandeln wollen, können Sie die erste Zelle für den Titel der Grafik verwenden. Alle Wörter, die Sie hier eingeben (in die Zelle äußerst oben links), werden über der Grafik als Titel zentriert.

✔ Es gibt Grafiken für jeden Geschmack; Sie müssen nur ein wenig im *Muster*-Menü herumstöbern, und Sie werden etwas finden, das Ihre Daten perfekt hervorhebt.

✔ Wenn die Grafik in Ihrem Dokument erscheint, kann sie behandelt werden wie jedes andere grafische Element auch. Wenn Sie darauf klicken, wird es wie ein grafischer Fensterrahmen angezeigt. Sie können mit der Maus an einem Rand des Rahmens ziehen und die Grafik an eine andere Stelle ziehen. Ihre Form wird sich entsprechend verändern.

✔ Wollen Sie die Grafik bearbeiten, sie modifizieren und zurechtbiegen oder die Art der Grafik wechseln, klicken Sie zweimal mit der Maus darauf. Das reaktiviert das Microsoft Graph-Programm und lädt das grafische Objekt zur Bearbeitung.

WordArt aktivieren

WordArt wird bedauerlicher weise von den meisten Word-Anwendern vernachlässigt. Das ist schade – WordArt kann Ihren Dokumenten nämlich schnell eine Menge Schnickschnack hinzufügen. Und es ist ein prima Ort, um seine Zeit zu vertrödeln.

Wie das restliche Zubehör (Formel-Editor und Graph) produziert WordArt ein grafisches Objekt in Ihrem Text. Es ist kein Text! Wollen Sie Text formatieren, müssen Sie sich an die Regeln und Bestimmungen zur Formatierung von Text halten, wie sie in Kapitel 9 erläutert sind. WordArt ist Kunst.

Wollen Sie WordArt in Ihrem Dokument verwenden, befolgen Sie diese Schritte:

1. **Stellen Sie den Zahnstocher-Cursor an den Fleck in Ihrem Dokument, wo WordArt erscheinen soll.**

   Das kann irgendwo sein: am Anfang einer Zeile, in der Mitte eines Absatzes oder in einer eigenen Zeile. Was auch immer, bewegen Sie zuerst den Zahnstocher-Cursor an diese Stelle.

2. **Wählen Sie den Befehl *Einfügen, Objekt*.**

   Die Dialogbox *Objekt* öffnet sich.

3. Wählen Sie *Microsoft WordArt* aus der Liste.

Vielleicht müssen Sie in der Liste blättern, um Microsoft WordArt zu finden. Ich habe Excel auf meinem PC installiert, und so erscheinen etliche Excel-«Objekte«, bevor WordArt auftaucht. Wenn Sie es markiert haben und OK klicken, erscheint das WordArt-Zubehör über Ihrem Dokument, wie es in Abbildung 25.6 gezeigt wird.

4. Tippen Sie den Text, der »künstlerisch behandelt« werden soll, in den Kasten.

Was Sie tippen, ersetzt das Geben Sie hier Ihren Text ein in dem Kasten in Ihrem Dokument. (Es wird aber erst so aussehen, wenn Sie auf die Schaltfläche Ansicht aktualisieren geklickt haben.)

5. Spielen Sie herum!

Die erste Dropdown-Liste der WordArt-Symbolleiste enthält verschiedene Muster, in denen Ihr Text über die Seiten fließen kann. Wählen Sie eins! Die nächste Dropdown-Liste bestimmt die Textgröße. Andere Schaltflächen vergeben Textattribute. Spielen Sie damit herum, um herauszufinden, was sie bieten. Ich ermutige Sie ausdrücklich, Ihrer Spielwut freien Lauf zu lassen – besonders wenn Sie das jemand als Arbeitszeit in Rechnung stellen können.

6. Wenn Sie fertig sind, klicken Sie außerhalb des Kastens in Ihrem Dokument.

Klicken Sie mit der Maus auf eine Stelle außerhalb des schattierten Kastens, in dem Ihr WordArt-Text erscheint. Damit kommen Sie zu Ihrem Dokument zurück, und das WordArt-Objekt erscheint wie eine grafische Abbildung in Ihrem Dokument.

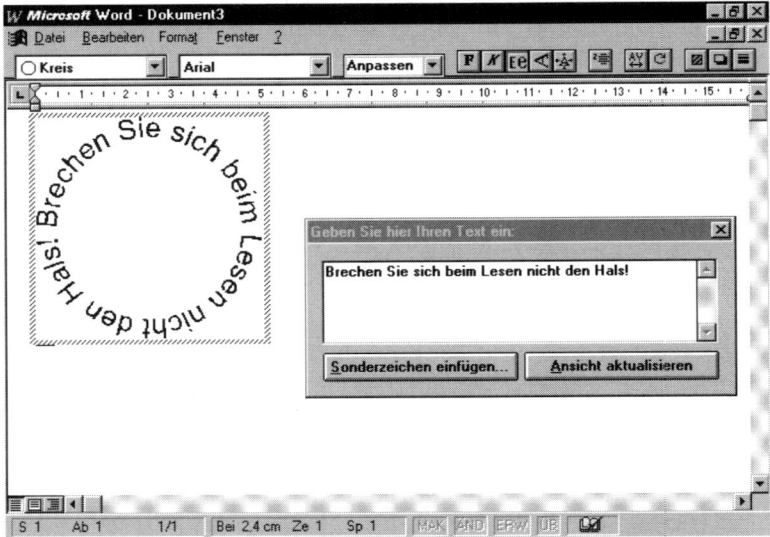

Abbildung 25.6: Microsoft WordArt sieht so aus, irgendwie ...

✔ Wie jedes andere grafische Objekt aus dem Word-Zubehör können Sie auf die WordArt-Grafik mit der Maus doppelklicken, um sie zu bearbeiten.

✔ Schauen Sie weiter vorne im Abschnitt »Die *wundersamen Gestalten des Word-Zubehörs*« nach, wenn Sie mehr Informationen benötigen, wie Sie WordArt ein wenig zurechtbiegen können.

✔ In Kapitel 22 finden Sie Informationen, wie man ein Initial in das Dokument bekommt. Sie nehmen vielleicht an, daß das die richtige Aufgabe für WordArt wäre, aber mit dem *Initial*-Befehl klappt das viel besser.

Mit Microsoft Word-Grafik herummachen

Microsoft Word-Grafik ist ein nettes kleines Zubehörteil mit einer Menge von Anwendungsmöglichkeiten. Leider ist es bei der letzten Ausgabe von Microsoft Office nicht dabei. Wenn Sie allerdings zu jenen Menschen gehören, die unfreiwillig auf Windows 95 aufgerüstet haben, kann es vielleicht noch irgendwo auf Ihrer Festplatte herumhängen. Falls Sie so viel Glück haben, können Sie von seinen wunderbaren grafischen Funktionen profitieren.

Ein Zeichenprogramm wie Microsoft Word-Grafik unterscheidet sich von Malprogrammen wie Windows Paint. Wenn Sie Bilder in einem Zeichenprogramm erschaffen, kreieren Sie sie mit Objekten – Kreisen, Vierecken und Linien. Anders als bei einem Malprogramm können Sie die Objekte in einem Zeichenprogramm nach Fertigstellung leicht bewegen oder manipulieren. Sie können sie aufreihen, hin- und herschnipsen, gruppieren und so weiter. Das macht Microsoft Word-Grafik ideal für technische Illustrationen, Flow-Charts und ähnliches.

Offensichtlich gibt es hier nicht genügend Platz, um die gesamte Microsoft Word-Grafik-Anwendung zu erklären. Also ermutige ich Sie statt dessen, sie selbst zu erforschen – so wie Sie damals das lustige Paint-Programm erforscht haben. Wenn etwas Düsteres und Ominöses Ihre Erforschungszeit behindert, schauen Sie sich einfach die Checkliste am Ende dieses Abschnitts an, die ein paar Vorschläge enthält, wie Sie Microsoft Word-Grafik am besten einsetzen.

Wenn Sie ein grafisches Objekt aus Microsoft Word-Grafik in Ihr Dokument einfügen wollen, gilt folgendes:

1. **Stellen Sie den Zahnstocher-Cursor dorthin, wo das grafische Ding erscheinen soll.**

2. **Wählen Sie den Befehl *Einfügen, Objekt*.**

   Die Dialogbox *Objekt* erscheint (siehe Abbildung 25.1).

3. **Wählen Sie *Microsoft Word-Grafik* aus der Liste.**

   Dieses Zubehör erscheint direkt innerhalb Ihres Word-Dokuments, wie in Abbildung 25.7 gezeigt. Eine *Zeichnen*-Symbolleiste wird unten auf dem Bildschirm erscheinen, wie Sie sie in der Abbildung sehen.

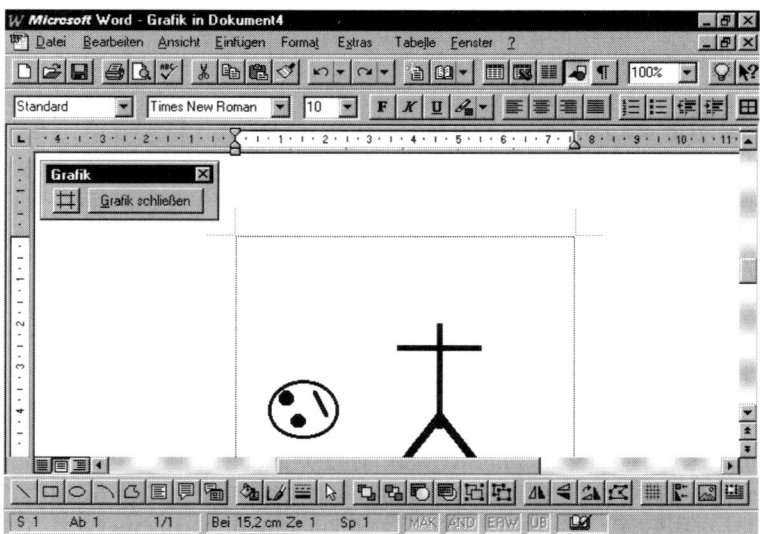

Abbildung 25.7: Microsoft Word-Grafik explodiert geradezu auf Ihrem Bildschirm.

4. Erschaffen Sie etwas Wunderbares!

Sie können hier eine Grafik erschaffen, genau wie in jedem anderen Malprogramm. Das Bild entsteht innerhalb des gepunkteten Rahmens, den Sie auf Ihrem Bildschirm sehen.

Zeichenprogramme wie dieses malen keine Pixel auf den Bildschirm – wie es beim Zeichnen mit dem elektronischen Zeichenstift in Windows Paint der Fall ist. Statt dessen arbeiten Sie an dem grafischen Objekt eher mit einem Set von Schablonen. Wenn Sie zum Beispiel einen Kasten zeichnen, können Sie ihn bewegen oder seine Größe verändern, *nachdem* Sie ihn erschaffen haben. Der Kasten ist ein *Objekt* auf dem Bildschirm – nicht eine Ansammlung von Pixeln oder elektronische Zeichenstiftschmiere. (Jetzt werde ich aber zu philosophisch.)

5. Wenn Sie fertig sind, klicken Sie auf die Schaltfläche *Grafik schließen*.

Sie sehen jetzt die Grafik direkt in Ihrem Programm. Treten Sie ein Schritt zurück, und bewundern Sie sie.

✔ Die Schaltflächen am linken Ende der *Zeichnen*-Symbolleiste erlauben es Ihnen, gerade Linien, Kästen und Kreise zu zeichnen. Mit den Farben unten auf dem Bildschirm können Sie die Farbe der Linien und ein Füllmuster bestimmen (die Farbe für die »Mitte« der Grafik).

✔ Sie können Text in Ihre Zeichnung packen, indem Sie die Schaltfläche *Textfeld* anklicken. Anders als bei einem Malprogramm, erscheint der von Ihnen geschriebene Text in seinem eigenen »Kasten«. Er kann später bearbeitet werden, als würden Sie Text in Word bearbeiten. Benutzen Sie den Befehl *Format, Zeichen*, wenn Sie die Zeichenart ändern wollen.

✔ Wenn Sie den Befehl *Einfügen, Grafik* verwenden, können Sie jede Grafik verwenden, die sich in der Dialogbox *Grafik einfügen* zeigt. In Kapitel 24 können Sie mehr Informationen über das Einfügen von Bildern nachschlagen.

✔ Wenn sich Ihre Zeichnung im Dokument befindet, verhält sie sich wie jede andere Grafik. Sie können einmal darauf klicken, um sie »einzurahmen«, und dann mit der Maus die Größe nach Wunsch verändern. Die Grafik nimmt eine entsprechende neue Größe an.

✔ Wollen Sie die Grafik noch einmal in Word-Grafik bearbeiten, klicken Sie zweimal mit der Maus darauf.

Ihr grundlegender DTP-Kram

26

In diesem Kapitel

- Initial-Buchstaben verwenden
- Coole Dokumenttitel kreieren
- Text einfach so formatieren
- Den Titel perfekt zentrieren
- Den Befehl *Rahmen und Schattierung* benutzen
- Einen Kasten um den Text zeichnen
- Weniger als einen Kasten um den Text zeichnen
- Den Text schattieren
- Weiß auf Schwarz drucken

Einige grafische Dinge, die Sie mit Ihrem Dokument tun können, haben gar nichts mit Grafik zu tun. Statt dessen bewegen sich diese Dinge auf der wackligen Grenze zwischen Textverarbeitung und Desktop Publishing. Tatsächlich hätte man vor wenigen Jahren noch gesagt, daß dieser Teil des Buches sich mit Desktop Publishing befaßt. Was gibt es denn sonst noch außer hübschen Grafiken und Text? Es gibt Kästen. Und ein paar interessante Methoden, hübsche Titel und andere Dinge in Ihr Dokument zu klatschen. Das ist nicht wirklich Grafik; das sind eher die Grundzüge Ihres DTP(Desktop Publishing)-Krams.

Initial-Buchstaben verwenden

Ein Initial-Buchstabe ist der erste Buchstabe eines Berichts, Artikels, Kapitels oder einer Geschichte, der in einer größeren und interessanteren Schriftart erscheint als alle anderen Zeichen. Abbildung 26.1 zeigt ein Beispiel. Diesen Trick, der bei anderen Textverarbeitungsprogrammen lange Stunden qualvoller Arbeit erfordert, erledigt Word im Handumdrehen. Benutzen Sie einfach den handlichen *Initial*-Befehl, der sich im *Format*-Menü eingekuschelt hat.

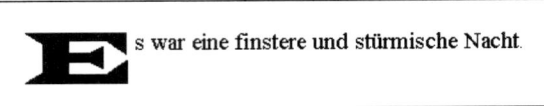

Abbildung 26.1: Dieser spannende Roman beginnt mit einem Initial-Buchstaben.

Hier nun einige Schritte, die Sie befolgen können, wenn Sie einen Initial-Buchstaben am Anfang Ihres Textes haben wollen:

1. **Stellen Sie den Zahnstocher-Cursor an den Anfang Ihres Textes.**

   Nicht in den Titel. Nicht irgendwo sonsthin. Stellen Sie den Zahnstocher-Cursor auf den ersten Textabsatz. Es ist hilfreich, wenn der Absatz linksbündig ist und es keine Tabulatoreinzüge oder irgendeinen anderen exotischen Format-Kram gibt, der in Kapitel 10 erläutert ist.

   Sie *müssen* hier übrigens etwas hinschreiben; der Befehl *Initial* ist erst verfügbar, wenn sich Text auf dem Papier befindet. (So durchkreuzt man die Bemühungen von Autoren mit Schreibblockierung, erstmal mit der *Initial*-Funktion herumzuspielen, anstatt mit dem Schreiben zu beginnen.)

2. **Markieren Sie das erste Zeichen des ersten Wortes.**

   Zum Beispiel das *E* in »Es war einmal«.

3. **Wählen Sie *Format, Initial*.**

   Die *Initial*-Dialogbox erscheint, so wie in Abbildung 26.2 dargestellt.

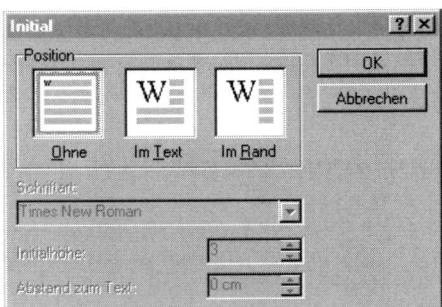

Abbildung 26.2: Die Initial-Dialogbox

4. **Wählen Sie eine Initial-Art aus.**

   Es gibt zwei, weil die erste, »*Ohne*«, in Wahrheit gar keine ist. Die zweite ist *Im Text*, die dritte *Im Rand*. Ich ziehe den *Im Text*-Modus vor. Klicken Sie auf den Kasten, der Ihnen am besten gefällt.

5. **Wählen Sie eine Schriftart, wenn Sie möchten.**

6. **Klicken Sie OK.**

Word fordert Sie auf, in die Layoutansicht zu wechseln, wenn Sie den Initial-Buchstaben in Aktion sehen wollen.

7. **Klicken Sie auf** *Ja.*

Der Initial-Buchstabe erscheint in Ihrem Text und sieht aus, als hätten Sie den ganzen Nachmittag eifrig dran gebastelt.

✔ Am besten sieht der Initial-Buchstabe in der Layoutansicht aus, wo er von einem kleinen Kettenzaun umgeben ist. Wählen Sie *Ansicht, Layout.*

✔ Wenn Sie in die *Normal*-Ansicht zurückwechseln (*Ansicht, Normal*), erscheint der initialisierte Buchstabe in der Zeile über Ihrem Text. Abgedreht, aber so macht Word das nun mal. Versuchen Sie ja nicht, das zu »reparieren«; gehen Sie lieber in die Layoutansicht zurück, wenn Sie den Initial-Buchstaben realitätsgetreuer sehen wollen.

✔ Kapitel 27 bietet übrigens detaillierte Informationen über die Befehle *Layout* und *Normal.*

✔ Ein Initial-Buchstabe ist keine Grafik und auch kein grafisches Objekt (siehe Kapitel 24). Um ihn zu verändern, müssen Sie den oben beschriebenen Schritten noch einmal folgen und Veränderungen in der *Initial*-Dialogbox vornehmen.

✔ Verschnörkelte Initial-Buchstaben funktionieren bei großspurigem Zeug am besten. Ansonsten nehmen Sie eine große, klotzige Schriftart für Ihre Initial-Buchstaben.

✔ Sie werden einen Initial-Buchstaben wieder los, wenn Sie in Ihrem Text mit der Maus auf seinen Kasten klicken und dann den Befehl *Format, Initial* wählen. In der *Initial*-Dialogbox doppelklicken Sie dann auf *Ohne*, und der Initial-Buchstabe verschwindet.

Coole Dokumenttitel kreiern

Nichts dämpft das Feuer eines aufregenden Papiers mehr als eine langweilige, trübe Überschrift. Denken Sie an die Pflichten der armen Öffentlichkeitsarbeiter für das Dreckessen. Ja, es stimmt, es gibt Leute, die wirklich an Terraphagie leiden und Dreck essen. Überlegen Sie mal, wie man sich fühlt, wenn man den unkontrollierbaren Zwang verspürt, mit einem Löffel in den Garten zu marschieren, sich hinzusetzen und reinzuhauen. Ich meine es ernst. Viele Menschen tun das. (Also seien Sie mißtrauisch, wenn Ihr Ehepartner murmelt, »Oh, Schatz, ich gehe nur mal ein paar Minuten in den Garten«, aber dabei einen hungrigen Gesichtsausdruck hat.)

In Abbildung 26.3 habe ich ein paar Beispieltitel für Pamphlete entwickelt, die zum Dreckessen ermutigen. Oha, da bekommt man Appetit! Damit Ihr eigener Dreckesser-Bericht oder -Rundbrief auffällt, brauchen Sie mehr als nur einen Titel. Sie brauchen einen *kreativen* Titel.

Abbildung 26.3 zeigt verschiedene Beispiele für Dokumenttitel, die Sie mit Word erstellen können. Es ist möglich, Schriftarten und -größen zu mischen, um Ihren Ideal-Titel zu erschaffen. Die folgenden Abschnitte erklären detailliert, wie jedes Element kreiert wird: das Formatieren von Text und Absätzen und der Einsatz von Spezialeffekten.

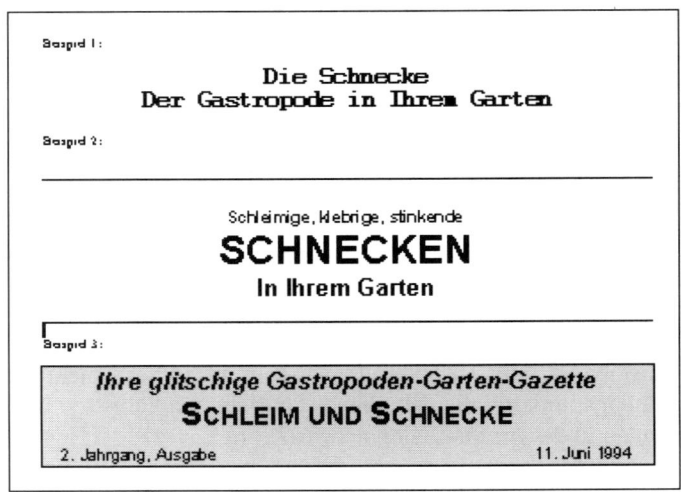

Abbildung 26.3: Beispiele für Dokumenttitel

Text einfach so formatieren

Sie gehen beim Formatieren von Text diese drei Schritte:

1. **Wählen Sie eine Schriftart.**

2. **Wählen Sie einen Schriftgrad.**

3. **Wählen Sie Stilmerkmale.**

Folgende Schritte müssen Sie zur Wahl einer Schriftart unternehmen:

1. **Wählen Sie den Befehl *Format, Zeichen*.**

   Die Dialogbox *Zeichen* öffnet sich.

2. **Blättern Sie durch die Liste der Schriftarten.**

   Wenn Sie den Namen der gewünschten Schriftart kennen, können Sie ihn in den *Schriftart*-Kasten tippen. Sonst zeigt die *Schriftart-Liste* alle Schriftarten, die Windows und Word kennen. Die besten Schriftarten für Titel sind die klotzigen ohne viel Schnickschnack wie Helvetica, Arial, AvantGarde und Futura. Eine von denen werden Sie in der Liste schon finden. Der Vorschau-Kasten unten rechts hilft Ihnen beim Einkaufen, indem er Ihnen zeigt, wie die Schriftart aussieht (ist fast Virtual Reality). Wählen Sie eine aus.

3. **Geben Sie die Größe der Schriftart in den *Schriftgrad*-Kasten ein, oder wählen Sie eine aus der Liste der erhältlichen Größen.**

Wenn Ihr Titel groß sein soll, wählen Sie einen großen Schriftgrad. Das bedeutet 14 oder mehr. Ich mag 24er-Titel, die man prima von der anderen Seite des Raumes lesen kann (zumindest, wenn ich meine Brille aufhabe).

4. **Wählen Sie ein Stilmerkmal aus dem Bereich *Schriftschnitt*.**

Ein gutes Stilmerkmal für einen Titel ist Fett.

5. **Wählen Sie noch ein paar Effekte aus dem Feld Darstellung.**

Um dort auszuwählen, müssen Sie auf die kleinen Kästchen neben jeder Eigenschaft klikken. Wenn in dem Kästchen ein Häkchen erscheint, wurde die Eigenschaft gewählt. Achten Sie darauf, wie der Beispieltext im Feld *Vorschau* unten in der Dialogbox die Änderungen darstellt. Probieren Sie mal *Kapitälchen*.

6. **Klicken Sie auf OK.**

Klicken Sie auf die OK-Schaltfläche, oder drücken Sie die Eingabetaste, wenn Sie Ihre Wahl getroffen haben.

7. **Tippen Sie Ihren Titel.**

Machen Sie sich noch keine Gedanken übers Zentrieren oder Schattierungen. Zuerst kommt die Formatierung der Zeichen.

✔ Mehr Informationen über das Formatieren von Zeichen finden Sie in Kapitel 9.

✔ Wenn der Titel mehrere Zeilen hat, können Sie verschiedene Schriftarten und Stilmerkmale benutzen. Widerstehen Sie allerdings der Versuchung, die Schriftart zu wechseln!

✔ In Abbildung 26.3 sehen Sie im Beispiel 1 die Schriftart Courier, Fett, Schriftgrad 14. Das ist unglaublich dröge, aber besser als nichts.

✔ In Abbildung 26.3 wird im Beispiel 2 die Schriftart Arial gezeigt. Die erste Zeile ist Fett, Schriftgrad 12. Die zweite Zeile ist Fett, Schriftgrad 30 und in Großbuchstaben getippt. Die dritte Zeile ist Fett, Schriftgrad 18.

✔ Beispiel 3 in Abbildung 26.3 verwendet ebenfalls die Schriftart Arial. Die erste Zeile ist Fett Kursiv, Schriftgrad 18. Die zweite Zeile ist Fett, Schriftgrad 24 mit Kapitälchen-Effekt. Die dritte Zeile ist Schriftgrad 12, guter alter einfacher »normaler« Text. (Schlagen Sie in dem Technikkasten »*Klasse – und völlig überflüssige –, bündige Informationen*« nach, wenn Sie wissen wollen, wie das Datum an die rechte Seite des Kastens geschaufelt wird.)

✔ Wollen Sie ein Datum in Ihren Titel einfügen, benutzen Sie den Befehl _Datum und Uhrzeit_. Bewegen Sie den Zahnstocher-Cursor dorthin, wo das Datum erscheinen soll, und wählen Sie _Einfügen, Datum und Uhrzeit_. Markieren Sie in der Liste ein Datums- und Uhrzeitformat, und klicken Sie dann OK.

✔ Drehen Sie nicht durch.

✔ Na gut, drehen Sie durch, wenn Sie unbedingt müssen.

Den Titel perfekt zentrieren

Wenn Sie den Text geschrieben haben, ist es Zeit, die Dinge auf dem Bildschirm bündig auszurichten. Sie machen dies, indem Sie die Absätze formatieren, was heißt, daß Sie die Titel zentrieren oder _ausrichten_.

Der typische Titel ist zentriert. Wollen Sie bereits getippten Text auf dem Bildschirm zentrieren (vorausgesetzt, Sie haben den vorhergehenden Abschnitt durchgearbeitet), folgen Sie diesen Schritten:

1. **Markieren Sie den Text, den Sie zentrieren wollen, als Block.**

   Schlagen Sie in Kapitel 6 alle Anweisungen zum Markieren von Blöcken nach, die Sie jemals dazu brauchen werden.

2. **Wählen Sie den _Zentriert_-Befehl.**

   Klicken Sie auf die _Zentriert_-Schaltfläche in der _Format_-Symbolleiste.

   Sie können auch _Format, Absatz, Ausrichtung, Zentriert_ und dann OK wählen.

   Damit wird der Block auf dem Bildschirm zentriert.

✔ Es ist nicht nötig, auch nur eine Zeile oder einen Absatz zu markieren. Stellen Sie einfach den Zahnstocher-Cursor irgendwo in die Zeile oder den Absatz, und klicken Sie dann auf die _Zentriert_-Schaltfläche.

✔ Wollen Sie die Seite von oben bis unten zentrieren, schlagen Sie den _Abschnitt »Eine Seite von oben bis unten zentrieren«_ im Kapitel 11 nach.

✔ Zusätzliche Informationen über das Formatieren von Textblöcken gibt es in Kapitel 10.

Den Befehl Rahmen und Schattierung benutzen

Sie können Titel interessanter machen, indem Sie einen Kasten um sie ziehen – oder ein paar Linien drüber und drunter oder eine nette Schattierung, wie man sie in Abbildung 26.3 sehen kann. Das können Sie in Word mit jedem Text tun. Wenn Sie zum Beispiel einen Textabsatz vom Rest der Seite abheben wollen, können Sie ihn umrahmen oder schattieren. Wählen Sie einfach den Befehl Format, Rahmen und Schattierung.

Klasse – und völlig überflüssige –, bündige Informationen

Im Beispiel 3 in Abbildung 26.3 sehen Sie unten im Titel auf der linken Seite die Nummer des Bandes und auf der rechten das Datum. Beides steht in derselben Zeile. Mit Hilfe der Ausrichtung von Word werden wir einen Trick benutzen, das eine gegen den linken Rand zu knallen und das andere gegen den rechten. Folgen Sie mir kühn auf dem verbotenen Pfad:

1. **Drücken Sie die Eingabetaste, um Text auf eine neue Zeile zu schreiben.**

   Am besten fangen Sie mit einer leeren Zeile an; wenn Sie also schon auf einer solchen stehen sollten, sparen Sie sich diesen Schritt. Ich gehe nur auf Nummer Sicher, das ist alles. Sie wissen, präzise Angaben sind mein Markenzeichen.

2. **Tippen Sie den Text, der an den linken Rand der Seite geschoben werden soll.**

   Einfach so, tralala.

3. **Drücken Sie keinesfalls die Eingabetaste, wenn Sie fertig sind!**

4. **Klicken Sie statt dessen auf die _Tabulator_-Schaltfläche im Lineal. Sie steht ganz außen links, und wahrscheinlich steht ein kleines L drin. Klicken Sie auf diese Schaltfläche, bis Sie einen rechtsbündigen Tabulator sehen, der wie ein L aussieht, das in die andere Richtung zeigt. Klicken Sie mit der Maus auf diese Schaltfläche.**

5. **Klicken Sie mit der Maus auf das Lineal, direkt links neben dem Dreieck am rechten Rand.**

   Das Dreieck für den rechten Rand steht auf der rechten Seite des Lineals, zwischen dem weißen und dem grauen Teil. (Wenn Sie es nicht sehen können, klicken Sie auf den nach links zeigenden Pfeil auf der unteren horizontalen Bildlaufleiste.) Klicken Sie mit der Maus einen halben Zentimeter oder so links neben das Dreieck. Das plaziert den rechtsbündigen Tabulator genau dort hin und löscht alle anderen Tabulatoren in dieser Zeile.

6. **Drücken Sie die Tabulatoren-Taste.**

   Der Cursor hüpft zum rechten Rand der Seite.

7. **Tippen Sie den Text ein, der am rechten Rand erscheinen soll.**

   Einfach so, tralala. Oder fügen Sie das Datum ein, wie im vorangegangenen Abschnitt erklärt.

8. **Drücken Sie die Eingabetaste. Sie sind fertig.**

Einen Rahmen um den Text packen

Wenn Sie einen Titel kreieren, können Sie einen netten viereckigen Rahmen drumherum zeichnen. Sie können auch um jeden Absatz oder jede Gruppe von Absätzen in jedem beliebigen Dokument einen Rahmen zeichnen, sogar um eine Grafik. Und das geht so:

1. **Markieren Sie den Absatz, den Sie umrahmen wollen, als Block.**

   Benutzen Sie die handlichen Blockmarkierungsanweisungen in Kapitel 6, um diese Tat auszuführen. Sie können jeglichen Text markieren, genau wie den Titel.

2. **Wählen Sie den Befehl *Format, Rahmen und Schattierung*.**

   Die Dialogbox *Rahmen und Schattierung – Absatz*, wie sie in Abbildung 26.4 zu sehen ist, öffnet sich.

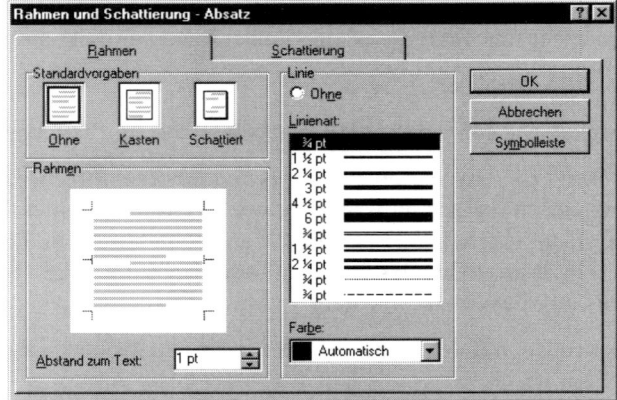

Abbildung 26.4: Die Dialogbox Rahmen und Schattierung – Absatz

3. **Vergewissern Sie sich, daß das Blatt Rahmen im Vordergrund steht.**

   Falls nicht, klicken Sie auf das Schildchen *Rahmen*.

4. **Suchen Sie nach dem Bereich *Standardvorgaben* in der oberen linken Ecke.**

   Hier finden Sie drei leicht zu verwendende, schnell einsetzbare, knackige Rahmenarten.

5. **Doppelklicken Sie auf das Symbol über *Kasten*.**

   Ihre Überschrift steht jetzt in einem Kasten, ähnlich dem in Abbildung 26.3, Beispiel 3, aber ohne Schattierung im Kasten. Um etwas über Schattierungen zu erfahren, sollten Sie den Abschnitt »*Den Text schattieren*« lesen.

✔ Word zieht nur um volle Textabsätze Linien – nicht um Teile und Teilchen.

✔ Wollen Sie einen Rahmen mit Schattierung um Ihren Text legen, klicken Sie auf das *Schattierung*-Symbol.

✔ Sie können den Rahmen dicker oder dünner machen oder eine doppelte oder gepunktete Linie verwenden. Wählen Sie einfach aus der Liste *Linienart* in der *Rahmen und Schattierung – Absatz*-Dialogbox aus, was Ihnen gefällt. Tun Sie das, bevor Sie auf das *Schattiert*-oder das *Kasten*-Symbol klicken.

✔ Wollen Sie einen Rahmen aus Ihrem markierten Text entfernen, doppelklicken Sie auf das *Ohne*-Symbol.

✔ Sie können auch eine Grafik umrahmen, die Sie in Ihren Text eingefügt haben. Mehr dazu finden Sie in Kapitel 24.

Weniger als einen Kasten um den Text zeichnen

Im Beispiel 2 in der Abbildung 26.3 stehen die Linien nur über und unter dem eingerahmten Titel. Soll das auch mit Ihrem Text oder irgendeinem anderen Text passieren, befolgen Sie die Schritte 1, 2 und 3, wie sie im vorhergehenden Abschnitt beschrieben sind. Und dann tun Sie folgendes:

1. **Klicken Sie auf das *Kasten*-Symbol, und umrahmen Sie Ihren Text.**

   Jaja, das ist nicht genau das, was Sie eigentlich wollten, aber so müssen Sie halt anfangen. (Klicken Sie einmal – kein Doppelklicken!)

2. **Wählen Sie eine Linienart aus dem entsprechenden Bereich in der Dialogbox *Rahmen und Schattierung – Absatz*.**

   Sie können verschiedene Stärken, einfache und doppelte Linien aussuchen. Klicken Sie auf die gewünschte Linienart. Sie können feststellen, daß sich der Text in der *Rahmen*-Vorschaubox entsprechend der gewählten Linienart verändert.

3. **Jetzt wenden Sie sich der Rahmen-Vorschaubox zu.**

   Dieser Kasten teilt Word mit, wo die Linien um Ihren Text sollen – oben, unten, links, rechts, in der Mitte und so weiter.

4. **Klicken Sie mit der Maus auf die rechte und die linke Linie in der Rahmen-Vorschaubox.**

   Das löscht diese Linien.

5. **Klicken Sie auf OK, wenn Sie Ihren Kasten fertiggestellt haben.**

   Dem fehlen jetzt zwei Seiten, so daß er nicht mehr ganz an einen Kasten erinnert, und wahrscheinlich wird der ganz Inhalt rauskippen, wenn Sie ihn nicht geradehalten, also passen Sie gut auf.

Die Rahmen-Symbolleiste benutzen

Word ist schwer mit Symbolleisten beladen. Eine davon ist die *Rahmen*-Symbolleiste, die es Ihnen erlaubt, jederzeit Rahmen in Ihrem Dokument einzurichten – ohne sich mit der Dialogbox Rahmen und Schattierung – Absatz herumschlagen zu müssen.

 Wollen Sie die *Rahmen*-Symbolleiste aktivieren, klicken Sie auf die Schaltfläche *Rahmen und Schattierung* in der *Format*-Symbolleiste. Eine neue Symbolleiste mit eigenen Dropdown-Listen und Schaltflächen erscheint, mit der Sie Rahmen um markierten Text hinzufügen können.

✔ Die erste Dropdown-Liste in der *Rahmen*-Symbolleiste bestimmt die Größe der Rahmenlinien.

✔ Die Schaltflächen der *Rahmen*-Symbolleiste geben Word Anweisungen, wo der Rahmen in Ihrem markierten Text hin soll: oben, unten, links, rechts, in die Mitte, um den ganzen Text oder Ohne.

✔ Die zweite Dropdown-Liste bestimmt die Schattierung in einer bestimmten Fläche.

✔ Mehr Informationen zum Schattieren finden Sie direkt im nächsten Abschnitt.

 Soll die *Rahmen*-Symbolleiste wieder verschwinden, klicken Sie ein zweites Mal auf die *Rahmen*-Schaltfläche.

Den Text schattieren

Der hübscheste Effekt in der *Rahmen*-Dialogbox ist die Schattierung Ihres Textes – oder eines Titels, wie Sie zum Beispiel in Abbildung 26.3, Beispiel 3, sehen können. Sie können einen Titel mit oder ohne Rahmen schattieren. Gehen Sie so vor:

1. **Markieren Sie Ihren Text oder den ganzen Titel als Block.**

   Die effizientesten Anweisungen zur Markierung von Blöcken finden Sie in Kapitel 6. Sollte der schattierte Bereich mehr umfassen als die Titelzeile, markieren Sie auch die Zeilen vor und hinter dem Titel.

2. **Wählen Sie *Format, Rahmen und Schattierung*.**

   Es erscheint die Dialogbox *Rahmen und Schattierung – Absatz* (siehe Abbildung 26.4).

3. **Vergewissern Sie sich, daß das Blatt *Schattierung* im Vordergrund ist.**

   Klicken Sie mit der Maus auf das Schildchen *Schattierung*, falls das nicht der Fall ist. Das Blatt *Schattierung* springt in den Vordergrund, wie in Abbildung 26.5 gezeigt. Eine Menge interessanter Dinge können hier passieren, aber Sie sollten sich auf die große Menü-Box namens *Schattierung* konzentrieren.

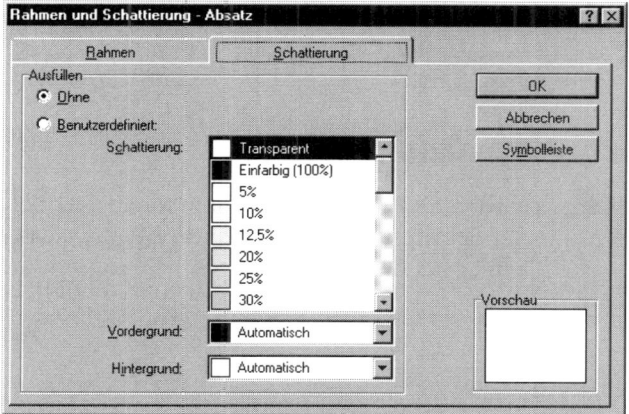

Abbildung 26.5: Das Blatt Schattierung in der Dialogbox Rahmen und Schattierung – Absatz

4. Blättern Sie durch die *Schattierung*-Liste, um den gewünschten Grad der Schattierung zu finden.

Die Schattierungsmuster (in Prozentteilen von Schwarz) reichen von *5%* bis *90%* (einschließlich *Transparent* und *Einfarbig*). Ein Wert von 50% ist zu gleichen Teilen Schwarz und Weiß – solides Grau. Der 90%-Wert ist fast solides Schwarz. Andere Muster erscheinen am Ende der Liste, aber um die müssen Sie sich nicht kümmern.

Die besten Werte bei der Auswahl einer Schattierung Ihres Textes sind 10%, 20% oder 30%. Ich ziehe 20% vor, weil das auf meinem Laserdrucker nicht so dunkel gedruckt wird, daß der Titeltext unleserlich wird, aber immer noch so dunkel ist, daß man die superwichtige Schattierung mitbekommt, mit der sich andere Textverarbeitungen so verdammt schwertun.

5. Wählen Sie Ihre Schattierung aus der Liste.

Markieren Sie in der Liste zum Beispiel *20%*.

Ihr Text erscheint schattiert auf dem Bildschirm! Das ist definitiv die coolste Methode, Ihren tiefschürfenden Dreckfresserbericht zu beginnen.

✔ Nene, nur weil Sie jetzt wissen, wie's geht, heißt das noch lange nicht, daß Sie um Ihren Text einen Rahmen machen müssen.

✔ Wenn Ihnen die Schattierung stinkt (und wir sind hier etwas großzügiger, wenn es darum geht, daß mal wieder jemand Mist gebaut hat), können Sie sie auch wieder entfernen. Befolgen Sie nur die bereits beschriebenen Schritte, aber wählen Sie bei Schritt 5 *Transparent* aus der Liste auf dem Blatt *Schattierung*.

✔ Unten in der Schattierungsliste finden Sie auch noch ein paar Schattierungsmuster. Vielleicht paßt davon ja was zu den Gardinen.

✔ Schattierte Titel sehen am besten aus, wenn sie oben auf der ersten Seite stehen – nicht allein auf einer Seite.

Weiß auf Schwarz drucken

Das Lustigste nach dem Schattieren ist das Drucken von weißem Text auf schwarzen Hintergrund. Das ist ein sehr kühner Schritt, und Sie erhalten damit etwas, das wirklich aus Ihrem Text hervorsticht – wie ein Schlag ins Gesicht mit dem Ascheimer. Verwenden Sie diese Technik also nicht beiläufig.

`Oh,tralala`

Wollen Sie Weiß-auf-Schwarz-Text produzieren, müssen Sie zweierlei tun. Erstens müssen Sie einen schwarzen Hintergrund hervorzaubern und zweitens einen weißen Text kreieren. Und so schaffen Sie sich einen schwarzen Hintergrund:

1. **Markieren Sie Ihren Text als Block.**

   Alle Details finden Sie in Kapitel 6. Am besten fangen Sie mit Text an, den Sie schon geschrieben haben. An irgendeinem Punkt werden Sie hier schwarzen Text auf einem schwarzen Hintergrund haben und ihn folglich nicht sehen können. Haben Sie den Text schon geschrieben, wird er leichter zu sehen sein, wenn Sie fertig sind.

2. **Wählen Sie *Format, Rahmen und Schattierung*.**

   Die Dialogbox *Rahmen und Schattierung – Absatz* erscheint (siehe Abbildung 26.5).

3. **Vergewissern Sie sich, daß das Blatt *Schattierung* im Vordergrund ist.**

   Klicken Sie auf das Schildchen S̲chattierung, falls das nicht so ist. Die *Schattierung*-Dialogkarte mischt sich dann selbst nach oben (wie man in Abbildung 26.5 sieht).

4. **Klicken Sie mit der Maus auf den nach unten weisenden Pfeil neben der Dropdown-Liste namens *Hintergrund* (ziemlich weit unten in der Dialogbox).**

   Sie sehen in der Dropdown-Liste (die jetzt tatsächlich erscheinen könnte) eine ganze Menge Farben. Die aktuelle Farbe wird wahrscheinlich *Auto* sein.

5. **Wählen Sie aus dieser Liste *Schwarz*.**

   Dadurch wird der Hintergrund schwarz – eine Hälfte Ihres Weiß-auf-Schwarz-Textes ist da.

6. **Klicken Sie auf OK, um die Dialogbox *Schattierung* zu verlassen.**

   Jetzt sehen Sie auf dem Bildschirm nichts mehr, weil schwarzer Text auf schwarzem Hintergrund steht. (Ist der Block markiert, wird es sogar so aussehen, als würde ein großer weißer Block über einem schwarzen Block schweben. Flippen Sie nicht aus!)

Ja, der Text ist wirklich Schwarz auf Schwarz, auch wenn Sie auf dem Bildschirm noch Weiß auf Schwarz sehen können. Sie müssen so etwas in Word vorsichtig tun. Gehen Sie nie von irgendwelchen Annahmen aus.

Während der Textblock noch immer markiert ist, müssen Sie die Textfarbe in Weiß verwandeln. Das wird mit Hilfe der Dialogbox *Zeichen* gemacht, und zwar wie folgt:

1. **Wählen Sie *Format, Zeichen*.**

   Die Dialogbox *Zeichen* öffnet sich.

2. **Vergewissern Sie sich, daß das Blatt *Schrift* im Vordergrund ist.**

   Sonst klicken Sie auf das Schildchen *Schrift*.

3. **Suchen Sie in der Dialogbox nach der Dropdown-Liste *Farbe*, fast genau in der Mitte.**

4. **Klicken Sie auf den nach unten weisenden Pfeil neben der Dropdown-Liste *Farbe*.**

   Es werden eine ganze Menge Farben gezeigt.

5. **Wählen Sie aus dieser Liste *Weiß*.**

   Das ist die gewünschte »Farbe«; weißer Text auf schwarzem Hintergrund, den Sie bereits geschaffen haben.

6. **Klicken Sie auf OK.**

   Sie können jetzt die Markierung wieder aus Ihrem Block entfernen. Der Text erscheint auf dem Bildschirm in *negativ* gedruckten Buchstaben auf einem schwarzen Hintergrund.

✔ Jaja, auch wenn ich in Kapitel 8 behauptet habe, daß Sie nicht in Farbe drucken können, können Sie weißen Text auf einen schwarzen Hintergrund drucken.

✔ Ich rate davon ab, große Teile des Textes so zu behandeln. Die meisten Drucker produzieren weißen Text auf schwarzem Hintergrund in ausgesprochen schlechter Qualität. Am besten benutzt man das Zeug für Titel oder zur Markierung kleinerer Textblöcke.

✔ Sie können kein einzelnes Wort oder einen Teil eines Absatzes mit Weiß-auf-Schwarz-Druck markieren. Der schwarze Hintergrund kann nur auf einen ganzen Absatz angewendet werden.

✔ Wenn Sie einen Block von weißem Text auf schwarzem Hintergrund markieren, erscheint er auf dem Bildschirm »normal«. Das heißt, daß der »umgedrehte« Text noch einmal »umgedreht« wird – also schwarz auf weiß erscheint –, wenn Sie ihn als Block markieren. Das kann einen wirklich zur Verzweiflung bringen, also halten Sie die Tassen in Ihrem Schrank beisammen, wenn Sie Negativ-Text markieren.

✔ Sie können das Weiß-auf-Schwarz-Textbeispiel, das Sie erschaffen haben, benutzen, um eine eigene *Formatvorlage* in Word zu produzieren. Markieren Sie diesen Text; dann drük-

ken Sie Strg+Umschalttaste+S. Tippen Sie Negativ oder einen anderen passenden Na-
men in die Box *Formatvorlage*. Drücken Sie die Eingabetaste, und Sie haben diese
Formatvorlage Ihrem Dokument hinzugefügt. In Kapitel 14 finden Sie mehr zum Thema
Formatvorlagen.

Teil VI

Zu Hilfe, Herr Assistent!

The 5th Wave
By Rich Tennant

»Oooo-kay, sehen wir mal. Wenn wir alle ruhig bleiben und nicht mehr
verrückt spielen, bin ich sicher, daß mir doch noch der Dateiname einfällt,
unter dem ich das Gegenmittel gespeichert habe.«

In diesem Teil...

Word ist nicht die einzige Ursache Ihrer Leiden. Wenn Sie einen Computer benutzen, müssen Sie sich auf viele Dinge einstellen: den Computer, Windows, Ihren Drucker, die Mondphasen... Es ist wie in einer schlechten französischen Komödie mit zu vielen Schurken. Zum Glück mögen einige Menschen – ja, echte Menschen – Computer. Wenn Sie in der Klemme sind, können Sie ihr Wissen anzapfen. Nennen Sie sie Zauberer, nennen Sie sie Gurus; nennen Sie ihren Namen, wenn Sie Hilfe brauchen. Und wenn Sie sie nicht um Hilfe anbetteln können, schlagen Sie die Kapitel in diesem Teil des Buches auf, wo Sie Hilfe für all Ihren Kummer finden.

Auge in Auge mit dem Bildschirm

27

In diesem Kapitel

▶ Das Dokument anschauen

▶ Meine Symbolleiste (oder mein Lineal) ist verschwunden!

▶ Die Punkte zwischen den Wörtern loswerden

▶ Da ist eine senkrechte Zeile links auf meinem Bildschirm!

▶ Die Maustaste läßt so ein komisches Menü hervorspringen!

▶ Das Lineal hat sich in eine Zeile von Pfeilen, Zahlen und wasweißich verwandelt!

▶ Herumzoomen

Mittlerweile haben Sie wahrscheinlich bemerkt, daß die seltsame und ungewöhnliche Art, in der Word den Kram auf Ihrem Bildschirm präsentiert, ähnlich beruhigend ist wie die Versicherung des Kellners, mit dem Essen sei alles in Ordnung und es müsse genau so schmekken – während im Hintergrund die Sirenen zu hören sind und der Koch in die Toilette stürzt, eine Hand vor dem Mund, die andere auf dem Magen. Meinen Sie nicht auch, daß es da zu viele Schaltflächen, Symbole, Dingsbumsse und Was-ist-denn-das gibt? Antworten Sie nicht vorschnell, denn es gibt noch mehr von diesem Kram – einschließlich ein paar wilder Sachen, die Sie noch nie gesehen haben und vermutlich auch nie sehen wollen. Dieses Kapitel gibt einen Überblick über diese Horde, erklärt, was das da auf dem Bildschirm ist, und sagt Ihnen, ob und warum es wichtig ist.

Das Dokument anschauen

Die Art und Weise, wie Sie Ihr Dokument sehen, wird von dem *Ansicht*-Menü von Word kontrolliert, wie Sie es in Abbildung 27.1 sehen. Das Menü *Ansicht* enthält alle möglichen Optionen, mit denen man die Anzeige auf dem Bildschirm bestimmen kann: das Aussehen Ihres Dokuments, verschiedene optionale Leckereien, die Sie zusammen mit Ihrem Dokument anschauen können, und ein Überblick über die Gesamtgröße Ihres Dokuments (mit Hilfe des *Zoom*-Befehls). Diese und andere Sachen werden in der nachstehenden Liste aufgeführt und in diesem Kapitel erläutert.

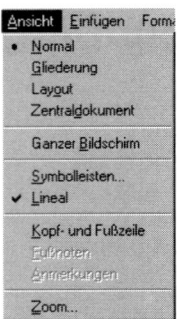

Abbildung 27.1: Das Menü Ansicht

 ✔ Der Befehl *Normal* bringt Word dazu, sich Ihr Dokument im Normalzustand anzusehen – was Sie wohl auch meistens wollen werden, wenn Sie mit Word arbeiten. Mit Hilfe des Symbols für die Normal-Ansicht, links außen in der horizontalen Bildlaufleiste unten auf dem Bildschirm, kommen Sie auch in diesen Ansichtsmodus.

 ✔ Der Befehl *Layout* weist Word an, Ihnen das gesamte Dokument zu zeigen, einschließlich der Kopfzeilen und Fußnoten plus der gesamten Grafik und anderer Effekte, die in der Normal-Ansicht nicht gerade hübsch aussehen. Mit einem Klicken auf das *Layout*-Symbol über der horizontalen Bildlaufleiste können Sie diese Sicht auch aktivieren.

✔ In der *Layout*-Ansicht gibt es in Ihrem Dokument ein zweites, vertikales Lineal, das an der linken Seite Ihres Dokuments erscheint. Sie können außerdem eine neblig graue Region oben und unten auf jeder »Seite« Ihres Dokumentes sehen. Dieser Leerraum ist aus demselben Zeug, das man im Bermuda-Dreieck findet.

✔ Verschiedene Word-Befehle werden Sie automatisch in die *Layout*-Ansicht versetzen.

 ✔ Der Befehl *Gliederung* schaltet Word in den Gliederungsmodus, der in Kapitel 18 erklärt ist (obwohl viele Leser der Meinung sind, daß das eigentlich ein Thema für Fortgeschrittene ist). Die letzte der drei Ansicht-Schaltflächen über der horizontalen Bildlaufleiste schaltet den Gliederungsmodus an.

✔ Das Zentraldokument behandele ich in Kapitel 28.

 ✔ Der interessante Befehl *Ganzer Bildschirm* in dem Menü *Ansicht* gewährt Ihnen einen Blick auf Ihr Dokument ganz ohne störende Menüs, Symbolleisten oder anderen Kram. Dies ist ein Befehl für Puristen, die weiße Seiten lieben. Klicken Sie auf die einzige übrigbleibende Schaltfläche auf dem Bildschirm, und Sie sind zurück im Normal-Modus.

✔ Andere Befehle des Menüs *Ansicht* werden an anderer Stelle in diesem Kapitel erklärt.

✔ Noch ein Häkchen.

✔ Kapitel 20 offeriert Informationen zum Arbeiten mit Dokumentfenstern, darüber, wie man sie teilt und so weiter und sofort.

»Meine Symbolleiste (oder mein Lineal) ist verschwunden!«

Sie vermissen etwas? Die schönen Beispiel-Bildschirme in diesem Buch oder im Handbuch sehen überhaupt nicht so aus wie das verdammte Ding auf Ihrem Bildschirm? Frustriert? Das liegt daran, daß alles auf dem Bildschirm einstellbar ist. Sie können das Aussehen von fast jedem verdammten Ding verändern, indem Sie das Menü *Ansicht* aus Abbildung 27.1 benutzen.

✔ Um das Lineal zurückzubekommen, wählen Sie *Ansicht, Lineal*.

✔ Wollen Sie die anderen Symbolleisten zurückhaben – oder loswerden –, schauen Sie sich den nächsten Abschnitt an.

✔ Oh, in der Anzeige können eine Menge abgedrehte Dinge passieren; lesen Sie nur weiter.

✔ Word besitzt auch die Fähigkeit, mehrere Dokumente zugleich anzuzeigen. In Kapitel 20 finden Sie zusätzliche Informationen dazu.

Symbolleisten aufrufen

Sie kontrollieren die Symbolleisten in Word – und davon gibt es eine Menge – mit Hilfe des Befehls *Ansicht, Symbolleisten*. Wenn Sie diesen Befehl wählen, erscheint die infame Dialogbox *Symbolleisten*, die Sie in Abbildung 27.2 sehen.

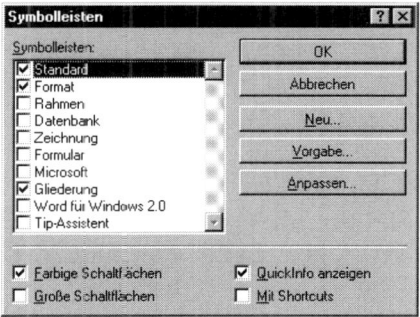

Abbildung 27.2: Die infame Dialogbox Symbolleisten

Wollen Sie eine Symbolleiste sehen, klicken Sie auf ihren Namen, damit ein Häkchen in dem Kästchen erscheint. Wenn Sie das Häkchen aus dem Kästchen entfernen, verschwindet die

Symbolleiste. Klicken Sie auf die OK-Schaltfläche, um zu Word zurückzukehren und die Freiheit von der Herrschaft der Symbolleisten (oder ihre Rückkehr) zu genießen.

✔ Es erscheinen einige Symbolleisten wie *Standard* oder *Formatierung* – wie ein Streifen von Schaltflächen quer über den Bildschirm. Andere Symbolleisten wirken wie *schwebende Paletten* oder wie Schaltflächen in ihren eigenen kleinen Fenstern. Die schwebenden Paletten haben den Vorzug der Beweglichkeit. Mit einem Klicken auf ihre eigenen winzigen Schließen-Schaltfläche (in der oberen linken Ecke des Fensters) lassen Sie sie im Nu verschwinden.

✔ Einige Symbolleisten erscheinen automatisch, wenn Sie in Word an bestimmten Sachen arbeiten. Die *Zeichnung*-Symbolleiste erscheint zum Beispiel, wenn Sie mit Microsoft Word-Grafik arbeiten (siehe Kapitel 25). Eine besondere *Seriendruck*-Symbolleiste erscheint, wenn Sie Serienbriefe erstellen (siehe Kapitel 23).

✔ Sie können eigene, spezialangefertigte Symbolleisten erschaffen, wenn Sie auf die Schaltfläche *Neu* in der Dialogbox *Symbolleisten* klicken. Das Thema ist viel zu komplex, um es in diesem Buch abzuhandeln. Außerdem haben die echten Word-Süchtigen ohnehin bestimmt schon damit herumgespielt, bevor sie auf diesen kleinen Absatz gestoßen sind.

✔ Es gibt so viele Symbolleisten, daß auch der Schaltflächen-Hungrigste satt wird – aber dann gibt es kaum noch Platz auf dem Bildschirm für Ihren superwichtigen Text. Eigentlich brauchen Sie nur die *Standard*- und die *Formatierungs*-Symbolleisten. Alles andere ist nur zum Angeben.

Raus, verdammte Punkte!

Das·kann·sehr·lästig·sein.¶

Was Sie auf dem Bildschirm sehen, wenn er Ihren Text auf diese Art und Weise zeigt, sind *Zeichen, die nicht gedruckt werden*. Diese Symbole stehen für Leerstellen (die von der Leertaste produziert werden), für Absatzendmarken (die Eingabetaste) und Tabulatoren. Man sieht sie auf dem Bildschirm, aber – zum Glück – nicht im gedruckten Dokument. Man kann gemischte Gefühle bezüglich dieser Zeichen haben:

✔ Dank der Zeichen sehen Sie Dinge, die normalerweise unsichtbar wären, wie etwa schurkische Tabulatoren und Leerzeichen, die Ihr Dokument ganz schön vermiesen können, wenn Sie sie nicht sehen.

✔ Die Zeichen auf dem Bildschirm sehen ja krank aus; wer will schon ein Dokument bearbeiten, das soviel Pickel hat?

 Sie schalten die Flecken mit der Standard-Symbolleiste aus. Klicken Sie auf die Schaltfläche ¶*anzeigen/verbergen* – das Absatzmarken-Symbol. Damit schalten Sie den Effekt ab.

✔ Eine gute Methode, mit schurkischen Leerzeichen und so aufzuräumen, ist der Befehl AutoFormat. Den finden Sie in Kapitel 16.

»Da ist eine senkrechte Zeile links auf meinem Bildschirm!«

Ah, diese störende Zeile an der linken Seite des Bildschirms bedeutet nicht, daß es Ihren Monitor erwischt hat. Sie haben die Formatvorlagenanzeige entdeckt. Die zeigt Ihnen an, welche Formatvorlage mit welchen Absatz verbunden ist; aber eigentlich gibt es keinen guten Grund, warum das die ganze Zeit sichtbar sein sollte.

Wollen Sie das vertikale Lineal ausschalten, befolgen Sie diese Schritte:

1. **Wählen Sie *Extras, Optionen*.**

    Die Dialogbox *Optionen* erscheint.

2. **Locken Sie das Blatt *Ansicht* nach vorne.**

    Klicken Sie mit der Maus auf das Schildchen *Ansicht*.

3. **Unten links finden Sie die Breite der Formatvorlagenanzeige.**

4. **Geben Sie in das dazugehörige Kästchen die Zahl 0 ein.**

    Oder benutzen Sie die Maus und die Pfeil-Schaltflächen, um den Wert auf Null zu stellen.

    Sie haben soeben die Breite dieses Dings auf null Zentimeter gesetzt, wodurch es effektiv seine Existenz aufgibt. Hah!

5. **Klicken Sie auf OK.**

    Die Formatvorlagenanzeige ist für immer hinüber.

 Auch wenn die Formatvorlagenanzeige lästig ist, kann es bei der Bearbeitung seltsamer Dokumente nützlich sein, wenn sie sichtbar ist. Wenn Sie Ärger bei der Zuweisung von Formatvorlagen in Ihrem Dokument haben, können Sie die Formatvorlagenanzeige wieder anschalten. Folgen Sie einfach den oben beschriebenen Schritten, und geben Sie dann einen Wert von 1 oder 1,5 ein, um sie wieder am Rand zu sehen.

»Die Maustaste läßt so ein komisches Menü hervorspringen!«

Es gibt zwei Maustasten: die richtige und die falsche. Normalerweise benutzen Sie in Word die linke Maustaste. Damit markieren Sie Dinge, ziehen Menüs herunter und drücken Schaltflächen. Die rechte Maustaste dagegen läßt in Word ein nützliches Menü erscheinen, voller Shortcuts und anderer praktischer Dinge.

Das ist ziemlich typisch für Windows 95, wo die rechte Taste ständig verschiedene Shortcut- oder »Kontext«-Menüs hervorspringen läßt.

Abbildung 27.3 zeigt Ihnen das Aufklapp-Menü der rechten Maustaste, die erscheint, wenn Sie die Maus auf den Text stellen. Die oberen Themen in dem Menü sind Ausschneiden, Kopieren und Einfügen; der untere Bereich befaßt sich mit der Formatierung Ihres Textes.

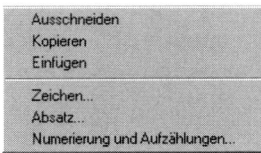

Abbildung 27.3: Das rechte Maus-Menü, das über Text erscheint

Abbildung 27.4 zeigt, welches Menü die rechte Maustaste produziert, wenn Sie sie über Text mit Aufzählungszeichen, Numerierung oder Gliederung drücken.

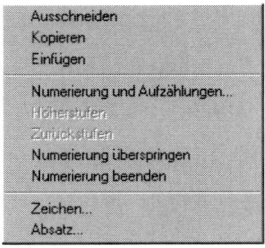

Abbildung 27.4: Die rechte Maustaste über Text mit Aufzählung oder Gliederung

Abbildung 27.5 zeigt, was die rechte Maustaste produziert, wenn Sie sie über einer der Symbolleiste klicken. Dieses Aufklapp-Menü ist im wesentlichen ein Mini-Symbolleisten-Menü, aus dem Sie verschiedene Symbolleisten zur Anwendung in Word aufrufen können.

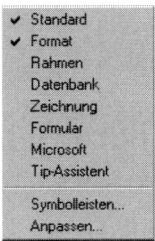

Abbildung 27.5: Das rechte Mausmenü über den Symbolleisten

✔ Wenn Sie die rechte Maustaste geklickt haben, bleibt das Menü, das jetzt aufklappt, an Ort und Stelle. Machen Sie ruhig – Sie können die Taste loslassen und die Maus herumbewegen. Das Menü verschwindet erst, wenn Sie die Maus wieder klicken.

✔ Mehr Informationen über Ausschneiden, Kopieren und Einfügen stehen in Kapitel 6.

✔ Mehr Informationen über den Befehl *Zeichen* finden Sie in Kapitel 9; Kapitel 10 behandelt das Formatieren.

✔ Die verschiedenen Symbolleisten werden an früherer Stelle in diesem Kapitel abgehandelt. Schauen Sie sich den Abschnitt »*Symbolleisten aufrufen*« an.

»Das Lineal hat sich in eine Zeile von Pfeilen, Zahlen und wasweißich verwandelt!«

Wenn die seltsame Sache passiert, die in dieser Überschrift erwähnt wird, haben Sie einfach die Gliederungs-Ansicht entdeckt. Diese Anwendung ist ein kleines Wunderwerk, das Microsoft speziell für alle Leute entwickelt hat, die gliedern und gliedern und gliedern und gliedern und ...

Die Gliederungsfunktion von Word wird in diesem Buch in Kapitel 18 behandelt. Aber falls Sie drüberstolpern und auf einmal diese seltsamen Pfeile anstelle des Lineals sehen, können Sie einfach *Ansicht, Normal* wählen und zur Normal-Ansicht zurückkehren.

Herumzoomen

Der Befehl *Zoom* unten im Menü *Ansicht* bestimmt, wie groß der Text Ihres Dokuments aussieht. Nein, er verändert nicht die Textgröße – das macht man mit dem Menü *Zeichen*. Statt dessen bestimmt der *Zoom*-Befehl, wieviel von Ihrem Text Sie auf einmal sehen. Befolgen Sie diese Schritte, wenn Sie eine rasche Demonstration haben wollen:

1. **Wählen Sie *Ansicht, Zoom*.**

   Die Dialogbox *Zoom* erscheint und sieht fast so aus wie die in Abbildung 27.6.

2. **Wählen Sie eine Zoom-Größe aus dem Bereich Zoom-Modus.**

   Bei *200%* zum Beispiel sieht Ihr Text ziemlich groß aus – ideal für Opa. Die Option *Seitenbreite* stellt den Zoom so ein, daß Sie Ihr gesamtes Dokument in der ganzen Breite zwischen dem linken und dem rechten Rand sehen.

   Mit Hilfe des *Prozent*-Kastens können Sie individuelle Prozentgrößen auswählen.

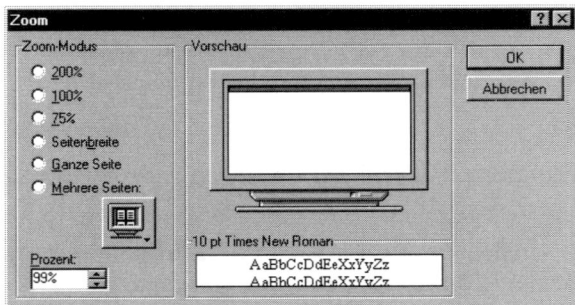

Abbildung 27.6: Die Dialogbox Zoom

3. Klicken Sie auf OK, um Ihr Dokument in neuer Größe auf dem Bildschirm zu sehen.

✔ Einige der Optionen können Sie nur wählen, wenn Sie in der Layout-Ansicht sind. Wählen Sie *Ansicht, Layout,* und benutzen Sie dann den Befehl *Zoom,* um mit diesen Optionen zu spielen, äh, zu experimentieren.

✔ Wenn Sie zu weit raus zoomen, verschwimmt Ihr Text zu schattenhaften Blöcken. Zur Bearbeitung ist das zwar unpraktisch, aber Sie bekommen schon vor dem Drucken eine ungefähre Vorstellung davon, wie Ihr Dokument auf der Seite später aussehen wird.

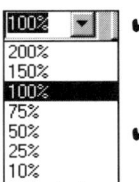

✔ Es gibt eine Dropdown-Liste für Zoom in der Standardsymbolleiste, ganz rechts drüben. Sie können Sie anklicken, wenn Sie schnell eine Zoom-Größe für Ihr Dokument einstellen wollen.

✔ Wenn Ihr PC kein Sound-System hat, müssen Sie das *Zuuum*-Geräusch beim Anklicken des *Zoom*-Befehls schon selbst machen.

Der Drucker ist Ihr Freund

28

In diesem Kapitel

▶ Den Drucker mit Papier füttern

▶ Verstopfungen beseitigen

▶ Das unaufhörliche Drucken mit zweizeiligem Abstand beenden

▶ Farbbänder und Toner austauschen

▶ »Wo kommen die seltsamen Zeichen her?«

*I*st der Drucker Ihr Freund? Vielleicht. Unglücklicherweise, ob Freund oder Feind, ist der Drucker so blöde wie Ihr Computer, was bedeutet, daß Sie ihn mit schöner Regelmäßigkeit in den Hintern treten müssen, damit er sich benimmt, ansonsten können Sie sich nämlich gleich selbst in den Hintern treten. Aber entspannen Sie sich erstmal eine Sekunde, und ziehen Sie in Betracht, diese Seiten durchzublättern, bevor Sie dem Drucker physischen Schaden zufügen.

Den Drucker mit Papier füttern

Wie Sie den Drucker mit Papier füttern, hängt davon ab, was für einen Sie haben. Einige Drucker fressen nur ein Blatt auf einmal. Andere saugen ständig Blätter sogenannten *Endlospapiers* aus einem Karton in sich rein (der »Spaghetti-Ansatz«). Und Laserdrucker lüpfen zierlich ein einzelnes Blatt Papier aus ihrem Papierschacht und versauen dann den vornehmen Eindruck, indem sie staubigen Toner drüberkippen und infernalische Temperaturen erzeugen. Drucken kann ziemlich dramatisch sein.

Wie auch immer Ihr Drucker Papier frißt, vergewissern Sie sich, daß Sie immer eine Menge davon parat haben. Das Endergebnis der Mühen mit einer Textverarbeitung ist das gedruckte Dokument. Also kaufen Sie immer gleich zwei Kisten Papier. Ich meine das ernst: Sie sparen langfristig Geld und Zeit. Sie sollten übrigens Ihr Papier eher bei einem großen Papiergeschäft oder -lieferanten kaufen als in einem Computerladen oder einem Geschäft für Bürobedarf. Die Preise sind einfach besser.

✔ Versuchen Sie, 90-Gramm-Papier zu bekommen. 80-Gramm-Papier ist zu dünn. Ich persönlich mag 120-Gramm-Papier, das dicker ist und besser aussieht, aber es ist auch teurer. Zu dickes Papier oder Karton könnte eventuell nicht durch Ihren Drucker laufen.

✔ Farbiges Papier und so ein Zeug sind in Ordnung.

✔ Drucken Sie nicht auf Papier, von dem Sie löschen können! Dieses Papier ist grauenvoll. Schließlich geht es dabei darum, daß Sie etwas von diesem Papier löschen können, was bei einem Computerdrucker nicht allzuoft vorkommt.

✔ Vermeiden Sie modisches »bestäubtes« Papier in einem Laserdrucker. Einige teure Papiersorten werden mit einem Pulvermantel umgeben. Das Pulver geht im Laserdrucker ab und verklebt alles.

✔ Kaufen Sie Durchschlagpapier wirklich nur, wenn Sie es brauchen. Da ist Kohlepapier drin, und man benutzt es normalerweise für Rechnungen und Bestellungen. Im Laserdrucker funktioniert das sowieso nicht, und außerdem wird im Zeitalter der Textverarbeitung jedermann Sie für einen altmodischen Trottel halten.

✔ Wenn Sie Etiketten mit Ihrem Laserdrucker ausdrucken wollen, besorgen Sie sich spezielle Etiketten für Laserdrucker.

✔ Laserdrucker können auch auf Folien drucken – aber nur auf denen, die speziell für die Verwendung in einem Laserdrucker gedacht sind. Alle anderen Sorten werden in Ihrem Laserdrucker schmelzen, und Sie müssen den Dreck wegputzen. Es ist übrigens immer noch günstiger, das, was auf die Folie soll, zuerst auf ein Stück Papier zu drucken und das dann auf eine Folie zu fotokopieren.

✔ Kaufen Sie immer mindestens zweilagiges Toilettenpapier. Fühlt sich einfach besser an.

Verstopfungen beseitigen

Wenn Sie das nächste Mal in San Francisco sind, besuchen Sie doch die alte Hippiestraße The Haight. Da gibt es eine kleine Hellseherin, die eine Tabelle für Ihren Drucker malt, der zu entnehmen ist, warum er an einigen Tagen Verstopfung hat und an anderen nicht. Das dürfte die beste Lösung sein, die mir zur Frage einfällt: »Warum kann das Papier nicht immer so durch den Drucker laufen, wie es sollte?«

Wenn Sie einen Nadel-Matrixdrucker haben und sich das Papier staut, brechen Sie in Word das Drucken ab. (Schlagen Sie in Kapitel 8 den Abschnitt »*Das Drucken abbrechen*« nach.) Dann schalten Sie den Drucker aus. Drehen Sie den Knopf zurück, um das Papier aus dem Drucker herauszuholen. Ziehen Sie nicht am Papier; es könnte reißen, und dann müssen Sie den Drukker auseinanderbauen, um das Papier herauszubekommen. (Wenn Sie das Gehäuse des Drukkers auseinandernehmen müssen, sollten Sie sowieso jemand zu Hilfe rufen.)

Bei Laserdruckern müssen Sie den Deckel aufmachen, das verirrte Stück Papier finden, es entfernen und dann den Deckel zuknallen. Passen Sie auf die verschiedenen heißen Teile innerhalb des Druckers auf; seien Sie vorsichtig, was Sie anfassen. Hier müssen Sie das Drucken nicht abbrechen, da Laserdrucker mehr Hirnzellen haben als ihre Nadeldrucker-Cousins. Es kann aber sein, daß Sie die Seite, die hängengeblieben ist, nachdrucken müssen. Schauen Sie in Kapitel 8 im Abschnitt »*Eine bestimmte Seite drucken*« nach.

 Wenn der Stau durch die Verwendung zu dicken Papiers entstand, wird's auch beim zweiten Mal nicht klappen. Nehmen Sie dünneres Papier.

Das unaufhörliche Drucken mit zweizeiligem Abstand beenden

Nichts ist frustrierender als ein Drucker, der andauernd mit zweizeiligem Abstand gedruckte Dokumente produziert, ob Sie wollen oder nicht. Dieses Problem ist furchtbar störend, aber es gibt eine einfache Lösung, die Sie nur einmal anwenden müssen – vorausgesetzt, Sie haben noch das Handbuch für Ihren Drucker.

Irgendwo an Ihrem Drucker ist ein winziger Schalter, der kontrolliert, ob Ihr Drucker immer mit zweizeiligem Abstand druckt oder mit einzeiligem Abstand. Egal wie, jetzt ist jedenfalls der Schalter auf zweizeiligen Abstand eingestellt. Sie müssen diesen Schalter finden und ausschalten.

✔ Manchmal sind die kleinen Schalter auf der Rückseite Ihres Geräts, manchmal sind sie wirklich innen drin.

✔ Schalten Sie Ihren Drucker aus, und stöpseln Sie ihn aus, bevor Sie den Schalter umlegen. Es ist besonders wichtig, den Strom auszuschalten, wenn der Schalter innerhalb des Geräts ist. Das hält auch andere Leute davon ab zu drucken, während Ihre Fingerchen in gefährlicher Nähe der sägezahnbewehrten Einzüge des Druckers sind.

✔ Der Schalter könnte »LF after CR« heißen, was »Line feed after carriage return« oder »Zeilenfütterung nach Wagenrückkehr« bedeutet, oder »Add LF«, wenn Sie ein Modell mit englischer Beschriftung gekauft haben. Vielleicht steht da aber auch »Doppelten Zeilenabstand beenden«. Schauen Sie halt im Handbuch nach; ich weiß doch nicht, was Sie sich für ein komisches Gerät gekauft haben.

Farbbänder und Toner austauschen

Benutzen Sie immer ein gutes Farbband oder eine gute Toner-Kartusche in Ihrem Drucker. Immer! Die meisten Drucker benutzen Farbbänder; Laserdrucker benutzen Toner-Kartuschen. Bei diesem Aspekt des Druckens sollten Sie niemals knausern, sonst erscheinen Ihnen nämlich die kleinen Druckerkobolde im Traum und schmieren Ihre Finger mit Tinte ein.

✔ Bewahren Sie sich immer einen Vorrat von zwei oder drei Farbbändern oder Toner-Kartuschen. Mit diesen Extravorräten halten Sie durch, wenn Sie am Wochenende Nachschub brauchen.

✔ Wenn das Farbband alt und ausgelaugt wird, ersetzen Sie es. Es gibt Läden, die Ihre Farbbänder wieder mit Tinte füllen. Das funktioniert nur, wenn das Gewebe des Farbbands die neue Tinte aufsaugen kann. Wenn Sie ein fadenscheiniges Farbband haben, müssen Sie ein neues kaufen.

✔ Sie können ein altes Farbband revitalisieren, indem Sie seine Kartusche vorsichtig öffnen und Tinte darauf sprühen. Legen Sie das Farbband auf ein paar Papiertücher, lassen Sie es einen Tag trocknen, bauen Sie die Kartusche wieder zusammen, und Sie können es nochmal benutzen. Das sollte dem Farbband etwas mehr Lebensdauer verleihen, kann aber nur einmal gemacht werden (und nur mit Farbbändern – nicht mit Toner-Kartuschen!)

✔ Tintenstrahldrucker verwenden Tintenkartuschen. Ersetzen Sie die Tintenkartuschen, wenn ihnen der Stoff ausgeht, genau wie Sie es bei einem Farbband oder einer Toner-Kartusche machen würden.

✔ Wenn der Toner-Kartusche eines Laserdruckers die Puste ausgeht, sehen Sie ein »Toner«-Licht blinken oder auf der Kontrolle Ihres Druckers wird `Toner nachfüllen` oder so etwas angezeigt. Sie können den Toner herausnehmen und ein wenig »schütteln«, dann hält er etwa eine Woche länger. Wenn Sie die Botschaft wieder sehen, sollten Sie den Toner sofort ersetzen.

✔ Es gibt Servicefirmen, die anbieten, »Toner nachzufüllen«. Für eine bestimmte Gebühr nehmen sie Ihre alten Toner-Kartuschen in Empfang und füllen sie mit neuem Toner. Sie können dann die Kartuschen erneut benutzen und noch ein bißchen Geld aus ihnen herausquetschen. Mit diesem Service ist alles in Ordnung, und ich empfehle ihn als gute Kosteneinsparungsmethode. Aber lassen Sie eine Toner-Kartusche nie mehr als einmal nachfüllen, und machen Sie keine Geschäfte mit jemandem, der behauptet, das ginge schon in Ordnung.

»Wo kommen die seltsamen Zeichen her?«

Falls seltsame Zeichen auf Ihrem Ausdruck erscheinen – als habe der Drucker gerülpst –, ist das ein Zeichen, daß Word nicht richtig für den Gebrauch Ihres Druckers eingerichtet ist. Die willkürlichen @- und #-Zeichen, die auf dem Papier erscheinen, aber nicht auf dem Bildschirm, weisen darauf hin, daß Ihr *Drucker* nicht richtig installiert sein könnte.

Das Installieren eines Druckers ist eine Aufgabe für Ihren Computerguru. Sie müssen den Hersteller kennen, das Modell und seine Nummer und dann noch das spezielle Programm zur Druckereinrichtung laufen lassen, das bei Windows dabei war.

Hilfe! Ich sitze fest!

In diesem Kapitel

▶ »Ich kann Windows nicht finden!«

▶ »Ich kann Word nicht finden!«

▶ »Ich habe meine Dateien verloren!«

▶ »Wo ist mein Dokument hin?«

▶ »Wo bin ich hier?«

▶ »Es druckt nicht!«

▶ »Huch! Ich habe mein Dokument gelöscht!«

»**D**a arbeite ich so ruhig vor mich hin, und auf einmal – ohne ersichtlichen Grund – macht Word folgendes (*bitte selbst ausfüllen*). Wo ist mein Vorschlaghammer?«

Das passiert nur zu oft. Und es passiert jedem. »Als ich das gestern gemacht habe, funktionierte es prima. Warum klappt es heute nicht?« Wer weiß? Verfolgen Sie Ihre Spuren zurück. Suchen Sie nach kryptischen Hinweisen. Oder sehen Sie zu guter Letzt in diesem Kapitel nach, um eine schnelle Lösung zu finden.

»Ich kann Windows nicht finden!«

Das einzige, was mit der Aufregung vergleichbar ist, aus der Dusche zu kommen und das Team von »Verstehen Sie Spaß« im Badezimmer vorzufinden, ist, zum Computer zurückzukommen und *nichts* zu sehen! Ohoh! Sieht so aus, als hätte Windows festgestellt, daß an der Ecke eine neue Eisdiele aufgemacht hat, und sich nicht die Mühe gegeben hätte, Ihnen Bescheid zu sagen, daß es sich ein paar Kugeln genehmigt. Aber wo ist es wirklich hin?

Immer mit der Ruhe. Wenn der Bildschirm leer ist, probieren Sie die Eingabetaste aus. Vielleicht hat ein Bildschirmschonerprogramm das Gehirn Ihres Computers übernommen, und Sie müssen es jetzt wecken.

Wenn Sie – höchste aller Gefahren – den DOS-Prompt auf dem Bildschirm sehen, glauben Sie nicht, daß Ihr PC sich per Zeitreise ins Jahr 1986 zurückbefördert hat. Tippen Sie lieber am DOS-Prompt EXIT und drücken Sie die Eingabetaste. Dieser Befehl ist vielleicht die Lösung.

Irgendein Witzbold in Ihrem Büro hat Ihrem Computer eventuell befohlen, im »DOS-Modus« zu starten statt in Windows. (Ja, das kann passieren.) Wenn das der Fall ist, geben Sie jetzt am DOS-Prompt WIN ein.

Wenn diese Medizin *immer noch nicht* hilft, starten Sie Ihren Computer neu. Halten Sie Strg- und Alt-Taste gedrückt und drücken Sie dann die Entf-Taste. Lassen Sie alle drei Tasten los. Ihr Computer startet neu. Wenn er damit fertig ist, können Sie selbst auch wiedr in die Gänge kommen.

»Ich kann Word nicht finden!«

Manchmal nimmt Word Urlaub. Wo ist es hin? Hängt ganz davon ab, wie Sie es »verloren« haben.

Wenn Sie gerade Ihren Computer angeschaltet und Windows gestartet haben und Word nicht finden können, haben Sie einige Optionen. Zuerst können Sie Strg + Esc drücken, damit das Menü des Start-Dings erscheint. Dann suchen Sie nach Word, das sich direkt im Hauptmenü *Programme* befinden sollte. Wenn nicht, suchen Sie in einem WinWord- oder Word-Unter- menü.Wenn es gestern dort war, besteht eine gute Möglichkeit, daß es heute auch noch da ist.

Wenn Sie gerade Word benutzt haben und es auf einmal ... verschwunden ist! ..., können ver- schiedene Dinge passiert sein. Am wahrscheinlichsten sind Sie einfach von Word »weg- gewechselt«, indem Sie Alt + Esc oder Alt + Tabulator-Taste gedrückt haben. Um zu Word zurückzugelangen, müssen Sie auf der Task-Leiste nach der Schaltfläche von Word suchen, wie sie in Abbildung 29.1 zu sehen ist. Haben Sie sie gefunden, klicken Sie darauf, um wieder zu Word zu gelangen.

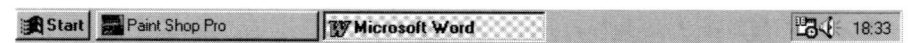

Abbildung 29.1: Word drückt sich als dritte Schaltfläche auf der Task-Leiste herum.

Wenn Sie Word immer noch nicht finden oder die Task-Leiste mehr Schaltflächen hat als der Aufzug in einem Wolkenkratzer Knöpfe, unternehmen Sie folgende Schritte:

1. **Drücken Sie Alt + Tabulator-Taste.**

   Drücken Sie die Alt-Taste, und halten Sie sie gedrückt, während Sie auf die Tabulator-Taste hauen. Lassen Sie beide Tasten los. Damit wechseln Sie zum »nächsten« Programm, das Windows gerade ausführt.

2. **Wenn Sie Word gefunden haben, sind Sie fertig!**

3. **Wiederholen Sie Schritt 1 und 2.**

   Hoffentlich finden Sie schließlich Word.

✔ Wenn keiner dieser Schritte funktioniert, haben Sie wahrscheinlich zufällig Word verlassen, was in der »benutzerfreundlichen« (und leicht zu vermurksenden) Windows-Umwelt öfter vorkommt. Starten Sie einfach Word wieder, wie es in Kapitel 1 beschrieben ist.

✔ Word vernichtet sich nicht selbst. Wenn Sie Ihren Computer und Word gestern benutzt haben, ist es auch heute noch da. Es kann versteckt sein oder außer Reichweite. Unter keinen Umständen sollten Sie Word neu installieren, es sei denn, Ihr Guru ordnet es an.

✔ Wenn nichts klappt, durchsuchen Sie Ihre Brieftasche nach fehlenden Kreditkarten, und rufen Sie alle Fluglinien an. Vergessen Sie nicht, sogar im Sommer kann Word ein attraktives Last-Minute-Angebot für einen Schi-Urlaub südlich des Äquators entdeckt haben.

»Ich habe meine Dateien verloren!«

Manchmal fällt es Windows ganz schön schwer, alle Dateien abzuspeichern. Da sich die Festplatte ständig dreht, nehme ich an, daß die Zentrifugalkraft die Dateien an den Rand schleudert und sie innen an die Wände Ihres Computers klebt wie Kaugummi unter einen Schultisch. Das ist meine geistige Vorstellung davon. Wie auch immer, Sie können eine verlorengegangene Datei ziemlich leicht finden. Es braucht nur Zeit – und vielleicht ein Taschenmesser.

Wenn Sie in Word sind, können Sie Dateien mit dem praktischen Befehl *Suchen* finden. Der wird detailliert in Kapitel 22 im Abschnitt »*Dateien in Word finden*« beschrieben.

Wenn der Befehl *Suchen* Ihnen nicht helfen kann, können Sie das *Suchen*-Programm von Windows verwenden. Folgen Sie diesen Schritten:

1. **Aktivieren Sie den Befehl *Suchen*.**

   Die Funktion *Suchen* finden Sie im Hauptmenü des Start-Dings. Klicken Sie auf die Schaltfläche *Start*, oder drücken Sie Strg + Esc. Dann wählen Sie *Suchen, Dateien/Ordner*. Es erscheint die Dialogbox *Suchen nach: Alle Dateien*, die Sie in Abbildung 29.2 sehen.

2. **Wählen Sie in dem Kasten der Dropdown-Liste *Suchen in Arbeitsplatz*.**

   Klicken Sie auf den nach unten zeigenden Pfeil neben dem Kasten *Suchen in* und markieren Sie in der Liste *Arbeitsplatz*. Wenn Sie das tun, sucht Windows im ganzen Computer, auf jedem Laufwerk, hinter den sieben Bergen, bei den sieben Zwergen nach der gesuchten Datei.

3. **Vergewissern Sie sich, daß ein Häkchen in dem Kästchen *Untergeordnete Ordner einbeziehen* steht.**

   Fragen Sie nicht, warum, tun Sie's einfach.

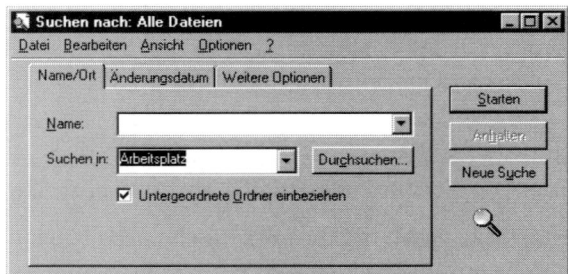

Abbildung 29.2: Die Dialogbox Suchen nach: Alle Dateien

4. Klicken Sie mit der Maus auf den Kasten *Name*.

Geben Sie etwas ein, das dem Namen der Datei irgendwie ähnelt, zum Beispiel:

BRIEF

Das ist natürlich etwas blöde, aber wenn Sie BRIEF eingeben, sucht Windows überall in Ihrem Computer nach jeder Datei, die BRIEF heißt oder das Wort BRIEF enthält.

 Sie können den ganzen Dateinamen eingeben oder Teile davon; Windows sucht nach der besten Übereinstimmung. Bei BRIEF findet Word alles von BRIEF1 über LESERBRIEF bis zu BRIEFKOPF.

5. Klicken Sie auf *Starten*.

Windows sucht überall geschäftig nach Ihrer Datei. Ein lustiges Vergrößerungsglas unterhält Sie, während Sie warten.

6. Schließlich werden Dateien gefunden (hoffentlich).

Windows führt die Suchergebnisse in einem neuen herunterhängenden Ding und in der Dialogbox *Suchen nach* auf (siehe Abbildung 29.3). Blättern Sie durch die Liste, um die gewünschte Datei zu stellen.

Wenn die Datei nicht gefunden wurde, erscheint die Mitteilung 0 Datei(en) gefunden unten in der Dialogbox *Suchen nach*. Versuchen Sie es mit einem anderen Namen noch einmal (oder sehen Sie nach, ob die Datei gelöscht wurde; sehen Sie im Abschnitt »Huch! Ich habe gerade mein Dokument gelöscht!« weiter hinten in diesem Kapitel nach).

7. Um eine Datei in Word zu bearbeiten, doppelklicken Sie auf ihren Namen.

Damit »öffnen« Sie die Datei, starten Word und laden das Dokument zur Bearbeitung.

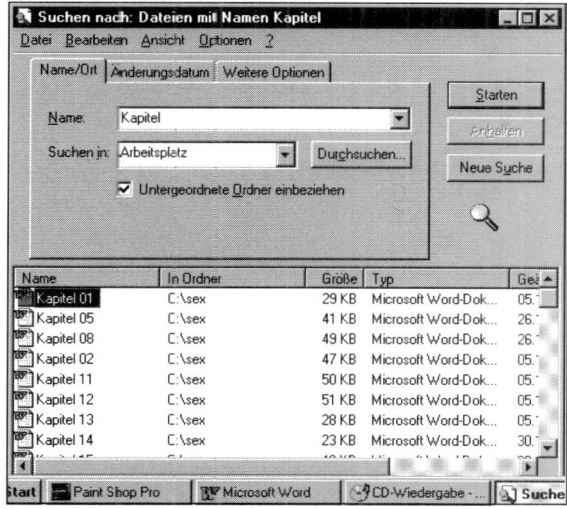

Abbildung 29.3: Die Ergebnisse einer erfolgreichen Suche

✔ Wenn Sie nicht sicher sind, welche Zeichen in dem Dateinamen auftauchen, ersetzen Sie sie durch * (Asterisk). T*S würde beispielsweise alles von TIPS bis THESAURUS anzeigen.

✔ Wenn Sie auf eine gefundene Datei doppelklicken und sich Word nicht öffnet, haben Sie wahrscheinlich etwas aufgestöbert, was kein Word-Dokument ist. Probieren Sie es noch einmal.

✔ Neben allen Word-Dokumenten steht ein Symbol.

✔ Falls die Datei nicht gefunden wird, überlegen Sie, ob Sie sie nicht unter einem anderen Namen gespeichert haben.

✔ Wollen Sie zu Ihrem Abenteuer in Sachen Textverarbeitung zurückkehren, klicken Sie auf die Schaltfläche *Microsoft Word* auf der Task-Leiste.

»Wo ist mein Dokument hin?«

»Waaa! Was macht der leere Bildschirm da? Ich habe doch schon fünf Seiten über Fußpilz geschrieben!«

Haben Sie keine Angst, Dokumente verrutschen nun mal. Bewegen Sie den Cursor ein paar Seiten auf und ab: Drücken Sie auf die Tasten Bild↓ und Bild↑. Was eventuell passiert sein kann, ist, daß die nächste Seite in Ihrem Dokument leer ist und Sie nur diesen leeren Teil auf dem Bildschirm gesehen haben. Wenn Sie mit dem Cursor herumfummeln, sollten Sie die Orientierung wiedergewinnen.

Ein weiterer Trick: Schauen Sie im *Fenster*-Menü nach, ob Sie versehentlich in ein anderes Fenster gewechselt sind.

Als letzte Zuflucht drücken Sie Strg+Z, nur für den Fall, daß Sie alles gelöscht haben.

»Wo bin ich hier?«

Wenn die Tasten zu nah aneinander zu sein scheinen oder Ihre Finger plötzlich anschwellen, kann es passieren, daß Sie zufällig die falschen Cursor-Tasten drücken, und hepp, sind Sie irgendwo anders in Ihrem Dokument. Aber wo?

Anstatt Ihr Gehirn zu benutzen, um das herauszufinden, drücken Sie Umschalttaste+F5. Das ist der *Gehe zu*-Befehl, und wenn Sie ihn drücken, bewegt er Sie zur letzten Cursor-Position zurück und zeigt Ihnen das Dokument so, wie Sie sich daran erinnern. (Schauen Sie auch in Kapitel 2 nach.)

»Es druckt nicht!«

Tja, so ein Drucker kann ein merkwürdiger Geselle sein. Sie befehlen Word zu drucken, und der Drucker sitzt nur rum – als hätte er Bohnen in den Ohren. »Dudidudidum«, sagt er, »bist Du nicht glücklich, daß Du einen exorbitant teuren Laserdrucker besitzt? Hihihi!«

Ob Sie's glauben oder nicht, der Drucker ist nicht dumm. Nun hämmern Sie mal nicht gleich den Kopf auf die Schreibtischplatte – Sie sind es auch nicht. Vielleicht sind irgendwelche Verbindungen lose. Schauen Sie zuerst beim Drucker nach. Schauen Sie nach, ob er angeschaltet ist. Vergewissern Sie sich, daß er online geschaltet ist. Schauen Sie dann nach dem Papier. Anschließend prüfen Sie, ob das Druckerkabel noch angeschlossen ist. Erst nach diesen Schritten sollten Sie Ihren Computerladen anrufen, ob er auch durchgedrehte Drucker kostenlos abholt. (Das soll's geben.)

✔ Wenn ein großes Bild oder eine große Zeichnung in Ihr Dokument eingefügt wurde, müssen Computer und Drucker gründlicher nachdenken, bevor es losgeht. Haben Sie Geduld.

✔ Versuchen Sie nicht, noch einmal zu drucken; drücken Sie nicht fester auf die Tasten. Wenn der Drucker nicht funktioniert, funktioniert er nicht. Für dieses Problem benötigen Sie mehr Fähigkeiten als reine Telepathie.

✔ Wenn Sie den *Drucken*-Befehl gedrückt halten, stapelt sich ein Druckbefehl auf dem nächsten, und wenn Sie den Drucker dann endlich wieder in Gang gebracht haben, verbringt er die nächsten 72 Stunden damit, Ihren Bericht über das Paarungsverhalten der Monarch-Schmetterlinge auszudrucken. Und das wollen wir doch nicht, oder?

✔ In Kapitel 8 finden Sie zusätzliche Informationen zum Drucken.

    ✔ Vergewissern Sie sich, daß Computer und Drucker ausgeschaltet – und ausgestöpselt – sind, bevor Sie ein Druckerkabel einstöpseln.

✔ Der Drucker muß wahrscheinlich mit dem Computer verbunden werden, bevor die beiden gleichzeitig angeschaltet werden, damit sie sich gegenseitig *erkennen* können.

»Huch! Ich habe mein Dokument gelöscht!«

Das Löschen von Dateien ist notwendig, genau wie man Wanzen zertreten muß. Aber was, wenn die Wanze eine Reinkarnation Ihrer Tante Anna war? Würden Sie sie nicht zurückhaben wollen? Das gleiche gilt für Dateien. Manchmal löschen Sie zufällig eine Datei. Wenn das passiert, befolgen Sie diese Schritte, um Ihre Datei in Word zu reinkarnieren:

1. **Minimieren Sie alles.**

    Sie müssen alle Fenster auf dem Desktop schrumpfen lassen, damit Sie ihn sehen können.

    Die einfachste Methode dafür besteht darin, mit der rechten Maustaste auf die Task-Leiste zu klicken, am besten auf eine freie Fläche (und wenn Sie keine finden können, klicken Sie auf die äußerst rechte Seite der Task-Leiste, dort, wo die Zeit angezeigt wird). Wählen Sie aus dem Shortcut-Menü, das dann erscheint, den Befehl *Alle Fenster minimieren.*

2. **Öffnen Sie das Symbol des Papierkorbs.**

    Der Papierkorb enthält alle Dateien, die Sie unlängst gelöscht haben, da Windows – aufgepaßt! – nichts wirklich löscht. Wie eine Katze auf der Suche nach einem Fischkopf müssen Sie sich durch den Mülleimer von Windows wühlen, um Ihr Mittagessen, äh, Ihre verlorene Datei zu finden.

    Öffnen Sie den Papierkorb mit einem Doppelklicken der Maus. Dann sehen Sie das Fenster des Papierkorbs, das aussieht wie jedes andere Arbeitsplatz-Fenster.

3. **Klicken Sie auf die Überschrift *Löschdatum.***

    Damit werden alle Dateien in der Reihenfolge sortiert, in der sie gelöscht wurden, die zuletzt gelöschten zuerst. (Falls nicht, klicken Sie noch einmal.)

4. **Suchen Sie in der Liste nach Ihrer Datei.**

5. **Wenn Sie sie gefunden haben, klicken Sie einmal, um sie zu markieren.**

6. **Wählen Sie *Datei, Wiederherstellen*.**

Ah! Ah! (Engelchen jubilieren.) Ihre Datei wurde wiederhergestellt, auf die Platte zurückgebracht, und zwar genau in den guten alten Ordner, genau wie es war, bevor Sie sie versehentlich ermordeten.

7. **Schließen Sie das *Papierkorb*-Fenster.**

Klicken Sie auf die X-Schaltfläche zum Schließen.

✔ Manche Dateien sind endgültig weg. Naja. Seien Sie das nächste Mal beim Löschen vorsichtiger.

✔ Sie können den *Wiederherstellen*-Befehl nicht auf einem Netzwerk-Laufwerk benutzen. Nehmen Sie Kontakt mit dem Netzwerk-Guru auf und erklären Sie das Problem. Bezeichnen Sie nichts als »blöd« oder »Eselei«.

Teil VII

Die Zehner-Listen

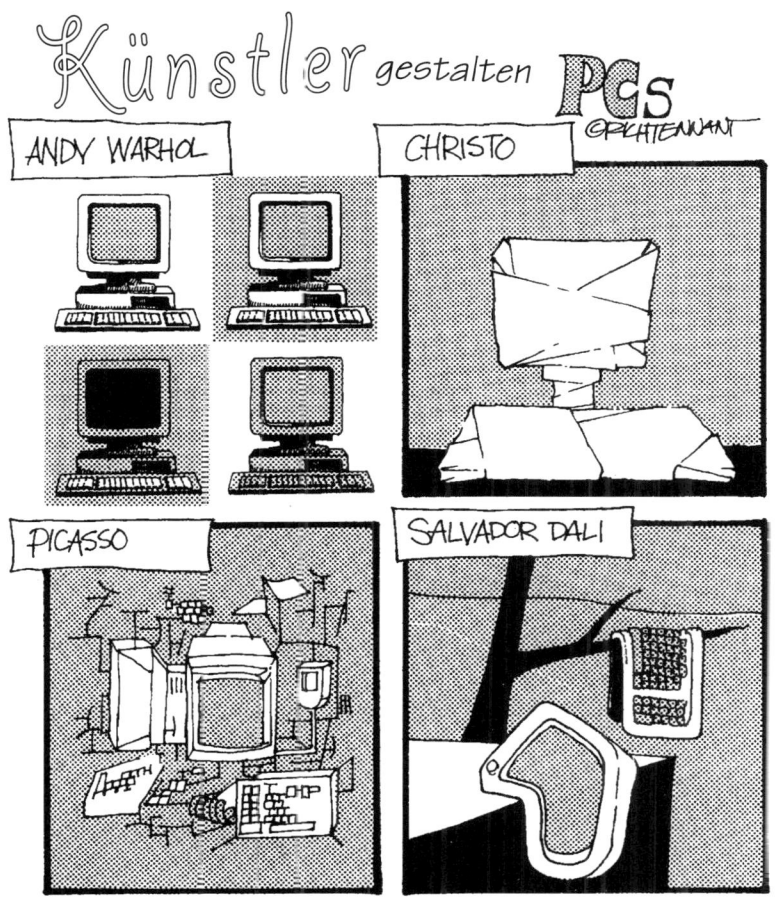

In diesem Teil...

Lieben Sie Trivialitäten auch so wie ich? (Das tun übrigens die meisten intelligenten Leute.) Und was ist die beste Sorte Trivialitäten? Listen! Zum Beispiel „Zehn Schnittchen, die das Baby zu essen versucht hat (zumindest die zehn, die wir rechtzeitig gefunden haben, bevor es sie verschluckte)» oder „Zehn Sachen, die man immer einpackt, aber nie benutzt» oder „Zehn Sachen, die der Arzt nie sagen sollte, wenn er etwas untersucht, das Sie selbst nicht sehen können». Dieses Buch befaßt sich mit Word, also wird sich dieser Teil des Buchs interessanten Word-Listen widmen.

Die meisten Kapitel in diesem Abschnitt enthalten zehn Punkte. Einige enthalten mehr, andere weniger. Nun, wäre ich in Kapitel 33, »Zehn Anwendungen, die Sie nie benutzen, aber trotzdem bezahlt haben«, so gründlich wie möglich gewesen, wäre dieses Buch so dick wie alle anderen zum Thema Word.

Die Zehn Gebote von Word

30

In diesem Kapitel

▶ Du sollst keine Leerzeichen verwenden.

▶ Du sollst nicht am Ende jeder Zeile die Eingabetaste drücken.

▶ Du sollst Deine Tastatur ehren.

▶ Du sollst Deinen PC nicht neustarten oder ausschalten, bevor Du Word und Windows verlassen hast.

▶ Du sollst Deine Seiten nicht manuell numerieren.

▶ Du Sollst nicht die Eingabetaste benutzen, um eine neue Seite zu beginnen.

▶ Du sollst das Programm nicht beenden, ohne zuvor zu speichern.

▶ Du sollst nicht zu schnell OK drücken.

▶ Du sollst nicht vergessen, Deinen Drucker anzuschalten.

▶ Du sollst nicht vergessen, Deine Arbeit zu sichern.

Stellen Sie sich mal Bill Gates als Moses vor. Der spindlige Körper ehrfurchtgebietend bedeckt mit einer antiken hebräischen Robe. Seine hochaufgeschossene Gestalt wirft lange Schatten auf die textverarbeitenden Massen. Die Steintafeln ... okay, es hilft ihm also jemand, die Tafeln zu halten. Aber wie auch immer, auf den Tafeln stehen die Zehn Gebote von Word. Na, ist das nicht das Feuer des Herrn da in seinem Herzen – oder einfach eine Verdauungsstörung von zuviel mexikanischem Essen?

Und so trug es sich zu, daß die Tafeln übertragen wurden. Und durch den Lauf der Zeiten fand ihre Weisheit den Weg in dieses Buch. Ähem! Es fällt mir etwas schwer, so steif zu schreiben, wie die Typen in dem Film von Cecil B. DeMille reden. Wir wollen jetzt mal nicht allzusehr darauf herumreiten; dieses Kapitel enthält einfach ein paar Anweisungen, was man in Word tun und lassen sollte. Die meisten Sachen wurden in diesem Buch schon behandelt, vor allem in Teil I (dessen Inhalt Ihnen bestimmt schon aus den Ohren wieder rausgekommen ist – also hören Sie sich wenigstens die Kurzzusammenfassung an).

I: Du sollst keine Leerzeichen verwenden.

Allgemein gesagt sollten Sie nirgendwo in Ihrem Dokument mehr als ein Leerzeichen finden. Ja, ich weiß, wir altmodischen Tippsen tippen immer noch zwei Leerzeichen nach einem Satz. In einem Textverarbeitungsprogramm ist das überflüssig, also trennen Sie sich von dieser Gewohnheit.

Jedesmal, wenn mehr als ein Leerzeichen hintereinander in Ihrem Dokument auftaucht, hätten Sie wahrscheinlich statt dessen die Tabulatortaste benutzen sollen. Benutzen Sie die Leertaste nur, um Wörter zu trennen und einen Satz zu beenden. Wenn Sie Listen ausrichten wollen, benutzen Sie den Tabulator. Und wenn Sie Informationen in Spalten und Reihen packen wollen, benutzen Sie den Befehl *Tabelle* (siehe Kapitel 12).

II: Du sollst nicht am Ende jeder Zeile die Eingabetaste drücken.

Word packt Ihren Text automatisch in die nächste Zeile, wenn Sie den rechten Rand erreichen. Sie müssen dazu nicht die Eingabetaste drücken, außer Sie wollen einen neuen Absatz beginnen. (Wenn Ihr Absatz nur eine Zeile lang ist, ist das natürlich in Ordnung.)

III: Du sollst Deine Tastatur ehren.

Word ist Windows, und Windows ist mausig. Sie können eine Menge mit der Maus erledigen, aber einige Dinge schaffen Sie mit der Tastatur schneller. Ich wechsele zum Beispiel routinemäßig mit Strg+F6 zwischen meinen Dokumenten. Und das schnelle Speichern mit Strg+S oder das Drucken mit Strg+P funktioniert besser als das Fummeln mit der Maus. Sie müssen nicht alle Tastatur-Befehle lernen, aber wenn Sie die kennen, die in diesem Buch erklärt werden, hilft Ihnen das ganz schön.

IV: Du sollst Deinen PC nicht neustarten oder ausschalten, bevor Du Word verlassen hast.

Verlassen Sie Word und vor allem Windows immer ordentlich. Schalten Sie Ihren Computer nur aus, wenn Sie den »Es geht jetzt in Ordnung, wenn Sie den PC ausschalten«-Prompt auf dem Bildschirm sehen – aber niemals, wenn Sie Word benutzen oder Windows aktiv ist. Glauben Sie mir, ansonsten dräuet der Zorn des Herrn.

V: Du sollst Deine Seiten nicht manuell numerieren.

Word verfügt über einen Befehl zur automatischen Seitennumerierung. Schlagen Sie in Kapitel 11 den Abschnitt »*Wo man die Seitenzahlen hinsteckt*« nach.

VI: Du sollst nicht die Eingabetaste benutzen, um eine neue Seite anzufangen.

Natürlich geht's so auch: Drücken Sie ein paar Dutzend Mal die Eingabetaste, und schon sind Sie auf einer neuen Seite. Aber das ist nicht die richtige Methode, und wenn Sie zurückgehen und den Text noch einmal bearbeiten, kommt Ihre neue Seite ganz schön durcheinander. Außerdem ist es schneller, Strg + Eingabe-Taste zu drücken. Das fügt einen *harten Seitenwechsel* in Ihr Dokument ein. In Kapitel 11 finden Sie im Abschnitt »*Eine neue Seite mit einem manuellen Seitenumbruch beginnen*« mehr Details dazu.

VII: Du sollst das Programm nicht beenden, ohne zuvor zu speichern.

Speichern Sie Ihr Dokument, bevor Sie das Programm verlassen. Umschalttaste+F12 heißt die Kombination, an die Sie sich erinnern müssen. Oder Strg+S – die ist so einfach, daß Sie nun wirklich kaum noch Gehirnschmalz darauf verwenden müssen. Wenn nur das ganze Leben – nein, vergessen Sie das –, wenn nur alles in Word so einfach wäre.

VIII: Du sollst nicht zu schnell OK drücken.

In Word gibt es viele Fragen nach dem Schema *Ja/Nein/OK*. Wenn Sie, ohne nachzudenken, OK drücken (oder zufällig auf die Eingabetaste kommen), könnten Sie Text löschen oder Dateien oder eine falsche *Ersetzen*-Operation durchführen, ohne daß Sie wissen, was passiert. Lesen Sie immer, was auf Ihrem Bildschirm steht, bevor Sie OK drücken.

IX: Du sollst nicht vergessen, Deinen Drucker anzuschalten.

Das größte Druckerproblem, das man haben kann, ist, daß man Word befiehlt, etwas zu drucken, und der Drucker ist nicht angeschaltet. Vergewissern Sie sicher, daß der Drucker angeschaltet und munter und bereit zum Drucken ist, bevor Sie Word irgendwelche Druckbefehle geben.

X: *Du sollst nicht vergessen, Deine Arbeit zu sichern.*

Daß Sie sich Kopien von Ihren wichtigen Dokumenten ziehen, ist absolut lebenswichtig. Computer sind wacklige Kartenhäuser, die bei jedem Husten oder Schluckauf zusammenstürzen können. Machen Sie am Ende jedes langen Arbeitstages oder besser schon beim Arbeiten eine Sicherheitskopie.

Zehn coole Tricks

31

In diesem Kapitel

▶ Etiketten drucken

▶ Aufzählung und Numerierung

▶ Schwebende Paletten im Handumdrehen

▶ Konzeptschriftart

▶ Alles markieren

▶ Das Datum einfügen

▶ Text sortieren

▶ Automatisches Speichern

▶ Schnellspeicherung

▶ Coole Zeichen einfügen

---

*W*as ein »cooler Trick« ist und was nicht, ist eine rein subjektive Angelegenheit. Ich bin mir sicher, daß Leute, die ihre Seitenzahlen bisher manuell eingetragen haben, den Befehl *Seitenzahlen einfügen* für eine richtig coole Word-Nummer halten. Ich halte zum Beispiel die AutoKorrektur für einen großartigen Trick. Irgendein Neandertaler da draußen glaubt bestimmt, daß eine Sofort-Rechtschreibungsprüfung »scharf« ist. Wenn die cleveren Jungs und Mädchen bei Microsoft jetzt noch mit einem Befehl überkommen würden, der das gesprochene Wort zurücknehmen könnte, wäre das ein Segen für uns alle.

Dieses Kapitel erklärt einige der netteren Word-Tricks – meistens obskuren Kram, den ich sonst nirgendwo im Buch erwähnt habe. Einiges ist einfach und gradlinig; anderes entzieht sich dem Zugriff des menschlichen Gehirns dann doch etwas länger.

Etiketten drucken

Etiketten sind diese gummierten Dinger, die Sie abziehen und wie Kaugummi kauen können. Ernsthaft, man klebt sie auf Umschläge. Weil ich eine so verdammt lausige Handschrift habe, drucke ich immer meine Absenderadresse auf Etiketten und klebe sie auf meine Rechnungen und was ich sonst noch so verschicke. Ein echter Service für die überarbeiteten Männer und Frauen bei der Post.

Wenn Sie Etiketten bedrucken wollen, benutzen Sie dieselben Befehle, als wollten Sie Umschläge bedrucken. Selber Befehl, anderes Blatt. Bevor Sie sich hiermit herumplagen, sollten Sie sich allerdings ein paar Zweckform-Etiketten für Ihren Drucker kaufen. Ich jedenfalls benutze Zweckform-Etiketten in meinem Laserdrucker. Die sind für Adressen und Absender ideal.

Hier nun die Instruktionen zum Etikettendruck in Word (für den Hauptteil des Buches waren die zu knapp):

1. Wählen Sie *Extras, Umschläge und Etiketten*.

2. Vergewissern Sie sich, daß das Blatt *Etiketten* im Vordergrund ist.

3. Klicken Sie auf die Schaltfläche *Optionen*.

4. Wählen Sie *Zweckform* aus der *Etikettenmarken*-Liste.

5. Wählen Sie die passende Zahl für das Produkt, das Sie benutzen, aus der Liste *Bestellnummer*.

6. Klicken Sie auf OK.

7. Tippen Sie das, was auf das Etikett soll, in den Kasten *Adresse*.

8. Vergewissern Sie sich, daß der Drucker angeschaltet, druckbereit und mit dem richtigen Etikettenbogen geladen ist.

9. Klicken Sie auf die Schaltfläche *Drucken*.

 Wenn die Schriftart, in der die Etiketten gedruckt werden, Sie anekelt (ich jedenfalls bin angeekelt), klicken Sie bei Schritt 9 anstatt auf *Drucken* auf *Neues Dokument*. Wenn die Etiketten in einem Dokumentenfenster erscheinen, können Sie die Schriftart und so weiter ändern, indem Sie die *Zeichen-* und *Absatzformatierung*-Dialogboxen verwenden. In den Kapiteln 9 und 10 finden Sie dazu nähere Angaben. (Die Schaltfläche *Neues Dokument* steckt Ihre Etiketten in eine gigantische Tabelle; Kapitel 12 gibt Ihnen mehr Auskunft über Tabellen.)

Aufzählung und Numerierung

Manchmal müssen Sie auf einige Punkte in Ihrem Dokumente ganz besonders aufmerksam machen, und das tun Sie am besten mit einem leibhaftigen Punkt. Nein, nicht dieses Zeug, um das es immer nachmittags in den Spielshows geht. Punkte sind typographischer Krimskrams, so etwa

• Punkt!

• Punkt!

• Punkt!

Wollen Sie Punkte in Ihren Text einfügen, markieren Sie die Absätze, die Sie punktieren wollen, und wählen Sie *Format, Numerierung und Aufzählungen*. Sie müssen sich in der Dialogbox nicht sonderlich abmühen; klicken Sie einfach auf OK, und der markierte Text wird mit Punkten durchsetzt, hübsch und ordentlich. (Sie können auch auf die Schaltfläche *Aufzählungszeichen* in der Formatierungs-Symbolleiste klicken.

 Sie können Ihren Absätzen auch Zahlen zuweisen. Wenn Sie die Dialogbox *Numerierung und Aufzählungen* sehen, klicken Sie auf das Schildchen *Numerierung*, damit dieses Blatt in den Vordergrund kommt, und klicken Sie dann auf OK. (Oder klicken Sie auf die Schaltfläche *Numerierung* in der Formatierungs-Symbolleiste.)

Schwebende Paletten im Handumdrehen

Diese Funktion ist weniger ein cooler Trick, sondern etwas wirklich Lästiges, wenn Sie nicht darauf vorbereitet sind. Die häßliche Wahrheit (und hier gibt es viel Häßliches, lieber Leser) ist, daß alle Symbolleisten, die Sie auf Ihrem Bildschirm sehen, in Wahrheit potentielle schwebende Paletten sind, die nur auf die richtige Gelegenheit warten, um frei, frei, frei herumzuschweben.

Wollen Sie eine Symbolleiste in eine schwebende Palette verwandeln, zeigen Sie mit der Maus auf eine leere Stelle der Symbolleiste, und ziehen Sie sie zum Arbeitsbereich des Fensters. Da schwebt sie nun!

Wollen Sie die schwebende Palette in eine Symbolleiste zurückverwandeln, ziehen Sie sie einfach (an der Titelleiste) im Word-Bildschirm nach oben zurück. Erwischt! Da sitzt sie wieder.

Sie können sogar jede schwebende Palette in eine Symbolleiste verwandeln und umgekehrt. Sehen Sie sich Kapitel 27 an, wenn Sie mehr Informationen zum Befehl *Ansicht, Symbolleisten* benötigen.

 Wenn Ihnen die Symbolleisten so gefallen, wie Word sie einrichtet, empfehle ich Ihnen, nicht mit schwebenden Paletten zu arbeiten. Sie bekommen sie niemals ganz genau wieder so hin, wie sie waren, wenn sie erst einmal geschwebt sind. Die Erinnerung an die verlorene Freiheit macht die Symbolleisten störrisch.

Konzeptschriftart

Word verlangt eine Menge von seinem Eigentümer. Wenn Sie eine Datei mit vielen Grafiken oder verschiedenen Schriftarten haben, kann ein langsamerer Computer eine Ewigkeit brauchen, eine Textseite anzuzeigen. Sie können diese Verzögerung vermeiden, wenn Sie zur häßlichen Konzeptschriftart-Ansicht wechseln:

1. **Wählen Sie *Extras, Optionen*.**

2. **Suchen Sie das Blatt *Ansicht*, und holen Sie es in den Vordergrund.**

3. **Machen Sie ein Häkchen in das Kästchen neben *Konzeptschriftart* in der oberen linken Ecke des Blattes.**

4. **Klicken Sie auf OK.**

Da gibt es allerdings ein Problem. Weil Sie jetzt keine Grafiken und unterschiedlichen Schriftarten mehr sehen, könnten Sie ja auch gleich WordPerfect 5.1. benutzen. Iiih! Kaufen Sie mehr Speicher; kaufen Sie einen besseren Computer; verkaufen Sie Ihren Hund; alles, nur das nicht!

Wiederholen Sie die vorhergehenden Schritte, um das Häkchen wieder zu entfernen und die Konzeptschriftart-Ansicht loszuwerden. (Merken Sie sich aber, daß langsamere Computer damit ganz schön Tempo bekommen können.)

Die Konzeptschriftart-Ansicht funktioniert nur im Normal-Ansichtsmodus. In der Layout-Ansicht haben Sie diese Option nicht.

Alles markieren

Es gibt Zeiten, da wollen Sie Ihren ganzen Kram auf einmal markieren, von oben bis unten, von Anfang bis Ende, das ganze, vollständige Dokument. Wenn Sie das wirklich wollen, klicken Sie mit der Maus dreimal auf den linken Rand Ihres Dokuments. Klick, Klick, Zapp! Erledigt!

Oh, Sie können auch die Strg-Taste drücken und dann die 5 auf dem numerischen Tastenblock drücken. Zapp, Zapp! Da isses.

Oh, und Sie können F8, die Texterweiterungstaste, fünfmal drücken. Zapp, Zapp, Zapp, Zapp, Zapp! Da isses schon wieder.

Ach ja, und mit dem Befehl *Bearbeiten, Alles markieren* geht's auch noch. Drücken Sie Strg+A. Zapp!

Das Datum einfügen

Der Datumsbefehl von Word heißt *Datum und Uhrzeit* und hängt im Menü *Einfügen* herum. Wenn Sie diesen Befehl wählen, bekommen Sie eine Dialogbox voller Zeit- und Datumsformate gezeigt, von denen Sie sich eins aussuchen können.

Sortieren

Sortieren ist einer von den besseren Word-Tricks. Wenn Sie ihn erst einmal gelernt haben, denken Sie sich etwas aus, wo Sie ihn anwenden können. Sie können den Befehl *Text sortieren* verwenden, um Text alphabetisch oder numerisch zu arrangieren. Sie können Absätze,

Tabellenreihen und Spalten in Zellen-Tabellen und in mit Tabulatoren angelegten Tabellen sortieren.

 Denken Sie daran, Ihr Dokument vor dem Textsortieren immer zu speichern.

Text sortieren ist nicht so schwierig; Sie müssen nur das Dokument vor dem Sortieren speichern, den Kram aussuchen, der sortiert werden soll – nachdem Sie das Dokument gespeichert haben –, und dann den Text markieren, der sortiert werden soll. Speichern Sie nochmal. Dann wählen Sie *Tabelle, Text sortieren*. Oh, habe ich schon erwähnt, daß Sie zuerst Ihre Datei speichern sollten? Dann können Sie in der Dialogbox herumfuhrwerken und sich entscheiden, wie die Informationen in der gewünschten Datei sortiert werden sollen; einfaches OK-Klicken sortiert sie normalerweise alphabetisch.

Warum dieser ganze Aufstand um das Speichern? Nun, das Sortieren benötigt eine Menge Speicher, und der Rechner könnte sich aufhängen oder abstürzen. Oder vielleicht erkennen Sie auch erst einen Moment nach der Eingabe eines Leerzeichens oder eines Buchstabens, daß Ihnen die Sortierung eigentlich nicht gefällt – und dann ist es für den *Rückgängig*-Befehl zu spät. Sie müssen an den Start zurück.

Automatisches Speichern

Wenn die Funktion *Automatisches Speichern* aktiv ist, wird Ihr Dokument von Zeit zu Zeit gespeichert. Das ist nicht dasselbe, als würden Sie Strg + S drücken, um Ihr Dokument zu speichern. Statt dessen macht Word jedesmal eine heimliche Sicherungskopie. Im Falle eines Absturzes können Sie Ihr Werk aus der Sicherungskopie retten – auch wenn Sie selbst Ihr Dokument nie gespeichert haben.

Um das *Automatische Speichern* anzuschalten, müssen Sie *Extras, Optionen* wählen. Klicken Sie auf das Schildchen *Speichern*, um dieses Blatt nach vorne zu holen. Klicken Sie auf den Kasten *Automatisches Speichern alle* und machen Sie dort ein Häkchen, wenn noch keines dasein sollte. Dann geben Sie den Speicherintervall in den Minuten-Kasten ein. Ich habe zum Beispiel 10 eingegeben, damit Word mein Dokument alle zehn Minuten sichert. Wenn es in Ihrem Büro oder zu Hause Stromschwankungen gibt, sollten Sie 5, 3, 2 oder sogar 1 Minute als Speicherintervall eingeben. Drücken Sie die Eingabetaste, um zu Ihrem Dokument zurückzukehren.

Das *Automatische Speichern* wird im Unglücksfall nicht Ihr ganzes Dokument retten, aber das meiste kriegen Sie schon zurück.

Schnellspeicherung

Schnellspeicherung ist eine dieser Ideen, die wirklich gut klingen ... bis Sie sie benutzen. Die Idee dahinter ist, daß man vermeiden möchte, jedesmal beim Speichern alles speichern zu müssen. »Warum nicht nur die Veränderungen speichern? Dann geht alles viel schneller«, meinen die Jungs und Mädels bei Microsoft. »Aber dann«, gibt dieser Word-Dummy zurück, »kann ich meine schnellgespeicherte Datei nicht an andere Leute weitergeben und erwarten, daß sie sie auf ihrem Computer lesen können.«

Wenn Word nur Veränderungen speichert, was macht dann jemand anderes mit einer solchen Datei? Was, wenn Tolstoi in Kapitel 43 nur den Namen einer Person geändert hätte? Er hätte seinem Verleger eine Diskette mit einer Kapitel-43-Datei geschickt, die nur das einzelne Wort *Ludmilla* enthalten hätte. Das geht einfach nicht.

Ich empfehle Ihnen, die Schnellspeicherung auszuschalten, Wählen Sie *Extras, Optionen.* Dann klicken Sie auf das Schildchen des Blattes *Speichern*. Wenn der Kasten *Schnellspeicherung zulassen* angekreuzt ist, klicken Sie darauf. Leeren Sie ihn. Drücken Sie die Eingabetaste, um zu Ihrem Dokument zurückzukehren.

Coole Zeichen

Sie können den Befehl *Sonderzeichen* im Menü *Einfügen* benutzen, zum seltsame und wundersame Zeichen in Ihr Dokument einzufügen. Eine ganze Menge der Windows-Schriftarten verfügen über ziemlich seltsame und wunderliche Zeichen. Die Symbol-Schriftart ist voll davon; in der Wingdings-Schriftart gibt es ganz merkwürdige Dinger, und sogar »normale« Schriftarten wie Times Roman haben noch ein paar coole Zeichen.

Sie können jedes dieser abgedrehten Zeichen im Handumdrehen in Ihr Dokument einfügen. Stellen Sie einfach den Zahnstocher-Cursor dorthin, wo das Zeichen erscheinen soll, wählen Sie *Einfügen, Sonderzeichen*, zeigen Sie auf das coole Zeichen, das eingefügt werden soll, und klicken Sie mit der Maus.

In Kapitel 9 finden Sie mehr Informationen dazu.

Zehn seltsame Dinge, über die Sie bisher wahrscheinlich noch nichts wußten

32

In diesem Kapitel

*W*illkommen in der Welt des Bizarren. Wenn Sie auch ein Fan von »Twilight Zone« sind, wissen Sie, was ich meine. Das wäre doch mal ein Thema für eine Episode: Ein unschuldiger Computerbenutzer wird in die düstere, makabre Welt von Word hineingezogen und versucht verzweifelt, sich wieder zu befreien. Nun, echte »Geheimnisse« wird es hier nicht geben – keine Falltüren, die sich ins Bodenlose öffnen. Es ist noch nicht einmal sonderlich cool. Es ist alle einfach nur seltsam, bizarr, überflüssig und ziemlich verdreht.

Inhalte einfügen

Einfügen ist Einfügen, richtig? Nun, nicht, wenn es nach Windows geht. Sie können einfach nicht mehr alles überall einfügen. Das ist hier ja kein Kindergarten! Damit Sie mit den ausgefalleneren Einfügen-Taktiken zurechtkommen, haben sich die Microsoft-Leute den Befehl *Bearbeiten, Inhalte einfügen* ausgedacht. Wenn Sie ihn wählen, erscheint die Dialogbox *Inhalte einfügen*, die es Ihnen erlaubt, auf unterschiedliche Art und Weise etwas in Ihr Dokument einzufügen.

Die Einfügemethoden hängen alle davon ab, was Sie gerade kopiert haben. Sie können Text als »Unformatierten Text« einfügen, was ich immer mache, da ich nicht irgendwelche verlausten

Formatierungen aus anderen Dokumenten kopieren möchte. Sie können auch damit experimentieren, Sachen zu »verknüpfen« – das ist der OLE-Kram, um den Microsoft bei Windows so ein großes Geschrei macht. Seltsamer Kram. Sie können damit spielen, aber es ist definitiv zu seltsam, als daß es einen anderen Platz als in diesem Kapitel verdient hätte.

Der Formatvorlagen-Katalog

Der Formatvorlagen-Katalog ist eigentlich ein ganz lustiger Ort zum Herumspielen. Im Grunde ist das eine Werkstatt, wo Sie mit verschiedenen Word-Formatvorlagen herumexperimentieren können, um Ihr Dokument zu gestalten. Wählen Sie einfach *Format, Formatvorlagen-Katalog*. Eine riesige Dialogbox namens *Formatvorlagen-Katalog* erscheint, links mit einer Liste aller Schriftarten versehen und rechts mit einer Vorschau, wie diese Schriftarten Ihr Dokument verändern. Es macht ziemlichen Spaß, mit verschiedenen Schriftarten herumzualbern und zu sehen, wie sie Ihr Dokument zurechtbiegen.

 Wenn die Ergebnisse in dieser Dialogbox Sie nicht beeindrucken, ziehen Sie ein Klicken auf die Schaltfläche *Beispiel* in Betracht. Dann sehen Sie die Vorschau auf ein Beispieldokument und nicht auf Ihren eigenen Text.

Mehr Formatvorlagen-Wahnsinn lungert in Kapitel 14 herum.

Der Befehl Sprache

Der Befehl *Sprache* im Menü *Extras* erlaubt es Ihnen, einen Block zu markieren und so zu tun, als sei er in einer anderen Sprache geschrieben, sagen wir mal Norwegisch Bokmål. Dafür gibt es nur einen Grund: Wenn Word die Rechtschreibprüfung durchführt und auf ein fremdes Wort stößt, benutzt es dann das zuständige Wörterbuch, anstatt zu versuchen, das Wort auf deutsch zu entziffern.

Ein besserer Zweck für den Befehl *Sprache* ist es, damit Text als »nicht zu überprüfen« zu markieren. In anderen Worten: Sie weisen Word an, hier keine Rechtschreibprüfung durchzuführen. Ich benutze zum Beispiel eine besondere Formatvorlage, mit der ich Anweisungen für meine Lektorin oder die Herstellung schreibe. Diese Formatvorlage hat die Spracheinstellung *Keine Überprüfung*; sonst würde Word stoppen und versuchen, die Rechtschreibung meiner drastischen Kommentare zu überprüfen, und warum sollte ich mich mit derartigem Unfug abgeben?

✔ Katalanisch wird in Katalonien gesprochen. Ob es da viele Word-Anwender gibt?

✔ Ne, Kumpel, 'ne Mantafahrer-Sprache gibt es nicht. Penner.

Der Befehl Anpassen

Der Befehl *Extras, Anpassen* ist ein cooler Ort, wo man nicht nur endlos Zeit verschwenden kann, sondern auch das Gefühl grenzenloser Macht über das Schicksal von Word bekommt. Dieser Befehl greift Word mitten ins Herz. Mit Hilfe der verschiedenen Kontrollen in der Dialogbox *Anpassen* können Sie das Aussehen von Word verändern – zum Besseren, Schöneren.

 Mit den drei Blättern in der Dialogbox *Anpassen* können Sie *Symbolleisten*, *Menüs* und *Tastatur* verändern. He, das ist die echte Welt, und das ist nichts für Hasenfüße. Sie können Ihre eigene Symbolleiste basteln, Menüteile hinzufügen oder entfernen und eigene Tastatur-Shortcuts zuweisen. Das ganze Programm können Sie so begrapschen. Ich empfehle Ihnen, hier ja nichts anzufassen. Warten Sie ein paar Monate. Machen Sie sich mit Word vertraut. Dann schlagen Sie zu und machen sich das Programm zu eigen!

Die Dialogbox Optionen benutzen

Die Wahl des Befehls *Extras, Optionen* gewährt Zugriff auf die Dialogbox *Optionen*. Was Sie dort kriegen, sind zwölf – zählen Sie nach, es sind zwölf – Blätter voller verschiedener Dinge, die Word tun kann. Die Einstellungen auf diesen Blättern kontrollieren das Verhalten von Word.

Es gibt wirklich keine Tips oder Geheimnisse in der Dialogbox *Optionen*. Wahrscheinlich waren Sie auch schon ein paarmal hier, als Sie in einer anderen Word-Dialogbox *Optionen* gewählt haben. Keine große Sache. Nur merkwürdig.

Felder einfügen

Ein Feld sieht in Ihrem Dokument wie Text aus. Es riecht wie Text. Und es wird gedruckt wie Text. Aber es ist kein Text. Statt dessen ist es eine spezielle Markierung – ein Füll-die-Leerstellen-Ding, von dem Word weiß, wie es später auszufüllen ist. Tippen Sie zum Beispiel das Datum in Ihr Dokument, erscheinen einfach ein paar Wörter auf dem Bildschirm. Das Einfügen eines Datum-*Felds* in Ihr Dokument bedeutet dagegen, daß dieses Feld immer das aktuelle Datum anzeigt, egal´, welches das gerade ist.

Sie fügen Felder mit dem Befehl *Einfügen, Feld* in Ihr Dokument ein. Die Dialogbox *Feld* zeigt eine Liste von Feld-*Kategorien* und dann einzelne Arten von Feldern. Die Kategorie *Datum und Uhrzeit* zum Beispiel führt verschiedene Arten von Datumsfeldern auf: das Datum, an dem das Dokument erstellt, gespeichert oder gedruckt wurde, das aktuelle Datum und so weiter. Eine *Optionen*-Schaltfläche erlaubt Ihnen, das Feld noch persönlicher zu gestalten.

Wenn Sie sie markieren, erscheinen Felder in Ihrem Text wie markierter Text mit einem verschwommenen grauen Hintergrund. Anders als echten Text müssen Sie das gesamte Feld auf einmal markieren und löschen. (Denken Sie daran, Felder sind kein Text.)

Mausige Shortcuts

Hier ein paar interessante Dinge, die Sie mit der Maus tun können:

✔ Doppelklicken Sie auf eine Symbolleiste, und sie verwandelt sich in eine schwebende Symbolpalette. Doppelklicken Sie auf den Titel der schwebenden Symbolpalette, und sie verwandelt sich in eine Symbolleiste zurück.

✔ Doppelklicken Sie *auf* das Lineal, und Sie sehen die Dialogbox *Seite einrichten*.

✔ Doppelklicken Sie *in* das Lineal, und Sie sehen die Dialogbox *Tabulator*.

✔ Klicken Sie in der Standardsymbolleiste auf die *Hilfe*-Schaltfläche, und zeigen Sie dann auf etwas Text auf dem Bildschirm. Eine Art Sprechblase erscheint und beschreibt die Formatierung des Textes.

✔ Klicken Sie mit der rechten Maustaste über Ihr Dokument, und Sie sehen ein Schnell-Menü mit verschiedenen Bearbeitungs- und Formatierungsbefehlen.

✔ Klicken Sie mit der Maus über eine Symbolleiste, und Sie bekommen das dazugehörende Menü angezeigt.

✔ Doppelklicken Sie mit der Maus auf die Abkürzungen in der Statuszeile, und Sie können diese Funktionen ein- und ausschalten.

✔ Doppelklicken Sie auf eine andere Stelle der Statuszeile, und die Dialogbox *Gehe zu* erscheint.

Ein Zentraldokument erstellen

Wie groß sollte Ihr Dokument sein? Technisch gesprochen kann Windows wahrscheinlich mit jedem noch so großen Dokument umgehen, das Sie schreiben können. Praktisch gesprochen werden Sie nicht wollen, daß die Dinger zu groß werden. Word verhält sich bei großen Dokumenten noch seltsamer als gewohnt.

Aber wie groß ist groß? Hier mein Rat mit einem Merkzeichen:

✔ Halten Sie Ihre Dokumente in Kapitelgröße.

Jedes Kapitel in diesem Buch ist ein Dokument für sich. Dieses Kapitel heißt im Speicher KAPITEL 32. So arbeiten die meisten Schreiber – ein Kapitel ist ein Dokument. Der einzige Nachteil dabei ist, daß das Drucken von allem zusammen eine Qual wird. Und wenn Sie es wagen, von den Indexierungs- und Inhaltsverzeichnis-Befehlen von Word zu profitieren (ich tu's nicht), funktionieren sie einfach nicht in getrennten Dokumenten.

Die Lösung für dieses Problem ist die Erstellung von etwas, das Word Zentraldokument nennt. Das ist nur ein weiteres Word-Dokument, aber es enthält Informationen über alle anderen Dokumente und verbindet sie irgendwie alle miteinander. Sie arbeiten immer noch mit jedem Kapitel als eigenem Dokument. Aber alles, was zusammengehört, kann dank des Zentraldokuments zusammen gedruckt, mit einem Index und Inhaltsverzeichnis versehen oder sonstwie manipuliert werden.

Ja, das ist ein neuartiges Konzept. Unglücklicherweise ist es nicht sehr spaßig, in Word damit zu ringen.

Wollen Sie ein Zentraldokument erstellen, fangen Sie in Word ein neues Dokument an. Wählen Sie *Datei, Neu*. Dann wählen Sie *Ansicht, Zentraldokument*. Das verändert die Anzeige und fügt die Symbolleiste *Gliederung/Zentraldokument* hinzu. Die Schaltflächen rechts außen auf der Symbolleiste werden benutzt, um dem Zentraldokument weitere Dokumente hinzuzufügen. (Gleiten Sie mit der Maus über eine Schaltfläche, wenn Sie deren Funktion in einer Sprechblase sehen wollen.)

Schade, das ist die ganze Hilfe, die ich Ihnen hier dazu geben kann; die Arbeit mit dem Zentraldokument erfordert eine eigene Schulung.

Die Unzerbrechlichen

Es gibt zwei seltsame Tasten auf Ihrer Tastatur: die Leertaste und den Bindestrich. Beide Tasten produzieren Zeichen auf dem Bildschirm, aber keine »normalen« Zeichen. Leeren Raum! Was ist denn das? Das Weltall? Ein Vakuum? Und der Bindestrich ist eigentlich noch nicht mal ein richtiges Zeichen. Er wird benutzt, um Wörter zu trennen und auf zwei Zeilen zu verteilen. Tatsächlich können Sie mit Leertaste und Bindestrich Ihren Text *zerbrechen* und auf zwei Zeilen verteilen. Kein Problem dabei – es sei denn, Sie wollen das gar nicht.

Manchmal wollen Sie nicht, daß so etwas Mondänes wie ein Zeilenende einen Text unterbricht. Nehmen wir mal an, Sie arbeiten für Müller, Schulz und Wüpperführtshausen, und, guter Gott, Herr Wüpperführtshausen möchte nicht allein in einer Zeile stehen. Also fügen Sie einen unzerbrechlichen (»harten«) Leerraum zwischen die Namen, um sicherzustellen, daß sie immer beisammenbleiben.

Um zu verhindern, daß das Leerzeichen eine Zeile »zerbricht«, drücken Sie Strg + Umschalt-Taste + Leertaste.

Die Bindestrich-Taste, zugleich das Minuszeichen, benutzen Sie beim Trennen eines langen Wortes am Ende einer Zeile. Aber manchmal wollen Sie nicht, daß der Bindestrich ein Wort trennt. Eine Telefonnummer soll zum Beispiel nicht auf zwei Zeilen verteilt werden. Wenn Sie einen harten Bindestrich einfügen, wird dies nicht passieren.

Damit der Bindestrich nicht die Zeile »zerbricht«, drücken Sie Strg+Umschalttaste+- (Bindestrich).

Und zwei seltsame Dinge, die Sie auf jeden Fall umgehen sollten

In all den Jahren, die ich Word nun schon benutze, habe ich die beiden lästigsten Befehle in der Geschichte der Textverarbeitung entdeckt. Einer ist nur lästig, aber der andere ist grauenvoll. Was auch immer Sie tun, geben Sie sich nicht mit diesen beiden Spinnern ab.

Der erste lästige Befehl ist *Fenster, Neues Fenster*. Dieser Befehl ist *nicht* derselbe wie der Befehl *Neu* im Menü *Datei*. Statt dessen erhalten Sie auf dem Bildschirm ein weiteres Fenster mit demselben Dokument. OK, das ist vielleicht in Ordnung, aber Sie können das Fenster nicht mit dem Befehl *Datei, Schließen* schließen, ohne auch das Original-Dokumentenfenster zu schließen. (Eine bessere Methode, etwas ähnliches zu erreichen, besteht darin, den Befehl *Fenster, Teilen* zu verwenden, der in Kapitel 20 abgehandelt ist.)

Der zweite schreckliche Befehl ist der gräßliche Menüelement-Entferner, etwas, über das Sie eines Tages versehentlich stolpern könnten (ich hoffe, Sie tun's nicht). Wenn Sie Strg+Alt+- (das Trennzeichen) drücken, verwandelt sich der Mauszeiger in eine dicke horizontale Linie. Das ist der Cursor zum Entfernen von Menüelementen. Wählen Sie einfach ein beliebiges Menüelement, und -schwups! – es ist weg, gelöscht ausgeknipst, tot. Und es gibt auch keine Methode, dieses Menüelement zurückzubekommen. Tödlich! Schrecklich! So etwas hätte sich nicht mal Thomas Gottschalk einfallen lassen können.

Drücken Sie versehentlich Strg + Alt + –, greifen Sie rasch zur Esc-Taste, um diesen Modus auszuschalten. Puuh! Was für ein Kranker hat sich bloß diesen Trick ausgedacht?

Zehn Anwendungen, die Sie nicht benutzen, aber trotzdem bezahlt haben

33

In diesem Kapitel

- Inhaltsverzeichnis
- Silbentrennung
- Index
- Querverweise
- Mathe
- Das Adreßbuch
- Zeug verschicken
- Willkürliche Statistik
- Seitenumbruch-Unsinn

*W*ord hat viel mehr Funktionen, als Sie je benutzen werden. Es gibt definitiv mehr als die, die hier aufgezählt sind, und wahrscheinlich mehrere Dutzend, von denen ich noch nie gehört habe. Einige von den Leuten, die diese massiven »vollständigen« Word-Bücher schreiben, sollen monatelang in ihrer kleinen Kammer verschwinden – oder gar jahrelang! Ich glaube sogar, daß irgend jemand, der wirklich alles über Word weiß, ganz einfach nicht mehr alle Tassen im Schrank haben kann.

Dieses Kapitel führt zehn der interessanteren Anwendungen auf, die Sie mitgekauft haben, als Sie Word erstanden. (Ich mache mir noch nicht einmal die Mühe, einige der Dinge zu erwähnen, die Sie mit Hilfe von Windows in Word anstellen können – Klänge einbetten oder andere putzige, aber absolut sinnlose Sachen.) Sie wußten wahrscheinlich noch nicht einmal, daß diese Dinge existieren. Das ist in Ordnung – eigentlich ist das ziemlich technischer Kram. Dieses Kapitel behandelt jedes dieser Dinge kurz und knapp, aber erwarten Sie nicht, daß Sie hier lernen, wie man diese zehn bezahlten-aber-vergessenen Anwendungen benutzt.

Inhaltsverzeichnis

Früher war es so, daß das Ausdenken eines Inhaltsverzeichnisses einen ausgewachsenen männlichen Vertreter der menschlichen Spezies zum Weinen bringen konnte. (Meiner Frau hat das noch nie etwas ausgemacht, aber wenn jemand erstmal eine Geburt hinter sich hat, ist man wahrscheinlich hart im Nehmen.) Welcher Mensch, der seinen Verstand noch beisammen hat, mag an den Anfang eines Dokuments gehen, all diese Namen eintippen, dann die ganzen Punkte und schließlich noch herausfinden, auf welcher Seite denn nun was steht? (Und Sie haben noch nicht mal einen Trainer, der Sie daran erinnert, das Atmen nicht zu vergessen.)

Word, Mensch, das hilft Ihnen! Wenn Sie mit Ihren Formatvorlagen vorsichtig umgegangen sind (in Kapitel 14 finden Sie alles zu diesem Thema), ist das Einfügen eines Inhaltsverzeichnisses ein Kinderspiel. Naja, fast. Wählen Sie *Einfügen, Index und Verzeichnisse,* und klicken Sie dann auf das Schildchen *Inhaltsverzeichnis*. Word schaut Ihr ganzes Dokument durch und liest alles auf, das mit der Formatvorlage Überschrift (von einer Zahl gefolgt) versehen ist, bestimmt, auf welcher Seite es steht, und bastelt das Inhaltsverzeichnis für Sie zusammen.

Klingt gut? Tja, dafür ist es kompliziert einzurichten. Wenn Sie das nicht schon gemacht haben, als Sie Ihr Dokument angefangen haben, werden Sie's wohl auf die alte Methoden machen, Stein und Bein weinen und so inbegriffen.

Silbentrennung

Silbentrennung ist ein automatisches Programm, das am Ende einer Zeile lange Wörter zerbricht, damit der Text besser auf die Seite paßt. Die meisten Leute schalten es nicht ein, weil Trennungen die Lesegeschwindigkeit verringern. Wenn Sie aber die Trennung in einem Dokument durchführen wollen, wählen Sie *Extras, Silbentrennung*. Sollten Sie Hilfe brauchen, hämmern Sie auf die F1-Taste.

Index

Das ist eine interessante, aber komplizierte Funktion. Der Befehl *Index und Verzeichnisse* im Menü *Einfügen* markiert eine Stelle im Dokument, wo ein Index eingefügt wird. Sie können den Befehl zum Beispiel benutzen, um ein Wort zu markieren und als Index-Eintrag auszuweisen. Mit anderen Befehlen, die zu kompliziert sind, als daß man sie hier abhandeln könnte, können Sie von Word einen automatischen Index am Ende des Dokuments erstellen lassen. Diese Funktion ist zwar sehr nützlich, erfordert aber Zeit zum Lernen, und so oft brauchen Sie einen Index für den fünfseitigen Brief an Mama ja nun auch wieder nicht.

Querverweis

Der Befehl *Einfügen, Querverweis* erlaubt es Ihnen, so etwas einzufügen wie »Schlagen Sie in Kapitel 99, Abschnitt Z, nach«. Diese Anwendung funktioniert nur, weil Sie seit einem Blitzschlag ein Superhirn haben mit einem IQ, der sich nur noch in wissenschaftlichen Begriffen erfassen läßt. Zum Glück haben Sie vielleicht auch die Formatvorlage *Überschrift* benutzt, um Text in Ihrem Dokument zu markieren, zu dem es einen Querverweis geben soll. Dann funktioniert der Befehl *Einfügen, Querverweis* nämlich und fügt so etwas wie »Schlagen Sie in Kapitel 99, Abschnitt z, nach« in Ihr Dokument ein – komplett mit einem aktualisierten Verweis auf diese Seite, wenn Sie Ihr Dokument noch mal überarbeiten sollten.

Mathe

Hat den Word-Leuten jemals gedämmert, daß Mathe und Deutsch aus gutem Grund zwei verschiedene Sachen sind? In der Schule gibt es ja auch unterschiedliche Kurse. Immer. Wer braucht denn dann eine Mathe-Funktion in einer Textverarbeitung? Ich weiß es nicht. Auch wenn Sie es wissen sollten, ist es immer noch einfacher, wenn Sie den Taschenrechner benutzen und die Ergebnisse eintippen.

Wenn Sie den Mathe-Befehl benutzen wollen, brauchen Sie zuerst ein paar Zahlen in einer Tabelle. Dann markieren Sie die Zeile oder Spalte, die berechnet werden soll. Wählen Sie *Tabelle, Formel*. Word wird Ihnen eine Formel-Art vorschlagen, oder Sie können ihm sagen, was mit den Zahlen passieren soll. Wenn ich genauer nachdenke, muß ich sagen, daß das bei den Algebra-Prüfungen nützlich gewesen wäre. Egal, Word wird das Ergebnis dort hinpacken, wo Sie den Einfüge-Zeiger hingestellt haben.

Adreßbuch

In verschiedenen Dialogboxen von Word finden Sie eine nette kleine Schaltfläche, neben der sich ein Dropdown-Pfeil befindet. Tja, das ist die Schaltfläche für das *Adreßbuch*, die eine Verbindung zu Ihrem E-Mail-Adreßbuch enthält, das Sie nicht eingerichtet haben, als Windows darauf bestand, sein eigenes Mail-System einzurichten.

Mail ist einfach nur lästig. Ich habe Windows angewiesen, es nicht auf meinem PC zu installieren, und es hat es trotzdem gemacht. Wenn ich also auf die Schaltfläche *Adresse einfügen* klicke, verschwendet der Computer sofort und höchst effektiv ungefähr vier Minuten meiner Zeit (während ich vor mich hin koche und immer wieder auf die Schaltfläche *Abbrechen* drükke). Kümmern Sie sich nicht um diese Schaltfläche, wenn Sie nicht wirklich ein Adreßbuch haben und wirklich wissen, wie es funktioniert.

Verschiedene Senden-Befehle

Im Menü *Datei* können Sie eventuell zwei interessante E-Mail-Befehle finden: *Senden* und *Verteiler erstellen*. Die Schaltfläche *Senden* erlaubt Ihnen angeblich, Word als E-Mail-Editor zu benutzen und dann sofort Ihr Dokument an jemand anders im Netzwerk oder im Internet zu verschicken. Klingt großartig, funktioniert schrecklich.

Bisher hat mich die Angst davon abgehalten, jemals den Befehl *Verteiler erstellen* zu wählen. Ich habe keine Vorstellung, was er bewirkt, und möchte es auch gar nicht wissen.

Willkürliche Statistiken

Das ist eine Funktion von Word, die Sie nie benutzen werden, weil sie ziemlich unpopulär ist. Außerdem ist es ein höllischer Schmerz in den Schaltkreisen. Word sammelt alle möglichen Statistiken über Ihr Dokument. Wenn Sie die sehen wollen, wählen Sie *Datei*, Eigenschaften. Ups! Wenn das nicht langt, klicken Sie auf das Schildchen *Statistik*. Ächz! Word erzählt Ihnen alles mögliche über Ihr Dokument, zum Beispiel, wieviel Wörter es enthält. Schreiber, die nach Wörtern bezahlt werden, benutzen diese Funktion, um sich zu vergewissern, daß sie genug zusammengeschmiert haben. Natürlich bekommen Sie auch eine Vorstellung davon, wie »groß« Ihr Dokument ist, aber letztlich ist das alles ziemlich albern.

Seitenumbruch-Unsinn

Am Anfang war Microsoft Word ein reines DOS-Programm (und dazu noch ein langsames). Um es schneller zu machen, ließ Microsoft eine Menge Eigenschaften weg, die bei anderen Textverarbeitungen zum Standard gehörten. Eine davon war der *Seitenumbruch*, die Fähigkeit einer Textverarbeitung, automatisch Seitenumbrüche auf den Bildschirm zu setzen (diese gepunkteten Todeslinien). In Word wird der Seitenumbruch automatisch durchgeführt. Trotzdem gibt es einen *Seitenumbruch*-Befehl (aus Kompatibilitätsgründen, wie ich glaube). Gehen Sie ins Menü *Extras*, wählen Sie *Optionen*, klicken Sie auf das Schildchen *Allgemein*. Sie können *Seitenumbruch im Hintergrund* abschalten.

Zehn Shortcut-Tasten, die der Erinnerung wert sind

34

In diesem Kapitel

▶ Merkwürdige, WordPerfect-artige Funktionstasten

▶ Die Dokument-Tasten: *Neu, Öffnen, Speichern, Drucken*

▶ Die Kindergarten-Tasten: *Ausschneiden, Kopieren, Einfügen*

▶ Die *Rückgängig-Wiederholen*-Tasten

▶ Textformatierungs-Tasten

▶ Zeichenformatierungs-Tasten

▶ Absatzformatierungs-Tasten

D as ist ein Sakrileg! Es ist Ihnen untersagt – *untersagt* –, in Windows die Tastatur zu verwenden! Schämen Sie sich! Aber mal im Ernst, es gibt eine Menge interessanter Dinge, die Sie mit der Tastatur tun können, und zwar schnell und ohne sich die Fingernägel abzubrechen. Auch wenn Word eine ganze Armada von Tastenkombinationen hat, muß man eigentlich nur eine Handvoll kennen. Dieses Kapitel enthält die besten, eine Winzigkeit mehr als zehn, aber die werden Ihnen schon noch im Laufe der Zeit gefallen.

Außerdem profitiert der Typ, der die Maus erfunden hat, sowieso davon nicht. Er ist ein Akademiker, also bleibt das Ganze nach amerikanischem Recht geistiges Eigentum (oder wie die lahme Entschuldigung sonst heißen mag) der Stanford University. Aber zumindest erscheint er jetzt spät nachts in irgendwelchen Talkshows und darf darüber lamentieren, wie alle ihm 20 Jahre lang gesagt haben, daß die Maus unpraktisch und exzentrisch sei und daß man sie nie bei einem echten Computer benutzen würde. Er ermutigt alle Erfinder unter uns, ihrer Genialität freien Lauf und sich nicht entmutigen zu lassen. Er behauptet sogar, es mache ihm nichts aus, daß er nicht von der Vermarktung der Maus profitiert, weil er nur ein Bedürfnis der Computerindustrie habe erfüllen wollen. Das schöpferische Element sei das einzig wahre. Da kriegt man warme Ohren, was?

Seltsame, WordPerfect-artige Funktionstasten

Gott sei Dank ist dieses Programm nicht WordPerfect. Die Leute da haben eine Menge Funktionstasten, die sie alle brauchen, um mit dem Programm zu arbeiten. In Word ist der Gebrauch der Funktionstasten freiwillig ... also warum sollte man sich mit ihnen abgeben? Nun, es gibt fünf Funktionstasten, mit denen Sie sich anfreunden sollten. Eine Eselsbrücke dafür gibt es nicht. Sie müssen sich an sie gewöhnen, aber zum Glück gibt es nur fünf.

F1, die Hilfe!-Taste

In jedem Windows-Programm liefert das Drücken von F1 hilfreiche Informationen. In Word ist die F1-Taste darauf eingestellt, was Sie gerade tun. Wenn Sie in der Dialogbox *Speichern* sind, können Sie F1 drücken, um Hilfe dafür zu erhalten. Wenn Sie eine Fehlerbotschaft sehen, können Sie F1 drücken, um mehr Informationen zu erhalten (hoffentlich).

Umschalt-Taste + F3, die Taste zum Wechseln von Stilmerkmalen

Wollen Sie in Ihrem Text Kapitälchen, Klein- und Großbuchstaben ändern, markieren Sie den Text als Block, und drücken Sie dann Umschalt-Taste+F3, bis der Text so aussieht, wie Sie es wollen.

F4, die Wiederholen-Taste

Wenn Sie eine Formatierung auf eine Reihe von Absätzen oder unterschiedlichen Text anwenden wollen oder wenn Sie einfach denselben Befehl immer und immer wieder eingeben müssen, drücken Sie die F4-Taste. Diese Taste weist Word an, denselben Befehl noch einmal auszuführen. Eine gebräuchliche Anwendung ist das Einfügen von Symbolen. Wenn Sie den Befehl *Sonderzeichen* aus dem Menü *Einfügen* verwenden, um Ihr Dokument ein wenig aufzupeppen, drücken Sie einfach F4, wenn Sie die Einfügung wiederholen möchten.

Umschalt-Taste + F4, die Suche-Wiederholen-Taste

Sie haben eine Textstelle gesucht und gefunden? Großartig! Wollen Sie sie noch einmal suchen? Umschalt-Taste + F4 ermöglicht Ihnen die Jagd, ohne daß Sie erst die Dialogbox *Suchen* besuchen müssen.

Umschalt-Taste + F5, die »Bring mich dahin zurück, wo ich war«-Taste

Man kann sich leicht in Word verirren. Wenn Sie ohne erkennbaren Grund zum Beispiel Strg+Ende drücken und sich plötzlich am Ende Ihres Dokuments wiederfinden, kommen Sie mit dem Drücken von Umschalt-Taste+F5 dorthin zurück, wo Sie einst waren. Diese Taste spart viel Zeit.

Die Dokumenten-Tasten

Es gibt vier Sachen, die Sie mit Dokumenten tun können und vier nützliche – und leicht zu merkende! – Tastenkombinationen, mit denen Sie sie erledigen können:

Strg + N, *Neu*

Strg + O, *Öffnen*

Strg + S, *Speichern*

Strg + P, *Drucken*

Das einzige, was hier fehlt, ist ein *Schließen*-Befehl. Tja, S ist halt schon mit *Speichern* belegt. Verdammt! Wir brauchen ein größeres Alphabet.

 Speichern! Speichern! Speichern! Speichern Sie immer Ihr Dokument. Gewöhnen Sie sich an, regelmäßig Strg+S zu drücken, während Sie arbeiten.

Die Kindergarten-Tasten: *Ausschneiden, Kopieren, Einfügen*

Wenn Sie mit Blöcken arbeiten, sind drei Shortcut-Tasten ausgesprochen nützlich:

Strg + X, *Ausschneiden*

Strg + C, *Kopieren*

Strg + V, *Einfügen*

Wollen Sie diese Befehle benutzen, müssen Sie zunächst einen Textblock markieren. Dann drücken Sie Strg+X, um ihn auszuschneiden, oder Strg+C, um ihn zu kopieren. Bewegen Sie den Zahnstocher-Cursor an die Stelle, wo der Block eingefügt werden soll, und drücken Sie Strg+V. Schlagen Sie in Kapitel 6 mehr Informationen dazu nach, wie man mit Blöcken spielt.

Die Rückgängig-Wiederholen-Tasten

Die Strg + Z-Taste ist die *Rückgängig*-Taste von Word. Sie macht so ziemlich alles rückgängig, was Word nur rückgängig machen kann, und macht auch noch rückgängig, was davor getan wurde.

Wenn Sie etwas wiederholen wollen – das heißt, das Rückgängig-Machen rückgängig machen wollen –, drücken Sie Strg + Y.

Textformatierungs-Shortcut-Tasten

Sie können die folgenden vier Shortcut-Tasten verwenden – entweder wenn Sie tippen oder bei einem markierten Textblock –, wenn Sie die Formatierung von Zeichen bestimmen wollen:

Strg + Umschalt-Taste + F, *Fett*

Strg + Umschalt-Taste + K, *Kursiv*

Strg + Umschalt-Taste + U, *Unterstrichen*

Strg + Leertaste, *Normal*

Tippen Sie Strg + F, wenn normaler Text fett werden soll. Wenn der Text bereits fett ist und Sie ihn als Block markieren, nimmt Strg + F das Fett wieder weg. Das gleiche gilt für Strg+K (Kursiv).

Die Strg+Leertaste-Kombination normalisiert Ihren Text wieder. Wenn Sie also einen Textblock markieren, in dem es alle möglichen verrückten, durcheinandergeratenen Formatierungen gibt, können Sie ihn durch das Drücken von Strg+Leertaste sofort wieder in einen ganz normalen, friedlichen Zeitgenossen verwandeln. Wenn Sie Strg+Leertaste bei der Eingabe von Text drücken, können Sie sofort jede Formatierung ausschalten, die Sie gerade benutzen.

Zeichenformatierungs-Tasten

Vergessen Sie die Dialogbox *Zeichen*. Wenn Sie nach dem ganzen Alkohol in der Uni-Zeit (oder nach dem Seriendruck-Kapitel) noch genügend Gedächtniszellen übrighaben, können Sie diese Tastenkombinationen verwenden, um sich das Textformatieren zu erleichtern:

Strg + Umschalt-Taste + A, *Schriftart*

Strg + Umschalt-Taste + P, *Schriftgrad*

Strg + Umschalt-Taste + S, *Formatvorlage*

Strg + >, *Text größer machen*

Strg + <, *Text kleiner machen*

Mit den Tastenkombinationen Strg + Umschalt-Taste + A, Strg + Umschalt-Taste + P und Strg + Umschalt-Taste + S können Sie die entsprechenden Kästchen mit den Listen in der Formatierungs-Symbolleiste markieren. Geben Sie den Namen der Schriftart, den Schriftgrad oder die gewünschte Formatvorlage ein. Diese Auswahlmethode scheint ein bißchen mühselig zu sein, aber sie kann sehr flink sein, wenn Sie sich erst einmal daran gewöhnt haben.

Der Unsinn mit Strg + > und Strg + < macht keinen Sinn. Aber manchmal ist es ganz lustig, mit der Textgröße eines markierten Blocks herumzuspielen, indem man diese Tastenkombinationen benutzt. Es ist viel grafischer als der Versuch, sich in einer Dialogbox die passenden Zahlen vorzustellen.

Absatzformatierungs-Tasten

Markieren Sie einen Absatz als Block, und benutzen Sie dann eine der folgenden Tastenkombinationen zum Formatieren:

Strg + L, _Linksbündig_

Strg + R, _Rechtsbündig_

Strg + E, _Zentriert_

Strg + B, _Blocksatz_

Strg + 1, _Einfacher Zeilenabstand_

Strg + 2, _Doppelter Zeilenabstand_

Strg + 5, _Anderthalbfacher Zeilenabstand_

Der einzige, der ein wenig aus der Reihe tanzt, ist Strg + E. Naja. Machen Sie sich nichts draus. Benutzen Sie einfach die Schaltflächen auf der Formatierungs-Symbolleiste. Daß ich hier Strg+2 für den doppelten Zeilenabstand erwähne, liegt eigentlich nur daran, daß ich es gestern zufällig selbst benutzt habe.

Zehn Dinge, die Sie sich merken sollten

35

In diesem Kapitel

▶ Haben Sie keine Angst vor der Tastatur

▶ Sorgen Sie immer für einen ausreichenden Vorrat an Disketten

▶ Haben Sie immer Papier, Toner und Vorräte zur Hand

▶ Halten Sie Nachschlagewerke parat

▶ Organisieren Sie Ihre Dateien

▶ Merken Sie sich die Strg + Z-Taste!

▶ Speichern Sie Ihr Dokument bei jeder Gelegenheit!

▶ Benutzen Sie AutoText für Kram, den Sie oft schreiben

▶ Benutzen Sie Dateinamen und Unter-Ordner, die clever sind und an die man sich gut erinnern kann

▶ Nehmen Sie es nicht allzu ernst

Es gibt nichts Schöneres, als ein Buch mit einigen herzlichen Hinweisen zu beenden. Als Word-Benutzer brauchen Sie diese Ermutigung und Motivation. Word kann gnadenlos sein, aber es ist nicht notwendigerweise ein übler Platz zum Arbeiten. Dieses Buch zeigt Ihnen, daß es auch möglich ist, eine Menge Spaß mit Word zu haben und trotzdem die Arbeit erledigt zu bekommen. Um Sie auf den richtigen Weg zu bringen, will ich Sie noch rasch an ein paar Sachen erinnern.

Haben Sie keine Angst vor der Tastatur

Vermeiden Sie nach Möglichkeit, wiederholt die Eingabetaste zu drücken, wenn Sie eine neue Seite anfangen, nehmen Sie nicht die Leertaste, wenn die Tabulatortaste besser geeignet wäre, und numerieren Sie Ihre Seiten nicht per Hand. Für all das gibt es einen handlichen Word-Befehl, und Sie werden die Befehle nie lernen, wenn Sie Angst haben, sie zu benutzen.

Sorgen Sie immer für einen ausreichenden Vorrat an Disketten

Sie brauchen auch dann Disketten für Ihren Computer, wenn Sie eine Festplatte haben! Sie brauchen sie für Sicherungskopien und für den Austausch von Dateien zwischen verschiedenen PCs, auf denen Word läuft, zum Beispiel zwischen dem zu Hause und dem im Büro.

Halten Sie immer ein oder zwei Kartons bereit. Kaufen Sie immer die richtige Diskettengröße für Ihren PC, entweder 5,25- oder 3,5-Zoll-Disketten. Und vergewissern Sie sich, daß Sie auch die richtige Kapazität kaufen, am besten Hochkapazitäts- oder HD(High Density)-Disketten! Und formatieren Sie die Disketten!

Haben Sie immer Papier, Toner und Vorräte zur Hand

Wenn Sie Papier kaufen, kaufen Sie eine Kiste. Wenn Sie eine Tonerkartusche oder ein Farbband kaufen wollen, kaufen Sie zwei oder drei. Halten Sie auch immer einen ordentlichen Vorrat an Stiften, Schmierpapier, Büroklammern, Heftklammern und allem anderen Bürokram (einschließlich Disketten) bereit.

Halten Sie Nachschlagewerke parat

Word ist ein Schreibwerkzeug. Deshalb sollten Sie mit den Grammatikregeln Ihrer Sprache vertraut sein und sie befolgen. Sollte das Deutsch sein, haben Sie einiges vor sich. Auch wenn es eine elektronische Rechtschreibprüfung und einen Thesaurus gibt, sollten Sie diverse Nachschlagwerke bereithalten. Ich empfehle da die einschlägigen Bände des Duden. Mit ca. 150 Mark sollten Sie in der Lage sein, die wichtigsten Bände in Ihrer Buchhandlung zu erstehen.

Organisieren Sie Ihre Dateien

Benutzen Sie Ordner auf Ihrer Festplatte, um Ihre Dateien zu lagern. Stecken Sie zusammengehörige Dokumente ins gleiche Unterverzeichnis. Vielleicht brauchen Sie jemanden, der Ihnen bei der Einrichtung eines Organisationssystems hilft. Schlagen Sie in den Kapiteln 20 und 22 weitere Informationen nach.

Merken Sie sich die Strg+Z-Taste!

Die Strg+Z-Taste ist Ihre *Rückgängig*-Taste. Wenn Sie in Word arbeiten, können Sie sie drücken, um jeden Text wieder zurückzuholen, den Sie irrtümlich gelöscht haben. Dieser Befehl gilt für einzelne Buchstaben, Sätze, Absätze, Seiten und große Blöcke eines vermißten Textes.

Speichern Sie Ihr Dokument bei jeder Gelegenheit!

Speichern Sie Ihr Dokument, sobald Sie ein paar bedeutungsschwangere Wörter auf den Bildschirm gezaubert haben. Dann speichern Sie, sooft es eben geht. Auch wenn Sie die Funktion *Automatische Speicherung* benutzen (in Kapitel 31 erklärt), sollten Sie weiterhin außerdem manuell speichern: Strg + S.

Benutzen Sie AutoText für Kram, den Sie oft schreiben

Wollen Sie schnell Dinge einfügen, die Sie immer und immer wieder tippen, wie Ihren Namen und Ihre Adresse, benutzen Sie einen AutoText-Eintrag. Tippen Sie ihn einmal und definieren Sie ihn dann im Menü *Bearbeiten* als AutoText-Eintrag. Dann können Sie ihn mit der Shortcut-Taste einfügen, wann immer Sie ihn brauchen. In Kapitel 13 finden Sie mehr über AutoText.

Benutzen Sie clevere Dateinamen, an die man sich gut erinnern kann

Eine Datei mit dem Namen BRIEF ist sicher aussagekräftig, aber was sagt Ihnen das? Eine Datei namens BRIEF AN MAMA ist noch aussagekräftiger, läßt aber immer noch einige Informationen vermissen. Die Datei BRIEF AN MAMA, APRIL 23 ist noch besser. Wollen Sie sich kurz fassen, versuchen Sie es mit 23-4 BRIEF MAMA. Sie kriegen jetzt eine Vorstellung davon: Benutzen Sie clevere und informative Dateinamen.

Nehmen Sie es nicht allzu ernst

Mit Computern sollte man eigentlich Spaß haben. Zu viele Leute verfallen in Panik, wenn sie einen Computer benutzen. Lassen Sie sich nicht davon anstecken! Und bitte, bitte, machen Sie keine Neuinstallation von Word, wenn Sie ein kleineres Problem lösen wollen. Für alles, was schiefgeht, gibt es eine Lösung. Wenn sie nicht in diesem Buch steht, fragen Sie Ihren Computer-Guru. Irgendwer wird Ihnen schon helfen.

Index

U

Überarbeiten 229
   Shortcut 230
Überschreibmodus 32, 69
Uhrzeit 370
Umschalt-Taste 34
Umschläge und Etiketten. *Siehe* Drucken,
   Briefumschläge

V

Verzeichnisse 390
Vollbildmodus 27
Vorschau
   Absatz 151
   Assistent 217
   Dokumente 283
   Formatvorlage 198
   für Dokumente 266

W

Wörterbuch. *Siehe* Rechtschreibung
   Ergänzungswörterbuch 108
Wiederholen 55, 56, 58, 384, 386. *Siehe auch*
   Rückgängig
Windows
   starten 353
   Word aufrufen 354
Windows-Desktop. *Siehe* Desktop
Word
   aufrufen 27, 354
   beenden 46, 264, 364
   starten 25

Word-Bildschirm 28
Word-Zubehör 309
   installieren 311
WordArt 310, 319
   Symbolleiste 320
WordBasic 248, 252
WordPerfect
   Funktionstasten 384
Wort
   formatieren 127
   löschen 71
   Wörter zählen 112
Wörterbuch
   persönliches 106

Z

Zahlentasten 34
Zahnstocher-Cursor 31
Zeichenformatierungen
   kopieren 207
Zeichenformatvorlage
   erstellen 201
Zeile
   löschen 72
Zeilenabstand 147, 157
   Shortcuts 147
Zeilennummern 159
Zelle 179
   Zellh öhe und -breite Dialogbox 186
Zentraldokument 376
Zentrieren 144
   oben bis unten 168
Zoom 347
   Dialogbox 348
Zwischenablage 300

Word 7 für Dummies – Schummelseite

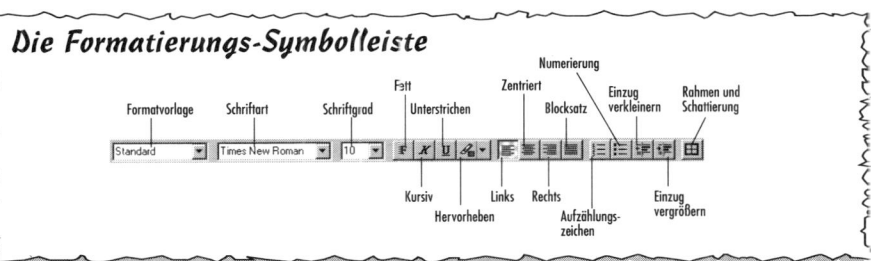

Die Formatierungs-Symbolleiste

Formatvorlage Schriftart Schriftgrad Fett Unterstrichen Zentriert Numerierung Einzug verkleinern Rahmen und Schattierung
Zentriert Blocksatz

Standard | Times New Roman | 10

Kursiv Hervorheben Links Rechts Aufzählungs-zeichen Einzug vergrößern

Die Standard-Werkzeugleiste

Neu Speichern Seitenansicht Ausschneiden Einfügen Wiederherstellen AutoFormat Tabelle einfügen Spalten ¶ anzeigen/verbergen Tip-Assistent

75%

Öffnen Drucken Kopieren Rückgängig Adresse einfügen Zeichnen Zoom Hilfe
Rechtschreibung Format übertragen Microsoft Excel-Tabelle einfügen

Hilfreiche Tips

✔ Lassen Sie den Computer die Arbeit machen! Lassen Sie Word Ihre Seiten formatieren, Seitenzahlen, Kopfzeilen und Fußnoten einfügen. Machen Sie das niemals »manuell« auf dem Bildschirm.

✔ Speichern Sie immer Ihre Dokumente!

✔ Wenn Ihr Dokument bereits gespeichert ist, drücken Sie Strg + S, um dieses Dokument zu aktualisieren.

Nützliche Werkzeuge

✔ Wollen Sie Ihre Rechtschreibung überprüfen, drücken Sie die F7-Taste oder Alt, X, R.

✔ Wollen Sie den Thesaurus benutzen, drücken Sie Umschalttaste+F7 oder Alt, X, T.

✔ Wollen Sie Umschläge bedrucken, drücken Sie Alt, X,U.

Dateinamen für Dokumente

Beim Speichern eines Dokuments muß ein Win 95-Dateiname verwendet werden. Hier sind die Regeln:

✔ Fassen Sie sich kurz, und verwenden Sie aussage-kräftige Dateinamen.

✔ Der Dateiname kann 1 bis 255 Zeichen lang sein.

✔ Der Dateiname kann Buchstaben und Zahlen in beliebiger Kombination enthalten.

✔ Der Dateiname darf keines dieser Symbole enthalten: \ <> * ? " | ; : /

Wie man sich in einem Dokument bewegt

↑	Bewegt den Zahnstocher-Cursor eine Textzeile nach oben
↓	Bewegt den Zahnstocher-Cursor eine Textzeile nach unten
→	Bewegt den Zahnstocher-Cursor nach rechts zum nächsten Zeichen
←	Bewegt den Zahnstocher-Cursor nach links zum nächsten Zeichen
Strg+↑	Bewegt den Zahnstocher-Cursor einen Absatz nach oben
Strg+↓	Bewegt den Zahnstocher-Cursor einen Absatz nach unten
Strg + →	Bewegt den Zahnstocher-Cursor einWort nach rechts
Strg + ←	Bewegt den Zahnstocher-Cursor ein Wort nach links
Strg + Bild↑	Bewegt den Zahnstocher-Cursor an den oberen Rand des Bildschirms
Strg + Bild↓	Bewegt den Zahnstocher-Cursor an den unteren Rand des Bildschirms
Bild	Bewegt den Zahnstocher-Cursor einen Bildschirm weit nach oben
Bild	Bewegt den Zahnstocher-Cursor einen Bildschirm weit nach unten
Ende	Bewegt den Zahnstocher-Cursor zum Ende der aktuellen Zeile
Pos 1	Bewegt den Zahnstocher-Cursor zum Anfang der aktuellen Zeile
Strg+Pos1	Bewegt den Zahnstocher-Cursor zum Anfang des Dokuments
Strg+Ende	Bewegt den Zahnstocher-Cursor zum Ende des Dokuments

Word 7 für Dummies – Schummelseite

Der Word für Windows 95-Bildschirm

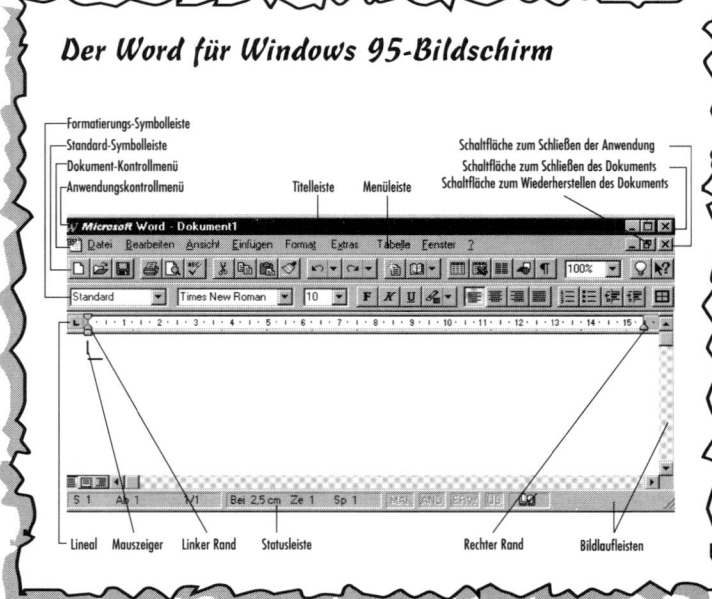

Formatierungs-Symbolleiste
Standard-Symbolleiste
Dokument-Kontrollmenü
Anwendungskontrollmenü
Titelleiste
Menüleiste
Schaltfläche zum Schließen der Anwendung
Schaltfläche zum Schließen des Dokuments
Schaltfläche zum Wiederherstellen des Dokuments

Lineal   Mauszeiger   Linker Rand   Statusleiste   Rechter Rand   Bildlaufleisten

Die Kindergarten-Tasten

Kopieren	Strg + C
Ausschneiden	Strg + X
Einfügen	Strg + V
Rückgängig	Strg + Z

Allgemeine Informationen

Um Word zu starten, starten Sie zunächst Windows, indem Sie zuerst auf die Schaltfläche *Start*, danach auf *Programme* und dann auf *Microsoft Word* klicken.

- ✔ Benutzen Sie die Einfg-Taste, um zwischen dem Einfügen- und dem Überschreiben-Modus zu wechseln.
- ✔ Benutzen Sie die Rücktaste, um zurückzugehen und zu löschen.
- ✔ Benutzen Sie die Entf-Taste, um ein Zeichen zu löschen.
- ✔ Drücken Sie die Eingabetaste, um einen neuen Absatz zu beginnen.
- ✔ Drücken Sie die Tabulator-Taste, um Text einzurücken oder auszurichten.
- ✔ F1 ist die *Hilfe*-Taste.
- ✔ Drücken Sie die Esc-Taste, um Dinge abzubrechen und Dialogkästen verschwinden zu lassen.

Strg + S bedeutet, daß Sie die Strg(Steuerung)-Taste gedrückt halten und dann die S-Taste drücken. Lassen Sie beide Tasten los. Alt, D, N bedeutet, daß Sie die Alt-Taste drücken, loslassen, die F-Taste drücken, loslassen, die N-Taste drücken, loslassen.

Wählen Sie den Befehl *Beenden* aus dem Menü *Datei*, wenn Sie Word verlassen wollen. Folgen Sie den Anweisungen auf dem Bildschirm; speichern Sie Ihre Dokumente.

Verlassen Sie immer erst Word und dann Windows, wenn Sie mit der Arbeit fertig sind. Schalten Sie den Computer erst ab, wenn Sie die Nachricht sehen, daß Sie das jetzt ruhig tun können.

Gebräuchliche WinWord Formatierungs Tastenbefehle

Fett	Strg + Umschalttaste + F
Kursiv	Strg + Umschalttaste + K
Unterstrichen	Strg + Umschalttaste + U
Zentriert	Strg + E
Links ausgerichtet	Strg + L
Rechts ausgerichtet	Strg + R
Blocksatz	Strg + B

Gebräuchliche Word-Tastenbefehle

Abbrechen	Esc
Zurückgehen	Umschalttaste + F5
Hilfe	F1
Block markieren	F8
Neues Dokument	Strg + N
Öffnen	Strg + O
Drucken	Strg + P
Schnelles Speichern	Strg + S
Befehl wiederholen	F4
Suchen wiederholen	Umschalttaste + F4